ALLAN KARDEC

O LIVRO DOS ESPÍRITOS

Tradução de J. HERCULANO PIRES

10ª edição
10.000 exemplares
Do 85º ao 95º milheiro
Setembro/2025

Capa
Jorge Humberto Ribeiro Júnior
Juliana Mollinari

Diagramação e projeto gráfico
Juliana Mollinari

Assistente Editorial
Ana Maria Rael Gambarini

Tradução
J. Herculano Pires

Coordenação Editorial
Ronaldo A. Sperdutti

Impressão
Melting Gráfica

O produto da venda desta obra é destinado à manutenção das atividades assistenciais da Sociedade Espírita Boa Nova, de Catanduva, SP.

1ª edição: Novembro de 2016 - 20.000 exemplares

ALLAN KARDEC

FILOSOFIA ESPIRITUALISTA

O LIVRO DOS ESPÍRITOS

Tradução de J. HERCULANO PIRES

Contendo os princípios da Doutrina Espírita sobre a imortalidade da alma, a natureza dos Espíritos e suas relações com os homens, as leis morais, a vida presente, a vida futura e o porvir da humanidade (segundo o ensinamento dos Espíritos superiores, através de diversos médiuns, recebidos e ordenados por Allan Kardec).

Contém Introdução e 59 Notas de Rodapé feitas pelo Tradutor

EDICEL

Editora Cultural Espírita Edicel
Instituto Beneficente Boa Nova
Entidade coligada à Sociedade Espírita Boa Nova
Av. Porto Ferreira, 1.031 | Parque Iracema
Catanduva/SP | CEP 15809-020
www.boanova.net | boanova@boanova.net
17.3531-4444 | 17 99257.5523

Dados Internacionais de Catalogação na Publicação (CIP)
(Câmara Brasileira do Livro, SP, Brasil)

Kardec, Allan, 1804-1869.
O livro dos espíritos / Allan Kardec ; tradução de J. Herculano Pires. -- Catanduva, SP: Editora Cultural Espirita Edicel, 2016.

Título original: Le livre des esprits
"Contendo os princípios da doutrina espírita...".

1. Espiritismo 2. Espiritismo - Filosofia
I. Título.

16-08681 CDD-133.901

Índices para catálogo sistemático:

1. Doutrina espírita 133.901
2. Espiritismo : Filosofia 133.901
3. Filosofia espírita 133.901

SUMÁRIO

LIVRO SEGUNDO

Mundo Espírita ou dos Espíritos

CAPÍTULO I - DOS ESPÍRITOS

CAPÍTULO II - ENCARNAÇÃO DOS ESPÍRITOS

CAPÍTULO III - RETORNO DA VIDA CORPÓREA À VIDA ESPIRITUAL

CAPÍTULO IV - PLURALIDADE DAS EXISTÊNCIAS

CAPÍTULO VI - VIDA ESPÍRITA

CAPÍTULO VII - RETORNO À VIDA CORPORAL

INTRODUÇÃO A *O LIVRO DOS ESPÍRITOS*

Com este livro, em 18 de abril de 1857, raiou para o mundo a era espírita. Nele se cumpria a promessa evangélica do Consolador, do Paracleto ou Espírito da Verdade. Dizer isso equivale a afirmar que *O Livro dos Espíritos* é o código de uma nova fase da evolução humana. E é exatamente essa a sua posição na história do pensamento. Este não é um livro comum, que se pode ler de um dia para o outro e depois esquecer num canto da estante. Nosso dever é estudá-lo e meditá-lo, lendo-o e relendo-o constantemente.

Sobre este livro se ergue todo um edifício: o da Doutrina Espírita. Ele é a pedra fundamental do Espiritismo, o seu marco inicial. O Espiritismo surgiu com ele e com ele se propagou, com ele se impôs e consolidou no mundo. Antes deste livro não havia Espiritismo, e nem mesmo esta palavra existia. Falava-se em Espiritualismo e Neoespiritualismo, de maneira geral, vaga e nebulosa. Os fatos espíritas, que sempre existiram, eram interpretados das mais diversas maneiras. Mas, depois que Allan Kardec o lançou à publicidade, "contendo os princípios da Doutrina Espírita", uma nova luz brilhou nos horizontes mentais do mundo.

Há uma sequência histórica que não podemos esquecer, ao tomar este livro nas mãos. Quando o mundo se preparava para sair do caos das civilizações primitivas, apareceu Moisés, como o condutor de um povo destinado a traçar as linhas de um novo mundo: e de suas mãos surgiu a Bíblia. Não foi Moisés quem a escreveu, mas foi ele o motivo central dessa primeira codificação do novo ciclo de revelações: o cristão. Mais tarde, quando a influência bíblica já havia modelado um povo, e quando este povo já se dispersava por todo o mundo gentio, espalhando a nova lei, apareceu Jesus; e das suas palavras, recolhidas pelos discípulos, surgiu o Evangelho.

A Bíblia é a codificação da primeira revelação cristã, o código hebraico em que se fundiram os princípios sagrados e as grandes lendas religiosas dos povos antigos, a grande síntese dos esforços da antiguidade em direção ao espírito. Não é de admirar que se apresente muitas vezes assustadora e contraditória, para o homem moderno. O Evangelho é a codificação da segunda revelação cristã, a que brilha no centro da tríade dessas revelações, tendo na figura do Cristo o sol que ilumina as duas outras, que lança a sua luz sobre o passado e o futuro, estabelecendo entre ambos a conexão necessária. Mas assim como, na Bíblia, já se anunciava o Evangelho, também neste aparecia a predição de um novo código, o do Espírito da Verdade, como se vê em João, XIV. E o novo código surgiu pelas mãos de Allan Kardec, sob a orientação do Espírito da Verdade, no momento exato em que o mundo se preparava para entrar numa fase superior do seu desenvolvimento.

Hegel, em suas lições de estética, mostra-nos as criações monstruosas da arte oriental – figuras gigantescas, de duas cabeças e muitos braços e pernas, e outras formas diversas – como a primeira tentativa do Belo para dominar a matéria e conseguir exprimir-se através dela. A matéria grosseira resiste à força do ideal, desfigurando-o nas suas representações. Mas acaba sendo dominada, e então aparecem no mundo as formas equilibradas e harmoniosas da arte clássica. Atingido, porém, o máximo de equilíbrio possível, o Belo mesmo rompe esse equilíbrio, nas formas românticas e modernas da arte, procurando superar o seu instrumento material, para melhor e mais livremente se exprimir. Essa grandiosa teoria hegeliana nos parece perfeitamente aplicável ao processo das revelações cristãs: das formas incongruentes e aterradoras da Bíblia, passamos ao equilíbrio clássico do Evangelho, e deste à libertação espiritual de *O Livro dos Espíritos*.

Cada fase da evolução humana se encerra com uma síntese conceptual de todas as suas realizações. A Bíblia é a síntese da antiguidade, como o Evangelho é a síntese do mundo greco-romano-judaico, e *O Livro dos Espíritos* a do mundo moderno. Mas cada síntese não traz em si tão somente os resultados da evolução realizada, porque encerra também os germes do futuro. E na síntese evangélica temos de considerar, sobretudo, a presença do Messias, como uma intervenção direta do Alto para a reorientação do pensamento terreno. É graças a essa intervenção que os princípios evangélicos passam diretamente, sem necessidade de readaptações ou modificações, em sua pureza primitiva, para as páginas deste livro, como as vigas mestras da edificação da nova era.

A CODIFICAÇÃO ESPÍRITA

1º) *O Livro dos Espíritos* não é, porém, apenas, a pedra fundamental ou o marco inicial da nova codificação. É o seu próprio delineamento, o seu núcleo central e ao mesmo tempo o arcabouço geral da doutrina. Examinando-o, em relação às demais obras de Kardec, que completam a codificação, verificamos que todas essas obras partem do seu conteúdo. Podemos definir as várias zonas do texto correspondentes a cada uma delas.

Assim como, na Bíblia, há o núcleo central do Pentateuco, e no Evangelho o do ensino moral do Cristo, em *O Livro dos Espíritos* podemos encontrar uma parte que se refere a ele mesmo, ao seu próprio conteúdo: é a constante dos Livros I e II, até o capítulo quinto. Este núcleo representa, dentro da esquematização geral da codificação, que encontramos no livro – a parte que a ele corresponde. Quanto aos demais, verificamos o seguinte:

2º) *O Livro dos Médiuns*, sequência natural deste livro, que trata especialmente da parte experimental da Doutrina, tem a sua fonte no Livro II, a partir do capítulo sexto até o final. Toda a matéria contida nessa parte é reorganizada e ampliada naquele livro, principalmente a referente ao capítulo nono: "Intervenção dos Espíritos no mundo corpóreo".

3º) *O Evangelho segundo o Espiritismo* é uma decorrência natural do Livro III, em que são estudadas as leis morais, tratando-se especialmente da aplicação dos princípios da moral evangélica, bem como dos problemas religiosos da adoração, da prece e da prática da caridade. Nessa parte o leitor encontrará, inclusive, as primeiras formas de "Instruções dos Espíritos", comuns àquele livro, com a transcrição de comunicações por extenso e assinadas, sobre questões evangélicas.

4º) *O Céu e o Inferno ou a Justiça Divina segundo o Espiritismo* decorre do Livro IV, "Esperanças e Consolações", em que são estudados os problemas referentes às penas e aos gozos terrenos e futuros, inclusive com a discussão do dogma das penas eternas e a análise de outros dogmas, como o da ressurreição da carne, e os do paraíso, inferno e purgatório.

5º) *A Gênese, os Milagres e as Predições segundo o Espiritismo* – relaciona-se aos capítulos II, III e IV do Livro I, e capítulos IX, X e XI do Livro II, assim como à parte dos capítulos do Livro III que tratam dos problemas genésicos e da evolução física da Terra. Por seu sentido amplo, que abrange ao mesmo tempo as questões da formação e do desenvolvimento do globo terreno, e as referentes a passagens evangélicas e escriturísticas, esse livro da codificação se ramifica de maneira mais difusa que os outros, na estrutura da *obra-mater*.

6º) O pequeno livro introdutório ao estudo da doutrina, *O que é o Espiritismo,* que não se inclui propriamente na codificação, também está diretamente relacionado com *O Livro dos Espíritos*, decorrendo da "Introdução" e dos "Prolegômenos".

7º) *Obras Póstumas*, que representa o testamento doutrinário de Allan Kardec. Reúne os seus derradeiros escritos e as anotações íntimas, destinados a servir mais tarde para a elaboração da História do Espiritismo, que ele não pôde realizar.

A codificação se apresenta, pois, como um todo homogêneo e consequente. À luz desse estudo, caem por terra as tentativas de separar um ou outro livro do bloco da codificação, como possível expressão de uma forma diferente de pensamento. E note-se que as ligações aqui assinaladas, de maneira apenas formal, podem e devem ser esclarecidas em profundidade, por um estudo minucioso do conteúdo das diversas partes de *O Livro dos Espíritos*, em confronto com os demais livros. Esse estudo exigiria, também, uma análise dos textos primitivos, como a primeira edição deste livro e a primeira de *O Livro dos Médiuns* e do *Evangelho*, pois, como se sabe, todas essas obras foram ampliadas por Kardec depois de suas primeiras edições, sempre sob a assistência e orientação dos Espíritos.

Num estudo mais amplo e profundo, seria possível mostrar-se o desenvolvimento de certos temas, que apenas colocados pelo *O Livro dos Espíritos* vão ter a sua solução em obras posteriores. É o que se verifica, por exemplo, com as ligações do Cristianismo e o Espiritismo, que se definem completamente em *O Evangelho*, ou com o problema controvertido da origem do homem, que vai ter a sua explicação definitiva em *A Gênese*, ou ainda com as questões mediúnicas, solucionadas em *O Livro dos Médiuns*, e as teológicas e escriturísticas em *O Céu e o Inferno*.

Convém notar, entretanto, que o desenvolvimento de todas essas questões não representa, em nenhum caso, a modificação dos princípios firmados neste livro. Às vezes, problemas apenas aflorados em *O Livro dos Espíritos* vão ser desenvolvidos de tal maneira em outras obras, que, ao lê-las, temos a impressão de encontrar novidades. A verdade, entretanto, é que neste livro eles já foram assinalados de maneira sintética. É o que ocorre, por exemplo, com o problema da evolução geral, definida por Léon Denis naquela frase célebre: "A alma dorme na pedra, sonha no vegetal, agita-se no animal e acorda no homem". Veja-se, a este respeito, a definição do item 540 deste livro, que para maior fidelidade reproduzimos: "É assim que tudo serve, tudo se encadeia na Natureza, desde o átomo primitivo até o arcanjo, pois ele mesmo começou pelo átomo. Admirável lei de harmonia, de que o vosso Espírito limitado ainda não pode abranger o conjunto!"

A FILOSOFIA ESPÍRITA

Esta rápida apreciação da estrutura de *O Livro dos Espíritos*, em suas ligações com as demais obras da codificação, parece-nos suficiente para mostrar que ele constitui, como dissemos no início, o arcabouço filosófico do Espiritismo. Contém, segundo Kardec declarou no frontispício, "Os princípios da Doutrina Espírita". É, portanto, o seu tratado filosófico. Embora não tenha sido elaborado em linguagem técnica, e não observe os rigores da minuciosa exposição filosófica, é todo um complexo e amplo sistema de filosofia que nele se expõe.

Ao apreciá-lo, sob esse aspecto, devemos considerar que Kardec não era um filósofo, mas um educador, um especialista em pedagogia, discípulo emérito de Pestalozzi. Daí o aspecto antes didático do que propriamente de exposição filosófica que imprimiu ao livro.

Em segundo lugar, a obra não foi propriamente escrita por ele, mas elaborada com as respostas dadas pelos Espíritos às suas perguntas, nas sessões mediúnicas com as meninas Boudin e Japhet, e mais tarde com outros médiuns.

Em terceiro lugar, o livro não se destinava a formar escola filosófica, a conquistar os meios especializados, mas apenas a divulgar os princípios da doutrina de maneira ampla, convocando os homens em geral para o estudo de uma realidade superior a todas as elucubrações do intelecto.

Em quarto lugar, o próprio Kardec teve o cuidado de advertir, nos "Prolegômenos", que evitava os prejuízos do espírito de sistema, como vemos neste trecho, em que se refere ao ensino dos Espíritos:

"Este livro é o compêndio dos seus ensinamentos. Foi escrito por ordem e sob ditado dos Espíritos superiores para estabelecer os fundamentos de uma filosofia racional, livre dos prejuízos do espírito de sistema".

Como se vê, "estabelecer os fundamentos de uma filosofia racional, livre dos prejuízos do espírito de sistema", e não criar uma nova escola filosófica, o que implicaria toda uma rígida sistematização. Esse propósito vem ao encontro do pensamento dos filósofos modernos, como vemos, por exemplo, em Ernest Cassirer, que em sua *Antropologia Filosófica*, referindo-se à inconveniência dos sistemas, diz: "Cada teoria se converte num leito de Procusto, em que os fatos empíricos são obrigados a se acomodar a um padrão preconcebido". Max Scheller, por sua vez, comenta: "Dispomos de uma antropologia científica, outra filosófica e outra teológica, que se ignoram entre si". Kardec esquivou-se precisamente a isso, tanto mais que o espírito de sistema seria a própria negação dos objetivos da doutrina.

Quanto ao problema da linguagem técnica, não devemos nos esquecer de que o livro se destinava ao grande público, e não apenas aos especialistas. Podemos lembrar, a propósito, o exemplo de Descartes, que escreveu o seu *Discurso do Método* em francês, quando o latim era a língua oficial da filosofia, porque desejava dar-lhe maior divulgação. Mesmo que Kardec fosse um filósofo especializado, a linguagem técnica não serviria aos seus propósitos nesta obra.

Quanto ao método didático, não seria este o primeiro livro de filosofia a dele se socorrer. Podemos lembrar, por exemplo, *A Ética*, de Espinosa. Kardec inicia este livro com a definição de Deus, como Espinosa naquele, e se não segue a forma geométrica de exposição, por meio de definições, axiomas, proposições e escólios, segue entretanto a forma lógica, através de perguntas e respostas intercaladas de comentários e explicações. Há, aliás, curiosas similaridades de estrutura, de posição, de ligações históricas e de princípios, entre esses dois livros, reclamando estudo mais aprofundado. Como as há entre o que se pode chamar a revolução cartesiana e o Espiritismo, a começar pelos famosos sonhos de Descartes e a sua convicção de haver sido inspirado pelo Espírito da Verdade.

Yvonne Castellan, num breve, falho, às vezes gritantemente injusto, mas em parte simpático estudo da doutrina referindo-se a *O Livro dos Espíritos*, mostra que: "O sistema é completo, e compreende uma metafísica, inteiramente repleta de considerações físicas ou genéticas, e uma moral". Numa análise mais séria, a autora teria visto que a estrutura é mais complexa do que supôs.

O livro começa pela metafísica, passando depois à cosmologia, à psicologia, aos problemas propriamente espíritas da origem e natureza do espírito e suas ligações com o corpo, bem como aos da vida após a morte, para chegar, com as leis morais, à sociologia e à ética, e concluir, no Livro IV, com as considerações de ordem teológica sobre as penas e gozos futuros e a intervenção de Deus na vida humana. Todo um vasto sistema, sem as exigências opressoras ou os prejuízos do espírito de sistema, numa estrutura livre e dinâmica, em que os problemas são postos em debate.

Lembrando-nos dos primórdios do Cristianismo, podemos dizer que o Espiritismo tem sobre ele uma vantagem, no tocante ao problema filosófico. A simplicidade de *O Livro dos Espíritos* não chega ao ponto de nos obrigar a adaptar sistemas antigos aos nossos princípios, como aconteceu com Santo Agostinho e São Tomaz, em relação a Platão e Aristóteles, para a criação da chamada filosofia cristã. O Espiritismo já tem o seu próprio sistema, na forma ideal que o futuro consagrará, e cujas vantagens vimos acima.

Por outro lado, é curioso notar que *O Livro dos Espíritos* se enquadra numa das formas clássicas e mais fecundamente livres da tradição filosófica: o diálogo. Por tudo isso, vê-se que Kardec, sem ser o que se pode chamar um filósofo profissional, tinha muita razão ao afirmar, no capítulo VI da "Conclusão", referindo-se ao Espiritismo: "Sua força está na sua filosofia, no apelo que faz à razão e ao bom senso".

A DIALÉTICA ESPÍRITA

Hegel definiu a estrutura e a função do diálogo, identificando as suas leis com as do próprio ser: tese, antítese e síntese. Mais tarde, Marx e Engels deslocaram o diálogo dessa concepção ontológica, para lhe dar um sentido materialista e revolucionário. Coube a Hamelin, entretanto, defini-lo em seu aspecto mais fecundo, como um processo de fusão necessária da tese e da antítese, na produção de uma nova ideia ou nova tese.

Este, a nosso ver, é o processo dialético do Espiritismo, que em vez de dar ênfase à contradição em si, à luta dos opostos, prefere dá-la à harmonia, à fusão dos contrários, para uma nova criação. E é nesse sentido que se desenvolve o diálogo em *O Livro dos Espíritos*.

Nunca houve, aliás, um diálogo como este. Jamais um homem se debruçou, com toda a segurança do homem moderno, nas bordas do abismo do incognoscível, para interrogá-lo, ouvir as suas vozes misteriosas, contradizê-lo, discutir com ele, e afinal arrancar-lhe os mais íntimos segredos. E nunca, também, o abismo se mostrou tão dócil, e até mesmo desejoso de se revelar ao homem em todos os seus aspectos.

Sócrates ouvia as vozes do seu *daimónion* e discutia com o Oráculo de Delfos. Mas Kardec não se limitou a isso: foi mais longe, dialogando com todo o mundo invisível, analisando rigorosamente as suas vozes, ouvindo inferiores e superiores, para descobrir as leis desse mundo, as formas de vida nele existentes, o mecanismo das suas relações com o nosso.

O método dialético é o processo natural do desenvolvimento, tanto do pensamento como de todas as coisas. Emmanuel, certa vez, comparou o Velho Testamento a um apelo dos homens a Deus, e o Novo Testamento, à resposta de Deus. Aceitando essa imagem, podemos dizer que *O Livro dos Espíritos* é a síntese desse diálogo, é o momento em que, segundo a definição de Hamelin, o apelo e a resposta se fundem na compreensão espiritual, abrindo caminho a uma nova fase da vida terrena.

A LEGITIMIDADE DO LIVRO

Ao publicar *A Gênese*, em 1868, Kardec pôde acentuar que *O Livro dos Espíritos*, lançado onze anos antes, continuava tão sólido como então. Nenhum dos seus princípios fundamentais havia sido abalado pela experiência, todos permaneciam em pé. Hoje, cem anos depois, se ainda vivesse entre nós, o codificador poderia dizer o mesmo.

E isso num século em que o mundo se transformou de maneira vertiginosa, em que a chamada ciência positiva foi revirada de ponta a ponta, em que as concepções filosóficas sofreram tremendos impactos; há conceitos que, à primeira vista, parecem desmentidos, ou pelo menos postos em dúvida pela ciência. É o caso do fluido universal, mas somente quando o confundimos com o conceito científico do éter espacial.

Na verdade, o desenvolvimento da ciência se processa exatamente na direção dos princípios espíritas. A desintegração da matéria pela física nuclear, a concepção da matéria como concentração de energia, a percepção cada vez mais clara de uma estrutura matemática do Universo, a conclusão a que alguns cientistas são forçados a chegar, de que, por trás da energia parece haver outra coisa, que seria o pensamento – tudo isso nos mostra que Kardec tinha razão ao proclamar que nem Deus, nem a religião verdadeira, nem portanto o Espiritismo, tinham nada a perder com o avanço da ciência. Pelo contrário, só têm a ganhar, como os fatos demonstram, dia a dia.

Essa segurança dos princípios espíritas decorre da legitimidade da fonte espiritual deste livro, da pureza dos seus meios de transmissão mediúnica e da precisão do método kardeciano.

A fonte, como se vê pela revelação espontânea e inesperada do Espírito da Verdade a Kardec, segundo as anotações autobiográficas de *Obras Póstumas*, e pela confirmação posterior de tantos outros

Espíritos, ou como se pode constatar, lógica e historicamente, pelo processo de restabelecimento do Cristianismo, que o Espiritismo realiza, é a mesma de que precedeu aquele. Não é Kardec, nem este ou aquele Espírito em particular, nem um grupo de homens, mas toda a falange do Espírito da Verdade, enviada à Terra em cumprimento da promessa de Jesus – a fonte espiritual de *O Livro dos Espíritos*.

Quanto aos meios mediúnicos de transmissão, correspondiam à pureza da fonte. As médiuns que serviram a esse trabalho foram duas meninas, Caroline e Julie Boudin, de 16 e 14 anos respectivamente, a que mais tarde se juntaria outra menina, a srta. Cecile Japhet, no processo de revisão do livro. As reuniões se realizavam na casa da família Boudin, na intimidade do lar, entre pessoas amigas, e as respostas dos Espíritos eram transmitidas por meio da cesta de bico, a que se adaptava um lápis. As meninas punham as mãos sobre a cesta e esta se movimentava, escrevendo as mensagens, com absoluta impossibilidade de ação dos médiuns na escrita. Mais tarde, seguindo instruções dos próprios Espíritos, Kardec submete o livro ao controle de outros médiuns, mas todos escolhidos criteriosamente. Além disso, as respostas dos Espíritos eram confrontadas com as comunicações obtidas em outros grupos, em obediência ao princípio da universalidade das revelações, que veremos a seguir.

O método de Kardec transformou-se no método da própria doutrina, e tem, na sua própria simplicidade, a garantia da sua eficiência. Podemos resumi-lo assim:

1º) Escolha de colaboradores mediúnicos insuspeitos, tanto do ponto de vista moral quanto da pureza das faculdades e da assistência espiritual.

2º) Análise rigorosa das comunicações, do ponto de vista lógico, bem como do seu confronto com as verdades científicas demonstradas, pondo-se de lado tudo aquilo que não possa ser logicamente justificado.

3º) Controle dos Espíritos comunicantes, através da coerência de suas comunicações e do teor de sua linguagem.

4º) Consenso universal, ou seja, concordância de várias comunicações, dadas por médiuns diferentes, ao mesmo tempo e em vários lugares, sobre o mesmo assunto.

Armado desses princípios, escudado rigorosamente nesse critério, Kardec pôde realizar a difícil tarefa de reunir a série de informações que lhe permitiram organizar este livro. Interessante lembrar que esse mesmo critério, em parte, havia sido ensinado por João, em sua primeira epístola (IV:1), bem como pelo apóstolo Paulo, em sua primeira epístola aos coríntios. As raízes do método kardeciano estão no Novo Testamento.

Não se pode confundir, porém, o método doutrinário com os métodos de investigação científica dos fenômenos espíritas. No trato mediúnico, a premissa da existência do Espírito e da possibilidade da comunicação já está firmada. O que importa é o controle da legitimidade da comunicação. Na pesquisa científica, tudo ainda está para ser descoberto e provado. As investigações científicas podem variar infinitamente de processos e métodos, de acordo com os investigadores. As sessões mediúnicas não podem fugir ao método kardeciano, que se comprovou na prática, há um século, o único realmente eficiente, e que procede, como vimos, das reuniões mediúnicas da era apostólica.

Problemas secundários, como o da assinatura de certas comunicações por nomes célebres, são explicados por Kardec na "Introdução ao Estudo da Doutrina Espírita", capítulos XI e XII, para os quais remetemos o leitor interessado. Algumas pessoas perguntam por que motivo Kardec não ocultou os nomes que subscrevem os "Prolegômenos", publicando apenas a mensagem, como fez com a maioria das respostas deste livro. Essas assinaturas, segundo dizem, afastam da obra muitos leitores, que a consideram uma mistificação grosseira.

A explicação está na sinceridade de Kardec e na sua fidelidade aos Espíritos, que lhe revelaram a doutrina. Ocultar-lhes os nomes seria deixar uma possibilidade de lhe atribuírem a obra, e ele sempre fez questão de precisar que não passava de um colaborador dos autores espirituais. Além disso, suas explicações a respeito são absolutamente claras, para todos os que estão aptos a compreender o fenômeno espírita em sua plenitude.

O PROBLEMA CIENTÍFICO

Kardec examina o problema científico do Espiritismo no capítulo VII da "Introdução ao Estudo da Doutrina Espírita". Vejamos um trecho bastante esclarecedor, que o leitor encontrará no lugar próprio desta edição: "A ciência propriamente dita, como ciência, é incompetente para se pronunciar sobre a questão do Espiritismo: não lhe cabe ocupar-se do assunto e seu pronunciamento a respeito, qualquer que seja, favorável ou não, nenhum peso teria".

Não obstante, Kardec insiste no caráter científico da doutrina. Caráter próprio, como ele explica nos capítulos citados, pois se trata de uma ciência que deve ter os seus próprios métodos, uma vez que o seu objeto não é a matéria, mas o espírito.

Por que essa insistência no caráter científico? Porque *O Livro dos Espíritos* vem abrir uma nova era no estudo dos problemas espirituais. Até a sua publicação, esses problemas eram tratados de maneira empírica ou apenas imaginosa. As religiões, com seus intrincados sistemas teológicos, ou as ordens ocultas, as corporações místicas e teosóficas, deslocavam os problemas do espírito para o terreno do mistério. O conhecimento humano se dividia, para nos servirmos das expressões de Santo Agostinho, na "iluminação divina" e na "experiência".

O Espiritismo veio modificar essa ordem de coisas, mostrando a possibilidade de encararmos os problemas espirituais através da experiência agostiniana, ou seja, através da mesma razão que aplicamos aos problemas materiais. Nesse sentido, *O Livro dos Espíritos* se apresenta como um divisor de águas. Tudo aquilo que, antes dele, constitui o espiritualismo pode ser chamado "espiritualismo utópico", e tudo o que vem com ele e depois dele, seguindo a sua linha doutrinária, "espiritualismo científico", como fazem os marxistas com o socialismo de antes e depois de Marx.

Esta a posição especial de *O Livro dos Espíritos* no plano da cultura espiritual. Com ele, o espírito e os seus problemas saíram do terreno da abstração, para se tornarem acessíveis à investigação racional, e até mesmo à pesquisa experimental. O sobrenatural tornou-se natural. Tudo se reduziu a uma questão de conhecimento das leis que regem o universo.

A tese espinosiana da impossibilidade do milagre, como violação da ordem natural, veio comprovar-se nas suas demonstrações. E as leis dessa ordem, como vemos no capítulo primeiro do Livro III, são todas naturais, quer digam respeito às relações materiais, quer às espirituais e morais. Não existe o sobrenatural, senão para a ignorância humana das leis naturais, uma vez que o Universo é um sistema único, e todas as suas partes se entrosam na grande estrutura.

O PROBLEMA RELIGIOSO

A natureza religiosa de *O Livro dos Espíritos* ressalta desde as suas primeiras páginas. Como já vimos, Kardec o inicia pela definição de Deus. Mas o Deus espírita não é antropomórfico, não é um ser constituído à imagem e semelhança do homem, como o das religiões. A definição espírita é incisiva: "Deus é a inteligência suprema, causa primária de todas as coisas".

Assim como, para Espinosa, Deus é a substância infinita, para Kardec é a inteligência infinita. Mas, assim como erraram os que confundiram a substância espinosiana com o Universo, assim também se enganam os que confundem a inteligência infinita com o homem finito, e a religião espírita com os formalismos religiosos.

Os atributos de Deus não se confundem com os precários atributos humanos: ele é eterno, imutável, imaterial, único, todo-poderoso, soberanamente justo e bom. Deus não se confunde com o Universo, pois é o criador e o mantenedor do Universo. Entretanto, ao tratar da justiça de Deus, vemos Kardec empregar uma terminologia antropomórfica, falando em castigos e recompensas, o que tem dado motivo a afirmar-se que o Deus espírita é semelhante ao das religiões.

A explicação desse fato, que à primeira vista parece contraditório, está na questão décima: "O homem pode compreender a natureza íntima de Deus? – Não. Falta-lhe, para tanto, um sentido". E logo a seguir vem a explicação de Kardec a respeito. Mais adiante, no item 13, encontramos a resposta de que os atributos de Deus, a que nos referimos acima, são apenas uma interpretação humana, aquilo que o homem pode conceber a respeito de Deus no seu estágio atual de evolução. Kardec, portanto, emprega a linguagem que podemos empregar, de maneira compreensiva, para tratar de Deus. Não humaniza a Deus, mas apenas o coloca ao alcance da compreensão humana.

Não obstante, a natureza suprema de Deus, como inteligência infinita e causa primária, é sempre resguardada. Vemos isso em todo o primeiro capítulo e em muitas outras passagens do livro. No capítulo sobre o Panteísmo, qualquer confusão entre o Criador e a Criação foi afastada. O Deus espírita não é antropomórfico, mas também não é panteísta. Por outro lado, *O Livro dos Espíritos* veda imediatamente o caminho às especulações ilusórias e imaginosas sobre a natureza de Deus.

Uma vez que falta ao homem o meio de compreendê-lo, inútil será tentar a sua definição através de suposições ingênuas ou atrevidas. É o que vemos no item 14 do primeiro capítulo, no estabelecimento de um princípio que define de maneira absoluta a posição do Espiritismo em face do problema, separando-o decisivamente de todas as escolas de teologia especulativa ou de ocultismo de qualquer espécie. Vejamos esse trecho fundamental: "Deus existe, não o podeis duvidar, e isso é o essencial. Acreditai no que vos digo e não queirais ir além. Não vos percais num labirinto, de onde não podereis sair. Isso não vos tornaria melhores, mas talvez um pouco mais orgulhosos, porque acreditaríeis saber, quando na realidade nada saberíeis. Deixai, pois, de lado, todos esses sistemas; tendes que vos desembaraçar de muitas coisas que vos tocam mais diretamente. Isto vos será mais útil do que querer penetrar o que é impenetrável".

Deus, como inteligência infinita ou suprema, é o que é. Não comporta especulações ociosas, definições imaginosas. O homem deve conter-se nos limites de si mesmo, cuidar das suas imperfeições, melhorar-se. Basta-lhe saber que Deus existe, e que é justo e bom. Disso ele não pode duvidar, porque "pela obra se reconhece o obreiro"; a própria natureza atesta a existência de Deus, sua própria consciência lhe diz que ele existe, e a lei geral da evolução comprova a sua justiça e a sua bondade. Descartes dizia que Deus está na consciência do homem como a marca do obreiro na sua obra. Os Espíritos confirmam esse princípio, mas vão além, mostrando que a marca do obreiro está em todas as coisas, na natureza inteira. A negação de Deus é, para o Espiritismo, como a negação do Sol. O ateu, o descrente, não é um condenado, um pecador irremissível, mas um cego, cujos olhos podem ser abertos, e realmente o serão. Porque Deus é necessariamente existente, segundo o princípio cartesiano. Nada se pode entender sem

Deus. Ele é o centro e a razão de ser de tudo quanto existe. Tirar Deus do Universo é como tirar o Sol do nosso sistema. Simples absurdo.

Mas, pelo fato de não ter a forma humana, de não se assemelhar ao homem, no tocante à constituição física deste, não se segue que Deus esteja distante do homem e indiferente a ele. O Deus espírita se assemelha ao aristotélico, pelo seu poder de atração, mas se afasta dele, quanto à indiferença em relação ao cosmos. Porque Deus é providência, Deus é amor, é o criador e o pai de tudo e de todos.

O Universo se define por uma tríade, semelhante às tríades druídicas: Deus, espírito e matéria. Vemos isso no item 27, quando Kardec pergunta se existem dois elementos gerais, o espírito e a matéria, e os Espíritos respondem: "Sim, e acima de ambos, Deus, o Criador, o Pai de todas as coisas. Essas três coisas são o princípio de tudo o que existe, a trindade universal". A matéria, porém, não é só o elemento palpável, pois há nela o fluido universal, o seu lado fluídico, que desempenha o papel de intermediário entre o plano espiritual e o propriamente material.

Diante dessa concepção, surge um problema de ordem teológica e escriturística: se Deus não se assemelha ao homem, como entender-se a passagem bíblica segundo a qual ele criou o homem à sua imagem e semelhança? A explicação vem no item 88, quando Kardec pergunta pela forma do Espírito, não daquele que ainda está revestido do corpo espiritual ou perispírito, mas do Espírito puro.

Vejamos a pergunta e a resposta: "Os Espíritos têm uma forma determinada, limitada e constante? – Aos vossos olhos, não; aos nossos, sim. Eles são, se o quiserdes, uma flama, um clarão ou uma centelha etérea". Como se vê, o homem, na sua essência – naquilo unicamente em que ele pode assemelhar-se a Deus –, não é um animal de carne e osso, nem mesmo uma forma humana em corpo espiritual, mas uma centelha etérea. Foi assim que Deus o fez à sua imagem e semelhança.

Colocando o problema fundamental de Deus e da criação, *O Livro dos Espíritos* entra pelo controvertido terreno da destinação humana. Sua concepção deísta do Universo é necessariamente teológica. Tudo avança para Deus, do átomo ao arcanjo, como vimos no item 540, e à frente dessa marcha, no plano terreno, encontra-se o homem. Vemo-lo numa escala evolutiva, na terra como no espaço: do imbecil ao sábio, do criminoso ao santo.

A "escala espírita", que começa no item 100, nos oferece uma visão esquemática dessa escada de Jacó, que vai da terra ao céu. O estudo da "progressão dos espíritos", que começa no item 114, nos mostra a necessidade do esforço próprio para que o Espírito se realize a si mesmo, revelando-nos ao mesmo tempo o papel da Providência, sempre amorosamente voltada para as criaturas. No estudo sobre "anjos e demônios", que se inicia no item 128, defrontamo-nos com um debate teórico sobre passagens evangélicas. O problema da justiça de Deus é equacionado à luz dos ensinos de Cristo, no seu verdadeiro sentido.

A seguir, *O Livro dos Espíritos* trata da encarnação dos Espíritos e da finalidade da vida terrena. Combate o materialismo, mostrando a sua inconsistência. Não são os estudos que levam o homem a ele, não é o desenvolvimento do conhecimento que o torna materialista, mas apenas a sua vaidade. É o que vemos no item 148: "Não é verdade que o materialismo seja uma consequência desses estudos. É o homem que deles tira uma falsa consequência, pois ele pode abusar de tudo, mesmo das melhores coisas".

Kardec corrobora a tese dos Espíritos: o materialismo é uma aberração da inteligência. É o que nos diz no início do seu comentário: "Por uma aberração da inteligência, há pessoas que não veem nos seres orgânicos nada mais que a ação da matéria, e a esta atribuem todos os nossos atos".

E assim prossegue o livro, todo ele impulsionado pelo sopro do espírito, impregnado pelo sentimento religioso e, mais particularmente, pelo sentido cristão desse sentimento. Quando, no item 625, Kardec pergunta qual o tipo humano mais perfeito que Deus ofereceu ao homem, para lhe servir de guia e modelo, a resposta é incisiva: "Vede Jesus". E Kardec comenta: "Jesus é para o homem o tipo de perfeição moral a que pode aspirar a Humanidade na Terra. Deus no-lo oferece como o mais perfeito modelo, e a doutrina que ele ensinou é a mais pura expressão de sua lei, porque ele estava animado do espírito divino e foi o ser mais puro que já apareceu na Terra".

A religião espírita se traduz em espírito e verdade. O que interessa a Deus não é a precária exterioridade dos ritos e do culto convencional, quase sempre vazio: é o pensamento e o sentimento do homem. A adoração da divindade é uma lei natural, tanto quanto a lei de gravidade. O homem gravita para Deus como a pedra gravita para a Terra e esta para o Sol. Mas as manifestações exteriores da adoração não são necessárias.

No item 653 vemos a clara resposta dos Espíritos a respeito: "A verdadeira adoração é a do coração. Em todas as vossas ações, pensai sempre que o Senhor vos observa". A vida contemplativa é condenada, porque inútil, assim também a monacal, pois Deus não quer o cultivo egoísta do sentimento religioso, mas a prática da caridade, a experiência viva e constante do amor, através das relações humanas.

O Livro dos Espíritos não deixa de lado o problema do culto religioso, que necessita manifestar a sua religiosidade: essa manifestação se verifica nas formas naturais de adoração, uma das quais é a prece. Pela prece o homem pensa em Deus, aproxima-se dele, põe-se em comunicação com ele. É o que vemos a partir do item 658. Pela prece, o homem pode evoluir mais depressa, elevar-se mais rapidamente sobre si mesmo. Mas a prece também não pode ser apenas formal. Por ela, podemos fazer três coisas: louvar, pedir e agradecer a Deus, mas desde que o façamos com o coração, e não apenas com os lábios.

Temos assim a religião espírita, que mais tarde se definirá de maneira mais objetiva ou direta em *O Evangelho segundo o Espiritismo*. Uma religião psíquica, como a chamou Conan Doyle, equivalente à "religião dinâmica" de Bergson. No capítulo V da "Conclusão" Kardec afirma: "O Espiritismo é forte porque se apoia nas próprias bases da religião: Deus, a alma, as penas e recompensas futuras, e porque sobretudo mostra essas penas e recompensas como consequências naturais da vida terrena, oferecendo um quadro do futuro em que nada pode ser contestado pela mais exigente razão". Enfim: religião positiva, baseada nas leis naturais, destituída de aparatos misteriosos e de teologia imaginosa.

Para completar o quadro religioso de *O Livro dos Espíritos* temos ainda o capítulo XII do Livro III e todo o Livro IV. No capítulo referido, Kardec trata do aperfeiçoamento moral do homem, encara os problemas referentes às virtudes e aos vícios, às paixões, ao egoísmo, e define, por fim, o caráter do homem de bem, concluindo com uma mensagem de Santo Agostinho sobre a maneira de nos conhecermos a nós mesmos. No Livro IV temos um capítulo sobre as penas e gozos terrenos, que é um código da vida moral na Terra, verdadeiro catecismo da conduta espírita, e um capítulo sobre as penas e gozos futuros, sobre as consequências espirituais do nosso comportamento terreno.

ESTUDOS FUTUROS

Este, em linhas gerais, o livro que a 18 de abril deste ano[1] completou cem anos, e cujo primeiro centenário foi celebrado em todo o mundo civilizado, pelos adeptos do Espiritismo. Sua estrutura, como se vê, o coloca entre os tratados filosóficos, e seu conteúdo se relaciona com todos os aspectos fundamentais do conhecimento. Sua simplicidade aparente é tão ilusória como a da superfície tranquila de um grande rio.

Como no *Discurso do Método* de Descartes, a clareza do texto pode enganar o leitor desprevenido. As coisas mais profundas e complexas aparecem na linguagem mais direta e simples, e a compreensão geral do livro só pode ser alcançada por aquele que for capaz de apreender todos os nexos entre os diversos assuntos nele tratados.

Até hoje, cem anos depois de sua publicação, *O Livro dos Espíritos* vem sendo lido e meditado, no mundo inteiro, mas pouco se tem cuidado de analisá-lo em suas múltiplas implicações e em sua mais profunda significação. Acreditamos que o segundo século do Espiritismo, que se iniciou neste ano, será assinalado por uma atitude mais

[1] Esta introdução foi redigida pelo tradutor por ocasião da edição especial da LAKE, comemorativa do centenário de "O Livro dos Espíritos', em 18 de abril de 1957. (Nota da Editora.)

consciente dos próprios espíritas em face deste livro, e que estudos futuros virão revelar, cada vez de maneira mais clara, o seu verdadeiro papel na história do conhecimento.

Para concluir, lembremos que sir Oliver Lodge, o grande físico inglês, uma das mais altas expressões de cultura científica do nosso tempo, considerou o Espiritismo, no seu livro sobre *A Imortalidade Pessoal,* como "uma nova revolução copérnica". E Léon Denis, o sucessor de Kardec, legítima expressão da cultura francesa, proclamou no Congresso Espírita Internacional de Paris, em 1925, e no seu livro *Le Genie Celtique et le Monde Invisible*, de 1927, que o Espiritismo tende a reunir e a fundir, numa síntese grandiosa, todas as formas do pensamento e da ciência.

J. Herculano Pires

INTRODUÇÃO AO ESTUDO DA DOUTRINA ESPÍRITA

I – ESPIRITISMO E ESPIRITUALISMO

Para as coisas novas necessitamos de palavras novas, pois assim o exige a clareza de linguagem, para evitarmos a confusão inerente aos múltiplos sentidos dos próprios vocábulos. As palavras *espiritual, espiritualista, espiritualismo* têm uma significação bem definida; dar-lhes outra, para aplicá-las à Doutrina dos Espíritos, seria multiplicar as causas já tão numerosas de anfibologia. Com efeito, o espiritualismo é o oposto do materialismo; quem quer que acredite haver em si mesmo alguma coisa além da matéria é espiritualista; mas não se segue daí que creia na existência dos Espíritos ou em suas comunicações com o mundo visível.

Em lugar das palavras *espiritual* e *espiritualismo* empregaremos, para designar esta última crença, as palavras *espírita* e *espiritismo*, nas quais a forma lembra a origem e o sentido radical e que por isso mesmo têm a vantagem de ser perfeitamente inteligíveis, deixando para *espiritualismo* a sua significação própria. Diremos, portanto, que a *Doutrina Espírita* ou o *Espiritismo* tem por princípio as relações do mundo material com os Espíritos ou seres do mundo invisível. Os adeptos do Espiritismo serão os *espíritas,* ou, se o quiserem, os *espiritistas.*

Como especialidade *O Livro dos Espíritos* contém a *Doutrina Espírita*; como generalidade liga-se ao *Espiritualismo,* do qual apresenta uma das fases. Essa a razão por que traz sobre o título as palavras: *Filosofia Espiritualista.*

II – ALMA, PRINCÍPIO VITAL E FLUIDO VITAL

Há outra palavra sobre a qual igualmente devemos entender-nos porque é uma das chaves de toda doutrina moral e tem suscitado numerosas controvérsias, por falta de uma acepção bem determinada; é a palavra *alma.* A divergência de opiniões sobre a natureza da alma provém da aplicação particular que cada qual faz desse vocábulo. Uma língua perfeita, em que cada ideia tivesse a sua representação por um termo próprio, evitaria muitas discussões; com uma palavra para cada coisa todos se entenderiam.

Segundo uns, a alma é o princípio da vida orgânica material; não tem existência própria e se extingue com a vida: é o puro materialismo. Nesse sentido e por comparação dizem de um instrumento quebrado, que não produz mais som, que ele não tem alma. De acordo com esta opinião a alma seria um efeito e não uma causa.

Outros pensam que a alma é o princípio da inteligência, agente universal de que cada ser absorve uma porção. Segundo estes, não haveria em todo o universo senão uma única alma, distribuindo fagulhas para os diversos seres inteligentes, durante a vida; após a morte cada fagulha volta à fonte comum, confundindo-se no todo, como os córregos e os rios retornam ao mar de onde saíram. Esta opinião difere da precedente em que, segundo esta hipótese, existe em nós algo mais do que a matéria, restando qualquer coisa após a morte; mas é quase como se nada restasse, pois não subsistindo a individualidade não teríamos mais consciência de nós mesmos. De acordo com esta opinião, a alma universal seria Deus e cada ser uma porção da Divindade; é esta uma variedade do *Panteísmo.*

Segundo outros, enfim a alma é um ser moral, distinto, independente da matéria e que conserva a sua individualidade após a morte. Esta concepção é incontestavelmente a mais comum, porque sob um nome ou outro a ideia desse ser que sobrevive ao corpo se encontra em estado de crença instintiva, e independente de qualquer ensinança, entre todos os povos, qualquer que seja o seu grau de civilização. Essa doutrina, para a qual a alma é causa e não efeito, é a dos espiritualistas.

Sem discutir o mérito dessas opiniões, e não considerando senão o lado linguístico da questão, diremos que essas três aplicações da palavra *alma* constituem três ideias distintas, que reclamariam cada uma um termo diferente. Essa palavra tem, portanto, significação tríplice, e cada qual está com a razão, segundo o seu ponto de vista, ao lhe dar uma definição; a falha se encontra na língua, que não dispõe de mais de uma palavra para três ideias. Para evitar confusões, seria necessário restringir a acepção da palavra *alma* a uma de suas ideias. Escolher esta ou aquela é indiferente, simples questão de convenção, e o que importa é esclarecer. Pensamos que o mais lógico é tomá-la na sua significação mais vulgar, e por isso chamamos *alma* ao *ser imaterial e individual que existe em nós e sobrevive ao corpo.* Ainda que este ser não existisse e não fosse mais que um produto da imaginação, seria necessário um termo para designá-lo.

Na falta de uma palavra especial para cada uma das duas outras ideias, chamaremos:

Princípio vital, o princípio da vida material e orgânica, seja qual for a sua fonte, que é comum a todos os seres vivos, desde as plantas ao homem. A vida podendo existir, sem a faculdade de pensar, o princípio vital é coisa distinta e independente. A palavra *vitalidade* não daria a mesma ideia. Para uns, o *princípio vital* é uma propriedade da matéria, um efeito que se produz quando a matéria se encontra em dadas circunstâncias; segundo outros, e essa ideia é mais comum, ele se encontra num fluido especial, universalmente espalhado, do qual cada ser absorve e assimila uma parte durante a vida, como veremos os corpos inertes absorverem a luz. Este seria então o *fluido vital,* que, segundo certas opiniões, não seria outra coisa senão o fluido elétrico animalizado, também designado por *fluido magnético*, *fluido nervoso* etc.

Seja como for, há um fato incontestável – pois resulta da observação –, e é que os seres orgânicos possuem uma força íntima que produz o fenômeno da vida, enquanto essa força existe; que a vida material é comum a todos os seres orgânicos, e que ela independe da inteligência e do pensamento; que a inteligência e o pensamento são faculdades próprias de certas espécies orgânicas; enfim, que entre as espécies orgânicas dotadas de inteligência e pensamento há uma, dotada de um senso moral especial, que lhe dá incontestável superioridade perante as outras, e que é a espécie humana.

Compreende-se que, com uma significação múltipla, a alma não exclui o materialismo, nem o panteísmo. Mesmo o espiritualista pode muito bem entender a alma segundo uma ou outra das duas primeiras definições, sem prejuízo do ser material distinto, ao qual dará qualquer outro nome. Assim, essa palavra não representa uma opinião: é um Proteu, que cada qual ajeita a seu modo, o que dá origem a tantas disputas intermináveis.

Evitaríamos igualmente a confusão, mesmo empregando a palavra *alma* nos três casos, desde que lhe ajuntássemos um qualificativo para especificar a maneira pela qual a encaramos ou a aplicação que lhe damos. Ela seria então um termo genérico, representando ao mesmo tempo o princípio da vida material, da inteligência e do senso moral, que se distinguiriam pelo atributo, como o gás, por exemplo, que se distingue ajuntando-se-lhe as palavras hidrogênio, oxigênio e azoto. Poderíamos dizer, e talvez fosse o melhor, a *alma vital* para designar o princípio da vida material, a *alma intelectual* para o princípio da inteligência, e a *alma espírita* para o princípio da nossa individualidade após a morte. Como se vê, tudo isto é questão de palavras, mas questão muito importante para nos entendermos. Dessa maneira, a *alma vital* seria comum a todos os seres orgânicos: plantas, animais e homens, *alma intelectual* seria própria dos animais e dos homens, e *alma espírita* pertenceria somente ao homem.

Acreditamos dever insistir tanto mais nestas explicações, quanto a Doutrina Espírita repousa naturalmente sobre a existência em nós de um ser independente da matéria e que sobrevive ao corpo. Devendo repetir frequentemente a palavra *alma* no curso desta obra, tínhamos de fixar o sentido em que a tomamos, a fim de evitar qualquer engano.

Vamos, agora, ao principal objetivo desta instrução preliminar.

III – A DOUTRINA E SEUS CONTRADITORES

A Doutrina Espírita, como toda novidade, tem seus adeptos e seus contraditores. Tentaremos responder a algumas das objeções destes últimos, examinando o valor das razões em que se apoiam, sem termos entretanto a pretensão de convencer a todos; pois há pessoas que acreditam que a luz foi feita somente para elas. Dirigimo-nos às pessoas de boa-fé, sem ideias preconcebidas ou posições firmadas mas sinceramente desejosas de se instruírem, e lhes demonstraremos que a maior parte das objeções que fazem à doutrina provêm de uma observação incompleta dos fatos e de um julgamento formado com muita ligeireza e precipitação.

Recordaremos inicialmente, em breves palavras, a série progressiva de fenômenos que deram origem a esta doutrina.

O primeiro fato observado foi o movimento de objetos; designaram-no vulgarmente com o nome de mesas girantes ou dança das mesas. Esse fenômeno, que parece ter sido observado primeiramente na América, ou, melhor, que se teria repetido nesse país, porque a História prova que ele remonta à mais alta antiguidade, produziu-se acompanhado de circunstâncias estranhas como ruídos insólitos e golpes desferidos sem uma causa ostensiva, conhecida. Dali, propagou-se rapidamente pela Europa e por outras partes do mundo; a princípio provocou muita incredulidade, mas a multiplicidade das experiências em breve não mais permitiu que se duvidasse da sua realidade.

Se esse fenômeno se tivesse restringido ao movimento de objetos materiais poderia ser explicado por uma causa puramente física. Estamos longe de conhecer todos os agentes ocultos da Natureza e mesmo todas as propriedades dos que já conhecemos; a eletricidade, aliás, multiplica diariamente ao infinito os recursos que oferece ao homem e parece dever iluminar a ciência com uma nova luz. Não haveria portanto nada de impossível em que a eletricidade, modificada por certas circunstâncias, ou qualquer outro agente desconhecido, fosse a causa desse movimento. A reunião de muitas pessoas, aumentando o poder de ação, parecia dar apoio a essa teoria, porque se poderia considerar essa reunião como uma pilha múltipla em que a potência corresponde ao número de elementos.

O movimento circular nada tinha de extraordinário: pertence à Natureza. Todos os astros se movem circularmente; poderíamos, pois, estar em face de um pequeno reflexo do movimento geral do Universo; ou, melhor dito, uma causa até então desconhecida poderia produzir acidentalmente, nos pequenos objetos e em dadas circunstâncias, uma corrente análoga à que impulsiona os mundos.

Mas o movimento não era sempre circular. Frequentemente era brusco, desordenado, o objeto violentamente sacudido, derrubado, conduzido numa direção qualquer e, contrariamente a todas as leis da estática, suspenso e mantido no espaço. Não obstante, nada havia ainda nesses fatos que não pudesse ser explicado pelo poder de um agente físico invisível. Não vemos a eletricidade derrubar edifícios, arrancar árvores, lançar à distância os corpos mais pesados, atraí-los ou repeli-los?

Supondo-se que os ruídos insólitos e os golpes não fossem efeitos comuns da dilatação da madeira ou de qualquer outra causa acidental, poderiam ainda muito bem ser produzidos por acumulação do fluido oculto. A eletricidade não produz os ruídos mais violentos?

Até esse momento, como se vê, tudo pode ser considerado no domínio dos fatos puramente físicos e fisiológicos. E, sem sair dessa ordem de ideias, ainda haveria matéria para estudos sérios, digna de prender a atenção dos sábios. Por que não aconteceu assim? É penoso dizer, mas o fato se liga a causas que provam, entre mil e outras semelhantes, a leviandade do espírito humano. De início, a vulgaridade do objeto principal que serviu de base às primeiras experiências talvez não lhe seja estranha. Que influência não teve uma simples palavra, muitas vezes, sobre coisas mais graves. Sem considerar que o movimento poderia ser transmitido a um objeto qualquer, prevaleceu a ideia da mesa, sem dúvida por ser o objeto mais cômodo e porque todos se sentam mais naturalmente em torno de uma mesa que de qualquer outro móvel. Ora, os homens superiores são às vezes tão pueris que não seria impossível certos espíritos de elite se julgarem diminuídos se tivessem de ocupar-se daquilo que se convencionaria chamar *a dança das mesas*. É mesmo provável que, se o fenômeno observado por Galvani o tivesse sido por homens vulgares e caracterizado por um nome burlesco, estivesse ainda relegado ao lado da varinha mágica. Qual o sábio que não se teria julgado diminuído ao ocupar-se da dança das rãs?

Alguns, entretanto, bastante modestos para aceitarem que a Natureza poderia não lhes ter dito a última palavra, quiseram ver para tranquilidade de consciência. Mas aconteceu que o fenômeno nem sempre correspondeu à sua expectativa, e por não se ter produzido constantemente, à sua vontade e segundo a sua maneira de experimentação, concluíram eles pela negativa. Malgrado, porém, a sua sentença, as mesas, pois que há mesas que continuam a girar, e podemos dizer com Galileu: "Contudo, elas se movem". Diremos ainda que os fatos se multiplicaram de tal modo que têm hoje direito de cidadania, e que se trata apenas de encontrar para eles uma explicação racional.

Pode-se induzir qualquer coisa contra a realidade do fenômeno pelo fato de ele não se produzir sempre de maneira idêntica, segundo a vontade e as exigências do observador? Os fenômenos de eletricidade e de química não estão subordinados a determinadas condições e devemos negá-los porque não se produzem fora delas? Devemos estranhar que o fenômeno do movimento de objetos pelo fluido humano tenha também as suas condições e deixe de se produzir quando o observador, firmado no seu ponto de vista, pretende fazê-lo seguir ao seu capricho ou sujeitá-lo às leis dos fenômenos comuns, sem considerar que para fatos novos pode e deve haver novas leis? Ora, para conhecer essas leis é necessário estudar as circunstâncias em que os fatos se produzem, e esse estudo não pode ser feito sem uma observação perseverante, atenta, e por vezes bastante prolongada.

Mas, objetam algumas pessoas, há frequentemente fraudes visíveis. Perguntaremos inicialmente se estão bem certas de que há fraudes e se não tomaram por fraudes efeitos que não conseguiram apreender, mais ou menos como o camponês que se tomava como um sábio professor de física, fazendo experiências, e era um destro escamoteador. E, mesmo supondo-se que as fraudes tenham ocorrido algumas vezes, seria isso razão para negar o fato? Deve-se negar a Física porque há prestidigitadores que se enfeitam com o título de físicos? É necessário ao demais considerar o caráter das pessoas e o interesse que elas poderiam ter em enganar. Seria tudo, então, simples brincadeira? Pode-se muito bem brincar um instante, mas uma brincadeira indefinidamente prolongada seria tão fastidiosa para o mistificador como para o mistificado. Haveria, além disso, uma mistificação que se propaga de um extremo a outro do mundo e entre as pessoas mais graves, mais veneráveis e esclarecidas, alguma coisa pelo menos tão extraordinária quanto o próprio fenômeno.

IV - MANIFESTAÇÕES INTELIGENTES

Se os fenômenos de que nos ocupamos se restringissem ao movimento dos objetos, teriam permanecido no domínio das ciências físicas; mas não aconteceu assim: estavam destinados a nos colocarem na pista dos fatos de uma ordem estranha. Acreditou-se haver descoberto, não sabemos por iniciativa de quem, que o impulso dado aos objetos não era somente o produto de uma força mecânica cega, mas que havia nesse movimento a intervenção de uma causa inteligente. Esta via, uma vez aberta, oferecia um campo inteiramente novo de observações; era o véu que se levantava sobre muitos mistérios. Mas haverá realmente neste caso uma potência inteligente? Essa é a questão. Se essa potência existe, o que é ela, qual a sua natureza, a sua origem? É ela superior à Humanidade? Tais são as outras questões que decorrem da primeira.

As primeiras manifestações inteligentes verificaram-se por meio de mesas que se moviam e davam determinados golpes, batendo um pé, e assim respondiam, segundo o que se havia convencionado, por "sim" ou por "não" à questão proposta. Até aqui, nada de seguramente convincente para os céticos, porque podia crer-se num efeito do acaso. Em seguida, obtiveram-se respostas mais desenvolvidas por meio das letras do alfabeto: dando ao móvel um número de ordem de cada letra, chegava-se a se formar palavras e frases que respondiam às questões propostas. A justeza das respostas e sua correspondência com a pergunta provocaram a admiração. O ser misterioso que assim respondia, interpelado sobre a sua natureza, declarou que era um *Espírito* ou *Gênio,* deu o seu nome e forneceu diversas informações a seu respeito. Esta é uma circunstância muito importante a notar. Ninguém havia então pensado nos *Espíritos* como um meio de explicar o fenômeno; foi o próprio fenômeno que revelou a palavra. Fazem-se hipóteses frequentemente nas ciências exatas para se conseguir uma base ao raciocínio; mas neste caso não foi o que se deu.

Esse meio de correspondência era demorado e incômodo. O Espírito, e esta é também uma circunstância digna de nota, indicou outro. Foi um desses seres invisíveis que aconselhou a adaptar-se um lápis a uma cesta ou a um outro objeto. A cesta, posta sobre uma folha de papel, é movimentada pela mesma potência oculta que faz girar as mesas; mas, em lugar de um simples movimento regular, o lápis escreve por si mesmo, formando palavras, frases, discursos inteiros de muitas páginas, tratando das mais altas questões de Filosofia, de Moral, de Metafísica, de Psicologia etc., e isso com tanta rapidez como se escrevesse à mão.

Esse conselho foi dado simultaneamente na América, na França e em diversos países. Eis os termos em que foi dado em Paris, a 10 de junho de 1853, a um dos mais fervorosos adeptos da Doutrina, que há muitos anos, desde 1849, se ocupava com a evocação dos Espíritos: "Vá buscar no quarto ao lado a cestinha; prenda nela um lápis, coloque-a sobre o papel e ponha-lhe os dedos na borda". Feito isso, depois de alguns instantes, a cesta se pôs em movimento e o lápis escreveu legivelmente esta frase: "Isto que eu vos disse, proíbo-vos expressamente de dizer a alguém; na primeira vez que escrever, escreverei melhor".

O objeto a que se adapta o lápis, não sendo mais que simples instrumento, sua natureza e sua forma não importam; procurou-se a disposição mais cômoda e foi assim que muitas pessoas passaram a usar uma prancheta.

A cesta ou a prancheta não podem ser postas em movimento senão sob a influência de certas pessoas, dotadas para isso de um poder especial e que se designa pelo nome de *médiuns*, ou seja, intermediários entre os Espíritos e os homens. As condições que produzem este poder estão ligadas a causas ao mesmo tempo físicas e espirituais ainda imperfeitamente conhecidas, porquanto se encontram médiuns de todas as idades, de ambos os sexos e em todos os graus de desenvolvimento intelectual. Essa faculdade, entretanto, se desenvolve pelo exercício.

V - DESENVOLVIMENTO DA PSICOGRAFIA

Mais tarde reconheceu-se que a cesta e a prancheta nada mais eram do que apêndices da mão, e o médium, tomando diretamente o lápis, pôs-se a escrever por um impulso involuntário e quase febril. Por esse meio as comunicações se tornaram mais rápidas, mais fáceis e mais completas: é esse, hoje, o meio mais comum, tanto que o número de pessoas dotadas dessa aptidão é bastante considerável e se multiplica dia a dia. A experiência, por fim, tornou conhecidas muitas outras variedades da faculdade mediúnica, descobrindo-se que as comunicações podiam igualmente verificar-se através da escrita direta dos Espíritos, ou seja, sem o concurso da mão do médium nem do lápis.

Verificado o fato, um ponto essencial restava a considerar: o papel do médium nas respostas e a parte que nelas tomava, mecânica e espiritualmente. Duas circunstâncias capitais, que não escapariam a um observador atento, podem resolver a questão. A primeira é a maneira pela qual a cesta se move sob a sua influência, pela simples imposição dos dedos na borda; o exame demonstra a impossibilidade de um médium imprimir uma direção à cesta. Essa impossibilidade se torna sobretudo evidente quando duas ou três pessoas tocam ao mesmo tempo na mesma cesta; seria necessária entre elas uma concordância de movimentos realmente fenomenal; seria ainda necessária a concordância de pensamentos para que pudessem entender-se sobre a resposta a dar. Outro fato, não menos original, vem ainda aumentar a dificuldade. É a mudança radical da letra, segundo o Espírito que se manifesta e a cada vez que o mesmo Espírito volta, repetindo-a. Seria pois necessário que o médium se tivesse exercitado em modificar a própria letra de vinte maneiras diferentes, e sobretudo que ele pudesse lembrar-se da caligrafia deste ou daquele Espírito.

A segunda circunstância resulta da própria natureza das respostas, que são, na maioria dos casos, sobretudo quando se trata de questões abstratas ou científicas, notoriamente fora dos conhecimentos e às vezes do alcance intelectual do médium. Este, de resto, geralmente, não tem consciência do que escreve e por outro lado nem mesmo entende a questão proposta, que pode ser feita numa língua estranha ou mentalmente, sendo a resposta dada nessa língua. Acontece, por fim, que a cesta escreve de maneira espontânea, sem nenhuma questão proposta, sobre um assunto absolutamente inesperado.

As respostas, em certos casos, revelam um teor de sabedoria, de profundeza e de oportunidade, pensamentos tão elevados e tão sublimes, que não podem vir senão de uma inteligência superior, impregnada da mais pura moralidade. De outras vezes são tão levianas, tão frívolas, e mesmo tão banais que a razão se recusa a admitir que possam vir da mesma fonte. Essa diversidade de linguagem não se pode explicar senão pela diversidade de inteligências que se manifestam. Essas inteligências são humanas ou não? Esse é o ponto a esclarecer e sobre o qual se encontrará nesta obra a explicação completa, tal como foi dada pelos próprios Espíritos.

Eis portanto os efeitos evidentes que se produzem fora do círculo habitual de nossas observações; que não se passam de maneira misteriosa mas à luz do dia; que todos podem ver e constatar; que não são privilégio de nenhum indivíduo e que milhares de pessoas repetem à vontade todos os dias. Esses efeitos têm necessariamente uma causa e, desde que revelam a ação de uma inteligência e de uma vontade, saem fora do domínio puramente físico.

Muitas teorias foram formuladas a respeito. Passaremos a examiná-las dentro em pouco e veremos se podem tornar compreensíveis todos os fatos produzidos. Admitamos por enquanto a existência de seres distintos da Humanidade, pois é essa a explicação dada pelas inteligências, e vejamos o que eles nos dizem.

VI - RESUMO DA DOUTRINA DOS ESPÍRITOS

Os seres que se manifestam designam-se a si mesmos, como dissemos, pelo nome de Espíritos ou Gênios, e dizem, alguns pelo menos, que viveram como homens na Terra. Constituem o mundo-espiritual, como nós constituímos, durante a nossa vida, o mundo corporal. Resumimos em poucas palavras os pontos principais da doutrina que nos transmitiram, a fim de mais facilmente responder a certas objeções:

> "Deus é eterno, imutável, imaterial, único, todo-poderoso, soberanamente justo e bom.
>
> Criou o Universo, que compreende todos os seres animados e inanimados, materiais e imateriais.
>
> Os seres materiais constituem o mundo visível ou corporal e os seres imateriais o mundo invisível ou espírita, ou seja, dos Espíritos.
>
> O mundo espírita é o mundo normal, primitivo, eterno, preexistente e sobrevivente a tudo.
>
> O mundo corporal é secundário; pode deixar de existir ou nunca ter existido, sem alterar a essência do mundo espírita.
>
> Os Espíritos revestem temporariamente um invólucro material perecível e sua destruição pela morte os devolve à liberdade.
>
> Entre as diferentes espécies de seres corporais Deus escolheu a espécie humana para a encarnação dos Espíritos que chegaram a um certo grau de desenvolvimento, o que lhes dá superioridade moral e intelectual perante as demais.
>
> A alma é um Espírito encarnado e o corpo é apenas o seu invólucro.
>
> Há no homem três coisas: 1º) o corpo ou ser material, semelhante ao dos animais e animado pelo mesmo princípio vital; 2º) a alma ou ser imaterial, espírito encarnado no corpo; 3º) o liame que une a alma ao corpo, princípio intermediário entre a matéria e o Espírito.

O homem tem assim duas naturezas: pelo corpo participa da natureza dos animais, dos quais possui os instintos; pela alma participa da natureza dos Espíritos.

O liame ou perispírito que une corpo e Espírito é uma espécie de invólucro semimaterial. A morte é a destruição do invólucro mais grosseiro. O Espírito conserva o segundo, que constitui para ele um corpo etéreo, invisível para nós no seu estado normal, mas que ele pode tornar acidentalmente visível e mesmo tangível, como se verifica nos fenômenos de aparição.

O Espírito não é portanto um ser abstrato, indefinido, que só o pensamento pode conceber. É um ser real, definido, que em certos casos pode ser apreciado pelos nossos sentidos da vista, da audição e do tato.

Os Espíritos pertencem a diferentes classes, não sendo iguais em poder nem inteligência, saber ou moralidade. Os da primeira ordem são os Espíritos Superiores, que se distinguem pela perfeição, pelos conhecimentos e pela proximidade de Deus, a pureza dos sentimentos e o amor do bem: são os anjos ou Espíritos puros. As demais classes se distanciam mais e mais dessa perfeição. Os das classes inferiores são inclinados às nossas paixões: o ódio, a inveja, o ciúme, o orgulho etc., e se comprazem no mal. Nesse número há os que não são nem muito bons, nem muito maus; antes perturbadores e intrigantes do que maus; a malícia e a inconsequência parecem ser as suas características: são os Espíritos estouvados ou levianos.

Os Espíritos não pertencem eternamente à mesma ordem. Todos melhoram, passando pelos diferentes graus da hierarquia espírita. Esse melhoramento se verifica pela encarnação, que a uns é imposta como uma expiação e a outros como missão. A vida material é uma prova a que devem submeter-se repetidas vezes até atingirem a perfeição absoluta; é uma espécie de peneira ou depurador de que eles saem mais ou menos purificados.

Deixando o corpo, a alma volta ao mundo dos Espíritos, de que havia saído para reiniciar uma nova existência material após um lapso de tempo mais ou menos longo durante o qual permanecera no estado de Espírito errante.[1]

Devendo o Espírito passar por muitas encarnações, conclui-se que todos nós tivemos muitas existências e que teremos ainda outras mais ou menos aperfeiçoadas, seja na Terra ou em outros mundos.

A encarnação dos Espíritos ocorre sempre na espécie humana. Seria um erro acreditar que a alma ou espírito pudesse encarnar num corpo de animal.

As diferentes existências corporais do Espírito são sempre progressivas e jamais retrógradas, mas a rapidez do progresso depende dos esforços que fazemos para chegar à perfeição.

[1] Entre esta doutrina da reencarnação e a da metempsicose, tal como a admitem algumas seitas, há uma diferença característica que será explicada no curso desta obra.

As qualidades da alma são as do Espírito encarnado. Assim, o homem de bem é a encarnação de um bom Espírito e o homem perverso a de um Espírito impuro.

A alma tinha a sua individualidade antes da encarnação e a conserva após a separação do corpo.

No seu regresso ao mundo dos Espíritos a alma reencontra todos os que conheceu na Terra, e todas as suas existências anteriores se delineiam na sua memória, com a recordação de todo o bem e todo o mal que tenha feito.

O Espírito encarnado está sob a influência da matéria. O homem que supera essa influência, pela elevação e purificação de sua alma, aproxima-se dos bons Espíritos com os quais estará um dia. Aquele que se deixa dominar pelas más paixões e põe todas as suas alegrias na satisfação dos apetites grosseiros aproxima-se dos Espíritos impuros, dando preferência à natureza animal. Os Espíritos encarnados habitam os diferentes globos do Universo.

Os espíritos não encarnados ou errantes não ocupam nenhuma região determinada ou circunscrita; estão por toda parte, no espaço e ao nosso lado, vendo-nos e acotovelando-nos sem cessar. É toda uma população invisível que se agita em nosso redor.

Os Espíritos exercem sobre o mundo moral e mesmo sobre o mundo físico uma ação incessante. Agem sobre a matéria e sobre o pensamento, e constituem uma das forças da Natureza, causa eficiente de uma multidão de fenômenos até agora inexplicados ou mal explicados, que não encontram solução racional.

As relações dos Espíritos com os homens são constantes. Os bons Espíritos nos convidam ao bem, nos sustentam nas provas da vida e nos ajudam a suportá-las com coragem e resignação; os maus nos convidam ao mal: é para eles um prazer ver-nos sucumbir e cair no seu estado.

As comunicações ocultas verificam-se pela influência boa ou má que eles exercem sobre nós sem sabermos, cabendo ao nosso julgamento discernir as más e boas inspirações. As comunicações ostensivas realizam-se por meio da escrita, da palavra ou de outras manifestações materiais, na maioria das vezes através dos médiuns que lhes servem de instrumentos.

Os Espíritos se manifestam espontaneamente ou pela evocação. Podemos evocar todos os Espíritos: os que animaram homens obscuros e os dos personagens mais ilustres, qualquer que seja a época em que tenham vivido; os de nossos parentes, de nossos amigos ou inimigos, e deles obter, por comunicações escritas ou verbais, conselhos, informações sobre a situação em que se acham no espaço, seus pensamentos a nosso respeito, assim como as revelações que tenham a permissão de fazer-nos.

Os Espíritos são atraídos na razão de sua simpatia pela natureza moral do meio que os evoca. Os Espíritos superiores gostam das reuniões sérias em que predominam o amor do bem e o desejo sincero de instrução e de melhoria. Sua presença afasta os Espíritos inferiores, que encontram, ao contrário, livre acesso e podem agir com inteira liberdade entre as pessoas frívolas ou guiadas apenas pela curiosidade, e por toda parte onde encontrem maus instintos. Longe de obtermos bons conselhos e informações úteis desses Espíritos, nada mais devemos esperar do que futilidades, mentiras, brincadeiras de mau gosto ou mistificações, pois frequentemente se servem de nomes veneráveis para melhor nos induzirem ao erro.

Distinguir os bons e os maus Espíritos é extremamente fácil. A linguagem dos Espíritos superiores é constantemente digna, nobre, cheia da mais alta moralidade, livre de qualquer paixão inferior; seus conselhos revelam a mais pura sabedoria e têm sempre por alvo o nosso progresso e o bem da Humanidade. A dos Espíritos inferiores é inconsequente, quase sempre banal e mesmo grosseira; se dizem às vezes coisas boas e verdadeiras, dizem com mais frequência falsidades e absurdos, por malícia ou ignorância; zombam da credulidade e divertem-se à custa dos que os interrogam, lisonjeando-lhes a vaidade e embalando-lhes os desejos com falsas esperanças. Em resumo, as comunicações sérias, na perfeita acepção do termo, não se verificam senão nos centros sérios, cujos membros estão unidos por uma íntima comunhão de pensamentos dirigidos para o bem.

A moral dos Espíritos superiores se resume, como a do Cristo, nessa máxima evangélica: "Fazer aos outros o que desejamos que os outros nos façam", ou seja, fazer o bem e não o mal. O homem encontra nesse princípio a regra universal de conduta, mesmo para as menores ações.

Eles nos ensinam que o egoísmo, o orgulho e a sensualidade são paixões que nos aproximam da natureza animal, prendendo-nos à matéria; que o homem que desde este mundo se liberta da matéria, pelo desprezo das futilidades mundanas e o cultivo do amor ao próximo, aproxima-se da natureza espiritual; que cada um de nós deve tornar-se útil segundo as faculdades e os meios que Deus nos colocou nas mãos para nos provar; que o Forte e o Poderoso devem apoio e proteção ao Fraco porque aquele que abusa da sua força e do seu poder para oprimir o seu semelhante viola a lei de Deus. Eles ensinam, enfim, que no mundo dos Espíritos nada pode estar escondido: o hipócrita será desmascarado e todas as suas torpezas reveladas; a presença inevitável e incessante daqueles que prejudicamos é um dos castigos que nos estão reservados; ao estado de inferioridade e de superioridade dos Espíritos correspondem penas e alegrias que nos são desconhecidas na Terra.

Mas eles nos ensinam também que não há faltas irremissíveis que não possam ser apagadas pela expiação. O homem encontra o meio necessário nas diferentes existências que lhe permitem avançar, na via do progresso, em direção à perfeição, que é o seu objetivo final.

Este é o resumo da Doutrina Espírita, como ela aparece no ensinamento dos Espíritos superiores. Vejamos agora as objeções que lhe fazem.

VII - A CIÊNCIA E O ESPIRITISMO

A oposição das corporações científicas é, para muita gente, se não uma prova, pelo menos uma forte presunção contrária. Não somos dos que levantam a voz contra os sábios, pois não queremos dar motivo a nos chamarem de estouvados; temo-los, pelo contrário, em grande estima e ficaríamos muito honrados se fôssemos contados entre eles. Entretanto, sua opinião não poderia representar, em todas as circunstâncias, um julgamento irrevogável.

Quando a ciência sai da observação material dos fatos e trata de apreciá-los e explicá-los, abre-se para os cientistas o campo das conjeturas: cada um constrói o seu sistemazinho, que deseja fazer prevalecer e sustenta encarniçadamente. Não vemos diariamente as opiniões mais contraditórias serem preconizadas e rejeitadas, repelidas como erros absurdos e depois proclamadas como verdades incontestáveis? Os fatos, eis o verdadeiro critério dos nossos julgamentos, o argumento sem réplica. Na ausência dos fatos, a dúvida é a opinião do homem prudente.

No tocante às coisas evidentes, a opinião dos sábios é justamente digna de fé, porque eles as conhecem mais e melhor que o vulgo. Mas no tocante a princípios novos, a coisas desconhecidas, a sua maneira de ver não é mais do que hipotética, porque eles não são mais livres de preconceitos que os outros. Direi mesmo que o sábio terá, talvez, mais preconceitos que qualquer outro, pois uma propensão natural o leva a tudo subordinar ao ponto de vista de sua especialidade: o matemático não vê nenhuma espécie de prova senão através de uma demonstração algébrica, o químico relaciona tudo com a ação dos elementos, e assim por diante. Todo homem que se dedica a uma especialidade escraviza a ele as suas ideias. Afastai-o do assunto e ele quase sempre se confundirá, porque deseja tudo submeter ao seu modo de ver; é esta uma consequência da fragilidade humana. Consultarei, portanto, de bom grado e com absoluta confiança, um químico sobre uma questão de análise; um físico sobre a força elétrica; um mecânico sobre a força motriz; mas eles me permitirão, sem que isto afete a estima que lhes devo por sua especialização, que não tenha em melhor conta a sua opinião negativa sobre o Espiritismo do que a de um arquiteto sobre questões de música.

As ciências comuns se apoiam nas propriedades da matéria, que podem ser experimentadas e manipuladas à vontade; os fenômenos espíritas se apoiam na ação de inteligências que têm vontade própria e nos provam a todo instante não estarem submetidas ao nosso capricho. As observações, portanto, não podem ser feitas da mesma maneira, num e noutro caso. No Espiritismo elas requerem condições especiais e outra maneira de encará-las: querer sujeitá-las aos processos ordinários de investigação seria estabelecer analogias que não existem. A ciência propriamente dita, como ciência, é incompetente para se pronunciar sobre a questão do Espiritismo: não lhe cabe ocupar-se do assunto e seu pronunciamento a respeito, qualquer que seja, favorável ou não, nenhum peso teria.

O Espiritismo é o resultado de uma convicção pessoal que os sábios podem ter como indivíduos, independente de sua condição de sábios. Querer, porém, deferir a questão à ciência seria o mesmo que entregar a uma assembleia de físicos ou astrônomos a solução do problema da existência da alma. Com efeito, o Espiritismo repousa inteiramente sobre a existência da alma e o seu estado após a morte. Ora, é supinamente ilógico pensar que um homem deva ser grande psicólogo pelo simples fato de ser grande matemático ou grande anatomista. O anatomista, dissecando o corpo humano, procura a alma e, porque não a encontra com o seu bisturi, como se encontrasse um nervo, ou porque não a vê evolar-se como um gás, conclui que ela não existe. Isso em razão de colocar-se num ponto de vista exclusivamente material. Segue-se daí que ele esteja com a razão, contra a opinião universal? Não. Vê-se, portanto, que o Espiritismo não é da alçada da Ciência.

Quando as crenças espíritas estiverem vulgarizadas, quando forem aceitas pelas massas – o que, a julgar pela rapidez com que se propagam, não estaria muito longe –, dar-se-á com elas o que se tem dado com todas as ideias novas que encontraram oposição: os sábios se renderão à evidência. Eles as aceitarão individualmente, pela força das circunstâncias. Até que isso aconteça, seria inoportuno desviá-los de seus trabalhos especiais para constrangê-los a ocupar-se de coisa estranha, que não está nas suas atribuições nem nos seus programas. Enquanto isso, os que, sem estudo prévio e aprofundado da questão, pronunciam-se pela negativa e zombam dos que não concordam com a sua opinião esquecem que o mesmo aconteceu com a maioria das grandes descobertas que honraram a Humanidade. Arriscam-se a ver os seus nomes aumentando a lista dos ilustres negadores das ideias novas, inscritos ao lado dos membros da douta assembleia que, em 1752, recebeu com estrondosa gargalhada o relatório de Franklin sobre os para-raios, julgando-o indigno de figurar entre as comunicações da pauta, e daquela outra que fez a França perder as vantagens da navegação a vapor ao declarar o sistema de Fulton um sonho impraticável. Não obstante, eram questões de alçada da ciência. Se essas assembleias, que contavam com os maiores sábios do mundo, só tiveram zombaria e sarcasmo para as ideias que ainda não compreendiam e que alguns anos mais tarde deviam revolucionar a ciência, os costumes e a indústria, como esperar que uma questão estranha aos seus trabalhos possa ser melhor aceita?

Esses erros lamentáveis não tirariam dos sábios, entretanto, os títulos com que, noutros assuntos, conquistaram nosso respeito. Mas é necessário um diploma oficial para se ter bom senso? E fora das cátedras acadêmicas não haverá mais do que tolos e imbecis? Basta olhar para os adeptos da doutrina espírita, para se ver se entre eles só existem ignorantes e se o número imenso de homens de mérito que a abraçaram permite que a releguemos ao rol das simples crendices. O caráter e o saber desses homens autorizam-nos a dizer: pois se eles o afirmam, deve pelo menos haver alguma coisa.

Repetimos ainda que, se os fatos de que nos ocupamos estivessem reduzidos ao movimento mecânico dos corpos, a pesquisa da causa física do fenômeno seria do domínio da ciência; mas, desde que se trata de uma manifestação fora do domínio das leis humanas, escapa à competência da ciência material porque não pode ser explicada por números, nem por forças mecânicas. Quando surge um fato novo, que não se enquadra em nenhuma ciência conhecida, o sábio, para o estudar, deve fazer abstração de sua ciência e dizer a si mesmo que se trata de um estudo novo, que não pode ser feito através de ideias preconcebidas.

O homem que considera a sua razão infalível está bem próximo do erro; mesmo aqueles que têm as mais falsas ideias apoiam-se na própria razão e é por isso que rejeitam tudo o que lhes parece impossível. Os que ontem repeliram as admiráveis descobertas de que a Humanidade hoje se orgulha apelaram a esse juiz para as rejeitar. Aquilo que chamamos razão é quase sempre orgulho mascarado e quem que se julgue infalível coloca-se como igual a Deus. Dirigimo-nos, portanto, aos que são bastante ponderados para duvidar do que não viram e, julgando o futuro pelo passado, não acreditam que o homem tenha chegado ao apogeu, nem que a Natureza lhe tenha virado a última página do seu livro.

VIII - PERSEVERANÇA E SERIEDADE

Acrescentemos que o estudo de uma doutrina como a espírita, que nos lança de súbito numa ordem de coisas tão novas e grandes, não pode ser feito proveitosamente, senão por homens sérios, perseverantes, isentos de prevenções e animados de uma firme e sincera vontade de chegar a um resultado. Não podemos classificar assim aos que julgam a priori, levianamente, sem terem visto tudo; que não imprimem aos seus estudos nem a continuidade, nem a regularidade e o recolhimento necessários; e menos ainda aos que, para não diminuírem a sua reputação de homens de espírito, esforçam-se por encontrar um lado burlesco nas coisas mais verdadeiras ou assim consideradas por pessoas cujos saber, caráter e convicções merecem a consideração dos que se prezam de urbanidade. Que se abstenham, portanto, os que não julgam os fatos dignos de sua atenção; ninguém pretende violentar-lhes a crença, mas que eles também saibam respeitar as dos outros.

O que caracteriza um estudo sério é a continuidade. Devemos admirar-nos de não obter respostas sensatas a perguntas naturalmente sérias, quando as fazemos ao acaso e de maneira brusca, em meio a perguntas ridículas? Uma questão complexa requer, para ser esclarecida, perguntas preliminares ou complementares. Quem quer adquirir uma ciência deve estudá-la de maneira metódica, começando pelo começo e seguindo o seu encadeamento de ideias. Aquele que propõe a um sábio, ao acaso, uma questão sobre ciência, de que ignora os rudimentos, obterá algum proveito? O próprio sábio poderá, com a maior boa vontade, dar-lhe uma resposta satisfatória? Essa resposta isolada será forçosamente incompleta e, por isso mesmo, quase será ininteligível, ou poderá parecer absurda e contraditória. Acontece o mesmo em nossas relações com os Espíritos. Se desejamos aprender com eles, temos de seguir-lhes o curso; mas, como entre nós, é necessário escolher os professores e trabalhar com assiduidade.

Dissemos que os Espíritos superiores só comparecem às reuniões sérias, àquelas, sobretudo, em que reina perfeita comunhão de pensamentos e bons sentimentos. A leviandade e as perguntas ociosas os afastam como, entre os homens, afastam as criaturas ponderadas; o campo fica então livre à turba de Espíritos mentirosos e frívolos, sempre à espreita de oportunidades para zombarem de nós e se divertirem à nossa custa. No que se transformaria uma pergunta séria numa reunião dessas? Teria resposta? De quem? Seria o mesmo que lançarmos, numa reunião de gaiatos, estas perguntas: o que é a alma? O que é a morte? E outras coisas assim divertidas.

Se quereis respostas sérias, sede sérios vós mesmos, em toda a extensão do termo, e mantende-vos nas condições necessárias: somente então obtereis grandes coisas. Sede, além disso, laboriosos e perseverantes em vossos estudos, para que os Espíritos superiores não vos abandonem, como faz um professor com os alunos negligentes.

IX - MONOPOLIZADORES DO BOM SENSO

O movimento de objetos é um fato comprovado; resta saber se nesse movimento há ou não manifestação inteligente e, em caso afirmativo, qual a sua origem.

Não falamos de movimento inteligente de certos objetos, nem das comunicações verbais ou das que são escritas diretamente pelos médiuns. Esse gênero de manifestações, tão evidente para aqueles que viram e aprofundaram o assunto, não é, à primeira vista, bastante independente da vontade para convencer um observador novato. Não trataremos, portanto, senão da escrita obtida com a ajuda de um objeto munido de lápis, com a cesta, a prancheta etc. A maneira por que os dedos do médium são postos sobre o objeto desafia, como já dissemos, a mais consumada destreza em participar de qualquer forma da formação de letras. Mas admitamos ainda que, por uma habilidade maravilhosa, possa ele enganar os olhos mais atentos. Como explicar-se a natureza das respostas, quando elas superam as ideias e os conhecimentos do médium? E note-se que não se trata de respostas monossilábicas, mas quase sempre de muitas páginas escritas com admirável rapidez, seja espontaneamente ou sobre assunto determinado. Pela mão do médium menos versado em literatura surgem poesias de uma sublimidade e de uma pureza impecáveis, que não desmereceriam os melhores poetas humanos. E o que aumenta ainda a estranheza desses fatos é que eles se produzem e que os médiuns se multiplicam ao infinito. Esses fatos são reais ou não? A esta pergunta só podemos responder: vede e observai; não vos faltarão oportunidades; mas, sobretudo, observai com consciência, por longo tempo e obedecendo às condições necessárias.

À evidência, o que respondem os antagonistas? Sois vítimas do charlatanismo, dizem eles, ou joguetes de uma ilusão. Responderemos de início que é preciso afastar a palavra charlatanismo de onde não existem lucros, pois os charlatães não agem gratuitamente. Seria, quando muito, uma mistificação. Mas por que estranha coincidência os mistificadores se teriam entendido, de um extremo ao outro do mundo, para agir da mesma maneira, produzir os mesmos efeitos e dar sobre os mesmos assuntos e nas diversas línguas respostas idênticas, senão quanto às palavras, pelo menos quanto ao sentido? Como é que pessoas sérias, honradas e instruídas se prestariam a semelhantes manobras, e com que objetivo? Como teriam encontrado, entre as crianças, a paciência e a habilidade necessárias? Porque, se os médiuns não forem instrumentos passivos, é claro que necessitam de habilidade e de conhecimentos incompatíveis com certas idades e posições sociais.

Então acrescentam que, se não há embuste, dos dois lados podem estar embaídos por uma ilusão. Em boa lógica, a qualidade das testemunhas tem um certo peso; ora, é o caso de perguntar se a doutrina espírita, que conta hoje milhões de adeptos, só os recruta entre os ignorantes. Os fenômenos em que ela se apoia são tão extraordinários que concebemos a dúvida, mas não se pode admitir a pretensão de alguns incrédulos ao monopólio de bom senso, ou que, sem respeito às conveniências e ao valor moral dos adversários, tachem de ineptos a todos os que não concordam com as suas opiniões. Aos olhos de toda pessoa judiciosa, a opinião dos homens esclarecidos que viram determinado fato por longo tempo e o estudaram e meditaram será sempre uma prova ou, pelo menos, uma presunção favorável, por ter podido prender a atenção de homens sérios, que não tinham nenhum interesse em propagar erros, nem tempo a perder com futilidades.

X - A LINGUAGEM DOS ESPÍRITOS E O PODER DIABÓLICO

Entre as objeções, algumas são mais ponderáveis, pelo menos na aparência, porque baseiam-se na observação de pessoas sérias.

Uma dessas observações refere-se à linguagem de certos Espíritos, que não parece digna da elevação atribuída aos seres sobrenaturais. Se quisermos reportar-nos ao resumo da doutrina, atrás apresentado, veremos que os próprios Espíritos ensinam que não são iguais em conhecimentos, nem em qualidades morais, e que não se deve tomar ao pé da letra tudo o que dizem. Cabe às pessoas sensatas separar o bom do mau. Seguramente, os que deduzem desse fato, que tratamos com seres malfazejos, cuja única intenção é a de nos mistificarem, não conhecem as comunicações dadas nas reuniões em que se manifestam Espíritos superiores, pois de outra maneira não pensariam assim. É pena que o acaso tenha servido tão mal a essas pessoas, não lhes mostrando senão o lado mau do mundo espírita, pois não queremos supor que uma tendência simpática atraia para elas os maus Espíritos em lugar dos bons, os Espíritos mentirosos ou esses cuja linguagem é de revoltante grosseria. Poderíamos concluir, quando muito, que a solidez dos seus princípios não seja bastante forte para preservá-las do mal, e que, achando um certo prazer em lhes satisfazer a curiosidade, os maus Espíritos, por seu lado, aproveitam-se disso para se introduzir entre elas, enquanto os bons se afastam.

Julgar a questão dos Espíritos por esses fatos seria tão pouco lógico como julgar o caráter de um povo pelo que se diz e se faz numa reunião de alguns estabanados ou gente de má fama, a que não comparecem os sábios nem as pessoas sensatas. Os que assim julgam estão na situação de um estrangeiro que, chegando a uma grande capital pelo seu pior arrabalde, julgasse toda a população da cidade pelos costumes e a linguagem desse bairro mesquinho. No mundo dos Espíritos há também desníveis sociais; se aquelas pessoas quisessem estudar as relações entre os Espíritos elevados ficariam convencidas de que a cidade celeste não contém apenas a escória popular. Mas, perguntam elas, os Espíritos elevados chegam até nós? Responderemos: não permaneçais no subúrbio; vede, observai e julgai; os fatos aí estão para todos. A menos que a essas pessoas se apliquem estas palavras de Jesus: *Têm olhos e não veem; têm ouvidos e não ouvem.*

Uma variante desta opinião consiste em não ver nas comunicações espíritas e em todos os fatos materiais a que elas dão lugar senão a intervenção de um poder diabólico, novo Proteu que revestiria todas as formas para melhor nos iludir. Não a consideramos suscetível de um exame sério e por isso não nos deteremos no caso: ela já está refutada pelo que dissemos atrás. Acrescentaremos apenas que, se fosse assim, teríamos de convir que o diabo é às vezes bem inteligente, bastante criterioso e sobretudo muito moral, ou então que existem bons diabos.

Como acreditar, de fato, que Deus não permita senão ao Espírito do mal manifestar-se para nos perder, sem dar-nos por contrapeso os conselhos dos bons Espíritos? Se Ele não o pode, isto é uma impotência; se Ele o pode e não faz, isso é incompatível com sua bondade; e uma e outra suposição seriam blasfêmias. Acentuemos que admitir a comunicação dos maus Espíritos é reconhecer o princípio das manifestações. Ora, desde que estas existem, será com a permissão de Deus. Como acreditar, sem cometer impiedade, que Ele só permita o mal, com exclusão do bem? Uma doutrina assim é contrária ao bom senso e às mais simples noções da religião.

XI - GRANDES E PEQUENOS

É estranho, acrescentam, que só falem de Espíritos de personalidades conhecidas. E perguntam por que motivo só estes se manifestam. É um erro proveniente, como muitos outros, de observação superficial. Entre os Espíritos que se manifestam espontaneamente há maior número de desconhecidos do que de ilustres. Eles se designam por qualquer nome, muitas vezes por nomes alegóricos ou característicos. Quanto aos evocados, desde que não se trate de parentes ou amigos, é muito natural que sejam de preferência os conhecidos. Os nomes de personalidades ilustres chamam mais a atenção por serem mais destacados.

Acham ainda estranho que os Espíritos de homens eminentes atendam familiarmente ao nosso apelo, ocupando-se às vezes de coisas insignificantes em comparação com as de que se ocupavam durante a vida. Isso nada tem de estranho para os que sabem que o poder ou a consideração de que esses homens gozavam no mundo, não lhes dá nenhuma supremacia no mundo espírita. Os Espíritos confirmam com isso as palavras do Evangelho: *os grandes serão humilhados e os pequenos serão exaltados*, que devem ser entendidas em relação à categoria que cada um de nós ocupará entre eles. É assim que aquele que foi o primeiro na Terra poderá encontrar-se entre os últimos; aquele que nos faz curvar a cabeça nesta vida pode voltar como o mais humilde artesão, porque ao deixar a vida perdeu toda a sua grandeza, e o mais poderoso monarca talvez lá se encontre abaixo do último dos seus soldados.

XII - DA IDENTIFICAÇÃO DOS ESPÍRITOS

Um fato demonstrado pela observação e confirmado pelos próprios Espíritos é que os Espíritos inferiores apresentam-se muitas vezes com nomes conhecidos e respeitados. Quem pode, portanto, assegurar que os que dizem haver sido Sócrates, Júlio César, Carlos Magno, Fénelon, Napoleão, Washington etc. tenham realmente animado esses personagens? Essa dúvida existe entre alguns adeptos bastante fervorosos da Doutrina Espírita. Admitem a intervenção e a manifestação dos Espíritos, mas perguntam que controle podemos ter da sua identidade. Esse controle é de fato bastante difícil de realizar, mas, se não pode ser feito de maneira tão autêntica como por uma certidão de registro civil, pode sê-lo por presunção, através de certos indícios.

Quando se manifesta o Espírito de alguém que pessoalmente conhecemos, de um parente ou de um amigo, sobretudo se morreu há pouco tempo, acontece geralmente que sua linguagem corresponde com perfeição às características que conhecíamos. Isto já é um indício de identidade. Mas a dúvida já não será certamente possível quando esse Espírito fala de coisas particulares, lembra casos familiares que somente o interlocutor conhece. Um filho não se enganará, por certo, com a linguagem de seu pai ou de sua mãe, nem os pais com a linguagem do filho. Passam-se algumas vezes, nessas evocações íntimas, coisas impressionantes, capazes de convencer o mais incrédulo. O cético mais endurecido é muitas vezes aterrado com as revelações inesperadas que lhe são feitas.

Outra circunstância bastante característica favorece a identidade. Dissemos que a caligrafia do médium muda geralmente com o Espírito evocado, reproduzindo-se exatamente a mesma, de cada vez que o mesmo Espírito se manifesta. Constatou-se inúmeras vezes que, para pessoas mortas recentemente, a escrita revela semelhança flagrante com a que tinha em vida; têm-se visto assinaturas perfeitamente idênticas. Estamos longe, entretanto, de citar esse fato como uma regra, sobretudo como constante; mencionamo-lo como coisa digna de registro. Os Espíritos que atingiram certo grau de depuração são os únicos libertos de toda influência corporal; mas quando não estão completamente desmaterializados (esta é a expressão de que se servem) conservam a maior parte das ideias, dos pendores e até mesmo das manias que tinham na Terra, e este é ainda um meio pelo qual podemos reconhecê-los. Mas chegamos ao reconhecimento, sobretudo, através de uma multidão de detalhes que somente uma observação atenta e contínua pode revelar. Veem-se escritores discutirem suas próprias obras ou suas doutrinas, aprovando-lhes ou condenando-lhes certas partes; outros Espíritos lembrarem circunstâncias ignoradas ou pouco conhecidas de suas vidas ou suas mortes. Todas as coisas, enfim, que são pelo menos provas morais de identidade são as únicas que se podem invocar tratando-se de coisas abstratas.

Se, pois, a identidade do Espírito evocado pode ser até certo ponto estabelecida em alguns casos, não há razão para que ela não possa ser em outros. E se, para pessoas de morte mais remota, não temos os mesmos meios de controle, dispomos sempre daqueles que se referem à linguagem e ao caráter. Porque, seguramente, o espírito de um homem de bem nunca falará como o de um perverso ou imoral.

Quanto aos Espíritos que se servem de nomes respeitáveis, logo se traem por sua linguagem e suas máximas. Aquele que se dissesse Fénelon, por exemplo, e ainda que acidentalmente ferisse o bom senso e a moral, mostraria nisso mesmo o seu embuste. Se, ao contrário, os pensamentos que exprime são sempre puros, sem contradições, constantemente à altura do caráter de Fénelon, não haveria motivos para duvidar-se de sua identidade. Do contrário, teríamos de supor que um Espírito que só prega o bem pode conscientemente empregar a mentira, sem nenhuma utilidade. A experiência nos ensina que os Espíritos do mesmo grau, do mesmo caráter e animados dos mesmos sentimentos reúnem-se em grupos e em famílias. Ora, o número dos Espíritos é incalculável e estamos longe de conhecê-los a todos; a maioria deles não tem nomes para nós. Um Espírito da categoria de Fénelon pode, portanto, vir em seu lugar, às vezes mesmo com seu nome, porque é idêntico a ele e pode substituí-lo, e porque necessitamos de um nome para fixar as nossas ideias. Mas que importa, na verdade, que um Espírito seja realmente o de Fénelon? Desde que só diga boas coisas e não fale senão como faria o próprio Fénelon, é um bom Espírito; o nome sob o qual se apresenta é indiferente e nada mais é, frequentemente, do que um meio para a fixação de nossas ideias. Não se verificaria o mesmo nas evocações íntimas, pois nestas, como já dissemos, a identidade pode ser estabelecida por meio de provas que são, de alguma forma, evidentes.

Por fim, é certo que a substituição dos Espíritos pode ocasionar uma porção de enganos, resultar em erros e muitas vezes em mistificações. Esta é uma das dificuldades do Espiritismo prático. Mas jamais dissemos que esta ciência seja fácil nem que se possa aprendê-la brincando, como também não se dá com qualquer outra ciência. Nunca será demais repetir que ela exige estudo constante e quase sempre bastante prolongado. Não se podendo provocar os fatos, é necessário esperar que eles se apresentem por si mesmos, e frequentemente eles nos são trazidos pelas circunstâncias em que menos pensávamos. Para o observador atento e paciente os fatos se tornam abundantes, porque ele descobre milhares de nuanças características que lhe parecem como raios de luz. O mesmo se dá com referência às ciências comuns; enquanto o homem superficial só vê numa flor a sua forma elegante, o sábio descobre verdadeiras maravilhas para o seu pensamento.

XIII - AS DIVERGÊNCIAS DE LINGUAGEM

Estas observações levam-nos a dizer algumas palavras sobre outra dificuldade, referente à divergência de linguagem dos Espíritos.

Sendo os Espíritos muito diferentes uns dos outros quanto ao conhecimento e à moralidade, é evidente que a mesma questão pode ser resolvida por eles de maneira contraditória, de acordo com suas respectivas categorias, como o fariam, entre os homens, um sábio, um ignorante ou um brincalhão de mau gosto. O essencial é saber a quem nos dirigimos.

Mas, acrescentam, como se explica que os Espíritos reconhecidos como superiores não estejam sempre de acordo? Diremos, inicialmente, que, além da causa já assinalada, há outras que podem exercer certa influência sobre a natureza das respostas, independente da qualidade dos Espíritos. Este é um ponto capital, cuja explicação obteremos pelo estudo. Eis por que dizemos que estes estudos requerem atenção contínua, observação profunda e sobretudo, como aliás todas as ciências humanas, a continuidade e a perseverança. Necessitamos de anos para fazer um médico medíocre e três quartas partes da vida para fazer um sábio, mas quer se obter em algumas horas a ciência do infinito! Que ninguém, portanto, se iluda: o estudo do Espiritismo é imenso; liga-se a todas as questões da metafísica e da ordem social; é todo um mundo que se abre ante nós. Será de espantar que exija tempo, e muito tempo, para a sua realização?

A contradição, aliás, não é sempre tão real quanto pode parecer. Não vemos todos os dias homens que professam a mesma ciência divergirem nas suas definições, seja porque empregam termos diferentes, seja por diferenças de ponto de vista, embora a ideia fundamental seja sempre a mesma? Que se conte, se possível, o número de definições dadas sobre a gramática. Acrescentemos que a forma da resposta depende quase sempre da forma da pergunta. Seria pueril, portanto, ver-se uma contradição onde geralmente não existe mais do que uma diferença de palavras. Os Espíritos superiores não se preocupam absolutamente com a forma; para eles, a essência do pensamento é tudo.

Tomemos, por exemplo, a definição de alma. Não tendo esta palavra uma definição única, os Espíritos podem, como nós, divergir na sua aplicação: um poderá dizer que ela é o princípio da vida; outro, chamá-la de centelha anímica; um terceiro, dizer que ela é interna; um quarto que é externa etc., e todos terão razão segundo os seus pontos de vista. Poderíamos mesmo acreditar que alguns deles professem teorias materialistas e, no entanto, não ser assim. O mesmo acontece com relação a Deus: será ele princípio de todas as coisas, o criador do Universo, a inteligência suprema, o infinito, o grande Espírito etc., mas em definitivo será sempre Deus. Citemos, ainda, a classificação dos Espíritos. Formam eles uma série ininterrupta do mais baixo ao mais alto grau, e sua classificação é portanto arbitrária: um poderá estabelecê-la em três classes, outro em cinco, dez ou vinte, à vontade, sem por isso estar em erro.

Todas as ciências humanas oferecem o mesmo exemplo: cada sábio tem o seu sistema; os sistemas variam mas a ciência é sempre a mesma.

Quer se aprenda botânica pelo sistema de Linneu, de Jussieu ou de Tournefort, não se saberá menos botânica. Deixemos portanto de dar às coisas puramente convencionais mais importância do que merecem, para nos atermos ao que é verdadeiramente sério, e, não raro a reflexão nos fará descobrir, naquilo que parece mais disparatado, uma similitude que nos escapara ao primeiro exame.

XIV - AS QUESTÕES DE ORTOGRAFIA

Passaríamos ligeiramente sobre a objeção de alguns céticos quanto às falhas ortográficas de alguns Espíritos, se ela não nos desse oportunidade a uma observação essencial. Essa ortografia, deve dizer-se, nem sempre é impecável; mas somente a falta de argumentos pode torná-la objeto de uma crítica séria, com a alegação de que, se os Espíritos tudo sabem, devem saber ortografia. Poderíamos opor-lhes numerosos pecados desse gênero cometidos por sábios da Terra, sem que lhes tenha diminuído o mérito. Mas há neste fato uma questão mais grave.

Para os Espíritos, principalmente para os Espíritos superiores, a ideia é tudo, a forma não é nada. Livres da matéria, sua linguagem é rápida como o pensamento, pois é o próprio pensamento que entre eles se comunica sem intermediários. Devem, portanto, sentir-se mal quando são obrigados, ao se comunicarem conosco, a se servirem das formas demoradas e embaraçosas da linguagem humana e sobretudo de sua insuficiência e imperfeição, para exprimirem todas as suas ideias. É o que eles mesmos dizem, sendo curioso observar os meios que empregam para atenuar esse inconveniente. O mesmo aconteceria conosco se tivéssemos de nos exprimir numa língua de palavras e fraseados mais longos, e mais pobre de expressões do que a nossa. É a dificuldade que experimenta o homem de gênio impaciente com a lentidão da pena, sempre atrasada em relação ao pensamento.

Compreende-se, pois, que os Espíritos liguem pouca importância às puerilidades ortográficas, principalmente quando tratam de um ensinamento profundo e sério. Não é, aliás, maravilhoso que se exprimam indiferentemente em todas as línguas, a todas compreendendo? Disso não se deve concluir, entretanto, que a correção convencional da linguagem lhes seja desconhecida, pois a observam quando necessário. Por exemplo, a poesia por eles ditada quase sempre desafia a crítica do mais exigente purista, e isso *apesar da ignorância do médium.*

XV - A LOUCURA E SUAS CAUSAS

Há ainda criaturas que veem perigo por toda parte, em tudo aquilo que não conhecem, não faltando as que tiram conclusões desfavoráveis ao Espiritismo do fato de terem algumas pessoas, que se entregaram a estes estudos, perdido a razão. Como podem os homens sensatos aceitar essa objeção? Não acontece o mesmo com todas as preocupações intelectuais, quando o cérebro é fraco? Conhece-se o número de loucos e maníacos produzidos pelos estudos matemáticos, médicos, musicais, filosóficos e outros? E devemos, por isso, banir tais estudos? O que provam esses efeitos? Nos trabalhos físicos, estropiam-se os braços e as pernas, que são os instrumentos da ação material; nos trabalhos intelectuais, estropia-se o cérebro, que é o instrumento do pensamento. Mas, se o instrumento se quebrou, o mesmo não aconteceu com o Espírito; ele continua intacto e, quando se libertar da matéria, não desfrutará menos da plenitude de suas faculdades. Foi no seu setor, como homem, um mártir do trabalho.

Todas as grandes preocupações intelectuais podem ocasionar a loucura: as ciências, as artes e a religião fornecem os seus contingentes. A loucura tem por causa primária uma predisposição orgânica do cérebro, que o torna mais ou menos acessível a determinadas impressões. Havendo essa predisposição à loucura, ela se manifestará com o caráter da preocupação principal do indivíduo, que se tornará uma ideia fixa. Essa ideia poderá ser a dos Espíritos, dos anjos, do diabo, da fortuna, do poder, de uma arte, de uma ciência, da maternidade ou de um sistema político ou social. É possível que o louco religioso se apresente como louco espírita, se o Espiritismo foi a sua preocupação dominante, como o louco espírita se apresentaria de outra forma, segundo as circunstâncias.

Digo, portanto, que o Espiritismo não tem nenhum privilégio neste assunto. E vou mais longe: digo que o Espiritismo bem compreendido é um preservativo da loucura.

Entre as causas mais frequentes de superexcitação cerebral devemos contar as decepções, as desgraças, as afeições contrariadas, que são também as causas mais frequentes do suicídio. Ora, o verdadeiro espírita olha as coisas deste mundo de um ponto de vista tão elevado; elas lhe parecem tão pequenas, tão mesquinhas, em face do futuro, que o aguarda; a vida é para ele tão curta, tão fugidia, que as tribulações não lhe parecem mais do que incidentes desagradáveis de uma viagem. Aquilo que para qualquer outro produziria violenta emoção, pouco o afeta, pois sabe que as amarguras da vida são provas para o seu adiantamento, desde que as sofra sem murmurar, porque será recompensado de acordo com a coragem ao suportá-las. Suas convicções lhe dão uma resignação que o preserva do desespero e consequentemente de uma causa constante de loucura e suicídio. Além disso, conhece pelo exemplo das comunicações dos Espíritos a sorte daqueles que abreviam voluntariamente os seus dias, e esse quadro é suficiente para o fazer meditar. Assim, o número dos que têm sido detidos à beira deste funesto despenhadeiro é considerável. Este é um dos resultados do Espiritismo. Que os incrédulos se riam quanto quiserem: eu lhes desejo as consolações que ele proporciona a todos os que se dão ao trabalho de lhe sondar as misteriosas profundidades. Entre as causas da loucura devemos ainda incluir o pavor, sendo que o medo do diabo já desequilibrou alguns cérebros. Sabe-se o número de vítimas que ele tem feito ao abalar imaginações fracas com essa ameaça, que cada vez se procura tornar mais terrível através de hediondos pormenores? O diabo, dizem, só assusta às crianças; é um meio de torná-las mais ajuizadas. Sim, como o bicho-papão e o lobisomem. Mas quando elas deixam de temê-lo ficam piores do que antes. E para conseguir tão belo resultado não se levam em conta as epilepsias causadas pelo abalo de cérebros delicados. A religião seria bem fraca se, por não usar o medo, seu poder ficasse comprometido. Felizmente assim não acontece. Ela dispõe de outros meios para agir sobre as almas, e o Espiritismo lhe fornece os mais eficazes e mais sérios, desde que os saiba aproveitar. Mostra as coisas na sua realidade e com isso neutraliza os efeitos funestos de um temor exagerado.

XVI - A TEORIA MAGNÉTICA E A DO MEIO AMBIENTE

Resta-nos examinar duas objeções: as únicas que realmente merecem esse nome, porque se apoiam em teorias racionais. Uma e outra admitem a realidade de todos os fenômenos materiais e morais, mas excluem a intervenção dos Espíritos.

Para a primeira dessas teorias todas as manifestações atribuídas aos Espíritos seriam apenas efeitos magnéticos. Os médiuns ficariam num estado que se poderia chamar de sonambulismo acordado, fenômeno conhecido de todos os que estudaram o magnetismo. Nesse estado as faculdades intelectuais adquirem um desenvolvimento anormal, os círculos da percepção intuitiva se ampliam além dos limites de nossa percepção ordinária. Dessa maneira, o médium tiraria de si mesmo e por efeito de sua lucidez tudo quanto diz e todas as noções que transmite, mesmo sobre as coisas que lhe sejam mais estranhas no estado normal.

Não seremos nós que contestaremos o poder do sonambulismo, cujos prodígios presenciamos, estudando-lhe todas as facetas durante mais de trinta e cinco anos. Concordamos que, de fato, muitas manifestações espíritas podem ser explicadas por esse meio. Mas uma observação prolongada e atenta mostra uma multidão de fatos em que a participação do médium, a não ser como um instrumento passivo, é materialmente impossível. Aos que participam desta opinião, diremos como já dissemos aos outros: "Vede e observai, porque seguramente ainda não vistes tudo".

E a seguir lhes apresentaremos duas considerações tiradas de sua própria doutrina. De onde veio a teoria espírita? É um sistema imaginado por alguns homens para explicar os fatos? De maneira alguma. Mas, então, quem a revelou? Precisamente esses médiuns de que exaltais a lucidez. Se, portanto, essa lucidez é tal como a supondes, por que teriam eles atribuído aos Espíritos aquilo que teriam tirado de si mesmos? Como teriam dado esses ensinamentos tão preciosos, tão lógicos, tão sublimes sobre a natureza das inteligências extra-humanas? De duas, uma: ou eles são lúcidos ou não são. Se o são, e se podem confiar na sua veracidade, não se poderia admitir, sem contradição, que não estejam com a verdade. Em segundo lugar, se todos os fenômenos provêm do médium, deviam ser idênticos para um mesmo indivíduo e não se veria a mesma pessoa falar linguagens diferentes, nem exprimir alternadamente as coisas mais contraditórias. Essa falta de unidade nas manifestações de um mesmo médium prova a diversidade das fontes. Se, pois, não podemos encontrá-las todas no médium, é necessário procurá-las fora dele.

Segundo a outra teoria, o médium é ainda a fonte das manifestações, mas, em vez de tirá-las de si mesmo, tira-as do meio ambiente. O médium seria uma espécie de espelho refletindo todas as ideias, todos os pensamentos e todos os conhecimentos das pessoas que o cercam; nada diria que não fosse conhecido pelo menos de algumas delas. Não se poderia negar, e vai mesmo nisto um princípio da doutrina, a influência exercida pelos assistentes sobre a natureza das manifestações. Mas essa influência é bem diversa do que se pretende, e entre ela e a que faria do médium um eco dos pensamentos alheios há grande distância, pois milhares de fatos demonstram peremptoriamente o contrário. Há, portanto, um erro grave nessa teoria, que mais uma vez prova o perigo das conclusões prematuras. Essas pessoas, incapazes de negar a existência de um fenômeno que a ciência comum não consegue explicar, e não querendo admitir a intervenção dos Espíritos, explicam-no a seu modo. A teoria que sustentam seria sedutora, se pudesse abarcar todos os fatos, mas assim não acontece. E quando se demonstra, até à evidência, que algumas comunicações do médium são completamente estranhas aos pensamentos, aos conhecimentos, às próprias opiniões de todos os presentes, e que essas comunicações são muitas vezes espontâneas e contradizem as ideias preconcebidas, elas não se entregam por tão pouco. A irradiação, respondem, amplia-se muito além do círculo imediato que nos cerca; o médium é o reflexo de toda a Humanidade e, dessa maneira, se não encontra as inspirações ao seu redor, vai procurá-las fora, na cidade, no país, no mundo inteiro e até mesmo em outras esferas.

Não creio que esta teoria encerre uma explicação mais simples e mais provável que a do Espiritismo, pois supõe uma causa bem mais maravilhosa. A ideia de que seres do espaço, em contato permanente conosco, nos comuniquem os seus pensamentos nada tem que choque mais a razão do que a suposição dessas irradiações universais, vindas de todos os pontos do Universo para se concentrarem no cérebro de um indivíduo.

Diremos ainda uma vez – e este é o ponto capital, sobre o qual nunca será demais insistir – que a teoria sonambúlica e a que se poderia chamar relativa foram imaginadas por alguns homens; são opiniões individuais, formuladas para explicar um fato, enquanto a doutrina dos Espíritos não é uma concepção humana; foi ditada pelas próprias inteligências que se manifestam, quando ninguém a imaginava e a opinião geral até mesmo a repelia. Ora, perguntamos, onde os médiuns foram buscar uma doutrina que não existia no pensamento de ninguém sobre a Terra? Perguntamos ainda por que estranha coincidência milhares de médiuns espalhados por todas as partes do globo, sem nunca se terem visto, concordaram em dizer a mesma coisa? Se o primeiro médium que apareceu na França sofreu a influência de opiniões já aceitas na América, por que estranha razão foi ele buscar as suas ideias a duas mil léguas além-mar, no seio de um povo estranho por seus costumes e sua língua, em vez de tomar o que estava ao seu redor?

Mas há ainda uma circunstância em que não se pensou bastante. As primeiras manifestações, em França como na América, não se verificaram nem pela escrita, nem pela palavra, mas através de pancadas correspondentes às letras do alfabeto, formando palavras e frases. Foi por esse meio que as inteligências manifestantes declararam ser Espíritos. Se, portanto, pudéssemos supor a intervenção do pensamento do médium nas comunicações verbais ou escritas, o mesmo não se poderia fazer com relação às pancadas, cuja significação não poderia ser conhecida previamente.

Poderíamos citar numerosos fatos que demonstram na inteligência manifestante uma individualidade evidente e uma absoluta independência de vontade. Enviaremos, portanto, os nossos contraditores a uma observação mais atenta, e se eles quiserem estudar bem, sem prevenções, nada concluindo antes de terem visto o necessário, reconhecerão a importância de suas teorias para explicar todos os fatos. Limitar-nos-emos a propor as seguintes questões: por que a inteligência que se manifesta, qualquer que seja, recusa-se a responder a algumas perguntas sobre assuntos perfeitamente conhecidos, como, por exemplo, o nome e a idade do interrogante, o que ele traz na mão, o que fez na véspera, o que pretende fazer amanhã e assim por diante? Se o médium é o espelho dos pensamentos dos presentes, nada lhe seria mais fácil de responder.

Os adversários respondem a esse argumento perguntando, por sua vez, por que os Espíritos, que tudo devem saber, não podem dizer coisas tão simples, segundo o axioma: *"Quem pode o mais, pode o menos"*. E disso concluem que não se trata de Espíritos. Se um ignorante ou um brincalhão, apresentando-se perante uma douta assembleia, perguntasse, por exemplo, que se faz dia pleno ao meio-dia, seria crível que ela se desse ao trabalho de responder seriamente e seria lógico concluir, do seu silêncio ou das zombarias que dirigisse ao interpelante, que seus membros eram tolos? Ora, é precisamente por serem superiores que os Espíritos não respondem a perguntas ociosas ou ridículas, não querem entrar na berlinda; é por isso que eles se calam ou dizem que só se ocupam de coisas mais sérias.

Perguntaremos, afinal, por que os Espíritos vêm e vão, muitas vezes, num dado momento, e por que, passando esse momento, não há nem preces nem súplicas que os façam voltar. Se o médium não agisse senão pela impulsão mental dos assistentes, é claro que, nessa circunstância, o concurso de todas as vontades reunidas deveria estimular a sua clarividência. Se, entretanto, ele não cede aos desejos da assembleia, apoiado pela sua própria vontade, é porque obedece a uma influência estranha, tanto a ele quanto aos demais, e essa influência demonstra com isso a sua independência e a sua individualidade.

XVII - PREENCHENDO OS VAZIOS DO ESPAÇO

O ceticismo no tocante à Doutrina Espírita, quando não resulta de uma oposição sistemática, interesseira, provém quase sempre de um conhecimento incompleto dos fatos, o que não impede algumas pessoas de liquidarem a questão como se a conhecessem perfeitamente. Pode-se ter muito Espírito e até mesmo muita instrução e não se ter bom senso; ora, o primeiro indício da falta de senso é a crença na própria infalibilidade. Muitas pessoas também não veem nas manifestações espíritas mais que um motivo de curiosidade. Esperamos que, pela leitura deste livro, encontrem nesses fenômenos estranhos alguma coisa além de um simples passatempo.

A Ciência Espírita contém duas partes: uma experimental, sobre as manifestações em geral, outra filosófica, sobre as manifestações inteligentes. Quem não tiver observado senão a primeira estará na posição daquele que só conhece a Física pelas experiências recreativas, sem haver penetrado na Ciência. A verdadeira Doutrina Espírita está no ensinamento dado pelos Espíritos, e os conhecimentos que esse ensinamento encerra são muito sérios para serem adquiridos por outro modo que não por um estudo profundo e continuado, feito no silêncio e no recolhimento. Mesmo porque só nestas condições pode ser observado um número infinito de fatos e suas nuanças, que escapam ao observador e que permitem firmar-se uma opinião.

Se este livro não tivesse por fim mais do que mostrar o lado sério da questão, provocando estudos a respeito, isto já seria bastante e nos felicitaríamos por ter sido escolhido para realizar uma obra sobre a qual não pretendemos ter nenhum mérito pessoal, pois os princípios aqui expostos não são de nossa criação; o mérito é portanto inteiramente dos Espíritos que o ditaram. Esperamos que ele tenha outro resultado, o de guiar os homens desejosos de se esclarecerem, mostrando-lhes nestes estudos um objetivo grande e sublime, o do progresso individual e social, e indicando-lhes o caminho a seguir para a sua consecução.

Concluiremos com uma derradeira consideração. Os astrônomos, sondando os espaços, encontraram na distribuição dos corpos celestes lacunas injustificáveis e em desacordo com as leis do conjunto. Suspeitaram que essas lacunas deviam corresponder a corpos que haviam escapado às observações. Por outro lado, observaram certos efeitos cuja causa lhes era desconhecida e disseram a si mesmos: "Ali deve haver um mundo, porque essa lacuna não pode existir e esses efeitos devem ter uma causa". Julgando então da causa pelos efeitos, puderam calcular os elementos e mais tarde os fatos vieram justificar as suas previsões.

Apliquemos este raciocínio a outra ordem de ideias. Se observarmos a série dos seres, perceberemos que eles formam uma cadeia sem solução de continuidade, desde a matéria bruta até o homem mais inteligente. Mas entre o homem e Deus, que são o alfa e o ômega de todas as coisas, que imensa lacuna! Será razoável pensar que seja o homem o último anel dessa cadeia? Que ele transponha, sem transição, a distância que o separa do infinito? A razão nos diz que entre o homem e Deus deve haver outros elos, como disseram os astrônomos que entre os mundos conhecidos devia haver outros mundos. Qual a filosofia que preencheu essa lacuna? O Espiritismo no-la apresenta preenchida pelos seres de todas as categorias do mundo invisível, e esses seres não são mais que Espíritos dos homens nos diferentes graus que conduzem à perfeição. E assim tudo se liga, tudo se encadeia, do alfa ao ômega. Vós, que negais a existência dos Espíritos, preenchei o vazio que eles ocupam. E vós, que deles rides, ousai rir das obras de Deus e da sua onipotência!

Allan Kardec

PROLEGÔMENOS

Fenômenos que escapam às leis da Ciência comum manifestam-se por toda parte. E revelam como causa a ação de uma vontade livre e inteligente.

A razão nos diz que um efeito inteligente deve ter como causa uma força inteligente. E os fatos provaram que essa força pode entrar em comunicação com os homens através de sinais materiais.

Essa força, interrogada sobre sua natureza, declarou pertencer ao mundo dos seres espirituais que se despojaram do envoltório corporal do homem. Desta maneira é que foi revelada a Doutrina dos Espíritos.

As comunicações entre o mundo espírita e o mundo corpóreo pertencem à Natureza e não constituem nenhum fato sobrenatural. É por isso que encontramos os seus traços entre todos os povos e em todas as épocas. Hoje elas são gerais e evidentes por todo o mundo.

Os Espíritos anunciam que os tempos marcados pela Providência para uma manifestação universal estão chegados e que, sendo os ministros de Deus e os agentes da sua vontade, cabe-lhes a missão de instruir e esclarecer os homens, abrindo uma nova era para a regeneração da Humanidade.

Este livro é o compêndio dos seus ensinamentos. Foi escrito por ordem e sob ditado dos Espíritos superiores para estabelecer os fundamentos de uma filosofia racional, livre dos prejuízos do espírito de sistema. Nada contém que não seja a expressão de seu pensamento e não tenha sofrido o seu controle. A ordem e a distribuição metódica das matérias assim como as notas e a forma de algumas partes da redação constituem a única obra daquele que recebeu a missão de a publicar.

No número dos Espíritos que concorreram para a realização desta obra há muitos que viveram em diferentes épocas na Terra, onde pregaram e praticaram a virtude e a sabedoria. Outros não pertencem, por seus nomes, a nenhum personagem de que a História tenha guardado a memória, mas a sua elevação é atestada pela pureza de sua doutrina e pela união com os que trazem nomes venerados.

Eis os termos em que nos deram, por escrito e por meio de muitos médiuns, a missão de escrever este livro:

> "Ocupa-te, com zelo e perseverança, do trabalho que empreendeste com o nosso concurso, porque esse trabalho é nosso. Nele pusemos as bases do novo edifício que se eleva e um dia deverá reunir todos os homens num mesmo sentimento de amor e caridade; mas, antes de o divulgares, revê-lo-emos juntos a fim de controlar todos os detalhes.
>
> Estaremos contigo sempre que o pedires, para te ajudar nos demais trabalhos, porque esta não é mais do que uma parte da missão que te foi confiada e que um de nós já te revelou.
>
> Entre os ensinamentos que te são dados há alguns que deves guardar somente para ti, até nova ordem; avisaremos quando chegar o momento de os publicar. Enquanto isso, medita-os, a fim de estares pronto quando te avisarmos.
>
> Porás no cabeçalho do livro o ramo de parreira que te desenhamos porque é ele o emblema do trabalho do Criador[1]. Todos os princípios materiais que podem melhor representar o corpo e o Espírito nele se encontram reunidos: o corpo é o ramo; o Espírito é a seiva; a alma ou o espírito ligado à matéria é o bago. O homem quintessencia o Espírito pelo trabalho e tu sabes que não é, senão pelo trabalho do corpo, que o espírito adquire conhecimentos.
>
> Não te deixes desencorajar pela crítica. Encontrarás contraditores encarniçados, sobretudo entre as pessoas interessadas em trapaças. Encontrá-los-ás mesmo entre os Espíritos, pois aqueles que não são completamente desmaterializados procuram muitas vezes semear a dúvida, por malícia ou por ignorância. Mas prossegue sempre; crê em Deus e marcha confiante: aqui estaremos para te sustentar, e aproxima-se o tempo em que a verdade brilhará por toda parte.
>
> A vaidade de certos homens, que creem saber tudo e tudo querem explicar à sua maneira, dará origem a opiniões dissidentes; mas todos os que tiverem em vista o grande princípio de Jesus se confundirão no mesmo sentimento de amor ao bem e se unirão por um laço fraterno que envolverá o mundo inteiro; deixarão de lado as mesquinhas disputas de palavras para somente se ocuparem das coisas essenciais. E a doutrina

---

[1] O ramo de parreira na página 55 é o fac-símile do que foi desenhado pelos Espíritos.

será sempre a mesma, quanto ao fundo, para todos os que receberem as comunicações dos Espíritos superiores.

É com perseverança que chegamos a recolher o fruto dos teus trabalhos. A satisfação que terás vendo a doutrina propagar-se e bem compreendida será para ti uma recompensa cujo valor total conhecerás, talvez, mais no futuro do que no presente. Não te inquietem, pois, os espinhos e as pedras que os incrédulos ou os maus espalharão no teu caminho; conserva a confiança; com ela chegarás ao alvo e merecerás sempre a nossa ajuda.

Lembra-te de que os Bons Espíritos só assistem aos que servem a Deus com humildade e desinteresse e repudiam a qualquer que procure, no caminho do céu, um degrau para as coisas da Terra; eles se afastam dos orgulhosos e dos ambiciosos. O orgulho e a ambição serão sempre uma barreira entre o homem e Deus; são um véu lançado sobre as claridades celestes, e Deus não pode servir-se do cego para fazer que compreendamos a luz.

São João Evangelista, Santo Agostinho, São Vicente de Paulo, São Luís, o Espírito da Verdade, Sócrates, Platão, Fénelon, Franklin, Swedenborg etc. etc.[2]

---

[2] Certas pessoas estranham a reunião de tantos nomes veneráveis como signatários destas recomendações. Uma consulta ao item XII – "Da Identificação dos Espíritos" – na "Introdução ao Estudo da Doutrina Espírita", que abre este volume, esclarecerá o problema. (N. do T.)

LIVRO PRIMEIRO

AS CAUSAS PRIMÁRIAS

CAPÍTULO I

DEUS

I – DEUS E O INFINITO

1. O que é Deus?

– Deus é a inteligência suprema, causa primária de todas as coisas.

2. O que devemos entender por infinito?

– Aquilo que não tem começo nem fim; o desconhecido; todo o desconhecido é infinito.

3. Poderíamos dizer que Deus é o infinito?

– Definição incompleta. Pobreza da linguagem dos homens, insuficiente para definir as coisas que estão além da sua inteligência.

Deus é infinito nas suas perfeições, mas o infinito é uma abstração; dizer que Deus é o infinito é tomar o atributo de uma coisa por ela mesma, definir uma coisa, ainda não conhecida, por outra que também não o é.

II - PROVAS DA EXISTÊNCIA DE DEUS

4. Onde podemos encontrar a prova da existência de Deus?

– Num axioma que aplicais às vossas ciências: não há efeito sem causa. Procurai a causa de tudo o que não é obra do homem e vossa razão vos responderá.

Para crer em Deus é suficiente lançar os olhos às obras da criação. O Universo existe; ele tem, portanto, uma causa. Duvidar da existência de Deus seria negar que todo efeito tem uma causa, e afirmar que o nada pode fazer alguma coisa.

5. Que consequência podemos tirar do sentimento intuitivo, que todos os homens trazem consigo, da existência de Deus?

– Que Deus existe; pois de onde lhes virá esse sentimento, se ele não se apoiasse em nada? É uma consequência do princípio de que não há efeito sem causa.

6. O sentimento íntimo da existência de Deus, que trazemos conosco, não seria o efeito da educação e o produto de ideias adquiridas?

– Se assim fosse, por que os vossos selvagens também teriam esse sentimento?

Se o sentimento da existência de um ser supremo não fosse mais que o produto de um ensinamento, não seria universal nem existiria, como as noções científicas, senão entre os que tivessem podido receber esse ensinamento.

7. Poderíamos encontrar a causa primária da formação das coisas nas propriedades íntimas da matéria?

– Mas, então, qual seria a causa dessas propriedades? É sempre necessária uma causa primária.

Atribuir a formação primária das coisas às propriedades íntimas da matéria seria tomar o efeito pela causa, pois essas propriedades são em si mesmas um efeito, que deve ter uma causa.

8. Que pensar da opinião que atribui a formação primária a uma combinação fortuita da matéria, ou seja, ao acaso?

– Outro absurdo! Que homem de bom senso pode considerar o acaso como um ser inteligente? E, além disso, o que é o acaso? Nada!

A harmonia que regula as forças do Universo revela combinações e fins determinados, e por isso mesmo um poder inteligente. Atribuir a formação primária ao acaso seria uma falta de senso, porque o acaso é cego e não pode produzir efeitos inteligentes. Um acaso inteligente já não seria um acaso.

9. Onde se pode ver, na causa primária, uma inteligência suprema, superior a todas as outras?

– Tendes um provérbio que diz o seguinte: pela obra se conhece o autor. Pois bem: vede a obra e procurai o autor! É o orgulho que gera a incredulidade. O homem orgulhoso nada admite fora de si, e é por isso que se considera um espírito forte. Pobre ser que um sopro de Deus pode abater.

Julga-se o poder de uma inteligência pelas suas obras. Como nenhum ser humano pode criar o que a Natureza produz, a causa primária há de estar numa inteligência superior à Humanidade.

Sejam quais forem os prodígios realizados pela inteligência humana, esta inteligência tem também uma causa, e, quanto maior for a sua realização, maior deve ser a causa primária. Esta inteligência superior é a causa primária de todas as coisas, qualquer que seja o nome pelo qual o homem a designe.

10. O homem pode compreender a natureza íntima de Deus?

– *Não. Falta-lhe, para tanto, um sentido.*

11. Será um dia permitido ao homem compreender o mistério da Divindade?

– *Quando o seu espírito não estiver mais obscurecido pela matéria e, pela sua perfeição, tiver se aproximado dela, então a verá e compreenderá.*

A inferioridade das faculdades do homem não lhe permite compreender a natureza íntima de Deus. Na infância da Humanidade o homem o confunde muitas vezes com a criatura, cujas imperfeições lhe atribui; mas, à medida que o seu senso moral se desenvolve, seu pensamento penetra melhor o fundo das coisas e ele faz, então, a seu respeito, uma ideia mais justa e mais conforme com a boa razão, embora sempre incompleta.

12. Se não podemos compreender a natureza íntima de Deus, podemos ter uma ideia de algumas de suas perfeições?

– *Sim, de algumas. O homem as compreende melhor à medida que se eleva sobre a matéria; ele as entrevê pelo pensamento.*

13. Quando dizemos que Deus é eterno, infinito, imutável, imaterial, único, todo-poderoso, soberanamente justo e bom, não temos uma ideia completa de seus atributos?

– *Do vosso ponto de vista, sim, porque acreditais abranger tudo; mas ficai sabendo que há coisas acima da inteligência do homem mais inteligente, e para as quais a vossa linguagem, limitada às vossas ideias e às vossas sensações, não dispõe de expressões. A razão vos diz que Deus deve ter essas perfeições em grau supremo, pois se tivesse uma de menos, ou que não fosse em grau infinito, não seria superior a tudo, e por conseguinte não seria Deus. Para estar acima de todas as coisas, Deus não deve estar sujeito a vicissitudes e não pode ter nenhuma das imperfeições que a imaginação é capaz de conceber.*

Deus é eterno. Se ele tivesse tido um começo, teria saído do nada, ou, então, teria sido criado por um ser anterior. É assim que, pouco a pouco, remontamos ao infinito e à eternidade.

É imutável. Se ele estivesse sujeito a mudanças, as leis que regem o Universo não teriam nenhuma estabilidade.

É imaterial. Quer dizer, sua natureza difere de tudo o que chamamos matéria, pois de outra forma ele não seria imutável, estando sujeito a transformações da matéria.

É o único. Se houvesse muitos Deuses, não haveria unidade de vistas nem de poder na organização do Universo.

É todo-poderoso. Porque é único. Se não tivesse o poder soberano, haveria alguma coisa mais poderosa ou tão poderosa quanto ele, que assim não teria feito todas as coisas. E aquelas que ele não tivesse feito seriam obras de um outro Deus.

É soberanamente justo e bom. A sabedoria providencial das leis divinas se revela nas menores como nas maiores coisas, e esta sabedoria não nos permite duvidar da sua justiça, nem da sua bondade.

IV - PANTEÍSMO

14. Deus é um ser distinto, ou seria, segundo a opinião de alguns, a resultante de todas as forças e de todas as inteligências do Universo reunidas?

– Se assim fosse, Deus não existiria, porque seria efeito e não a causa; ele não pode ser, ao mesmo tempo, uma coisa e outra.

Deus existe, não o podeis duvidar, e isso é o essencial. Acreditai no que vos digo e não queirais ir além. Não vos percais num labirinto, de onde não podereis sair. Isso não vos tornaria melhores, mas talvez um pouco mais orgulhosos, porque acreditaríeis saber, quando na realidade nada saberíeis. Deixai, pois, de lado, todos esses sistemas; tendes que vos desembaraçar de muitas coisas que vos tocam mais diretamente. Isto vos será mais útil do que querer penetrar o que é impenetrável.

15. Que pensar da opinião segundo a qual todos os corpos da Natureza, todos os seres, todos os globos do Universo seriam partes da Divindade e constituiriam, pelo seu conjunto, a própria Divindade; ou seja, que pensar da doutrina panteísta?

– Não podendo ser Deus, o homem quer pelo menos ser uma parte de Deus.

16. Os que professam essa doutrina pretendem nela encontrar a demonstração de alguns dos atributos de Deus. Sendo os mundos infinitos, Deus é, por isso mesmo, infinito; o vácuo ou o nada não existindo em parte alguma, Deus está em toda a parte; Deus estando em toda parte, pois que tudo é parte integrante de Deus, dá a todos os fenômenos da Natureza uma razão de ser inteligente. O que se pode opor a este raciocínio?

– A razão. Refleti maduramente e não vos será difícil reconhecer-lhe o absurdo.

Esta doutrina faz de Deus um ser material que, embora dotado de inteligência suprema, seria em ponto grande aquilo que somos em ponto pequeno. Ora, a matéria se transformando sem cessar, Deus, nesse caso, não teria nenhuma estabilidade e estaria sujeito a todas as vicissitudes e mesmo a todas as necessidades da Humanidade; faltar-lhe-ia um dos atributos essenciais da Divindade: a imutabilidade. As propriedades da matéria não podem ligar-se à ideia de Deus, sem que o rebaixemos em nosso pensamento, e todas as sutilezas do sofisma não conseguirão resolver o problema da sua natureza íntima. Não sabemos tudo o que ele é, mas sabemos aquilo que não pode ser, e este sistema está em contradição com as suas propriedades mais essenciais, pois confunde o criador com a criatura, precisamente como se quiséssemos que uma máquina engenhosa fosse parte integrante do mecânico que a concebeu.

A inteligência de Deus se revela nas suas obras, como a de um pintor no seu quadro; mas as obras de Deus não são o próprio Deus, como o quadro não é o pintor que o concebeu e executou.

CAPÍTULO II

ELEMENTOS GERAIS DO UNIVERSO

I - CONHECIMENTO DO PRINCÍPIO DAS COISAS

17. Pode o homem conhecer o princípio das coisas?

– Não. Deus não permite que tudo seja revelado ao homem, aqui na Terra.

18. O homem penetrará um dia o mistério das coisas que lhe estão ocultas?

– O véu se ergue na medida em que ele se depura; mas, para a compreensão de certas coisas, necessita de faculdades que ainda não possui.

19. O homem não poderá, pelas investigações da ciência, penetrar alguns dos segredos da natureza?

– A ciência lhe foi dada para o seu adiantamento em todos os sentidos, mas ele não pode ultrapassar os limites fixados por Deus.

Quanto mais é permitido ao homem penetrar nesses mistérios, maior deve ser a sua admiração pelo poder e a sabedoria do Criador. Mas, seja por orgulho, seja por fraqueza, sua própria inteligência o torna frequentemente joguete da ilusão. Ele acumula sistemas sobre sistemas, e a cada dia que passa mostra quantos erros tomou por verdades e quantas verdades repeliu como erros. São outras tantas decepções para o seu orgulho.

20. Pode o homem receber, fora das investigações da Ciência, comunicações de uma ordem mais elevada sobre aquilo que escapa ao testemunho dos sentidos?

– Sim; se Deus o julgar útil, pode revelar-lhe aquilo que a Ciência não consegue aprender.

E, através dessas comunicações que o homem recebe, dentro de certos limites, o conhecimento de seu passado e do seu destino futuro.

II - ESPÍRITO E MATÉRIA

21. A matéria existe desde toda a eternidade, como Deus, ou foi criada por ele num certo momento?

– Só Deus o sabe. Há, entretanto, uma coisa que a vossa razão vos deve indicar: é que Deus, modelo de amor e de caridade, jamais esteve inativo. Qualquer que seja a distância a que possais imaginar o início da sua ação, podereis compreendê-lo um segundo na ociosidade?

22. Define-se geralmente a matéria como aquilo que tem extensão, pode impressionar os sentidos e é impenetrável. Essa definição é exata?

– Do vosso ponto de vista, sim, porque só falais daquilo que conheceis. Mas a matéria existe em estados que não percebeis. Ela pode ser, por exemplo, tão etérea e sutil que não produza nenhuma impressão nos vossos sentidos: entretanto, será sempre matéria, embora não o seja para vós.

22-a. Que definição podeis dar da matéria?

– A matéria é o liame que escraviza o espírito; é o instrumento que ele usa, e sobre o qual, ao mesmo tempo, exerce a sua ação.

De acordo com isto, pode-se dizer que a matéria é o agente, o intermediário com a ajuda do qual e sobre o qual o espírito atua.

23. Que é espírito?

– O princípio inteligente do Universo.

23-a. Qual é a sua natureza íntima?

– Não é fácil analisar o espírito na vossa linguagem. Para vós, ele não é nada, porque não é coisa palpável; mas, para nós, é alguma coisa. Ficai sabendo: nenhuma coisa é o nada, e o nada não existe.

24. Espírito é sinônimo de inteligência?

– A inteligência é um atributo essencial do espírito; mas um e outro se confundem num princípio comum, de maneira que, para vós, são uma e a mesma coisa.

25. O espírito é independente da matéria, ou não é mais do que uma propriedade desta, como as cores são propriedades da luz e o som uma propriedade do ar?

– São distintos, mas é necessária a união do espírito e da matéria para dar inteligência a esta.

25-a. Esta união é igualmente necessária para a manifestação do espírito? (Por espírito entendemos aqui o princípio da

inteligência, abstração feita das individualidades designadas por esse nome.)

– É necessária para vós, porque não estais organizados para perceber o espírito sem a matéria; vossos sentidos não foram feitos para isso.

26. Pode-se conhecer o espírito sem a matéria e a matéria sem o espírito?

– Pode-se, sem dúvida, pelo pensamento.

27. Haveria, assim, dois elementos gerais do Universo: a matéria e o espírito?

– Sim, e, acima de ambos, Deus, o Criador, o pai de todas as coisas. Essas três coisas são o princípio de tudo o que existe, a trindade universal. Mas ao elemento material é necessário ajuntar o fluido universal, que exerce o papel de intermediário entre o espírito e a matéria propriamente dita, demasiado grosseira para que o espírito possa exercer alguma ação sobre ela. Embora, de certo ponto de vista, se pudesse considerá-lo como elemento material, ele se distingue por propriedades especiais. Se fosse simplesmente matéria, não haveria razão para que o espírito não o fosse também. Ele está colocado entre o espírito e a matéria; é fluido, como a matéria é matéria; suscetível, em suas inumeráveis combinações com esta, e, sob a ação do espírito, de produzir infinita variedade de coisas, das quais não conheceis mais do que uma ínfima parte. Esse fluido universal, ou primitivo, ou elementar, sendo o agente de que o espírito se serve, é o princípio sem o qual a matéria permaneceria em perpétuo estado de dispersão, e não adquiriria jamais as propriedades que a gravidade lhe dá.

27-a. Seria esse fluido o que designamos por eletricidade?

– Dissemos que ele é suscetível de inumeráveis combinações. O que chamais fluido elétrico, fluido magnético, são modificações do fluido universal, que é, propriamente falando, uma matéria mais perfeita, mais sutil, que se pode considerar como independente.

28. Sendo o espírito, em si mesmo, alguma coisa, não seria mais exato, e menos sujeito a confusões, designar esses dois elementos gerais pelas expressões: matéria inerte e matéria inteligente?

– As palavras pouco nos importam. Cabe a vós formular a vossa linguagem, de maneira a vos entenderdes. Vossas disputas provêm, quase sempre, de não vos entenderdes sobre as palavras. Porque a vossa linguagem é incompleta para as coisas que não vos tocam os sentidos.

Um fato patente domina todas as hipóteses: vemos matéria sem inteligência e um princípio inteligente independente da matéria. A origem e a conexão dessas duas coisas nos são desconhecidas. Que elas tenham ou não uma fonte comum e os pontos de contato necessários; que a inteligência tenha existência própria, ou que seja uma propriedade, um efeito; que seja, mesmo, segundo a opinião de alguns, uma emanação da Divindade – é o que ignoramos. Elas nos aparecem distintas, e é por isso que as consideramos formando dois princípios constituintes do Universo. Vemos, acima de tudo isso, uma inteligência que domina todas as outras, que as governa, que delas se distingue por atributos essenciais: é a esta inteligência suprema que chamamos Deus.

III - PROPRIEDADES DA MATÉRIA

29. A ponderabilidade é atributo essencial da matéria?

– Da matéria como a entendeis, sim; mas não da matéria considerada como fluido universal. A matéria etérea e sutil que forma esse fluido é imponderável para vós, mas nem por isso deixa de ser o princípio da vossa matéria ponderável.

A ponderabilidade é uma propriedade relativa. Fora das esferas de atração dos mundos, não há peso, da mesma maneira que não há alto nem baixo.

30. A matéria é formada de um só ou de muitos elementos?

– De um só elemento primitivo. Os corpos que considerais como corpos simples não são verdadeiros elementos, mas transformações da matéria primitiva.

31. De onde provêm as diferentes propriedades da matéria?

– Das modificações que as moléculas elementares sofrem, ao se unirem, e em determinadas circunstâncias.

32. De acordo com isso, o sabor, o odor, as cores, as qualidades venenosas ou salutares dos corpos não seriam mais do que modificações de uma única e mesma substância primitiva?

– Sim, sem dúvida, e só existem pela disposição dos órgãos destinados a percebê-las.

Esse princípio é demonstrado pelo fato de nem todos perceberem as qualidades dos corpos da mesma maneira: enquanto um acha uma coisa agradável ao gosto, outro a acha má; uns veem azul o que outros veem vermelho; o que para uns é veneno, para outros é inofensivo ou salutar.

33. A mesma matéria elementar é suscetível de passar por todas as modificações e adquirir todas as propriedades?

– Sim, e é isso que deveis entender, quando dizemos que tudo está em tudo.[1]

O oxigênio, o hidrogênio, o azoto, o carbono, e todos os corpos que consideramos simples, não são mais do que modificações de uma substância primitiva. Na impossibilidade, em que nos encontramos ainda, de remontar de outra maneira, que não pelo pensamento, a essa matéria, esses corpos são para nós verdadeiros elementos, e podemos, sem maiores consequências, considerá-los assim até nova ordem.

33-a. Essa teoria não parece dar razão à opinião dos que não admitem, para a matéria, mais do que dois elementos essenciais: a força e o movimento, entendendo que todas as outras propriedades não são senão efeitos secundários, que variam segundo a intensidade da força e a direção do movimento?

– Essa opinião é exata. Falta acrescentar que, também, segundo a disposição das moléculas. Como se vê, por exemplo, num corpo opaco que pode tornar-se transparente e vice-versa.

34. As moléculas têm uma forma determinada?

– Sem dúvida que as moléculas têm uma forma, mas não a podeis apreciar.

34-a. Essa forma é constante ou variável?

– Constante para as moléculas elementares primitivas, mas variável para as moléculas secundárias, que são aglomerações das primeiras. Isso que chamais molécula está longe da molécula elementar.

IV - ESPAÇO UNIVERSAL

35. O espaço universal é infinito ou limitado?

– Infinito. Supõe limites para ele: o que haveria além? Isto confunde a tua razão, bem o sei, e no entanto a razão te diz que não pode ser de outra maneira. O mesmo se dá com o infinito em

---

[1] Este princípio explica o fenômeno conhecido de todos os magnetizadores, que consiste em se dar, pela vontade, a uma substância qualquer, à água, por exemplo, as mais diversas propriedades: um gosto determinado, e mesmo as qualidades ativas de outras substâncias. Só havendo um elemento primitivo, e as modificações dos diferentes corpos sendo apenas modificações desse elemento, resulta que a mais inofensiva substância tem o mesmo princípio que a mais deletéria. Uma modificação análoga pode produzir-se pela ação magnética, dirigida pela vontade. Assim, a água, que é formada de uma parte de oxigênio e duas de hidrogênio, torna-se corrosiva, se duplicarmos a proporção do oxigênio.

todas as coisas; não é na vossa pequena esfera que o podeis compreender.[2]

Supondo-se um limite para o espaço, qualquer que seja a distância a que o pensamento possa concebê-lo, a razão diz que, além desse limite, há alguma coisa. E assim, pouco a pouco, até o infinito, porque essa alguma coisa, mesmo que fosse o vazio absoluto, ainda seria espaço.

36. O vazio absoluto existe em alguma parte do espaço universal?

– Não, nada é vazio. O que é vazio para ti está ocupado por uma matéria que escapa aos teus sentidos e aos teus instrumentos.[3]

---

[2] As variações de tratamento, ora na segunda, ora na terceira pessoa, correspondem aos momentos em que o Espírito se referia ao interlocutor, pessoalmente, a todos os presentes, ou ainda a toda a Humanidade (N. do T.)

[3] Todos estes princípios estão hoje comprovados pela investigação científica, mesmo no campo do mais ortodoxo materialismo. Veja-se o livro *El Cosmos y sus siete estados,* de Vasiliev e Staniukovich, Editorial Paz, Moscou, tradução castelhana. (N. do T.)

CAPÍTULO III

CRIAÇÃO

I - FORMAÇÃO DOS MUNDOS

O Universo compreende a infinidade dos mundos que vemos e não vemos, todos os seres animados e inanimados, todos os astros que se movem no espaço e os fluidos que o preenchem.

37. O Universo foi criado ou existe de toda a eternidade como Deus?

– Ele não pode ter sido feito por si mesmo; e, se existisse de toda a eternidade, como Deus, não poderia ser obra de Deus.

A razão nos diz que o Universo não poderia fazer-se por si mesmo, e que, não podendo ser obra do acaso, deve ser obra de Deus.

38. Como criou Deus o Universo?

– Para me servir de uma expressão corrente: por sua Vontade. Nada exprime melhor essa vontade todo-poderosa do que estas belas palavras do Gênese: "Deus disse: Faça-se a luz, e a luz foi feita".

39. Podemos conhecer o modo de formação dos mundos?

– Tudo o que se pode dizer, e que podeis compreender, é que os mundos se formam pela condensação da matéria espalhada no espaço.

40. Os cometas seriam, como agora se pensa, um começo de condensação da matéria, mundos em vias de formação?

– Isso está certo; absurdo, porém, é acreditar na sua influência. Quero dizer, a influência que vulgarmente lhe atribuem; porque todos os corpos celestes têm a sua parte de influência em certos fenômenos físicos.

41. Um mundo completamente formado pode desaparecer, e a matéria que o compõe espalhar-se de novo no espaço?

– Sim, Deus renova os mundos, como renova os seres vivos.

42. Saberemos a duração da formação dos mundos; da Terra, por exemplo?

– Nada te posso dizer, porque somente o Criador o sabe; e bem louco seria quem pretendesse sabê-lo, ou conhecer o número de séculos dessa formação.

II - FORMAÇÃO DOS SERES VIVOS

43. Quando a Terra começou a ser povoada?

– No começo, tudo era caos; os elementos estavam fundidos. Pouco a pouco, cada coisa tomou o seu lugar; então, apareceram os seres vivos, apropriados ao estado do globo.

44. De onde vieram os seres vivos para a Terra?

– A Terra continha os germes, que esperavam o momento favorável para desenvolver-se. Os princípios orgânicos reuniram-se desde o instante em que cessou a força de dispersão e formaram os germes de todos os seres vivos. Os germes permaneceram em estado latente e inerte, como a crisálida e as sementes das plantas, até o momento propício à eclosão de cada espécie; então, os seres de cada espécie se reuniram e multiplicaram.

45. Onde estavam os elementos orgânicos antes da formação da Terra?

– Estavam, por assim dizer, em estado fluídico no espaço, entre os Espíritos, ou em outros planetas, esperando a criação da Terra para começarem uma nova existência sobre um novo globo.

A Química nos mostra as moléculas dos corpos inorgânicos unindo-se para formar cristais de uma regularidade constante, segundo cada espécie, desde que estejam nas condições necessárias. A menor perturbação destas condições é suficiente para impedir a reunião dos elementos, ou pelo menos a disposição regular que constitui o cristal. Por que não ocorreria o mesmo com os elementos orgânicos? Conservamos durante anos germes de plantas e de animais, que não se desenvolveram a não ser numa dada temperatura e num meio apropriado; viram-se grãos de trigo germinar depois de muitos séculos. Há, portanto, nesses germes, um princípio latente de vitalidade, que só espera uma circunstância favorável para desenvolver-se. O que se passa diariamente sob os nossos olhos não pode ter existido desde a origem do globo? Esta formação dos seres vivos, saindo do caos pela própria força da Natureza, tira alguma coisa à grandeza de Deus? Longe disso, corresponde melhor à ideia que fazemos de seu poder, a exercer-se sobre os mundos infinitos através de leis eternas. Esta teoria não resolve, é verdade, a questão da origem dos elementos vitais; mas Deus tem os seus mistérios e estabeleceu limites às nossas investigações.

46. Há seres que ainda nascem espontaneamente?

– Sim, mas o germe primitivo já existia em estado latente. Sois, todos os dias, testemunhas desse fenômeno. Os tecidos dos homens e dos animais não contêm os germes de uma multidão de vermes que esperam, para eclodir, a fermentação pútrida necessária à sua existência? É um pequeno mundo que dormita e desperta.

47. A espécie humana se achava entre os elementos orgânicos do globo terrestre?

– Sim, e veio a seu tempo. Foi isso que deu motivo a dizer-se que o homem foi feito do limo da Terra.

48. Podemos conhecer a época da aparição do homem e de outros seres vivos na Terra?

– Não; todos os vossos cálculos são quiméricos.

49. Se o germe da espécie humana estava entre os elementos orgânicos do globo, por que os homens não mais se formam espontaneamente, como em sua origem?

– O princípio das coisas permanece nos segredos de Deus; mas podemos dizer que os homens, uma vez dispersos sobre a Terra, absorveram em si mesmos os elementos necessários à sua formação, para transmiti-los segundo as leis da reprodução. O mesmo aconteceu com as demais espécies de seres vivos.

III - POVOAMENTO DA TERRA. ADÃO

50. A espécie humana começou por um só homem?

– Não; aquele que chamais Adão não foi o primeiro nem o único a povoar a Terra.

51. Podemos saber em que época viveu Adão?

– Mais ou menos naquela que lhe assinalais: cerca de quatro mil anos antes de Cristo.

O homem cuja tradição se conservou sob o nome de Adão foi um dos que sobreviveram, em alguma região, a um dos grandes cataclismos que em diversas épocas modificaram a superfície do globo, e tornou-se o tronco de uma das raças que hoje o povoam. As leis da Natureza contradizem a opinião de que os progressos da Humanidade, constatados muito tempo antes de Cristo, se tivessem realizado em alguns séculos, como o teria de ser, se o homem não tivesse aparecido senão depois da época assinalada para a existência de Adão. Alguns, e com muita razão, consideram Adão como um mito ou uma alegoria, personificando as primeiras idades do mundo.

IV - DIVERSIDADE DAS RAÇAS HUMANAS

52. De onde vêm as diferenças físicas e morais que distinguem as variedades de raças humanas na Terra?

– Do clima, da vida e dos hábitos. Dá-se o mesmo que se daria com duas crianças da mesma mãe que, educadas uma longe da outra e de maneira diferente, não se assemelhassem em nada quanto à moral.

53. O homem apareceu em muitos pontos do globo?

– Sim, e em diversas épocas, e é essa uma das causas da diversidade das raças; depois, o homem se dispersou pelos diferentes climas, e, aliando-se os de uma raça aos de outras, formaram-se novos tipos.

53-a. Essas diferenças representam espécies distintas?

– Certamente não, pois todos pertencem à mesma família. As variedades do mesmo fruto acaso não pertencem à mesma espécie?

54. Se a espécie humana não procede de um só tronco, não devem os homens deixar de considerar-se irmãos?

– Todos os homens são irmãos em Deus porque são animados pelo espírito e tendem para o mesmo alvo. Quereis sempre tomar as palavras ao pé da letra.

V - PLURALIDADE DOS MUNDOS

55. Todos os globos que circulam no espaço são habitados?

– Sim, e o homem terreno está bem longe de ser, como acredita, o primeiro em inteligência, bondade e perfeição. Há, entretanto, homens que se julgam espíritos fortes e imaginam que só este pequeno globo tem o privilégio de ser habitado por seres racionais. Orgulho e vaidade. Creem que Deus criou o Universo somente para eles.

Deus povoou os mundos de seres vivos, e todos concorrem para o objetivo final da Providência. Acreditar que os seres vivos estejam limitados apenas ao ponto que habitamos no Universo seria pôr em dúvida a sabedoria de Deus, que nada fez de inútil e deve ter destinado esses mundos a um fim mais sério do que o de alegrar os nossos olhos. Nada, aliás, nem na posição, no volume ou na constituição física da Terra, pode razoavelmente levar-nos à suposição de que tenha o privilégio de ser habitada, com exclusão de tantos milhares de mundos semelhantes.

56. A constituição física dos diferentes globos é a mesma?

– *Não; eles absolutamente não se assemelham.*

57. A constituição física dos mundos não sendo a mesma para todos, os seres que os habitam terão organização diferente?

– *Sem dúvida, como entre vós os peixes são feitos para viver na água e os pássaros, no ar.*

58. Os mundos mais distanciados do Sol são privados de luz e calor, de vez que o Sol lhes aparece apenas como uma estrela?

– *Acreditais que não há outras fontes de luz e de calor, além do Sol? Não tendes em conta a eletricidade, que em certos mundos desempenha um papel desconhecido para vós e bem mais importante que o que lhe cabe na Terra? Aliás, não dissemos que todos os seres vivam da mesma maneira que vós, com órgãos semelhantes aos vossos.*

As condições de existência dos seres nos diferentes mundos devem ser apropriadas ao meio em que têm de viver. Se nunca tivéssemos visto peixes não compreenderíamos como alguns seres pudessem viver na água. O mesmo acontece com outros mundos, que sem dúvida contêm elementos para nós desconhecidos. Não vemos na Terra as longas noites polares iluminadas pela eletricidade das auroras boreais? Que haveria de impossível para a eletricidade ser mais abundante que na Terra, desempenhando um papel geral cujos efeitos podemos compreender? Esses mundos podem conter em si mesmos as fontes de luz e calor necessárias aos seus habitantes.

VI - CONSIDERAÇÕES E CONCORDÂNCIAS BÍBLICAS REFERENTES À CRIAÇÃO

59. Os povos fizeram ideias bastante divergentes sobre a criação, segundo o grau de seus conhecimentos. A razão apoiada na Ciência reconheceu a inverossimilhança de algumas teorias. A que os Espíritos nos oferecem confirma a opinião há muito admitida pelos homens mais esclarecidos.

A objeção que se pode fazer a essa teoria é a de estar em contradição com os textos dos livros sagrados. Mas um exame sério nos leva a reconhecer que essa contradição é mais aparente que real, resultante da interpolação dada a passagens que, em geral, só possuíam sentido alegórico.

A questão do primeiro homem, na pessoa de Adão, como único tronco da Humanidade não é a única sobre a qual as crenças religiosas têm de modificar-se. O movimento da Terra parecia, em determinada época, tão contrário aos textos sagrados que não há formas de perseguição a que essa teoria não tenha dado pretexto. Não obstante, a Terra gira, malgrado os anátemas, e ninguém hoje em dia poderia contestá-lo sem ofender a sua própria razão.

A Bíblia diz igualmente que o mundo foi criado em seis dias, e fixa a época da criação em cerca de quatro mil anos antes da era cristã. Antes disso a Terra não existia; ela foi tirada do nada. O texto é formal. E eis que a Ciência positiva, a Ciência inexorável, vem provar o contrário. A formação do globo está gravada em caracteres indeléveis no mundo fóssil, e está provado que os seis dias da criação representam outros tantos períodos, cada um deles, talvez, de muitas centenas de milhares de anos. E não se trata de um sistema, uma doutrina, uma opinião isolada, mas de um fato tão constante como o do movimento da Terra, e que a Teologia não pode deixar de admitir prova evidente do erro em que se pode cair, quando se tomam ao pé da letra as expressões de uma linguagem frequentemente figurada.[1] Devemos concluir, então, que a Bíblia é um erro? Não; mas que os homens se enganam na sua interpretação.[2]

A Ciência, escavando os arquivos da Terra, descobriu a ordem em que os diferentes seres vivos apareceram na superfície, e essa ordem concorda com a indicada no Gênese, com a diferença de que essa obra, em vez de ter saído miraculosamente das mãos de Deus, em apenas algumas horas, realizou-se, sempre pela sua vontade, mas segundo a lei das forças naturais, em alguns milhões de anos. Deus seria, por isso, menor e menos poderoso? Sua obra se tornaria menos sublime, por não ter o prestígio da instantaneidade? Evidentemente, não. É preciso fazer da Divindade uma ideia bem mesquinha para não reconhecer a sua onipotência nas leis eternas que ela estabeleceu para reger os mundos. A Ciência, longe de diminuir a obra divina, no-la mostra sob um aspecto mais grandioso e mais conforme com as noções que temos do poder e da majestade de Deus, pelo fato mesmo de ter ela se realizado sem derrogar as leis da Natureza.

A Ciência, de acordo neste ponto com Moisés, coloca o homem por último na ordem da criação dos seres vivos. Moisés, porém, coloca o dilúvio universal no ano 1654 da formação do mundo, enquanto a Geologia nos mostra o grande cataclismo

---

[1] As recentes declarações do Papa Pio XII, admitindo os cálculos da Ciência, para a formação da Terra, confirmam o acerto de Kardec nesta nota. (N. do T.)

[2] Advertência aos que condenam a Bíblia sem levar em conta os fatores históricos e a linguagem figurada do texto. (N. do T.)

como anterior à aparição do homem, tendo em vista que até agora não se encontra nas camadas primitivas nenhum traço da sua presença, nem da presença dos animais que, sob o ponto de vista físico, são da sua mesma categoria. Mas nada prova que isso seja impossível; várias descobertas já lançaram dúvidas a respeito, podendo acontecer, portanto, que de um momento para outro se adquira a certeza material da anterioridade da raça humana. E então se reconhecerá que, nesse ponto, como em outros, o texto bíblico é figurado.

A questão está em saber se o cataclismo geológico é o mesmo de Noé. Ora, a duração necessária à formação das camadas fósseis não dá lugar a confusões, e no momento em que se encontrarem os traços da existência do homem, anteriores à grande catástrofe, ficará provado que Adão não foi o primeiro homem, ou que a sua criação se perde na noite dos tempos. Contra a evidência não há raciocínios possíveis e será necessário aceitar o fato como se aceitou o do movimento da Terra e o dos seis períodos da Criação.

A existência do homem antes do dilúvio geológico é, não há dúvida, ainda hipotética, mas eis como nos parece menos. Admitindo-se que o homem tenha aparecido pela primeira vez na Terra há quatro mil anos antes de Cristo, se 1.654 anos mais tarde toda a raça humana foi destruída, com exceção apenas de uma família, conclui-se que o povoamento da Terra data de Noé, ou seja, de 2350 anos antes da nossa era. Ora, quando os hebreus emigraram para o Egito, no décimo oitavo século, encontraram esse país bastante povoado e já bem avançado em civilização. A História prova que, nessa época, a Índia e outros países eram igualmente florescentes, mesmo sem levarmos em conta a cronologia de certos povos, que remonta a uma época ainda mais recuada. Teria sido então necessário que do vigésimo quarto ao décimo oitavo século, quer dizer, num espaço de seiscentos anos, não somente a posteridade de um único homem tivesse podido povoar todas as imensas regiões então conhecidas, supondo-se que as outras não estivessem povoadas, mas também que, nesse curto intervalo, a espécie humana tivesse podido elevar-se da ignorância absoluta do estado primitivo ao mais alto grau de desenvolvimento intelectual, o que é contrário a todas as leis antropológicas.

A diversidade das raças humanas vem ainda em apoio desta opinião. O clima e os hábitos produzem, sem dúvida, modificações das características físicas, mas sabe-se até onde pode chegar a influência dessas causas, e o exame fisiológico prova a existência, entre algumas raças, de diferenças constitucionais mais profundas que as produzidas pelo clima. O cruzamento de raças produz os tipos intermediários; tende a superar os caracteres extremos, mas não cria estes, produzindo apenas as variedades. Ora, para que tivesse havido cruzamento de raças, era necessário que houvesse raças distintas, e como explicarmos a sua existência, dando-lhes um tronco comum, e sobretudo tão próximo? Como admitir que, em alguns séculos, certos descendentes de Noé se tivessem transformado a ponto de produzirem a raça etiópica, por exemplo? Uma tal metamorfose não é mais admissível que a hipótese de um tronco comum para o lobo e a ovelha, o elefante e o pulgão, a ave e o peixe. Ainda uma vez, nada poderia prevalecer contra a evidência dos fatos.

Tudo se explica, pelo contrário, admitindo-se a existência do homem antes da época que lhe é vulgarmente assinalada; a diversidade das origens; Adão, que viveu há seis mil anos, como tendo povoado uma região ainda inabitada; o dilúvio de Noé como uma catástrofe parcial, que se tomou pelo cataclismo geológico;[3] e tendo-se em conta, por fim, a forma alegórica peculiar ao estilo oriental, que se encontra nos livros sagrados de todos os povos. Eis por que é prudente não se acusar muito ligeiramente de falsas as doutrinas que podem, cedo ou tarde, como tantas outras, oferecer um desmentido aos que as combatem. As ideias religiosas, longe de perder, se engrandecem ao marchar com a Ciência; esse o único meio de não apresentarem ao ceticismo um lado vulnerável.

[3] As escavações arqueológicas realizadas por sir Charles Leonard Woolley, em 1929, ao norte de Bassora, próximo ao Golfo Pérsico, para a descoberta de Ur, revelaram os restos de uma catástrofe diluviana ocorrida exatamente há quatro mil anos antes de Cristo. Ao encontrar a camada de lodo que cobria as ruínas da Ur primitiva, Woolley transmitiu a notícia ao mundo nos seguintes termos: "Encontramos os sinais do dilúvio universal." Trabalhos posteriores comprovaram o fato, mostrando que houve um dilúvio local no delta do Tigre e do Eufrates, exatamente na data assinalada pela Bíblia. Este fato vem confirmar a previsão de Kardec. (N. do T.)

CAPÍTULO IV

PRINCÍPIO VITAL

I - SERES ORGÂNICOS E INORGÂNICOS

Os seres orgânicos são os que trazem em si mesmos uma fonte de atividade íntima que lhes dá a vida; nascem, crescem, reproduzem-se e morrem; são providos de órgãos especiais para a realização dos diferentes atos da vida e apropriados às necessidades da sua conservação. Compreendem os homens, os animais e as plantas. Os seres inorgânicos são os que não possuem vitalidade nem movimentos próprios, sendo formados apenas pela agregação da matéria: os minerais, a água, o ar, etc.

60. É a mesma força que une os elementos materiais nos corpos orgânicos e inorgânicos?

- Sim, a lei de atração é a mesma para todos.

61. Há uma diferença entre a matéria dos corpos orgânicos e inorgânicos?

- É sempre a mesma matéria, mas nos corpos orgânicos é animalizada.

62. Qual a causa da animalização da matéria?

- Sua união com o princípio vital.

63. O princípio vital é propriedade de um agente especial, ou apenas da matéria organizada; numa palavra, é um efeito ou uma causa?

- É uma e outra coisa. A vida é um efeito produzido pela ação de um agente sobre a matéria. Esse agente, sem a matéria, não é vida, da mesma forma que a matéria não pode viver sem ele. É ele que dá vida a todos os seres, que o absorvem e assimilam.

64. Vimos que o espírito e a matéria são dois elementos constitutivos do Universo. O princípio vital formaria um terceiro?

- É um dos elementos necessários à constituição do Universo, mas tem a sua fonte nas modificações da matéria universal. É um elemento para vós, como o oxigênio e o hidrogênio, que, entretanto, não são elementos primitivos, pois todos procedem de um mesmo princípio.

64-a. Parece resultar daí que a vitalidade não tem como princípio um agente primitivo distinto, sendo antes uma propriedade especial da matéria universal, devida a certas modificações desta?

– É essa a consequência do que dissemos.

65. O princípio vital reside num dos corpos que conhecemos?

– Ele tem como fonte o fluido universal; é o que chamais fluido magnético ou fluido elétrico animalizado. É o intermediário, o liame entre o espírito e a matéria.

66. O princípio vital é o mesmo para todos os seres orgânicos?

– Sim, modificado segundo as espécies. É ele que lhes dá movimento e atividade, e os distingue da matéria inerte: pois o movimento da matéria não é a vida; ela recebe esse movimento, não o produz.

67. A vitalidade é um atributo permanente do agente vital, ou somente se desenvolve com o funcionamento dos órgãos?

– Só se desenvolve com o corpo. Não dissemos que esse agente, sem a matéria, não é vida? É necessária a união de ambos para produzir a vida.

67-a. Podemos dizer que a vitalidade permanece, quando o agente vital ainda não se uniu ao corpo?

– Sim, é isso.

O conjunto dos órgãos constitui uma espécie de mecanismo, impulsionado pela atividade íntima ou princípio vital que neles existe. O princípio vital é a força motriz dos corpos orgânicos. Ao mesmo tempo que o agente vital impulsiona os órgãos, a ação destes entretém e desenvolve o agente vital, mais ou menos como o atrito produz o calor.

II - A VIDA E A MORTE

68. Qual é a causa da morte nos seres orgânicos?

– A exaustão dos órgãos.

68-a. Pode-se comparar a morte à cessação do movimento numa máquina desarranjada?

– Sim, pois, se a máquina estiver malmontada, a sua mola se quebra; se o corpo estiver doente, a vida se esvai.

69. Por que uma lesão do coração, mais que a dos outros órgãos, causa a morte?

– O coração é uma máquina de vida. Mas não é ele o único órgão em que uma lesão causa a morte; ele não é mais do que uma das engrenagens essenciais.

70. Em que se transformam a matéria e o princípio vital dos seres orgânicos após a morte?

– A matéria inerte se decompõe e vai formar novos seres; o princípio vital retorna à massa.

Após a morte do ser orgânico os elementos que o formavam passam por novas combinações, constituindo novos seres que haurem na fonte universal o princípio da vida e da atividade, absorvendo-o e assimilando-o, para novamente o devolverem a essa fonte, logo que deixarem de existir.

Os órgãos estão, por assim dizer, impregnados de fluido vital. Esse fluido dá a todas as partes do organismo uma atividade que lhes permite comunicarem-se entre si, no caso de certas lesões, e restabelecerem funções momentaneamente suspensas. Mas, quando os elementos essenciais do funcionamento dos órgãos foram destruídos, ou profundamente alterados, o fluido vital não pode transmitir-lhes o movimento da vida, e o ser morre.

Os órgãos reagem mais ou menos necessariamente uns sobre os outros; é da harmonia do seu conjunto que resulta essa reciprocidade de ação. Quando uma causa qualquer destrói esta harmonia, suas funções cessam, como o movimento de um mecanismo cujas engrenagens essenciais se desarranjaram; como um relógio gasto pelo uso ou desmontado pôr um acidente, que a força motriz não pode pôr em movimento.

Temos uma imagem mais exata da vida e da morte num aparelho elétrico. Esse aparelho recebe a eletricidade e a conserva em estado potencial, como todos os corpos da Natureza. Os fenômenos elétricos, porém, não se manifestam, enquanto o fluido não for posto em movimento por uma causa especial, e só então se poderá dizer que o aparelho está ativo. Cessando a causa da atividade, o fenômeno cessa: e o aparelho volta ao estado de inércia. Os corpos orgânicos seriam, assim, como pilhas de aparelhos elétricos, nos quais a atividade do fluido produz o fenômeno da vida: a cessação dessa atividade ocasiona a morte.

A quantidade de fluido vital não é a mesma em todos os seres orgânicos: varia segundo as espécies, e não é constante no mesmo indivíduo, nem nos vários indivíduos de uma mesma espécie. Há os que estão, por assim dizer, saturados do fluido vital, enquanto outros o possuem apenas em quantidade suficiente. É por isso que uns são mais ativos, mais enérgicos e de, certa maneira, de vida superabundante.

A quantidade de fluido vital se esgota. Pode tornar-se incapaz de entreter a vida, se não for renovada pela absorção e assimilação de substâncias que o contêm.

O fluido vital se transmite de um indivíduo a outro. Aquele que o tem em maior quantidade pode dá-lo ao que tem menos e, em certos casos, fazer voltar uma vida prestes a extinguir-se.

III - INTELIGÊNCIA E INSTINTO

71. A inteligência é um atributo do princípio vital?

– Não; pois as plantas vivem e não pensam, não tendo mais do que vida orgânica. A inteligência e a matéria são independentes, pois um corpo pode viver sem inteligência, mas a inteligência não pode manifestar-se senão por meio dos órgãos materiais: somente a união com o espírito dá inteligência à matéria animalizada.

A inteligência é uma faculdade especial, própria de certas classes de seres orgânicos, aos quais dá, com o pensamento de sua individualidade, assim como os meios de estabelecer, a vontade de agir, a consciência de sua existência e relações com o mundo exterior e de prover às suas necessidades.

Podemos fazer a seguinte distinção: 1º) os seres inanimados, formados somente de matéria, sem vitalidade nem inteligência: são os corpos brutos; 2º) os seres animados não pensantes, formados de matéria e dotados de vitalidade, mas desprovidos de inteligência; 3º) os seres animados pensantes, formados de matéria, dotados de vitalidade e tendo ainda um princípio inteligente que lhes dá a faculdade de pensar.

72. Qual é a fonte da inteligência?

– Já dissemos: a inteligência universal.

72-a. Poderíamos dizer que cada ser tira uma porção de inteligência da fonte universal e a assimila, como tira e assimila o princípio da vida material?

– Isto não é mais do que uma comparação; mas não exata, porque a inteligência é uma faculdade própria de cada ser e constitui a sua individualidade moral. De resto, bem o sabeis, há coisas que não é dado ao homem penetrar, e esta, por enquanto, é uma delas.

73. O instinto é independente da inteligência?

– Precisamente, não, porque é uma espécie de inteligência. O instinto é uma inteligência não racional; é por ele que todos os seres proveem às suas necessidades.

74. Pode-se assinalar um limite entre o instinto e a inteligência, ou seja, precisar onde acaba um e onde começa o outro?

– Não, porque eles frequentemente se confundem; mas podemos muito bem distinguir os atos que pertencem ao instinto dos que pertencem à inteligência.

75. É acertado dizer que as faculdades instintivas diminuem, à medida que crescem as intelectuais?

– Não. O instinto existe sempre, mas o homem o negligencia. O instinto pode também conduzir ao bem; ele nos guia quase sempre, e às vezes mais seguramente que a razão; ele nunca se engana.

75-a. Por que a razão não é sempre um guia infalível?

– Ela seria infalível se não existisse falseada pela má educação, pelo orgulho e o egoísmo. O instinto não raciocina; a razão permite ao homem escolher, dando-lhe o livre-arbítrio.

O instinto é uma inteligência rudimentar, que difere da inteligência propriamente dita por serem quase sempre espontâneas as suas manifestações, enquanto as daquela são o resultado de apreciações e de uma deliberação.

O instinto varia em suas manifestações segundo as espécies e suas necessidades. Nos seres dotados de consciência e de percepção das coisas exteriores, ele se alia à inteligência, o que quer dizer, à vontade e à liberdade.

LIVRO SEGUNDO

MUNDO ESPÍRITA OU DOS ESPÍRITOS

CAPÍTULO I

DOS ESPÍRITOS

I - ORIGEM E NATUREZA DOS ESPÍRITOS

76. Como podemos definir os Espíritos?

– Podemos dizer que os Espíritos são os seres inteligentes da criação. Eles povoam o Universo, além do mundo material.[1]

77. Os Espíritos são seres distintos da Divindade, ou não seriam mais do que emanações ou porções da Divindade, por essa razão chamados filhos de Deus?

– Meu Deus! São sua obra, precisamente como acontece com um homem que faz uma máquina; esta é obra do homem e não ele mesmo. Sabes que o homem, quando faz uma coisa bela e útil, chama-a sua filha, sua criação. Pois bem; dá-se o mesmo com Deus; nós somos seus filhos, porque somos sua obra.

78. Os Espíritos tiveram princípio ou existem de toda a eternidade, como Deus?

– Se os Espíritos não tivessem tido princípio seriam iguais a Deus; mas, pelo contrário, são sua criação, submetidos à sua vontade. Deus existe de toda a eternidade, isso é incontestável; mas quando e como ele criou, não o sabemos. Podes dizer que não tivemos princípio, se com isso entendes que Deus, sendo eterno, deve ter criado sem cessar; mas quando e como cada um de nós foi feito, eu te repito, ninguém o sabe; isso é mistério.

79. Uma vez que há dois elementos gerais do Universo: o inteligente e o material, poderíamos dizer que os Espíritos são

[1] Nota: A palavra Espírito é aqui empregada para designar os seres extracorpóreos e não mais o elemento inteligente universal.

formados do elemento inteligente, como os corpos inertes são formados do material?

– *É evidente. Os Espíritos são individualizações do princípio inteligente, como os corpos são individualizações do princípio material; e a maneira dessa formação é que desconhecemos.*

80. A criação dos Espíritos é permanente ou verificou-se apenas na origem dos tempos?

– *É permanente, o que quer dizer que Deus jamais cessou de criar.*

81. Os Espíritos se formam espontaneamente ou procedem uns dos outros?

– *Deus os criou, como a todas as outras criaturas, pela sua vontade; mas repito ainda uma vez que a sua origem é um mistério.*

82. É certo dizer que os Espíritos são imateriais?

– *Como podemos definir uma coisa, quando não dispomos dos termos de comparação e usamos uma linguagem insuficiente? Um cego de nascença pode definir a luz? Imaterial não é o termo apropriado; incorpóreo, seria mais exato; pois deves compreender que, sendo uma criação, o Espírito deve ser alguma coisa. É uma matéria quintessenciada, para a qual não dispondes de analogias, e tão eterizada que não pode ser percebida pelos vossos sentidos.*

Dizemos que os Espíritos são imateriais, porque a sua essência difere de tudo o que conhecemos pelo nome de matéria. Um povo de cegos não teria palavras para exprimir a luz e os seus efeitos. O cego de nascença julga ter todas as percepções pelo ouvido, o olfato, o paladar e o tato; não compreende as ideias que lhe seriam dadas pelo sentido que lhe falta. Da mesma maneira, no tocante à essência dos seres super-humanos, somos como verdadeiros cegos. Não podemos defini-los, a não ser por meio de comparações sempre imperfeitas ou por um esforço da imaginação.[2]

83. Os Espíritos terão fim? Compreende-se que o princípio de que eles emanam seja eterno, mas o que perguntamos é se a sua individualidade terá um termo e se, num dado tempo, mais ou menos longo, o elemento de que são formados não se desagregará e não retornará à massa de que saíram, como acontece com os corpos materiais. É difícil compreender que uma coisa que teve começo não tenha fim.

– *Há muitas coisas que não compreendeis porque a vossa inteligência é limitada; mas isso não é razão para as repelirdes. O filho não compreende tudo o que o pai compreende, nem o ignorante tudo*

[2] Os Espíritos revestidos do perispírito são o objeto desta referência. Sem o perispírito nada têm de material, como vemos na resposta ao item 79. (N. do T.)

o que o sábio compreende. Nós te dizemos que a existência dos Espíritos não tem fim; é tudo quanto podemos dizer, por enquanto.

II - MUNDO NORMAL PRIMITIVO

84. Os Espíritos constituem um mundo à parte, além daquele que vemos?

– Sim, o mundo dos Espíritos ou das inteligências incorpóreas.

85. Qual dos dois, o mundo espírita ou o mundo material, é o principal na ordem das coisas?

– O mundo espírita; ele preexiste e sobrevive a tudo.

86. O mundo material poderia deixar de existir, ou nunca ter existido, sem com isso alterar a essência do mundo espírita?

– Sim; eles são independentes, e não obstante a sua correlação é incessante, porque reagem incessantemente um sobre o outro.

87. Os Espíritos ocupam uma região circunscrita e determinada no espaço?

– Os Espíritos estão por toda parte; povoam ao infinito os espaços infinitos. Há os que estão sem cessar ao vosso lado, observando-vos e atuando sobre vós, sem o saberdes; porque os Espíritos são uma das forças da Natureza e os instrumentos de que Deus se serve para o cumprimento de seus desígnios providenciais; mas nem todos vão a toda parte, porque há regiões interditadas aos menos avançados.

III - FORMA E UBIQUIDADE DOS ESPÍRITOS

88. Os Espíritos têm uma forma determinada, limitada e constante?

– Aos vossos olhos, não; aos nossos, sim. Eles são, se o quiserdes, uma flama, um clarão ou uma centelha etérea.[3]

88-a. Esta flama ou centelha tem alguma cor?

– Para vós, ela varia do escuro ao brilho do rubi, de acordo com a menor ou maior pureza do Espírito.

Representam-se ordinariamente os gênios com uma flama ou uma estrela na fronte. É essa uma alegoria, que lembra a natureza essencial dos Espíritos. Colocam-na no alto da cabeça, por ser ali que se encontra a sede da inteligência.

---

[3] Todo este trecho se refere ao Espírito puro, desprovido do perispírito. Necessário atentar para essas variações, para não confundirmos as explicações. (N. do T.)

89. Os Espíritos gastam algum tempo para cruzar o espaço?

– Sim; mas rápidos como o pensamento.

89-a. O pensamento não é a própria alma que se transporta?

– Quando o pensamento está em alguma parte a alma também o está, pois é a alma que pensa. O pensamento é um atributo.

90. O Espírito que se transporta de um lugar a outro tem consciência da distância que percorre e dos espaços que atravessa, ou é subitamente transportado para onde deseja ir?

– Uma e outra coisa. O Espírito pode perfeitamente, se o quiser, dar-se conta da distância que atravessa, mas essa distância pode também desaparecer por completo; isso depende da sua vontade e também da sua natureza, se mais ou menos depurada.

91. A matéria oferece obstáculos aos Espíritos?

– Não; eles penetram tudo; o ar, a terra, as águas, o próprio fogo, lhes são igualmente acessíveis.

92. Os Espíritos têm o dom da ubiquidade, ou, em outras palavras, o mesmo Espírito pode dividir-se ou estar ao mesmo tempo em vários pontos?

– Não pode haver divisão de um Espírito; mas cada um deles é um centro que irradia para diferentes lados, e é por isso que parecem estar em muitos lugares ao mesmo tempo. Vês o Sol, que não é mais do que um, e não obstante irradia por toda parte e envia os seus raios até muito longe. Apesar disso, ele não se divide.

92-a. Todos os Espíritos irradiam com o mesmo poder?

– Bem longe disso; o poder de irradiação depende do grau de pureza de cada um.

Cada Espírito é uma unidade indivisível; mas cada um deles pode estender o seu pensamento em diversas direções, sem por isso se dividir. É somente nesse sentido que se deve entender o dom de ubiquidade aos Espíritos. Como uma fagulha que projeta ao longe a sua claridade e pode ser percebida de todos os pontos do horizonte. Como, ainda, um homem que, sem mudar de lugar e sem se dividir, pode transmitir ordens, sinais e produzir movimentos em diferentes lugares.

IV - PERISPÍRITO

93. O Espírito propriamente dito vive a descoberto, ou, como pretendem alguns, envolvido por alguma substância?

– O Espírito é envolvido por uma substância que é vaporosa para ti, mas ainda bastante grosseira para nós; suficientemente

vaporosa, entretanto, para que ele possa elevar-se na atmosfera e transportar-se para onde quiser.

Como a semente de um fruto é envolvida pelo perisperma, o Espírito propriamente dito é revestido de um envoltório que, por comparação, se pode chamar perispírito.

94. De onde tira o Espírito o seu envoltório semimaterial?

– Do fluido universal de cada globo. É por isso que ele não é o mesmo em todos os mundos; passando de um mundo para outro, o Espírito muda de envoltório, como mudais de roupa.

94-a. Dessa maneira, quando os Espíritos de mundos superiores vêm até nós, tomam um perispírito mais grosseiro?

– É necessário que eles se revistam da nossa matéria, como já dissemos.

95. O envoltório semimaterial do Espírito tem formas determinadas e pode ser perceptível?

– Sim, uma forma ao arbítrio do Espírito; e é assim que ele vos aparece algumas vezes, seja nos sonhos, seja no estado de vigília, podendo tomar uma forma visível e mesmo palpável.

V - DIFERENTES ORDENS DE ESPÍRITOS

96. Os Espíritos são iguais, ou existe entre eles alguma hierarquia?

– São de diferentes ordens, segundo o grau de perfeição a que tenham chegado.

97. Há um número determinado de ordens ou de graus de perfeição entre os Espíritos?

– É ilimitado o número dessas ordens, pois não há entre elas uma linha de demarcação traçada como barreira, de maneira que se podem multiplicar ou restringir as divisões, à vontade. Não obstante, se considerarmos os caracteres gerais, poderemos reduzi-las a três ordens principais.

Na primeira ordem podemos colocar os que já chegaram à perfeição: os Espíritos puros. Na segunda estão os que chegaram ao meio da escala: o desejo do bem é a sua preocupação. Na terceira, os que estão ainda na base da escala: os Espíritos imperfeitos, que se caracterizam pela ignorância, pelo desejo do mal e por todas as más paixões que lhes retardam o desenvolvimento.

98. Os Espíritos da segunda ordem só têm o desejo do bem; terão também o poder de o fazer?

Eles têm esse poder, de acordo com o grau de sua perfeição: uns possuem a ciência; outros, a sabedoria e a bondade. Todos, entretanto, ainda têm provas a sofrer.

99. Os Espíritos da terceira ordem são todos essencialmente maus?

– Não; uns não fazem bem nem mal; outros, ao contrário, se comprazem no mal e ficam satisfeitos quando encontram ocasião de praticá-lo. Há ainda Espíritos levianos ou estouvados, mais travessos do que malignos, que se comprazem mais na malícia do que na maldade, encontrando prazer em mistificar e causar pequenas contrariedades, das quais se riem.

VI - ESCALA ESPÍRITA

100. *Observações preliminares.* A classificação dos Espíritos funda-se no seu grau de desenvolvimento, nas qualidades por eles adquiridas e nas imperfeições de que ainda não se livraram. Esta classificação nada tem de absoluta: nenhuma categoria apresenta caráter bem definido, a não ser no conjunto: de um grau a outro, a transição é insensível, pois, nos limites, as diferenças se apagam, como nos reinos da natureza, nas cores do arco-íris, ou ainda nos diferentes períodos da vida humana. Pode-se, portanto, formar um número maior ou menor de classes, de acordo com a maneira por que se considerar o assunto. Acontece, nisto, como em todos os sistemas de classificação científica: os sistemas podem ser mais ou menos completos, mais ou menos racionais, mais ou menos cômodos para a inteligência; mas, seja como for, nada alteram quanto à substância da ciência. Os Espíritos, interpelados sobre isto, puderam, pois, variar quanto ao número das categorias, sem maiores consequências. Houve quem se apegasse a esta contradição aparente, sem refletir que eles não dão nenhuma importância ao que é puramente convencional. Para eles, o pensamento é tudo: deixam-nos os problemas da forma, da escolha dos termos, das classificações, em uma palavra, dos sistemas.

Ajuntemos ainda esta consideração, que jamais se deve perder de vista: entre os Espíritos, como entre os homens, há os que são muito ignorantes, e nunca será demais estarmos prevenidos contra a tendência a crer que eles tudo sabem, por serem Espíritos. Toda classificação exige método, análise e conhecimento aprofundado do assunto. Ora, no mundo dos Espíritos, os que têm conhecimentos limitado, são, como os ignorantes deste mundo, incapazes de apreender um conjunto e formular um sistema; eles não conhecem ou não compreendem senão imperfeitamente qualquer classificação; para eles, todos os Espíritos que lhes sejam superiores são da primeira ordem, pois não podem apreciar as suas diferenças de saber, de capacidade e de moralidade, como entre nós faria um homem rude, em relação aos homens ilustrados. E aqueles, mesmos que sejam incapazes, podem variar nos detalhes, segundo os seus pontos de vista, sobretudo quando uma divisão nada tem de absoluto. Linneu, Jussieu, Tournefort tiveram cada qual o seu método, e a botânica não se alterou por isso. É que eles não inventaram nem plantas, nem os seus caracteres, mas apenas observaram as analogias, segundo as quais formaram os grupos e as classes. Foi assim que procedemos. Nós também não inventamos os Espíritos nem os seus caracteres. Vimos e observamos; julgamos pelas suas palavras e os seus atos, e depois os classificamos pelas semelhanças, baseando-nos nos dados que eles forneceram.

Os Espíritos admitem, geralmente, três categorias principais ou três grandes divisões. Na última, aquela que se encontra na base da escala, estão os Espíritos imperfeitos, caracterizados pela predominância da matéria sobre o espírito e pela propensão ao mal. Os da segunda se caracterizam pela predominância do espírito sobre a matéria e pelo desejo de praticar o bem: são os Espíritos bons. A primeira, enfim, compreende os Espíritos puros, que atingiram o supremo grau de perfeição.

Esta divisão nos parece perfeitamente racional e apresenta caracteres bem definidos; não nos resta senão destacar, por um número suficiente de subdivisões, as nuanças principais do conjunto. Foi o que fizemos, com o concurso dos Espíritos cujas benevolentes instruções jamais nos faltaram.

Com a ajuda deste quadro, será fácil determinar a ordem e o grau de superioridade ou inferioridade dos Espíritos com os quais podemos entrar em relação, e, por conseguinte, o grau de confiança e de estima que eles merecem. Esta é, de alguma maneira, a chave da ciência espírita, pois só ela pode explicar-nos as anomalias que as comunicações apresentam, esclarecendo-nos sobre as irregularidades intelectuais e morais dos Espíritos. Observaremos, entretanto, que os Espíritos não pertencem para sempre e exclusivamente a esta ou àquela classe; o seu progresso se realiza gradualmente, e como muitas vezes se efetua mais num sentido que noutro, eles podem reunir as características de várias categorias, o que é fácil apreciar por sua linguagem e seus atos.

Terceira Ordem: Espíritos Imperfeitos

101. *Caracteres gerais.* Predominância da matéria sobre o espírito. Propensão ao mal, ignorância, orgulho, egoísmo, e todas as más paixões que lhes seguem; têm a intuição de Deus, mas não o compreendem.

Nem todos são essencialmente maus; em alguns, há mais leviandade. Uns não fazem o bem, nem o mal, mas pelo simples fato de não fazerem o bem, revelam a sua inferioridade. Outros, pelo contrário, se comprazem no mal e ficam satisfeitos quando encontram ocasião de praticá-lo.

Podem aliar a inteligência à maldade ou à malícia; mas, qualquer que seja o seu desenvolvimento intelectual, suas ideias são pouco elevadas e os seus sentimentos mais ou menos abjetos.

Os seus conhecimentos sobre as coisas do mundo espírita são limitados, e o pouco que sabem a respeito se confunde com as ideias e os preconceitos da vida corpórea. Não podem dar-nos mais do que noções falsas e incompletas daquele mundo; mas o observador atento encontra frequentemente, nas suas comunicações, mesmo imperfeitas, a confirmação das grandes verdades ensinadas pelos Espíritos superiores.

O caráter desses Espíritos se revela na sua linguagem. Todo Espírito que, nas suas comunicações, trai um pensamento mau pode ser colocado na terceira ordem; por conseguinte, todo mau pensamento que nos for sugerido provém de um Espírito dessa ordem.

Veem a felicidade dos bons, e essa visão é para eles um tormento incessante, porque lhes faz provar as angústias da inveja e do ciúme.

Conservam a lembrança e a percepção dos sofrimentos da vida corpórea, e essa impressão é frequentemente mais penosa que a realidade. Sofrem, portanto, verdadeiramente, pelos males que suportaram e pelos que acarretaram aos outros; e, como sofrem por muito tempo, julgam sofrer para sempre. Deus, para os punir, quer que eles assim pensem.

Podemos dividi-los em cinco classes principais.

102. *Décima classe.* **Espíritos Impuros** – São inclinados ao mal e o fazem objeto de suas preocupações. Como Espíritos, dão conselhos pérfidos, insuflam a discórdia e a desconfiança, e usam todos os disfarces para melhor enganar. Apegam-se às pessoas de caráter bastante fraco para cederem às suas sugestões, a fim de as levar à perda, satisfeitos de poderem retardar o seu adiantamento, ao fazê-las sucumbir ante as provas que sofrem.

Nas manifestações, reconhecem-se esses Espíritos pela linguagem: a trivialidade e a grosseria das expressões, entre os Espíritos como entre os homens, é sempre um índice de inferioridade moral, senão mesmo intelectual. Suas comunicações revelam a baixeza de suas inclinações e se, eles tentam enganar, falando de maneira sensata, não podem sustentar o papel por muito tempo e acabam sempre por trair a sua origem.

Alguns povos os transformaram em divindades malfazejas, outros os designam como demônios, gênios maus ou Espíritos do mal.

Quando encarnados, inclinam-se a todos os vícios que as paixões vis e degradantes engendram: a sensualidade, a crueldade, a felonia, a hipocrisia, a cupidez e a avareza sórdida. Fazem o mal pelo prazer de fazê-lo, no mais das vezes sem motivo, e, por ódio ao bem, quase sempre escolhem suas vítimas entre as pessoas honestas. Constituem verdadeiros flagelos para a humanidade, seja qual for a posição que ocupem, e o verniz da civilização não os livra do opróbrio e da ignomínia.

103. *Nona classe.* **Espíritos Levianos** – São ignorantes, malignos, inconsequentes e zombeteiros. Metem-se em tudo e a tudo respondem sem se importarem com a verdade. Gostam de causar pequenas contrariedades e pequenas alegrias, de fazer intrigas, de induzir maliciosamente ao erro, por meio de mistificações e de espertezas. A esta classe pertencem os Espíritos vulgarmente designados pelos nomes de duendes, diabretes, gnomos e trasgos. Estão sob a dependência de Espíritos superiores, que deles se servem, muitas vezes, como fazemos com os criados.

Nas suas comunicações com os homens, a sua linguagem é muitas vezes espirituosa e alegre, mas quase sempre sem profundidade; apanham as esquisitices e os ridículos humanos, que interpretam de maneira mordaz e satírica. Se tomam nomes supostos, é mais por malícia do que por maldade.

104. *Oitava classe.* **Espíritos Pseudossábios** – Seus conhecimentos são bastante amplos, mas julgam saber mais do que realmente sabem. Tendo realizado alguns progressos em diversos sentidos, sua linguagem tem um caráter sério, que pode iludir quanto à sua capacidade e às suas luzes. Mas isso, frequentemente, não é mais do que um reflexo dos preconceitos e das ideias sistemáticas que tiveram na vida terrena. Sua linguagem é uma mistura de algumas verdades com os erros mais absurdos, entre os quais repontam a presunção, o orgulho, a inveja e a teimosia, de que não puderam despir-se.

105. *Sétima classe.* **Espíritos Neutros** – Nem são bastante bons para fazerem o bem, nem bastante maus para fazerem o mal; tendem tanto para um como para outro, e não se elevam sobre a condição vulgar da humanidade, quer pela moral ou pela inteligência. Apegam-se às coisas deste mundo, saudosos de suas grosseiras alegrias.

106. *Sexta classe.* **Espíritos Batedores e Perturbadores** – Estes Espíritos não formam, propriamente falando, uma classe distinta, quanto às suas qualidades pessoais, e podem pertencer a todas as classes da terceira ordem. Manifestam frequentemente sua presença por efeitos sensíveis e físicos, como golpes, movimento e deslocamento anormal de corpos sólidos, do ar, etc. Parece que estão mais apegados à matéria do que os outros, sendo os agentes principais das vicissitudes dos elementos do globo, quer pela sua ação sobre o ar, a água, o fogo, os corpos sólidos ou nas entranhas da terra. Reconhece-se que esses fenômenos não são devidos a uma causa fortuita e física, quando têm um caráter intencional e inteligente. Todos os Espíritos podem produzir esses fenômenos, mas os Espíritos elevados os deixam, em geral, a cargo dos Espíritos subalternos, mais aptos para as coisas materiais que para as inteligentes. Quando julgam que as manifestações desse gênero são úteis, servem-se desses espíritos como auxiliares.

Segunda Ordem: Bons Espíritos

107. *Caracteres gerais.* Predomínio do Espírito sobre a matéria; desejo do bem. Suas qualidades e seu poder de fazer o bem estão na razão do grau que atingiram: uns possuem a ciência, outros a sabedoria e a bondade; os mais adiantados juntam ao seu saber as qualidades morais. Não estando ainda completamente desmaterializados, conservam mais ou menos, segundo sua ordem, os traços da existência corpórea, seja na linguagem, seja nos hábitos, nos quais se encontram até mesmo algumas de suas manias. Se não fosse assim, seriam Espíritos perfeitos.

Compreendem Deus e o infinito, e gozam já da felicidade dos bons. Sentem-se felizes quando fazem o bem e quando impedem o mal. O amor que os une é para eles uma fonte de inefável felicidade, não alterada pela inveja nem pelos remorsos, ou por qualquer das más paixões que atormentam os Espíritos imperfeitos; mas terão ainda de passar por provas, até atingirem a perfeição absoluta.

Como Espíritos, suscitam bons pensamentos, desviam os homens do caminho do mal, protegem durante a vida aqueles que se tornam dignos, e neutralizam a influência dos Espíritos imperfeitos sobre os que não se comprazem nela.

Quando encarnados, são bons e benevolentes para com os semelhantes; não se deixam levar pelo orgulho, nem pelo egoísmo, nem pela ambição; não provam ódio, nem rancor, nem inveja ou ciúme, fazendo o bem pelo bem.

A esta ordem pertencem os espíritos designados, nas crenças vulgares, pelos nomes de bons gênios, gênios protetores e Espíritos do bem. Nos tempos de superstição e de ignorância, foram considerados divindades benfazejas.

Podemos dividi-los em quatro grupos principais:

108. *Quinta classe.* **Espíritos Benévolos** – Sua qualidade dominante é a bondade; gostam de prestar serviços aos homens e de os proteger; mas o seu saber é limitado: seu progresso realizou-se mais no sentido moral que no intelectual.

109. *Quarta classe.* **Espíritos Sábios** – O que especialmente os distingue é a amplitude dos conhecimentos. Preocupam-se menos com as questões morais do que com as científicas, para as quais têm mais aptidão; mas só encaram a ciência pela sua utilidade, livres das paixões que são próprias dos Espíritos imperfeitos.

110. *Terceira classe.* **Espíritos Prudentes** – Caracterizam-se pelas qualidades morais da ordem mais elevada. Sem possuir conhecimentos ilimitados, são dotados de uma capacidade intelectual que lhes permite julgar com precisão os homens e as coisas.

111. *Segunda classe.* **Espíritos Superiores** – Reúnem a ciência, a sabedoria e a bondade. Sua linguagem, que só transpira benevolência, é sempre digna, elevada, e frequentemente sublime. Sua superioridade os torna, mais que os outros, aptos a nos proporcionar as mais justas noções sobre as coisas do mundo incorpóreo, dentro dos limites do que nos é dado conhecer. Comunicam-se voluntariamente com os que procuram de boa-fé a verdade, e cujas almas estejam bastante libertas dos liames terrenos, para a compreender; mas afastam-se dos que são movidos apenas pela curiosidade, ou que, pela influência da matéria, desviam-se da prática do bem.

Quando, por exceção, se encarnam na Terra, é para cumprir uma missão de progresso, e então nos oferecem o tipo de perfeição a que a humanidade pode aspirar neste mundo.

Primeira Ordem: Espíritos Puros

112. *Caracteres gerais.* Nenhuma influência da matéria. Superioridade intelectual e moral absoluta, em relação aos Espíritos das outras ordens.

113. *Primeira classe.* Classe única. Percorreram todos os graus da escala e se despojaram de todas as impurezas da matéria. Havendo atingido a soma de perfeições de que é suscetível a criatura, não têm mais provas nem expiações a sofrer. Não estando mais sujeitos à reencarnação em corpos perecíveis, vivem a vida eterna, que desfrutam no seio de Deus.

Gozam de uma felicidade inalterável, porque não estão sujeitos nem às necessidades nem às vicissitudes da vida material, mas essa felicidade não é a de uma ociosidade monótona, vivida em contemplação perpétua. São os mensageiros e os ministros de Deus, cujas ordens executam, para a manutenção da harmonia universal. Dirigem a todos os Espíritos que lhes são inferiores, ajudam-nos a se aperfeiçoarem e determinam as suas missões. Assistir os homens nas suas angústias, incitá-los ao bem ou à expiação de faltas que os distanciam da felicidade suprema, é para eles uma ocupação agradável. São às vezes designados pelos nomes de anjos, arcanjos ou serafins.

O homem pode comunicar-se com eles, mas bem presunçoso seria o que pretendesse tê-los constantemente às suas ordens.

VII - PROGRESSÃO DOS ESPÍRITOS

114. Os Espíritos são bons ou maus por natureza, ou são eles mesmos que procuram melhorar-se?

– Os Espíritos mesmos se melhoram; melhorando-se, passam de uma ordem inferior para uma superior.

115. Uns Espíritos foram criados bons e outros maus?

– Deus criou todos os Espíritos simples e ignorantes, ou seja, sem conhecimento. Deu a cada um deles uma missão, com o fim de os esclarecer e progressivamente conduzir à perfeição, pelo conhecimento da verdade e para os aproximar dele. A felicidade eterna e sem perturbações, eles a encontrarão nessa perfeição. Os Espíritos adquirem o conhecimento passando pelas provas que Deus lhes impõe. Uns aceitam essas provas com submissão e chegam mais prontamente ao seu destino; outros não conseguem sofrê-las sem lamentação, e assim permanecem, por sua culpa, distanciados da perfeição e da felicidade prometida.

115-a. Segundo isto, os Espíritos, na sua origem, se assemelham a crianças, ignorantes e sem experiência, mas adquirindo

pouco a pouco os conhecimentos que lhes faltam, ao percorrer as diferentes fases da vida?

– *Sim, a comparação é justa: a criança rebelde permanece ignorante e imperfeita; seu menor ou maior aproveitamento depende da sua docilidade. Mas a vida do homem tem fim, enquanto a dos Espíritos se estende ao infinito.*

116. Há Espíritos que ficarão perpetuamente nas classes inferiores?

– *Não; todos se tornarão perfeitos. Eles mudam, embora devagar, porque, como já dissemos uma vez, um pai justo e misericordioso não pode banir eternamente os seus filhos. Querias que Deus, tão grande, tão justo e tão bom, fosse pior que vós mesmos?*

117. Depende dos Espíritos apressar o seu avanço para a perfeição?

– *Certamente. Eles chegam mais ou menos rapidamente, segundo o seu desejo e a sua submissão à vontade de Deus. Uma criança dócil não se instrui mais depressa que uma rebelde?*

118. Os Espíritos podem degenerar?

– *Não. À medida que avançam, compreendem o que os afasta da perfeição. Quando o Espírito concluiu uma prova, adquiriu conhecimento e não mais o perde. Pode permanecer estacionário, mas não retrogradar.*

119. Deus pode livrar os Espíritos das provas que devem sofrer para chegar à primeira ordem?

– *Se eles tivessem sido criados perfeitos, não teriam merecimento para gozar os benefícios dessa perfeição. Onde estaria o mérito, sem a luta? De outro lado, a desigualdade existente entre eles é necessária à sua personalidade, e a missão que lhes cabe nos diferentes graus está nos desígnios da Providência, com vistas à harmonia do Universo.*

Como, na vida social, todos os homens podem chegar aos primeiros postos, também poderíamos perguntar por que motivo o soberano de um país não faz, de cada um dos seus soldados, um general; por que todos os empregados subalternos não são superiores; por que todos os alunos não são professores. Ora, entre a vida social e a espiritual existe ainda a diferença de que a primeira é limitada e nem sempre permite a escalada de todos os seus degraus, enquanto a segunda é indefinida e deixa a cada um a possibilidade de se elevar ao posto supremo.

120. Todos os Espíritos passam pela fieira do mal para chegar ao bem?

– *Não pela fieira do mal, mas pela da ignorância.*

121. Por que alguns Espíritos seguiram o caminho do bem, e outros o do mal?

– *Não têm eles o livre-arbítrio? Deus não criou Espíritos maus; criou-os simples e ignorantes, ou seja, tão aptos para o bem quanto para o mal; os que são maus, assim se tornaram por sua vontade.*

122. Como podem os Espíritos, em sua origem, quando ainda não têm a consciência de si mesmos, ter a liberdade de escolher entre o bem e o mal? Há neles um princípio, uma tendência qualquer que os leve mais para um lado que para outro?

– *O livre-arbítrio se desenvolve à medida que o Espírito adquire consciência de si mesmo. Não haveria liberdade, se a escolha fosse provocada por uma causa estranha à vontade do Espírito. A causa não está nele, mas no exterior, nas influências a que ele cede em virtude de sua espontânea vontade. Esta é a grande figura da queda do homem e do pecado original: uns cederam à tentação e outros a ela resistiram.*

122-a. De onde vêm as influências que se exercem sobre ele?

– *Dos Espíritos imperfeitos, que procuram envolvê-lo e dominá-lo, e que ficam felizes de o fazer sucumbir. Foi o que se quis representar na figura de Satanás.*

122-b. Esta influência só se exerce sobre o Espírito na sua origem?

– *Segue-o na vida de Espírito, até que ele tenha de tal maneira adquirido o domínio de si mesmo que os maus desistam de obsediá-lo.*

123. Por que Deus permitiu que os Espíritos pudessem seguir o caminho do mal?

– *Como ousais pedir a Deus conta dos seus atos? Pensais poder penetrar os seus desígnios? Entretanto, podeis dizer: a sabedoria de Deus se encontra na liberdade de escolha que concede a cada um, porque assim cada um tem o mérito de suas obras.*

124. Havendo Espíritos que, desde o princípio, seguem o caminho do bem absoluto, e outros o do mal absoluto, haverá gradações, sem dúvida, entre esses dois extremos?

– *Sim, por certo, e constituem a grande maioria.*

125. Os Espíritos que seguiram o caminho do mal poderão chegar ao mesmo grau de superioridade que os outros?

– *Sim, mas as eternidades serão mais longas para eles.*

Por essa expressão, as eternidades, devemos entender a ideia que os Espíritos inferiores fazem da perpetuidade dos seus sofrimentos, cujo termo não lhes é dado ver. Essa ideia se renova em todas as provas nas quais sucumbem.

126. Os Espíritos que chegam ao supremo grau depois de passarem pelo mal têm menos mérito que os outros aos olhos de Deus?

– Deus contempla os extraviados com o mesmo olhar, e os ama a todos do mesmo modo. Eles são chamados maus porque sucumbiram; antes, não eram mais que simples Espíritos.

127. Os Espíritos são criados iguais quanto às faculdades intelectuais?

– São criados iguais, mas, não sabendo de onde vêm, é necessário que o livre-arbítrio se desenvolva. Progridem mais ou menos rapidamente, tanto em inteligência como em moralidade.

Os Espíritos que seguem desde o princípio o caminho do bem, nem por isso são Espíritos perfeitos; se não têm más tendências, não estão menos obrigados a adquirir a experiência e os conhecimentos necessários à perfeição. Podemos compará-los a crianças que, qualquer que seja a bondade dos seus instintos naturais, têm necessidade de desenvolver-se, de esclarecer-se, e não chegam sem transição da infância à maturidade. Assim como temos homens que são bons e outros que são maus desde a infância, há Espíritos que são bons ou maus desde o princípio, com a diferença capital de que a criança traz os seus instintos formados, enquanto o Espírito, na sua formação, não possui mais maldade que bondade. Ele tem todas as tendências, e toma uma direção ou outra em virtude do seu livre-arbítrio.

VIII - ANJOS E DEMÔNIOS

128. Os seres que chamamos anjos, arcanjos, serafins formam uma categoria especial, de natureza diferente da dos outros Espíritos?

– Não; são Espíritos puros: estão no mais alto grau da escala e reúnem em si todas as perfeições.

A palavra anjo desperta geralmente a ideia da perfeição moral; não obstante, é frequentemente aplicada a todos os seres, bons e maus, que existem fora da Humanidade. Diz-se: o bom e o mau anjo; o anjo da luz e o anjo das trevas; e nesse caso ele é sinônimo de Espírito ou de gênio. Tomamo-lo aqui na sua significação boa.

129. Os anjos também percorreram todos os graus?

– Percorreram todos. Mas, como já dissemos: uns aceitaram a sua missão sem lamentar e chegaram mais depressa; outros empregaram maior ou menor tempo para chegar à perfeição.

130. Se a opinião de que há seres criados perfeitos e superiores a todos os outros é errônea, como se explica a sua presença na tradição de quase todos os povos?

– Aprende que o teu mundo não existe de toda a eternidade, e que muito antes de existir já havia Espíritos no grau supremo; os homens, por isso, acreditam que eles sempre haviam sido perfeitos.

131. Há demônio, no sentido que se dá a essa palavra?

– Se houvesse demônios, eles seriam obra de Deus. E Deus seria justo e bom, criando seres infelizes, eternamente voltados ao mal? Se há demônios, é no teu mundo inferior e em outros semelhantes que eles residem: são esses homens hipócritas que fazem de um Deus justo um Deus mau e vingativo, e que pensam lhe ser agradáveis pelas abominações que cometem em seu nome.

A palavra demônio não implica a ideia de Espírito mau, a não ser na sua acepção moderna, porque o termo grego *daimon*, de que ela deriva, significa gênio, inteligência, e se aplicou aos seres incorpóreos, bons ou maus, sem distinção.

Os demônios, segundo a significação vulgar do termo, seriam entidades essencialmente malfazejas: e seriam, como todas as coisas, criação de Deus. Mas Deus, que é eternamente justo e bom, não pode ter criado seres predispostos ao mal por sua própria natureza, e condenados pela eternidade. Se não fossem obra de Deus, seriam eternos como ele, e nesse caso haveria muitas potências soberanas.

A primeira condição de toda doutrina é a de ser lógica; ora, a dos demônios, no seu sentido absoluto, falha neste ponto essencial. Que na crença dos povos atrasados, que não conheciam os atributos de Deus, admitindo divindades malfazejas, também se admitissem os demônios, é concebível; mas para quem quer que faça da bondade de Deus um atributo por excelência é ilógico e contraditório supor que ele tenha criado seres voltados ao mal e destinados a praticá-lo perpetuamente, porque isso seria negar a sua bondade. Os partidários do demônio se apoiam nas palavras do Cristo, e não seremos nós que iremos contestar a autoridade dos seus ensinos, que desejaríamos ver mais no coração do que na boca dos homens; mas estariam bem certos do sentido que ele atribuía à palavra demônio? Não se sabe que a forma alegórica é uma das características da sua linguagem? Tudo o que o Evangelho contém deve ser tomado ao pé da letra? Não queremos outra prova, além desta passagem:

"Logo após esses dias de aflição, o Sol se obscurecerá e a Lua não dará mais a sua luz, as estrelas cairão do céu e as potências celestes serão abaladas. Em verdade vos digo que esta geração não passará, antes que todas essas coisas se cumpram". Não vimos a forma do texto bíblico contraditada pela Ciência no que se refere à criação e ao movimento da Terra? Não pode acontecer o mesmo com certas figuras empregadas pelo Cristo, que devia falar de acordo com o tempo e a região em que se achava? O Cristo não poderia ter dito conscientemente uma falsidade. Se, portanto, nessas palavras há coisas que parecem chocar a razão, é que não as compreendemos ou que as interpretamos mal.

Os homens fizeram com os demônios o mesmo que com os anjos. Da mesma maneira que acreditam na existência de seres perfeitos desde toda a eternidade, tomaram também os Espíritos inferiores por seres perpetuamente maus. A palavra demônio deve portanto ser entendida como referente aos Espíritos impuros, que frequentemente não são melhores que os designados por esse nome, mas com a diferença de ser o seu estado apenas transitório. São esses os Espíritos imperfeitos que protestam contra as suas provações e por isso as sofrem por mais tempo, mas chegarão por sua vez à perfeição, quando se dispuserem a tanto. Poderíamos aceitar a palavra demônio com esta restrição. Mas, como ela é agora entendida num sentido exclusivo, poderia induzir em erro, dando margem à crença na existência de seres criados especialmente para o mal.

A propósito de Satanás, é evidente que se trata da personificação do mal sob uma forma alegórica, porque não se poderia admitir um ser maligno lutando de igual para igual com a Divindade, e cuja única preocupação seria a de contrariar os seus desígnios. Como o homem necessita de imagens e figuras para impressionar a sua imaginação, pintou os seres incorpóreos com formas materiais dotadas de atributos que lembram as suas qualidades ou os seus defeitos. Foi assim que os antigos, querendo personificar o Tempo, deram-lhe a figura de um velho com uma foice e uma ampulheta. Uma figura de jovem, nesse caso, seria um contrassenso. O mesmo se deu com as alegorias da Fortuna, da Verdade, etc. Os modernos representaram os anjos, os Espíritos puros, numa figura radiosa, com asas brancas, símbolos da pureza, e Satanás com chifres, garras e os atributos da bestialidade, símbolos das paixões. O vulgo, que toma as coisas ao pé da letra, viu nesses símbolos entidades reais, como outrora tinha visto Saturno na alegoria do Tempo.

CAPÍTULO II

ENCARNAÇÃO DOS ESPÍRITOS

I - FINALIDADE DA ENCARNAÇÃO

132. Qual é a finalidade da encarnação dos Espíritos?

– *Deus a impõe com o fim de levá-los à perfeição: para uns, é uma expiação; para outros, uma missão. Mas, para chegar a essa perfeição, eles devem sofrer todas as vicissitudes da existência corpórea: nisto é que está a expiação. A encarnação tem ainda outra finalidade, que é a de pôr o Espírito em condições de enfrentar a sua parte na obra da Criação. É para executá-la que ele toma um aparelho em cada mundo, em harmonia com a matéria essencial do mesmo, a fim de nele cumprir, daquele ponto de vista, as ordens de Deus. E dessa maneira, concorrendo para a obra geral, também progredir.*

A ação dos seres corpóreos é necessária à marcha do Universo. Mas Deus, na sua sabedoria, quis que eles tivessem, nessa mesma ação, um meio de progredir e de se aproximarem dele. É assim que, por uma lei admirável de sua providência, tudo se encadeia, tudo é solidário na Natureza.

133. Os Espíritos que, desde o princípio, seguiram o caminho do bem têm necessidade da encarnação?

– *Todos são criados simples e ignorantes e se instruem através das lutas e atribulações da vida corporal. Deus, que é justo, não podia fazer feliz a uns, sem penas e sem trabalhos, e por conseguinte sem mérito.*

133-a. Mas então de que serve aos Espíritos seguirem o caminho do bem, se isso não os isenta das penas da vida corporal?

– *Chegam mais depressa ao alvo. Além disso, as penas da vida são frequentemente a consequência da imperfeição do Espírito. Quanto menos imperfeito ele for, menos tormentos sofrerá. Aquele que não for invejoso, nem ciumento, nem avarento ou ambicioso, não passará pelos tormentos que se originam desses defeitos.*

134. O que é a alma?

– *Um Espírito encarnado.*

134-a. O que era a alma, antes de unir-se ao corpo?

– *Espírito.*

134-b. As almas e os Espíritos são, portanto, uma e a mesma coisa?

– *Sim, as almas não são mais que Espíritos. Antes de ligar-se ao corpo, a alma é um dos seres inteligentes que povoam o mundo invisível, e depois reveste temporariamente um invólucro carnal, para se purificar e esclarecer.*

135. Há no homem outra coisa, além da alma e do corpo?

– *Há o liame que une a alma e o corpo.*

135-a. Qual é a natureza desse liame?

– *Semimaterial; quer dizer, um meio-termo entre a natureza do Espírito e a do corpo. E isso é necessário, para que eles possam comunicar-se. É por meio desse liame que o Espírito age sobre a matéria, e vice-versa.*

O homem é assim formado de três partes essenciais:

1º) O corpo, ou ser material, semelhante ao dos animais e animado pelo mesmo princípio vital.

2º) A alma, Espírito encarnado, do qual o corpo é a habitação.

3º) O perispírito, princípio intermediário, substância semimaterial, que serve de primeiro envoltório ao Espírito e une a alma ao corpo. Tais são, num fruto, a semente, a polpa e a casca.

136. A alma é independente do princípio vital?

– *O corpo não é mais que o envoltório, sempre o repetimos.*

136-a. O corpo pode existir sem a alma?

– *Sim; e não obstante, desde que o corpo deixa de viver, a alma o abandona. Antes do nascimento não há uma união decisiva entre a alma e o corpo, ao passo que, após o estabelecimento dessa união, a morte do corpo rompe os liames que a unem a ele, e a alma o deixa. A vida orgânica pode animar um corpo sem alma, mas a alma não pode habitar um corpo sem vida orgânica.*

136-b. O que seria o nosso corpo, se não tivesse alma?

– *Uma massa de carne sem inteligência; tudo o que quiserdes, menos um homem.*

137. O mesmo Espírito pode encarnar-se de uma vez em dois corpos diferentes?

– Não. O Espírito é indivisível e não pode animar simultaneamente duas criaturas diferentes. (Ver O Livro dos Médiuns, *o capítulo Bicorporeidade e Transfiguração).*

138. Que pensar da opinião dos que consideram a alma como o princípio da vida material?

– Simples questão de palavras, com a qual nada temos. Começai por vos entenderdes.

139. Alguns Espíritos, e antes deles alguns filósofos, assim definiram a alma: uma centelha anímica emanada do Grande Todo. Por que essa contradição?

– Não há contradição: tudo depende da significação das palavras. Por que não tendes uma palavra para cada coisa?

A palavra alma é empregada para exprimir as coisas mais diferentes. Uns chamam alma ao princípio da vida, e nessa acepção é exato dizer, figuradamente, que a alma é uma centelha anímica emanada do Grande Todo. Essas últimas palavras se referem à fonte universal do princípio vital, em que cada ser absorve uma porção, que devolve ao todo após a morte. Esta ideia não exclui absolutamente a de um ser moral, distinto, independente da matéria, e que conserva a sua individualidade. É a este ser que se chama igualmente alma, e nesta acepção pode dizer-se que a alma é um Espírito encarnado. Dando da alma diferentes definições, os Espíritos falaram segundo as aplicações que faziam da palavra e segundo as ideias terrestres de que estavam ainda mais ou menos imbuídos. Isso decorre da insuficiência da linguagem humana, que não tem um termo para cada ideia, o que acarreta uma multidão de mal-entendidos e discussões. Eis por que os Espíritos superiores dizem que devemos, primeiro, nos entendermos quanto às palavras.[1]

140. Que pensar da teoria da alma subdividida em tantas partes quantos são os músculos, presidindo cada uma às diferentes funções do corpo?

– Isso também depende do sentido que se atribuir à palavra alma. Se por ela se entende o fluido vital, está certo; se se entende o Espírito encarnado, está errado. Já dissemos que o Espírito é indivisível: ele transmite o movimento aos órgãos através do fluido intermediário, sem por isso se dividir.

140-a. Não obstante, há Espíritos que deram esta definição.

– Os Espíritos ignorantes podem tomar o efeito pela causa.

---

[1] Ver, na Introdução ao Estudo da Doutrina Espírita, a explicação sobre a palavra ALMA, item II.

A alma age por meio dos órgãos, e estes são animados pelo fluido vital que se reparte entre eles, e com mais abundância nos que são os centros ou focos de movimento. Mas essa explicação não pode aplicar-se à alma como sendo o Espírito que habita o corpo durante a vida e o deixa com a morte.

141. Há qualquer coisa de certo na opinião dos que pensam que a alma é externa e envolve o corpo?

– A alma não está encerrada no corpo como o pássaro numa gaiola. Ela irradia e se manifesta no exterior, como a luz através de um globo de vidro ou como o som ao redor de um centro sonoro. É por isso que se pode dizer que ela é externa, mas não como um envoltório do corpo. A alma tem dois envoltórios: um, sutil e leve, o primeiro, que chamamos perispírito; o outro grosseiro, material e pesado, que é o corpo. A alma é o centro desses envoltórios, como a amêndoa na casca, já o dissemos.

142. Que dizer dessa outra teoria, segundo a qual, na criança, a alma vai se completando a cada período da vida?

– O Espírito é apenas um: inteiro na criança, como no adulto; são os órgãos instrumentos de manifestação da alma, que se desenvolvem e se completam. Isto é ainda tomar o efeito pela causa.

143. Por que todos os Espíritos não definem a alma da mesma maneira?

– Os Espíritos não são todos igualmente esclarecidos sobre essas questões. Há Espíritos ainda limitados, que não compreendem as coisas abstratas, como as crianças entre vós. Há também Espíritos pseudossábios que, para se imporem, como acontece ainda entre vós, fazem rodeios de palavras. Além disso, mesmo os Espíritos esclarecidos podem exprimir-se em termos diferentes, que no fundo têm o mesmo valor, sobretudo quando se trata de coisas que a vossa linguagem é incapaz de esclarecer; há então necessidade de figuras, de comparações, que tomais pela realidade.

144. Que se deve entender por alma do mundo?

– O princípio universal da vida e da inteligência de que nascem as individualidades. Mas os que se servem dessa expressão frequentemente não se entendem. A palavra alma tem aplicação tão elástica, que cada um a interpreta de acordo com as suas fantasias. Tem-se às vezes atribuído uma alma à Terra, e por ela é necessário entender o conjunto dos Espíritos abnegados que dirigem as vossas ações no bom sentido, quando os escutais, e que são de certa maneira os lugares-tenentes de Deus junto ao vosso globo.

145. Como é que tantos filósofos antigos e modernos têm longamente discutido sobre a ciência psicológica, sem chegar à verdade?

– Esses homens eram os precursores da doutrina espírita eterna, e prepararam o caminho. Eram homens e puderam enganar-se, porque tomaram pela luz as suas próprias ideias; mas os seus mesmos erros, através dos prós e contras de suas doutrinas, servem para evidenciar a verdade. Aliás, entre esses erros se encontram grandes verdades, que um estudo comparativo vos fará compreender.

146. A alma tem, no corpo, uma sede determinada e circunscrita?

– Não. Mas ela se situa mais particularmente na cabeça, entre os grandes gênios e todos aqueles que usam bastante o pensamento, e no coração dos que sentem bastante, dedicando todas as suas ações à Humanidade.

146-a. Que pensar da opinião dos que situam a alma num centro vital?

– Que o Espírito se encontra de preferência nessa parte do vosso organismo, que é o ponto a que se dirigem todas as sensações. Os que a situam naquilo que consideram como centro da vitalidade a confundem com o fluido ou princípio vital. Não obstante, pode dizer-se que a sede da alma se encontra mais particularmente nos órgãos que servem para as manifestações intelectuais e morais.

III - MATERIALISMO

147. Por que os anatomistas, os fisiologistas, e em geral os que se aprofundam nas Ciências Naturais, são geralmente levados ao materialismo?

– O fisiologista refere tudo ao que vê. Orgulho dos homens, que tudo creem saber, não admitindo que alguma coisa possa ultrapassar o seu entendimento. Sua própria ciência os torna presunçosos. Pensam que a Natureza nada lhes pode ocultar.

148. Não é estranho que o materialismo seja uma consequência de estudos que deveriam, ao contrário, mostrar ao homem a superioridade da inteligência que governa o mundo? Deve-se concluir que esses estudos são perigosos?

– Não é verdade que o materialismo seja uma consequência desses estudos. É o homem que deles tira uma falsa consequência,

pois ele pode abusar de tudo, mesmo das melhores coisas. O nada, aliás, os apavora mais do que eles se permitem aparentar, e os espíritos fortes são quase sempre mais fanfarrões do que valentes. A maior parte deles são materialistas porque não dispõem de nada para preencher o vazio. Diante desse abismo que se abre ante eles, mostrai-lhes uma tábua de salvação, e a ela se agarrarão ansiosamente.

Por uma aberração da inteligência, há pessoas que não veem nos seres orgânicos nada mais que a ação da matéria, e a esta atribuem todos os nossos atos. Não veem no corpo humano senão a máquina elétrica; não estudaram o mecanismo da vida senão no funcionamento dos órgãos; viram-na extinguir-se muitas vezes pela ruptura de um fio, e nada mais perceberam além desse fio; procuraram descobrir o que restava e como não encontraram mais do que a matéria inerte, não viram a alma escapar-se e, nem puderam pegá-la, concluíram que tudo estava nas propriedades da matéria, e que, portanto, após a morte, o pensamento se reduz ao nada. Triste consequência, se assim fosse: porque então o bem e o mal não teriam sentido, o homem estaria certo ao não pensar senão em si mesmo e ao colocar acima de tudo a satisfação dos prazeres materiais; os laços sociais estariam rompidos e os mais santos afetos destruídos para sempre. Felizmente, essas ideias estão longe de ser generalizadas; pode-se mesmo dizer que estão muito circunscritas, não constituindo mais do que opiniões individuais, porque em parte alguma foram erigidas em doutrina. Uma sociedade fundada sobre essa base traria em si mesma os germes da dissolução, e os membros se despedaçariam entre si, como animais ferozes.

O homem tem instintivamente a convicção de que tudo não se acaba para ele com a vida; tem horror ao nada; é em vão que se obstina contra a ideia da vida futura, e, quando chega o momento supremo, são poucos os que não perguntam o que deles vai ser, porque a ideia de deixar a vida para sempre tem qualquer coisa de pungente. Quem poderia, com efeito, encarar com indiferença uma separação absoluta e eterna de tudo o que ama? Quem poderia ver, sem terror, abrir-se à sua frente o imenso abismo do nada, pronto a tragar para sempre todas as nossas faculdades, todas as nossas esperanças, e ao mesmo tempo dizer: – Qual! Depois de mim, nada, nada, nada mais que o nada; tudo se apagará da memória dos que sobreviverem a mim; dentro em breve nenhum traço haverá de minha passagem pela Terra; o bem mesmo que eu fiz será esquecido pelos ingratos a quem servi; e nada para compensar tudo isso, nenhuma perspectiva, a não ser a do meu corpo devorado pelos vermes!

Este quadro não tem qualquer coisa de horroroso e de glacial? A religião nos ensina que não pode ser assim, e a razão o confirma. Mas uma existência futura, vaga e indefinida, nada tem que satisfaça o nosso amor pelo positivo. E é isso que, para muitos, engendra a dúvida. Está certo que tenhamos uma alma; mas o que é a nossa alma? Tem ela uma forma, alguma aparência? É um ser limitado ou indefinido? Dizem alguns que é um sopro de Deus; outros, que é uma centelha; outros, uma parte do Grande Todo, o princípio da vida e da inteligência. Mas o que é que tudo isso nos oferece? Que nos importa ter uma alma, se depois da morte ela se confunde com a imensidade, como as gotas-d'água no oceano? A perda da nossa individualidade não é, para nós, o mesmo que o nada? Diz-se ainda que ela é imaterial. Mas uma coisa imaterial não pode ter proporções definidas, e para nós equivale ao nada. A religião nos ensina também que seremos felizes ou desgraçados, segundo o bem ou o mal que tenhamos feito. Mas qual é esse bem que nos espera no seio de Deus? É uma beatitude, uma contemplação eterna, sem outra ocupação que a de cantar louvores ao Criador? As chamas do inferno são uma realidade ou apenas um símbolo? A própria Igreja as compreende nesse último sentido; mas, então, que sofrimentos são esses? Onde se encontra o lugar de suplício? Em uma palavra, o que se faz e o que se vê, nesse mundo que nos espera a todos?

Ninguém, costuma-se dizer, voltou de lá para nos dar conta do que existe. Isto, porém, é um erro, e a missão do Espiritismo é precisamente a de nos esclarecer sobre esse futuro, a de nos fazer, até certo ponto, vê-lo e tocá-lo, não mais pelo raciocínio, mas sim através dos fatos. Graças às comunicações espíritas, isto não é mais uma presunção, uma probabilidade sobre a qual cada um pinta à vontade, que os poetas embelezam com suas ficções ou enfeitam de imagens alegóricas que nos seduzem. É a realidade que nos mostra a sua face, porque são os próprios seres de além-túmulo que nos vêm contar a sua situação, dizer-nos o que fazem, permitir-nos assistir, por assim dizer, a todas as peripécias da sua nova vida, e, por esse meio, nos mostram a sorte inevitável que nos está reservada, segundo os nossos méritos ou os nossos delitos. Há nisso alguma coisa de antirreligioso? Bem pelo contrário, pois os incrédulos aí encontram a fé, e os tíbios uma renovação do fervor e da confiança. O Espiritismo é o mais poderoso auxiliar da religião. E se assim acontece é porque Deus o permite, e o permite para reanimar nossas esperanças vacilantes e nos conduzir ao caminho do bem, pelas perspectivas do futuro.

CAPÍTULO III

RETORNO DA VIDA CORPÓREA À VIDA ESPIRITUAL

I - A ALMA APÓS A MORTE. SUA INDIVIDUALIDADE. VIDA ETERNA

149. Em que se transforma a alma no instante da morte?

– Volta a ser Espírito, ou seja, retorna ao mundo dos Espíritos, que ela havia deixado temporariamente.

150. A alma conserva a sua individualidade após a morte?

– Sim, não a perde jamais. O que seria ela se não a conservasse?

150-a. Como a alma constata a sua individualidade, se não tem mais o corpo material?

– Tem um fluido que lhe é próprio, que tira da atmosfera do seu planeta e que representa a aparência da sua última encarnação: seu perispírito.

150-b. A alma não leva nada deste mundo?

– Nada mais que a lembrança e o desejo de ir para um mundo melhor. Essa lembrança é cheia de doçura ou de amargor, segundo o emprego que tenha dado à vida. Quanto mais pura para ela for, mais compreenderá a futilidade daquilo que deixou na Terra.

151. Que pensar da opinião de que a alma, após a morte, retorna ao todo universal?

– O conjunto dos Espíritos não constitui um todo? Quando estás numa assembleia, fazes parte da mesma e não obstante conservas a tua individualidade.

152. Que prova podemos ter da individualidade da alma após a morte?

– Não tendes esta prova pelas comunicações que obtendes? Se não estiverdes cegos, vereis; e, se não estiverdes surdos, ouvireis; pois frequentemente uma voz fala e vos revela a existência de um ser que está ao vosso redor.

Os que pensam que a alma, com a morte, volta ao todo universal estarão errados se por isso entendem que ela perde a sua individualidade, como uma gota d'água que caísse no oceano. Estarão certos, entretanto, se entenderem pelo todo universal o conjunto dos seres incorpóreos de que cada alma ou Espírito é um elemento.

Se as almas se confundissem no todo, não teriam senão as qualidades do conjunto, e nada as distinguiria entre si; não teriam inteligência nem qualidades próprias. Entretanto, em todas as comunicações elas revelam a consciência do eu e uma vontade distinta. A diversidade infinita que apresentam, sob todos os aspectos, é a consequência da sua individualização. Se não houvesse, após a morte, senão o que se chama o Grande Todo, absorvendo todas as individualidades, esse todo seria homogêneo, e então as comunicações recebidas do mundo invisível seriam todas idênticas. Desde que encontramos seres bons e maus, sábios e ignorantes, felizes e desgraçados, e desde que os há de todos os caracteres: alegres e tristes, levianos e sérios, etc., é evidente que se trata de seres distintos.

A individualização ainda se evidencia quando esses seres provam a sua identidade através de sinais incontestáveis, de detalhes pessoais relativos à vida terrena e que podem ser constatados; ela não pode ser posta em dúvida, quando eles se manifestam por meio das aparições. A individualidade da alma foi teoricamente ensinada como um artigo de fé, mas o Espiritismo a torna patente, e de certa maneira material.

153. Em que sentido se deve entender a vida eterna?

– É a vida do Espírito que é eterna; a do corpo é transitória, passageira. Quando o corpo morre, a alma retorna à vida eterna.

153-a. Não seria mais exato chamar vida eterna a dos Espíritos puros, que, tendo atingido o grau de perfeição, não têm mais provas a sofrer?

– Essa é a felicidade eterna. Mas tudo isto é uma questão de palavras: chamais as coisas como quiserdes, desde que vos entendais.

II - SEPARAÇÃO DA ALMA E DO CORPO

154. A separação da alma e do corpo é dolorosa?

– Não; o corpo, frequentemente, sofre mais durante a vida que no momento da morte; neste, a alma nada sente. Os sofrimentos que às vezes se provam no momento da morte são um prazer para o Espírito, que vê chegar o fim do seu exílio.

Na morte natural, que se verifica pelo esgotamento da vitalidade orgânica, em consequência de idade, o homem deixa a vida sem perceber: é uma lâmpada que se apaga por falta de energia.

155. Como se opera a separação da alma e do corpo?

– Os liames que a retinham, sendo rompidos, ela se desprende.

155-a. A separação se verifica instantaneamente, numa transição brusca? Há uma linha divisória bem marcada entre a vida e a morte?

– Não; a alma se desprende gradualmente e não escapa como um pássaro cativo subitamente libertado. Os dois estados se tocam e se confundem, de maneira que o Espírito se desprende pouco a pouco dos seus liames; estes se soltam e não se rompem.

Durante a vida, o Espírito está ligado ao corpo pelo seu envoltório material ou perispírito; a morte é apenas a destruição do corpo, e não desse envoltório, que se separa do corpo quando cessa a vida orgânica. A observação prova que no instante da morte o desprendimento do Espírito não se completa subitamente; ele se opera gradualmente, com lentidão variável, segundo os indivíduos. Para uns é bastante rápido, e pode dizer-se que o momento da morte é também o da libertação, que se verifica logo após. Noutros, porém, sobretudo naqueles cuja vida foi toda material e sensual, o desprendimento é muito mais demorado, e dura às vezes alguns dias, semanas e até mesmo meses ou anos, o que implica a existência no corpo de nenhuma vitalidade, nem a possibilidade de retorno à vida, mas a simples persistência de uma afinidade entre o corpo e o Espírito, afinidade que está sempre na razão da preponderância que, durante a vida, o Espírito deu à matéria. É lógico admitir que, quanto mais o Espírito estiver identificado com a matéria, mais sofrerá para separar-se dela. Por outro lado, a atividade intelectual e moral, a elevação dos pensamentos operam um começo de desprendimento, mesmo durante a vida corpórea, e, quando a morte chega, é quase instantânea. Este é o resultado dos estudos efetuados sobre os indivíduos observados no momento da morte. Essas observações provam ainda que a afinidade que persiste, em alguns indivíduos, entre a alma e o corpo é às vezes muito penosa, porque o Espírito pode experimentar o horror da decomposição. Este caso é excepcional e peculiar a certos gêneros de morte, verificando-se em alguns suicídios.

156. A separação definitiva entre a alma e o corpo pode verificar-se antes da cessação completa da vida orgânica?

– Na agonia, às vezes, a alma já deixou o corpo, que nada mais tem do que a vida orgânica. O homem não tem mais consciência de si mesmo, e não obstante ainda lhe resta um sopro de vida. O corpo é uma máquina que o coração põe em movimento. Ele se mantém enquanto o coração lhe fizer circular o sangue pelas veias e para isso não necessita da alma.

157. No momento da morte, a alma tem às vezes uma aspiração ou êxtase, que lhe faz entrever o mundo para o qual regressa?

– A alma sente, muitas vezes, que se quebram os liames que a prendem ao corpo, e então emprega todos os seus esforços para os romper de uma vez. Já parcialmente separada da matéria, vê o futuro desenrolar-se ante ela e goza por antecipação do estado de Espírito.

158. O exemplo da larva, que primeiro se arrasta pela terra, depois se fecha na crisálida, numa morte aparente, para renascer numa existência brilhante, pode dar-nos uma ideia da vida terrena, seguida do túmulo e por fim de uma nova existência?

– *Uma pálida ideia. A imagem é boa, mas é necessário não tomá-la ao pé da letra, como sempre o fazeis.*

159. Que sensação experimenta a alma no momento em que se reconhece no mundo dos Espíritos?

– *Depende. Se fizeste o mal com o desejo de fazê-lo, estarás, no primeiro momento, envergonhado de o haver feito. Para o justo, é muito diferente: ele se sente aliviado de um grande peso porque não receia nenhum olhar perquiridor.*

160. O Espírito encontra imediatamente aqueles que conheceu na Terra e que morreram antes dele?

– *Sim, segundo a afeição que tenham mantido reciprocamente. Quase sempre eles o vêm receber na sua volta ao mundo dos Espíritos e o ajudam a se libertar das faixas da matéria. Vê também a muitos que havia perdido de vista durante a passagem pela Terra; vê os que estão na erraticidade, bem como os que se encontram encarnados, que vai visitar.*

161. Na morte violenta ou acidental, quando os órgãos ainda não se debilitaram pela idade ou pelas doenças, a separação da alma e a cessação da vida se verificam simultaneamente?

– *Geralmente é assim; mas, em todos os casos, o instante que os separa é muito curto.*

162. Após a decapitação, por exemplo, o homem conserva por alguns instantes a consciência de si mesmo?

– *Frequentemente ele a conserva por alguns minutos, até que a vida orgânica se extinga de uma vez. Mas muitas vezes a preocupação da morte lhe faz perder a consciência antes do instante do suplício.*

Não se trata, aqui, senão da consciência que o supliciado pode ter de si mesmo como homem, por meio do corpo, e não como Espírito. Se não perdeu essa consciência antes do suplício, ele pode conservá-la por alguns instantes, mas de duração muito curta, e a perde necessariamente com a vida orgânica do cérebro. Isso não quer dizer que o perispírito esteja inteiramente desligado do corpo, mas pelo contrário, pois em todos os casos de morte violenta, quando esta não resulta da extinção gradual das forças vitais, os liames que unem o corpo ao perispírito são mais tenazes, e o desprendimento completo é mais lento.

III - PERTURBAÇÃO ESPÍRITA

163. Deixando o corpo, a alma tem imediata consciência de si mesma?

– Consciência imediata não é o termo: ela fica perturbada por algum tempo.

164. Todos os Espíritos experimentam, no mesmo grau e pelo mesmo tempo, a perturbação que se segue à separação da alma e do corpo?

– Não, pois isso depende da sua elevação. Aquele que já está depurado se reconhece quase imediatamente, porque se desprendeu da matéria durante a vida corpórea, enquanto o homem carnal, cuja consciência não é pura, conserva por muito tempo mais a impressão da matéria.

165. O conhecimento do Espiritismo exerce alguma influência sobre a duração maior ou menor da perturbação?

– Uma grande influência, pois o Espírito compreende antecipadamente a sua situação; mas a prática do bem e a pureza de consciência são o que exerce maior influência.

No momento da morte, tudo, a princípio, é confuso; a alma necessita de algum tempo para se reconhecer; sente-se como atordoada, no mesmo estado de um homem que saísse de um sono profundo e procurasse compreender a sua situação. A lucidez das ideias e a memória do passado lhe voltam à medida que se extingue a influência da matéria de que se desprendeu, e que se dissipa essa espécie de nevoeiro que lhe turva os pensamentos.

A duração da perturbação de após morte é muito variável: pode ser de algumas horas, como de muitos meses e mesmo de muitos anos. Aqueles em que é menos longa são os que se identificaram durante a vida com o seu estado futuro, porque então compreendem imediatamente a sua posição.

Essa perturbação apresenta circunstâncias particulares, segundo o caráter dos indivíduos e sobretudo de acordo com o gênero de morte. Nas mortes violentas, por suicídio, suplício, acidente, apoplexia, ferimentos, etc., o Espírito é surpreendido, espanta-se, não acredita que esteja morto e sustenta teimosamente que não morreu. Não obstante, vê o seu corpo, sabe que é dele, mas não compreende que esteja separado. Procura as pessoas de sua afeição, dirige-se a elas e não entende por que não o ouvem. Esta ilusão mantém-se até o completo desprendimento do Espírito, e somente então ele reconhece o seu estado e compreende que não faz mais parte do mundo dos vivos.

Esse fenômeno é facilmente explicável. Surpreendido pela morte imprevista, o Espírito fica aturdido com a mudança brusca que nele se opera. Para ele, a morte é ainda sinônimo de destruição, de aniquilamento; ora, como continua a pensar, como ainda vê e escuta, não se considera morto. E o que aumenta a sua ilusão é o fato de se ver num corpo semelhante ao que deixou na Terra, cuja natureza etérea ainda não teve tempo de verificar. Ele o julga sólido e compacto como o primeiro, e, quando se chama a sua atenção para esse ponto, admira-se de não poder apalpá-lo.

Assemelha-se este fenômeno ao dos sonâmbulos inexperientes, que não creem estar dormindo. Para eles, o sono é sinônimo de suspensão das faculdades; ora, como pensam livremente e podem ver, não acham que estejam dormindo. Alguns Espíritos apresentam esta particularidade, embora a morte não os tenha colhido inopinadamente; mas ela é sempre mais generalizada entre os que, apesar de doentes, não pensavam em morrer. Vê-se então o espetáculo singular de um Espírito que assiste aos próprios funerais como os de um estranho, deles falando como de uma coisa que não lhe dissesse respeito, até o momento de compreender a verdade.

A perturbação que se segue à morte nada tem de penosa para o homem de bem: é calma e em tudo semelhante à que acompanha um despertar tranquilo. Para aquele cuja consciência não está pura é cheia de ansiedades e angústias.

Nos casos de morte coletiva observou-se que todos os que pereceram ao mesmo tempo nem sempre se reveem imediatamente. Na perturbação que se segue à morte cada um vai para o seu lado ou só se preocupa com aqueles que lhe interessam.

CAPÍTULO IV

PLURALIDADE DAS EXISTÊNCIAS

I - DA REENCARNAÇÃO

166. A alma que não atingiu a perfeição durante a vida corpórea, como acaba de depurar-se?

– *Submetendo-se à prova de uma nova existência.*

166-a. Como ela realiza essa nova existência? Pela sua transformação como Espírito?

– *Ao se depurar, a alma sofre sem dúvida uma transformação, mas para isso necessita da prova da vida corpórea.*

166-b. A alma tem muitas existências corpóreas?

– *Sim, todos nós temos muitas existências. Os que dizem o contrário querem manter-vos na ignorância em que eles mesmos se encontram; esse é o seu desejo.*

166-c. Parece resultar, desse princípio, que após ter deixado o corpo a alma toma outro. Dito de outra maneira, que ela se reencarna em novo corpo. É assim que se deve entender?

– *É evidente.*

167. Qual é a finalidade da reencarnação?

– *Expiação, melhoramento progressivo da Humanidade. Sem isso, onde estaria a justiça?*

168. O número das existências corpóreas é limitado ou o Espírito se reencarna perpetuamente?

– *A cada nova existência o Espírito dá um passo na senda do progresso; quando se despojou de todas as impurezas, não precisa mais das provas da vida corpórea.*

169. O número das encarnações é o mesmo para todos os Espíritos em geral?

– *Não. Aquele que avança rapidamente se poupa das provas. Não obstante, as encarnações sucessivas são sempre muito numerosas porque o progresso é quase infinito.*

170. Em que se transforma o Espírito depois de sua última encarnação?

– Espírito bem-aventurado; um Espírito puro.

II - JUSTIÇA DA REENCARNAÇÃO

171. Sobre o que se funda o dogma da reencarnação?

– Sobre a justiça de Deus e a revelação, pois não nos cansamos de repetir: um bom pai deixa sempre aos filhos uma porta aberta ao arrependimento. A razão não diz que seria injusto privar para sempre da felicidade eterna aqueles cujo melhoramento não dependeu deles mesmos? Todos os homens não são filhos de Deus? Somente entre os homens egoístas é que se encontram a iniquidade, o ódio implacável e os castigos sem perdão.

Todos os Espíritos também tendem à perfeição, e Deus lhes proporciona os meios de consegui-la, com as provas da vida corpórea. Mas, na sua justiça, permite-lhes realizar, em novas existências, aquilo que não puderam fazer ou acabar numa primeira prova.

Não estaria de acordo com a equidade, nem segundo a bondade de Deus, castigar para sempre aqueles que encontraram obstáculos ao seu melhoramento, independentemente de sua vontade, no próprio meio em que foram colocados. Se a sorte do homem fosse irrevogavelmente fixada após a sua morte, Deus não teria pesado as ações de todos na mesma balança e não os teria tratado com imparcialidade.

A doutrina da reencarnação, que consiste em admitir para o homem muitas existências sucessivas, é a única que corresponde à ideia da justiça de Deus, com respeito aos homens de condição moral inferior; a única que pode explicar o nosso futuro e fundamentar as nossas esperanças, pois oferece-nos o meio de resgatarmos os nossos erros através de novas provas. A razão assim nos diz, e é o que os Espíritos nos ensinam.

O homem que tem a consciência da sua inferioridade encontra na doutrina da reencarnação uma consoladora esperança. Se crê na justiça de Deus, não pode esperar que, por toda a eternidade, haja de ser igual aos que agiram melhor do que ele. O pensamento de que essa inferioridade não o deserdará para sempre do bem supremo, e que ele poderá conquistá-lo através de novos esforços, o ampara e lhe reanima a coragem. Qual é aquele que, no fim da sua carreira, não lamenta ter adquirido demasiado tarde uma experiência que já não pode aproveitar? Pois esta experiência tardia não estará perdida: ele a aproveitará numa nova existência.

III - ENCARNAÇÃO NOS DIFERENTES MUNDOS

172. Nossas diferentes existências corpóreas se passam todas na Terra?

– Não, mas nos diferentes mundos. As deste globo não são as primeiras nem as últimas, mas as mais materiais e distanciadas da perfeição.

173. A cada nova existência corpórea a alma passa de um mundo a outro, ou pode viver muitas vidas num mesmo globo?

– Pode reviver muitas vezes num mesmo globo, se não estiver bastante adiantada para passar a um mundo superior.

173-a. Podemos então reaparecer muitas vezes na Terra?

– Certamente.

173-b. Podemos voltar a ela depois de ter vivido em outros mundos?

– Seguramente; podeis ter já vivido noutros mundos bem como na Terra.

174. É uma necessidade reviver na Terra?

– Não. Mas se não progredirdes podeis ir para outro mundo que não seja melhor, e que pode mesmo ser pior.

175. Há vantagens em voltar a viver na Terra?

– Nenhuma vantagem particular, a não ser que se venha em missão, pois então se progride, como em qualquer outro mundo.

175-a. Não seria melhor continuar como Espírito?

– Não, não! Ficar-se-ia estacionário, e o que se quer é avançar para Deus.

176. Os Espíritos, depois de se haverem encarnado em outros mundos, podem encarnar-se neste, sem jamais terem passado por aqui?

– Sim, como vós em outros globos. Todos os mundos são solidários; o que não se faz num, pode-se fazer noutro.

176-a. Assim, existem homens que estão na Terra pela primeira vez?

– Há muitos, e em diversos graus.

176-b. Pode-se reconhecer, por um sinal qualquer, quando um Espírito se encontra pela primeira vez na Terra?

– Isso não teria nenhuma utilidade.

177. Para chegar à perfeição e à felicidade suprema, que é o objetivo final de todos os homens, o Espírito deve passar pela série de todos os mundos que existem no Universo?

– Não, porque há muitos mundos que se encontram no mesmo grau e onde os Espíritos nada aprenderiam de novo.

177-a. Como então explicar a pluralidade de suas existências num mesmo globo?

– *Eles podem ali se encontrar de cada vez, em posições bastante diferentes, que serão outras tantas ocasiões de adquirir experiência.*

178. Os Espíritos podem renascer corporalmente num mundo relativamente inferior àquele em que já viveram?

– *Sim, quando têm uma missão a cumprir, para ajudar o progresso; e então aceitam com alegria as tribulações dessa existência, porque lhes fornecem um meio de se adiantarem.*

178-a. Isso não pode também acontecer como expiação, e Deus não pode enviar os Espíritos rebeldes a mundos inferiores?

– *Os Espíritos podem permanecer estacionários, mas nunca retrogradam; sua punição, pois, é a de não avançar e ter de recomeçar as existências mal-empregadas, no meio que convém à sua natureza.*

178-b. Quais são os que devem recomeçar a mesma existência?

– *Os que faliram em sua missão ou em suas provas.*

179. Os seres que habitam cada mundo estão todos no mesmo grau de perfeição?

– *Não. É como na Terra; há os que estão mais ou menos adiantados.*

180. Ao passar deste mundo para outro, o Espírito conserva a inteligência que tinha aqui?

– *Sem dúvida, pois a inteligência nunca se perde. Mas ele pode não dispor dos mesmos meios para manifestá-la. Isso depende da sua superioridade e do estado do corpo que adquirir. (Ver Influência do organismo, item 367).*

181. Os seres que habitam os diferentes mundos têm corpos semelhantes aos nossos?

– *Sem dúvida que têm corpos, porque é necessário que o Espírito se revista de matéria para agir sobre ela; mas esse envoltório é mais ou menos material, segundo o grau de pureza a que chegaram os Espíritos, e é isso que determina as diferenças entre os mundos que temos de percorrer. Porque há muitas moradas na casa de nosso Pai, e muitos graus, portanto. Alguns o sabem, e têm consciência disso aqui na Terra, mas outros nada sabem.*

182. Podemos conhecer exatamente o estado físico e moral dos diferentes mundos?

– *Nós, Espíritos, não podemos responder senão na medida do vosso grau de evolução. Quer dizer que não devemos revelar estas coisas a todos porque nem todos estão em condições de compreendê-las, e elas os perturbariam.*

À medida que o Espírito se purifica, o corpo que o reveste aproxima-se igualmente da natureza espírita. A matéria se torna menos densa, ele já não se arrasta penosamente pelo solo, suas necessidades físicas são menos grosseiras, os seres vivos não têm mais necessidade de se destruírem para se alimentar. O Espírito é mais livre, e tem, para as coisas distanciadas, percepções que desconhecemos: vê pelos olhos do corpo aquilo que só vemos pelo pensamento.

A purificação dos Espíritos reflete-se na perfeição moral dos seres em que estão encarnados. As paixões animais se enfraquecem, o egoísmo dá lugar ao sentimento fraternal. É assim que, nos mundos superiores ao nosso, as guerras são desconhecidas, os ódios e as discórdias não têm motivo, porque ninguém pensa em prejudicar o seu semelhante. A intuição do futuro, a segurança que lhes dá uma consciência isenta de remorsos fazem que a morte não lhes cause nenhuma apreensão: eles a recebem sem medo e como uma simples transformação.

A duração da vida, nos diferentes mundos, parece proporcional ao seu grau de superioridade física e moral, e isso é perfeitamente racional. Quanto menos material é o corpo, está menos sujeito às vicissitudes que o desorganizam; quanto mais puro é o Espírito, menos sujeito às paixões que o enfraquecem. Este é ainda um auxílio da Providência, que deseja assim abreviar os sofrimentos.

183. Passando de um mundo para outro, o Espírito passa por nova infância?

– A infância é por toda parte uma transição necessária, mas não é sempre tão ingênua como entre vós.

184. O Espírito pode escolher o novo mundo em que vai habitar?

– Nem sempre; mas pode pedir e obter o que deseja, se o merecer. Porque os mundos só são acessíveis aos Espíritos de acordo com o grau de sua elevação.

184-a. Se o Espírito nada pede, o que determina o mundo onde irá reencarnar?

– O seu grau de elevação.

185[1]. O estado físico e moral dos seres vivos é perpetuamente o mesmo em cada globo?

– Não; os mundos também estão submetidos à lei do progresso. Todos começaram como o vosso, em um estado inferior, e a Terra

[1] Vide Nota Explicativa no final do livro.

mesma sofrerá uma transformação semelhante, tornando-se um paraíso terrestre, quando os homens se fizerem bons.

> É assim que as raças que hoje povoam a Terra desaparecerão um dia e serão substituídas por seres mais e mais perfeitos. Essas raças transformadas sucederão à atual, como esta sucedeu a outras que eram mais grosseiras.

186. Há mundos em que o Espírito, deixando de viver num corpo material, só tem por envoltório o perispírito?

– Sim, e esse envoltório torna-se de tal maneira etéreo, que para vós é como se não existisse; eis então o estado dos Espíritos puros.

186-a. Parece resultar daí que não existe uma demarcação precisa entre o estado das últimas encarnações e do Espírito puro?

– Essa demarcação não existe. A diferença dilui pouco a pouco e se torna insensível, como a noite se dilui ante as primeiras claridades do dia.

187. A substância do perispírito é a mesma em todos os globos?

– Não; é mais eterizada em uns do que em outros. Ao passar de um para outro mundo, o Espírito se reveste da matéria própria de cada um, com mais rapidez que o relâmpago.

188. Os Espíritos puros habitam mundos especiais ou encontram-se no espaço universal, sem estar ligados especialmente a um globo?

– Os Espíritos puros habitam determinados mundos, mas não estão confinados a eles como os homens à Terra; eles podem, melhor que os outros, estar em toda parte.[2]

---

[2] De todos os globos que constituem o nosso sistema planetário, segundo os Espíritos, a Terra é daqueles cujos habitantes são menos adiantados, física e moralmente: Marte lhe seria ainda inferior, e Júpiter muito superior em todos os sentidos. O Sol não seria um mundo habitado por seres corpóreos, mas um lugar de encontro de Espíritos superiores, que de lá irradiam seu pensamento para outros mundos, que dirigem por intermédio de Espíritos menos elevados, com os quais se comunicam por meio do fluido universal. Como constituição física, o Sol seria um foco de eletricidade. Todos os sóis, ao que parece, estariam nas mesmas condições.
O volume e o afastamento do Sol não tem nenhuma relação necessária com o grau de desenvolvimento dos mundos, pois parece que Vênus está mais adiantado que a Terra, e Saturno menos que Júpiter. Muitos Espíritos que animaram pessoas conhecidas na Terra disseram estar reencarnados em Júpiter, um dos mundos mais próximos da perfeição, e é de admirar que num globo tão adiantado se encontrem homens que a opinião terrena não considerava

189. Desde o princípio da sua formação, o Espírito goza da plenitude de suas faculdades?

– Não; porque o Espírito, como o homem, tem também a sua infância. Em sua origem, os Espíritos não têm mais do que uma existência instintiva, possuindo apenas a consciência de si mesmos e de seus atos. Só pouco a pouco a inteligência se desenvolve.

190. Qual é o estado da alma em sua primeira encarnação?

– O estado da infância na vida corpórea. Sua inteligência apenas desabrocha: ela ensaia para a vida.

191. As almas dos nossos selvagens estão no estado de infância?

– Infância relativa, pois são almas já desenvolvidas, dotadas de paixões.

191-a. As paixões, então, indicam desenvolvimento?

---

tão elevados. Isto, porém, nada tem de surpreendente, se considerarmos que certos Espíritos, que habitam aquele planeta, podiam ter sido enviados à Terra, em cumprimento de uma missão que, aos nossos olhos, não os colocaria no primeiro plano; em segundo lugar, entre a sua existência terrena e a de Júpiter, podiam ter tido outras, intermediárias, nas quais se tivessem melhorado; em terceiro lugar, naquele mundo, como no nosso, há diferentes graus de desenvolvimento, e entre esses graus pode haver a distância que separa entre nós o selvagem do homem civilizado. Assim, do fato de habitarem Júpiter, não se segue que estejam no nível dos seres mais evoluídos, da mesma maneira que uma pessoa não está no nível de um sábio do Instituto, pela simples razão de morar em Paris. As condições de longevidade não são, por toda a parte, as mesmas da Terra, não sendo possível a comparação de idades. Uma pessoa, falecida há alguns anos, quando evocada, disse haver encarnado, seis meses antes, num mundo cujo nome nos é desconhecido. Interpelada sobre a idade que tinha nesse mundo, respondeu: "Não posso calcular, porque não contamos o tempo como vós; além disso, o nosso meio de vida não é o mesmo; desenvolvemo-nos muito mais rapidamente; tanto assim, que há apenas seis dos vossos meses nele me encontro, e posso dizer que, quanto à inteligência, tenho trinta anos de idade terrena." Muitas respostas semelhantes foram dadas por outros Espíritos e nada há nisso de inverossímil. Não vemos na Terra tantos animais adquirirem em poucos meses um desenvolvimento normal? Por que não poderia dar-se o mesmo com o homem em outras esferas? Notemos, por outro lado, que o desenvolvimento alcançado pelo homem na Terra, na idade de trinta anos, talvez não seja mais que uma espécie de infância, comparada ao que ele deve atingir. É preciso ter uma visão bem curta para nos considerarmos os protótipos da criação, e seria rebaixar a Divindade acreditar que, além de nós, ela nada mais poderia criar.

– Desenvolvimento, sim, mas não perfeição. São um sinal de atividade e de consciência própria; na alma primitiva a inteligência e a vida estão em estado de germes.

A vida dos Espíritos, no seu conjunto, segue as mesmas fases da vida corpórea; passa gradativamente do estado de embrião ao de infância, para chegar, por uma sucessão de períodos, ao estado de adulto, que é o da perfeição, com a diferença de que nesta não existe o declínio nem a decrepitude da vida corpórea; que a sua vida, que teve um começo, não terá fim; que lhe é necessário, do nosso ponto de vista, um tempo imenso para passar da infância espírita a um desenvolvimento completo, e o seu progresso realizar-se, não sobre uma esfera apenas, mas através de diversos mundos. A vida do Espírito constitui-se, assim, de uma série de existências corporais, sendo cada qual uma oportunidade de progresso, como cada existência corporal se compõe de uma série de dias, nos quais o homem adquire maior experiência e instrução. Mas, da mesma maneira que, na vida humana, há dias infrutíferos, na do Espírito há existências corpóreas sem proveito, porque ele não soube conduzi-las.

192. Por uma conduta perfeita podemos vencer já nesta vida todos os graus e nos tornar Espíritos puros, sem passar pelos intermediários?

– Não, pois o que o homem julga perfeito está longe da perfeição; há qualidades que ele desconhece e nem pode compreender. Pode ser tão perfeito quanto a sua natureza o permita, mas esta não é a perfeição absoluta. Da mesma maneira que uma criança, por mais precoce que seja, deve passar pela juventude antes de chegar à maturidade, e um doente deve passar pela convalescença antes de recuperar a saúde. Além disso, o Espírito deve adiantar-se em conhecimento e moralidade, e, se ele não progrediu senão num sentido, é necessário que o faça no outro, para chegar ao alto da escala. Entretanto, quanto mais o homem se adianta na vida presente, menos longas e penosas serão as provas seguintes.

192-a. O homem pode assegurar-se nesta vida uma existência futura menos cheia de amarguras?

– Sim, sem dúvida, pode abreviar o caminho e reduzir as dificuldades. Somente o desleixado fica sempre no mesmo ponto.

193. Pode um homem descer em suas novas existências abaixo do que já havia atingido?

– Em sua posição social, sim; como Espírito, não.

194. A alma de um homem de bem pode animar, noutra encarnação, o corpo de um celerado?

– Não, pois ela não pode degenerar.

194-a. A alma de um homem perverso pode transformar-se na de um homem de bem?

– *Sim, se ela se arrepender, e então será uma recompensa.*

A marcha dos Espíritos é progressiva e jamais retrógrada. Eles se elevam gradualmente na hierarquia, e não descem do plano atingido. Nas suas diferentes existências corporais, podem descer como homens, mas não como Espíritos. Assim, a alma de um poderoso da Terra pode mais tarde animar um humilde artesão, e vice-versa. Porque as posições entre os homens são frequentemente determinadas pelo inverso da elevação dos sentimentos morais. Herodes era rei, e Jesus carpinteiro.

195. A possibilidade de melhorar numa outra existência não pode levar certas pessoas a permanecerem no mau caminho, com o pensamento de que poderão corrigir-se mais tarde?

– *Aquele que assim pensa não acredita em nada e a ideia de um castigo eterno não o coibiria mais, porque a sua razão a repele e essa ideia conduz à incredulidade. Se não houvessem empregado os meios racionais para orientar os homens, não existiriam tantos céticos. Um Espírito imperfeito pode pensar como dizes, em sua vida corporal, mas uma vez liberto da matéria pensará de outra maneira, porque logo perceberá que calculou mal, e é então que trará, numa nova existência, um sentimento diverso. É assim que se efetiva o progresso. E eis por que tendes na Terra uns homens mais adiantados que outros. Uns já têm uma experiência que os outros ainda não tiveram, mas que adquirirão pouco a pouco. Deles depende impulsionar o próprio progresso ou retardá-lo indefinidamente.*

O homem que se encontra numa posição má, deseja mudá-la o mais rapidamente possível. Aquele que se persuadiu de que as tribulações desta vida são a consequência de suas próprias imperfeições procurará assegurar-se uma nova existência menos penosa, e este pensamento o desviará mais da senda do mal que o pensamento do fogo eterno, no qual não acredita.

196. Só podendo os Espíritos melhorar-se pelo sofrimento e as tribulações da existência corporal, segue-se que a vida material seria uma espécie de crivo ou de depurador, pelo qual devem passar os seres do mundo espírita para chegarem à perfeição?

– *Sim, é bem isso. Eles melhoram através dessas provas, evitando o mal e praticando o bem. Mas somente depois de muitas encarnações ou depurações sucessivas é que atingem, num tempo mais ou menos longo, e segundo os seus esforços, o alvo para o qual se dirigem.*

196-a. É o corpo que influi sobre o Espírito para o melhorar, ou o Espírito que influi sobre o corpo?

– *Teu Espírito é tudo; teu corpo é uma veste que apodrece; eis tudo.*

Temos, no suco da vinha, uma imagem material dos diferentes graus de depuração da alma. Ele contém o licor chamado espírito ou álcool, mas enfraquecido por grande quantidade de matérias estranhas que lhe alteram a essência, e não chega à pureza absoluta senão depois de muitas destilações, em cada uma das quais se despoja de alguma impureza. O alambique é o corpo no qual ele deve entrar para se depurar; as matérias estranhas são como o perispírito, que se purifica a si mesmo à medida que o Espírito se aproxima da perfeição.

V - SORTE DAS CRIANÇAS APÓS A MORTE

197. O Espírito de uma criança morta em tenra idade é tão adiantado como o de um adulto?

– *Às vezes bem mais, porque pode ter vivido muito mais e possuir maiores experiências sobretudo se progrediu.*

197-a. O Espírito de uma criança pode então ser mais adiantado que o do seu pai?

– *Isso é bastante frequente; não o vedes tantas vezes na Terra?*

198. O Espírito da criança que morre em tenra idade, não tendo podido fazer o mal, pertence aos graus superiores?

– *Se não fez o mal, também não fez o bem, e Deus não o afasta das provas que deve sofrer. Se é puro, não é pelo fato de ter sido criança, mas porque já se havia adiantado.*

199. Por que a vida se interrompe com frequência na infância?

– *A duração da vida da criança pode ser, para o seu Espírito, o complemento de uma vida interrompida antes do termo devido, e sua morte é frequentemente uma prova ou uma expiação para os pais.*

199-a. Em que se transforma o Espírito de uma criança morta em tenra idade?

– *Recomeça uma nova existência.*

Se o homem só tivesse uma existência, e, se após essa, a sua sorte fosse fixada para a eternidade, qual seria o merecimento da metade da espécie humana, que morre em tenra idade, para gozar sem esforço da felicidade eterna? E com que direito seria ela libertada das condições, quase sempre duras, impostas à outra metade? Uma tal ordem de coisas não poderia estar de acordo com a justiça de Deus. Pela reencarnação, faz-se a igualdade para todos: o futuro pertence a todos, sem exceção e sem favoritismo, e os que chegarem por último só poderão queixar-se de si mesmos. O homem deve ter o mérito das suas ações, como tem a sua responsabilidade.

Não é, aliás, razoável considerar-se a infância como um estado de inocência. Não se veem crianças dotadas dos piores instintos, numa idade em que a educação ainda não pôde exercer a sua influência? Não se veem algumas que parecem trazer inatos a astúcia, a falsidade, a perfídia, o instinto mesmo do roubo e do assassínio, e isso não obstante os bons exemplos do meio? A lei civil absolve os seus erros, por considerar que elas agem mais instintivamente do que por deliberado propósito. Mas de onde podem provir esses instintos, tão diferentes entre as crianças da mesma idade, educadas nas mesmas condições e submetidas às mesmas influências? De onde vem essa perversidade precoce, a não ser da inferioridade do Espírito, pois que a educação nada tem com ela? Aqueles que são viciosos, é que progridem menos e têm então de sofrer as consequências, não dos seus atos da infância, mas das suas existências anteriores. É assim que a lei se mostra a mesma para todos, e a justiça de Deus a todos abrange.

VI - SEXO NOS ESPÍRITOS

200. Os Espíritos têm sexo?

– *Não como o entendeis, porque os sexos dependem da constituição orgânica. Há entre eles amor e simpatia, mas baseados na afinidade de sentimentos.*

201. O Espírito que animou o corpo de um homem pode animar o de uma mulher, numa nova existência, e vice-versa?

– *Sim, pois são os mesmos Espíritos que animam os homens e as mulheres.*

202. Quando somos Espíritos, preferimos encarnar num corpo de homem ou de mulher?

– *Isso pouco importa ao Espírito; depende das provas que ele tiver de sofrer.*

Os Espíritos encarnam-se homens ou mulheres, porque não têm sexo. Como devem progredir em tudo, cada sexo, como cada posição social, oferece-lhes provas e deveres especiais, e novas ocasiões de adquirir experiências. Aquele que fosse sempre homem só saberia o que sabem os homens.

VII - PARENTESCO, FILIAÇÃO

203. Os pais transmitem aos filhos uma porção de sua alma, ou nada mais fazem do que lhes dar a vida animal, a que uma nova alma vem juntar depois a vida moral?

– *Somente a vida animal, porque a alma é indivisível. Um pai estúpido pode ter filhos inteligentes, e vice-versa.*

204. Desde que tivemos muitas existências, o parentesco remonta às anteriores?

– Não poderia ser de outra maneira. A sucessão das existências corpóreas estabelece entre os Espíritos liames que remontam às existências anteriores: disso decorrem frequentemente as causas de simpatia entre vós e alguns Espíritos que vos parecem estranhos.

205. Segundo certas pessoas, a doutrina da reencarnação parece destruir os laços de família, fazendo-os remontar às existências anteriores?

– Ela os amplia, em vez de destruí-los. Baseando-se o parentesco em afeições anteriores, os laços que unem os membros de uma mesma família são menos precários. A reencarnação amplia os deveres da fraternidade, pois no vosso vizinho ou no vosso criado pode encontrar-se um Espírito que foi do vosso sangue.

205-a[3]. Ela diminui, entretanto, a importância que alguns atribuem à sua filiação, porque se pode ter tido como pai um Espírito que pertencia a uma outra raça, ou que tivesse vivido em condição bem diversa?

– É verdade; mas essa importância se baseia no orgulho. O que a maioria honra nos antepassados são os títulos, a classe e a fortuna. Este coraria de haver tido por avô um sapateiro honesto, e se vangloria de descender de um nobre debochado. Mas digam ou façam o que quiserem, não impedirão que as coisas sejam como são, porque Deus não regulou as leis da Natureza pela nossa vaidade.

206. Desde que não há filiação entre os Espíritos dos descendentes de uma mesma família, o culto dos antepassados seria uma coisa ridícula?

– Seguramente não, porque devemos sentir-nos felizes de pertencer a uma família na qual se encarnam Espíritos elevados. Embora os Espíritos não procedam uns dos outros, não têm menos afeição pelos que estão ligados a ele por laços de família, porque os Espíritos são frequentemente atraídos a esta ou àquela família por causa de simpatias ou ligações anteriores. Mas acreditai que os Espíritos de vossos antepassados não se sentem absolutamente honrados com o culto que lhes tributais por orgulho. Seu mérito não recai sobre vós, senão na medida em que vos esforçais por seguir os seus bons exemplos. Somente assim a vossa lembrança lhes pode ser, não agradável, mas até mesmo útil.

VIII - SEMELHANÇAS FÍSICAS E MORAIS

[3] Vide Nota Explicativa no final do livro.

207[4]. Os pais transmitem aos filhos, quase sempre, semelhança física. Transmitem também semelhança moral?

– *Não, porque se trata de almas ou Espíritos diferentes. O corpo procede do corpo, mas o Espírito não procede do Espírito. Entre os descendentes das raças nada mais existe do que consanguinidade.*

207-a. De onde vêm as semelhanças morais que existem às vezes entre os pais e os filhos?

– *São Espíritos simpáticos, atraídos pela afinidade de suas inclinações.*

208. O Espírito dos pais não exerce influência sobre o do filho, após o nascimento?

– *Exerce, e muito, pois, como já dissemos, os Espíritos devem concorrer para o progresso recíproco. Pois bem: o Espírito dos pais tem a missão de desenvolver o dos filhos pela educação: isso é para ele uma tarefa. Se nela falhar, será culpado.*

209. Por que pais bons e virtuosos têm filhos perversos? Ou seja: por que as boas qualidades dos pais não atraem sempre, por simpatia, bons Espíritos como filhos?

– *Um mau Espírito pode pedir bons pais, na esperança de que seus conselhos o dirijam por uma senda melhor, e muitas vezes Deus o atende.*

210. Os pais poderão, pelos seus pensamentos e as suas preces, atrair para o corpo do filho um bom Espírito, em lugar de um Espírito inferior?

– *Não. Mas podem melhorar o Espírito da criança a que deram nascimento e que lhes foi confiada. Esse é o dever; filhos maus são uma prova para os pais.*

211. De onde vem a semelhança de caráter que existe frequentemente entre os irmãos, sobretudo entre os gêmeos?

– *Espíritos simpáticos, que se aproximam pela similitude de seus sentimentos e que se sentem felizes de estar juntos.*

212. Nas crianças cujos corpos nascem ligados, e que têm certos órgãos comuns, há dois Espíritos, ou seja, duas almas?

– *Sim, mas a sua semelhança faz que muitas vezes não vos pareçam mais do que uma.*

213. Mas se os Espíritos se encarnam nos gêmeos por simpatia, de onde lhes vem a aversão que às vezes se nota entre eles?

---

[4] Vide Nota Explicativa no final do livro.

– Não é uma regra que os gêmeos tenham de ser Espíritos simpáticos; Espíritos maus podem querer lutar juntos no teatro da vida.

214. Que pensar das histórias de crianças que lutam no ventre da mãe?

– Imagem! Para figurar que o seu ódio era muito antigo, fazem-no remontar à fase anterior ao nascimento. Geralmente não percebeis bem as imagens poéticas.

215. De onde vem o caráter distintivo que se observa em cada povo?

– Os Espíritos também formam famílias pela similitude de suas tendências, mais ou menos purificadas, segundo a sua elevação. Pois bem: um povo é uma grande família em que se reúnem Espíritos simpáticos. A tendência a se unirem, que têm os membros dessas famílias, é a origem da semelhança que determina o caráter distintivo de cada povo. Acreditas que Espíritos bons e humanos procurarão um povo duro e grosseiro? Não. Os Espíritos simpatizam com as coletividades, como simpatizam com os indivíduos. Procuram o seu meio.

216. O homem conserva, em suas novas existências, os traços do caráter moral das existências anteriores?

– Sim, isso pode acontecer. Mas, ao melhorar-se, ele se modifica. Sua posição social também pode não ser a mesma. Se de senhor ele se torna escravo, suas inclinações serão muito diferentes e teríeis dificuldades em reconhecê-lo. O Espírito sendo o mesmo, nas diversas encarnações, suas manifestações podem ter, de uma para outra, certas semelhanças. Estas, entretanto, serão modificadas pelos costumes da nova posição, até que um aperfeiçoamento notável venha a mudar completamente o seu caráter, pois de orgulhoso e mau pode tornar-se humilde e humano, desde que se haja arrependido.

217. Nas suas diferentes encarnações, o homem conserva os traços do caráter físico das existências anteriores?

– O corpo é destruído e o novo corpo não tem nenhuma relação com o antigo. Entretanto, o Espírito se reflete no corpo. E, embora seja apenas matéria, é modelado pelas qualidades do Espírito, que lhe imprimem um certo caráter, principalmente ao semblante, sendo pois com razão que se apontam os olhos como o espelho da alma, o que quer dizer que o rosto, mais particularmente, reflete a alma. Porque há pessoas excessivamente feias, que no entanto têm alguma coisa que agrada, quando encarnam um Espírito bom,

sensato, humano, enquanto há belos semblantes que nada te despertam, ou até mesmo provocam a tua repulsa. Poderias supor que só os corpos perfeitos envolvem Espíritos mais perfeitos que eles, quando encontras, todos os dias, homens de bem sob aparências disformes? Sem uma parecença pronunciada, a semelhança dos gostos e das tendências pode dar, portanto, aquilo que se chama um ar de conhecido.

O corpo que reveste a alma numa nova encarnação, não tendo nenhuma relação necessária com o anterior, pois que pode provir de origem muito diversa, seria absurdo supor-se uma sucessão de existências ligadas por uma semelhança apenas fortuita. Não obstante, as qualidades do Espírito modificam quase sempre os órgãos que servem para as suas manifestações, imprimindo no rosto, e mesmo no conjunto das maneiras, um cunho distintivo. É assim que, sob o envoltório mais humilde, pode encontrar-se a expressão da grandeza e da dignidade, enquanto sob o hábito do grande senhor veem-se algumas vezes a da baixeza e da ignomínia. Certas pessoas, saídas da mais ínfima posição, adquirem sem esforços os hábitos e as maneiras da alta sociedade, parecendo que reencontram o seu elemento, enquanto outras, malgrado seu nascimento e sua educação, estão ali sempre deslocadas. Como explicar esse fato de outra maneira, senão pelo reflexo daquilo que o Espírito foi?

IX - IDEIAS INATAS

218. O Espírito encarnado conserva algum traço das vitórias que obteve e dos conhecimentos que adquiriu nas existências anteriores?

– Resta-lhe uma vaga lembrança, que lhe dá o que chamamos ideias inatas.

218-a. A teoria das ideias inatas não é quimérica?

– Não, pois os conhecimentos adquiridos em cada existência não se perdem; o Espírito, liberto da matéria, sempre se recorda. Durante a encarnação pode esquecê-los em parte, momentaneamente, mas a intuição que lhe fica ajuda o seu adiantamento. Sem isso, ele sempre teria de recomeçar. A cada nova existência, o Espírito toma como ponto de partida aquele em que se achava na precedente.

218-b. Deve então haver uma grande conexão entre duas existências sucessivas?

– Nem sempre tão grande como podias pensar, porque as posições são quase sempre muito diferentes, e no intervalo de ambas o Espírito pôde progredir. (Ver o item 216.)

219. Qual é a origem das faculdades extraordinárias dos indivíduos que, sem estudo prévio, parecem ter a intuição de certos conhecimentos, como as línguas, o cálculo, etc.?

– *Lembrança do passado; progresso anterior da alma, mas do qual ela mesma não tem consciência. De onde queres que elas venham? Os corpos mudam, mas o Espírito não muda, embora troque a vestimenta.*

220. Com a mudança dos corpos, podem perder-se certas faculdades intelectuais, deixando-se de ter, por exemplo, o gosto pelas artes?

– *Sim, desde que se tenha desonrado essa faculdade, empregando-a mal. Uma faculdade pode também ficar adormecida durante uma existência, porque o Espírito queira exercer outra, que não se relacione com ela. Nesse caso, permanece em estado latente, para reaparecer mais tarde.*

221. É à uma lembrança retrospectiva que deve o homem, mesmo no estado de selvagem, o sentimento instintivo da existência de Deus e o pressentimento da vida futura?

– *É uma lembrança que ele conserva daquilo que sabia como Espírito, antes de encarnar; mas o orgulho frequentemente abafa esse sentimento.*

221-a. É à mesma lembrança que se devem certas crenças relativas à doutrina espírita, que se encontram em todos os povos?

– *Esta doutrina é tão antiga quanto o mundo. É por isso que a encontramos por toda parte, e é esta uma prova da sua veracidade. O Espírito encarnado, conservando a intuição do seu estado de Espírito, tem a consciência instintiva do mundo invisível. Mas quase sempre ela é falseada pelos preconceitos, e a ignorância mistura a ela a superstição.*[5]

---

[5] Os Espíritos aludem à eternidade espiritual da doutrina, de sua permanente projeção na Terra. Mas devemos distinguir entre as suas manifestações falseadas, no passado, e a manifestação pura que se encontra neste livro. Os traços da doutrina espírita marcam o roteiro da evolução humana na Terra, mas só com este livro ela se apresentou definida e completa. Por isso, o Espiritismo é, na Terra, uma doutrina moderna. (N. do T.)

CAPÍTULO V

CONSIDERAÇÕES SOBRE A PLURALIDADE DAS EXISTÊNCIAS

222. O dogma da reencarnação, dizem algumas pessoas, não é novo e foi retirado de Pitágoras. Mas jamais dissemos que a doutrina espírita fosse uma invenção moderna. O Espiritismo deve ter existido desde a origem dos tempos, pois decorre da própria Natureza. Temos sempre procurado provar que se encontram os seus traços desde a mais alta antiguidade. Pitágoras, como se sabe, não é o criador do sistema de metempsicose, que tomou dos filósofos indianos e dos meios egípcios, onde ela existia desde épocas imemoriais. A ideia da transmigração das almas era portanto uma crença comum, admitida pelos homens mais eminentes. Por que maneira chegou até eles? Pela revelação, ou por intuição? Não sabemos. Mas, seja como for, uma ideia não atravessa as idades e não é aceita pelas inteligências mais adiantadas, se não tiver um aspecto sério. A antiguidade desta doutrina, portanto, em vez de ser uma objeção, devia ser antes uma prova a seu favor. Há, porém, como igualmente se sabe, entre a metempsicose dos antigos e a moderna doutrina da reencarnação, a grande diferença de que os Espíritos rejeitam, da maneira mais absoluta, a transmigração do homem nos animais e vice-versa.

Os Espíritos, ensinando o dogma da pluralidade das existências corpóreas, renovam uma doutrina que nasceu nos primeiros tempos do mundo, e que se conservou até os nossos dias, no pensamento íntimo de muitas pessoas. Apresentam-na, porém, de um ponto de vista mais racional, mais conforme às leis progressivas da natureza e mais em harmonia com a sabedoria do Criador, ao despojá-la de todos os acréscimos da superstição. Uma circunstância digna de nota é que não foi apenas neste livro que eles a ensinaram, nos últimos tempos: desde antes da sua publicação, numerosas comunicações da mesma natureza foram obtidas, em diversas regiões, e multiplicaram-se consideravelmente depois. Seria o caso, talvez, de examinar-se por que todos os Espíritos não parecem de acordo sobre este ponto. É o que faremos logo mais.

Examinemos o assunto por outro ângulo, fazendo abstração da intervenção dos Espíritos. Deixemo-los de lado por um instante. Suponhamos que esta teoria não foi dada por eles; suponhamos mesmo que nunca se tenha cogitado disto com os Espíritos. Coloquemo-nos momentaneamente numa posição neutra, admitindo o mesmo grau de probabilidade para uma hipótese e outra, a saber: a da pluralidade e a da unicidade das existências corpóreas, e vejamos para que lado nos levam a razão e o nosso próprio interesse.

Certas pessoas repelem a ideia da reencarnação pelo único motivo de que ela não lhes convém, dizendo que lhes basta uma existência e não desejam iniciar outra semelhante. Conhecemos pessoas que, à simples ideia de voltar à Terra, ficam enfurecidas. Só temos a lhes perguntar se Deus devia pedir-lhes conselho e consultar os seus gostos, para ordenar o Universo. De duas, uma: a reencarnação existe ou não existe. Se existe, é inútil opor-se a ela, pois terão de sofrê-la, sem que Deus lhes peça permissão para isso. Parece-nos ouvir um doente dizer: – Já sofri hoje demais e não quero tornar a sofrer amanhã. Qualquer que seja a sua má vontade, isso não o fará sofrer menos amanhã e nos dias seguintes, até que consiga curar-se. Da mesma maneira, se essas pessoas devem reviver corporalmente, reviverão, tornarão a reencarnar-se; perderão o tempo de protestar, como uma criança que não quer ir à escola ou um condenado à prisão, pois terão de passar por ela. Objeções dessa espécie são demasiado pueris para merecerem exame mais sério. Diremos, entretanto, a essas pessoas, para tranquilizá-las, que a doutrina espírita sobre a reencarnação não é tão terrível como pensam, e que se a estudassem a fundo não teriam do que se assustar. Saberiam que essa nova existência depende delas mesmas: será feliz ou desgraçada, segundo o que tiverem feito neste plano, e podem desde já elevar-se tão alto, que não mais deverão temer nova queda no lodaçal.

Supomos falar a pessoas que acreditam num futuro qualquer após a morte, e não às que só têm o nada como perspectiva, ou que desejam mergulhar a sua alma no Todo Universal, sem conservar a individualidade, como as gotas de chuva no oceano, o que vem a ser mais ou menos a mesma coisa. Se acreditais num futuro qualquer, por certo não admitireis que ele seja o mesmo para todos, pois qual seria a utilidade do bem? Por que reprimir-se, por que não satisfazer a todas as paixões, a todos os desejos, mesmo à custa dos outros, pois que isso não teria consequência? Acreditai, pelo contrário, que esse futuro será mais ou menos feliz ou desgraçado, segundo o que tivermos feito durante a vida, e tereis o desejo de que seja o mais feliz possível, pois que deverá durar pela eternidade. Teríeis, por acaso, a pretensão de ser uma das criaturas mais perfeitas que já passaram pela Terra, tendo assim o direito imediato à felicidade dos eleitos? Não. Admitis, então, que há criaturas que valem mais do que vós e têm direito a uma situação melhor, sem por isso vos considerardes entre os réprobos. Pois bem: colocai-vos por um instante, pelo pensamento, nessa situação intermediária, que será a vossa, como o admitis, e suponde que alguém venha dizer-vos: – "Sofreis, não sois tão felizes como poderíeis ser, enquanto tendes diante de vós os que gozam de uma felicidade perfeita; quereis trocar a vossa posição com a deles?" – "Sem dúvida!", responderíeis, "mas o que devo fazer?" – "Quase nada: recomeçar o que fizeste mal e tratar de fazê-lo melhor." – Hesitaríeis em aceitar, mesmo que fosse ao preço de muitas existências de provas?

Façamos uma comparação mais prosaica. Se a um homem que, sem estar na miséria extrema, passa pelas privações decorrentes da sua precariedade de recursos viessem dizer: – "Eis uma imensa fortuna, que podereis gozar, sendo porém necessário trabalhar rudemente durante um minuto". Fosse ele o maior preguiçoso da Terra, e diria sem hesitar: – "Trabalhemos um minuto, dois minutos, uma hora, um dia, se for preciso! O que será isso, para acabar a minha vida na abundância?" Ora, o que é a duração da vida corporal, em relação à da eternidade? Menos que um minuto, menos que um segundo.

Ouvimos algumas vezes este raciocínio: Deus, que é soberanamente bom, não pode impor ao homem o reinício de uma série de misérias e tribulações. Acharão, por acaso, que há mais bondade em condenar o homem a um sofrimento perpétuo, por alguns momentos de erro, do que em lhe conceder os meios de reparar as suas faltas? Dois fabricantes tinham, cada qual, um operário que podia aspirar a se tornar sócio da firma. Ora, aconteceu que esses dois operários empregaram mal, certa vez, o seu dia de trabalho, e mereceram ser despedidos. Um dos fabricantes despediu o seu empregado, apesar de suas súplicas, e este, não mais encontrando emprego, morreu na miséria. O outro disse ao seu: – "Perdeste um dia e me deves uma compensação: fizeste mal o trabalho e me deves a reparação; eu te permito recomeçar; trata de fazê-lo bem, e eu te conservarei, e poderás continuar aspirando à posição superior que te prometi". Seria necessário perguntar qual dos dois fabricantes foi mais humano? Deus, que é a própria clemência, seria mais inexorável que um homem? O pensamento de que a nossa sorte está para sempre fixada, em alguns anos de prova, ainda mesmo quando nem sempre dependesse de nós atingir a perfeição sobre a Terra, tem qualquer coisa de pungente, enquanto a ideia contrária é eminentemente consoladora, pois não nos tira a esperança. Assim, sem nos pronunciarmos a favor ou contra a pluralidade das existências, sem admitir uma hipótese mais do que a outra, diremos que, se pudéssemos escolher, ninguém preferiria um julgamento sem apelo. Um filósofo disse que, se Deus não existisse, seria necessário inventá-lo, para a felicidade do gênero humano: o mesmo se poderia dizer da pluralidade das existências. Mas, como dissemos, Deus não pede licença, não consulta as nossas preferências; as coisas são ou não são. Vejamos de que lado estão as probabilidades, e tomemos o problema sob outro ponto de vista, fazendo sempre abstração do ensinamento dos Espíritos e unicamente, portanto, como estudo filosófico.

Se não há reencarnação, não há mais do que uma existência corporal, isso é evidente. Se nossa existência corporal é a única, a alma de cada criatura foi criada por ocasião do nascimento, a menos que admitamos a anterioridade da alma. Mas neste caso perguntaríamos o que era a alma antes do nascimento, e se o seu estado não constituiria uma existência, sob qualquer forma. Não há, pois, meio-termo: ou a alma existia, ou não existia antes do corpo. Se ela existia, qual era a sua situação? Tinha ou não consciência de si mesma? Se não a tinha, era mais ou menos como se não existisse; se tinha, sua individualidade era progressiva ou estacionária? Num e noutro caso, qual a sua situação ao chegar ao corpo? Admitindo, de acordo com a crença vulgar, que a alma nasce com o corpo, ou o que dá no mesmo, que antes da encarnação só tinha faculdades negativas, formulamos as seguintes questões:

1. Por que a alma revela aptidões tão diversas e independentes das ideias adquiridas pela educação?

2. De onde vem a aptidão extranormal de algumas crianças de pouca idade para esta ou aquela ciência, enquanto outras permanecem inferiores ou medíocres por toda a vida?

3. De onde vêm, para uns, as ideias inatas ou intuitivas, que não existem para outros?

4. De onde vêm, para certas crianças, os impulsos precoces de vícios ou virtudes, esses sentimentos inatos de dignidade ou de baixeza, que contrastam com o meio em que nasceram?

5. Por que alguns homens, independentemente da educação, são mais adiantados que outros?

6. Por que há selvagens e homens civilizados? Se tomarmos uma criança selvagem, de berço, e a educarmos enviando-a depois aos mais renomados liceus, faremos dela um Laplace ou um Newton?

Perguntamos qual a filosofia ou a teosofia[1] que pode resolver esses problemas. Ou as almas são iguais ao nascer, ou não o são, quanto a isso não há dúvida. Se são iguais, por que essas tamanhas diferenças de aptidões? Dirão que dependem do organismo. Mas, nesse caso, teríamos a doutrina mais monstruosa e mais imoral. O homem não seria mais que uma máquina, joguete da matéria; não teria a responsabilidade dos seus atos; tudo poderia atribuir às suas imperfeições físicas. Se as almas são desiguais, foi Deus quem as criou assim. Então, por que essa superioridade inata, conferida a alguns? Essa parcialidade estaria conforme à sua justiça e ao amor que dedica por igual a todas as criaturas?

Admitamos, ao contrário, uma sucessão de existências anteriores e progressivas, e tudo se explicará. Os homens trazem, ao nascer, a intuição do que já haviam adquirido. São mais ou menos adiantados, segundo o número de existências por que passaram ou conforme estejam mais ou menos distanciados do ponto de partida; precisamente como, numa reunião de pessoas de todas as idades, cada uma terá um desenvolvimento de acordo com o número de anos vivido. Para a vida da alma, as existências sucessivas serão o que os anos são para a vida do corpo. Reuni um dia mil indivíduos de um até oitenta anos; suponde que um véu tenha sido lançado sobre todos os dias anteriores, e que, na vossa ignorância, julgais todos eles nascidos no mesmo dia. Perguntaríeis, naturalmente, por que uns são grandes e outros pequenos, uns velhos e outros jovens, uns instruídos e outros ainda ignorantes. Mas, se a nuvem que vos oculta o passado for afastada, se compreenderdes que

[1] Kardec não se refere à doutrina da Sociedade Teosófica, que só foi fundada mais tarde, em 1875, mas a um sentido geral, como era então conhecida a palavra, ou seja, uma forma de conhecimento intuitivo ou racional das coisas divinas. (N. do T.)

todos viveram por mais ou menos tempo, tudo estará explicado. Deus, na sua justiça, não podia ter criado almas mais perfeitas e outras menos perfeitas, mas, com a pluralidade das existências, a desigualdade que vemos nada tem de contrário à mais rigorosa equidade. É porque só vemos o presente, e não o passado, que não o compreendemos. Este raciocínio repousa sobre algum sistema, alguma suposição gratuita? Não, pois partimos de um fato patente, incontestável: a desigualdade de aptidões e do desenvolvimento intelectual e moral. E verificamos que esse fato é inexplicável por todas as teorias correntes, enquanto a explicação é simples, natural, lógica, por uma nova teoria. Seria racional preferirmos aquela que nada explica à outra que tudo explica?

A doutrina espírita é mais ampla que tudo isso. Para ela, não há muitas espécies de homens, mas apenas homens, seres humanos cujos espíritos são mais ou menos atrasados, mas sempre suscetíveis de progredir. Isso não está mais conforme à justiça de Deus?

Vimos a alma no seu passado e no seu presente. Se a considerarmos quanto ao futuro, encontraremos as mesmas dificuldades.

1. Se a existência presente deve ser decisiva para a sorte futura, qual é, na vida futura, respectivamente, a posição do selvagem e a do homem civilizado? Estarão no mesmo nível ou estarão distanciados no tocante à felicidade eterna?

2. O homem que trabalhou toda a vida para melhorar-se estará no mesmo plano daquele que permaneceu inferior, não por sua culpa, mas porque não teve o tempo nem a possibilidade de melhorar?

3. O homem que praticou o mal, por não ter podido esclarecer-se, é culpado por um estado de coisas que dele em nada dependeu?

4. Trabalha-se para esclarecer os homens, para os moralizar e civilizar. Mas, para um que se esclarece, há milhões que morrem cada dia antes que a luz consiga atingi-los. Qual é a sorte destes? Serão tratados como réprobos? Caso contrário, o que fizeram eles, para merecerem estar no mesmo plano que os outros?

5. Qual é a sorte das crianças que morrem em tenra idade, antes de poderem ter feito o mal ou o bem? Se estiverem entre os eleitos, por que esse favor, sem nada terem feito para o merecer? Por que privilégio foram elas subtraídas às tribulações da vida?

Há uma doutrina que possa resolver essas questões? Admiti as existências sucessivas, e tudo estará explicado de acordo com a justiça de Deus. Aquilo que não pudermos fazer numa existência, faremos em outra. É assim que ninguém escapa à lei do progresso. Cada um será recompensado segundo o seu verdadeiro merecimento, e ninguém é excluído da felicidade suprema, a que pode aspirar, sejam quais forem os obstáculos que encontre no seu caminho.

Essas questões poderiam ser multiplicadas ao infinito, porque os problemas psicológicos e morais que não encontram solução, a não ser na pluralidade das existências, são inumeráveis. Limitamo-nos apenas aos mais gerais. Seja como for, talvez se diga que a doutrina da reencarnação não é admitida na Igreja: isto seria, portanto, a subversão da religião. Nosso objetivo não é, no momento, tratar desta questão, bastando-nos haver demonstrado que ela é eminentemente moral e racional. Ora, o que é moral e racional não pode ser contrário a uma religião que proclame Deus como a bondade e a razão por excelência. O que teria acontecido à religião se, contra a opinião universal e o testemunho da ciência, tivesse resistido à evidência e expulsado de seu seio quem não acreditasse no movimento do Sol e nos seis dias da criação? Que crédito mereceria, e que autoridade teria, entre os povos esclarecidos, uma religião baseada nos erros evidentes, oferecidos como artigos de fé? Quando a evidência foi demonstrada, a Igreja sabiamente se alinhou ao seu lado. Se está provado que existem coisas que seriam impossíveis sem a reencarnação, se certos pontos do dogma não podem ser explicados senão por este meio, será necessário admiti-la e reconhecer que o antagonismo entre essa doutrina e os dogmas é apenas aparente. Mais tarde mostraremos que a religião talvez esteja menos afastada desta doutrina do que se pensa, e que ela não sofreria mais, ao admiti-la, do que com a descoberta do movimento da Terra e dos períodos geológicos, que a princípio pareciam opor um desmentido aos textos sagrados. O princípio da reencarnação ressalta, aliás, de muitas passagens das Escrituras, e encontra-se especialmente formulado, de maneira explícita, no Evangelho:

– "Descendo eles da montanha (após a transfiguração), Jesus lhes preceituou, dizendo: – Não digais a ninguém o que vistes, até que o Filho do Homem seja ressuscitado de entre os mortos. Seus discípulos então o interrogaram, e lhe disseram: – Por que dizem pois os escribas que é necessário que Elias venha primeiro? E Jesus, respondendo, lhes disse:

– Em verdade, Elias virá primeiro e restabelecerá todas as coisas. Mas eu vos declaro que Elias já veio, e eles não o conheceram, antes o fizeram sofrer tudo quanto quiseram. Assim também eles farão morrer ao Filho do Homem. Então entenderam os discípulos que era de João Batista que ele lhes havia falado". (São Mateus, cap. XVII).

Ora, se João Batista era Elias, houve então a reencarnação do Espírito ou da alma de Elias no corpo de João Batista.

Seja qual for, de resto, a opinião que se tenha sobre a reencarnação, quer a aceitem ou não, ninguém a ela escapará por causa da crença em contrário. O ponto essencial é que se apoia na imortalidade da alma, nas penas e recompensas futuras, no livre-arbítrio do homem, na moral do Cristo, e portanto não é antirreligiosa.

Raciocinamos, como dissemos, fazendo abstração de todo o ensinamento espírita, que, para certas pessoas, não tem autoridade. Se, como tantos outros, adotamos a opinião referente à pluralidade das existências, não é somente porque ela veio dos Espíritos, mas porque nos parece a mais lógica e a única que resolve as questões até então insolúveis. Que ela nos viesse de um simples mortal, e a adotaríamos da mesma maneira, não hesitando em renunciar às nossas próprias ideias. Do mesmo modo, nós a teríamos repelido, embora viesse dos Espíritos, se nos parecesse contrária à razão, como repelimos tantas outras. Porque sabemos por experiência que não se deve aceitar de olhos fechados tudo o que vem dos Espíritos, como aquilo que vem da parte dos homens. Seu primeiro título aos nossos olhos é, e antes de tudo, o de ser lógica. Mas ainda tem outro, que é o de ser confirmada pelos fatos: fatos positivos e por assim dizer materiais, que um estudo atento e raciocinado pode revelar a quem se der ao trabalho de observá-los com paciência e perseverança, e diante dos quais a dúvida não é mais possível. Quando esses fatos se popularizarem, como os da formação e do movimento da Terra, será necessário reconhecer a evidência, e os seus opositores terão gasto em vão os argumentos contrários.

Reconheçamos, em resumo, que a doutrina da pluralidade das existências é a única a explicar aquilo que, sem ela, é inexplicável. Que é eminentemente consoladora, e conforme à justiça mais rigorosa, sendo para o homem a tábua de salvação que Deus lhe concedeu na sua misericórdia.

As próprias palavras de Jesus não podem deixar dúvida a respeito. Eis o que se lê no Evangelho segundo São João, capítulo III:

1. "Jesus, respondendo a Nicodemos, disse: – Em verdade, em verdade te digo que, se um homem não nascer de novo, não pode ver o reino de Deus.

2. Nicodemos lhe disse: – Como pode um homem nascer, quando está velho? Pode ele entrar de novo no ventre de sua mãe e nascer uma segunda vez?

3. Jesus respondeu: – Em verdade, em verdade te digo que, se um homem não nascer da água e do espírito, não pode entrar no reino de Deus. O que é nascido da carne é carne, e o que é nascido do espírito, é espírito. Não te maravilhes de eu te haver dito: necessário vos é nascer de novo". (Ver, a seguir, o artigo Ressurreição da carne, item 1.010).[2]

---

[2] A reencarnação está hoje provada, através dos casos de lembranças de vidas anteriores em crianças, de pesquisas hipnóticas de regressão da memória, de avisos mediúnicos de renascimento com sinais e condições posteriormente verificados. Embora as Ciências oficiais ainda relutem em aceitar essas provas, a Ciência Espírita as considera válidas e espera para breve a sua aceitação oficial. (N. do T.)

CAPÍTULO VI

VIDA ESPÍRITA

I - ESPÍRITOS ERRANTES

223. A alma se reencarna imediatamente após a separação do corpo?

– Às vezes, imediatamente, mas na maioria das vezes depois de intervalos mais ou menos longos. Nos mundos superiores a reencarnação é quase sempre imediata. A matéria corpórea sendo menos grosseira, o Espírito encarnado goza de quase todas as faculdades do Espírito. Seu estado normal é o dos vossos sonâmbulos lúcidos.

224. O que é a alma, nos intervalos das encarnações?

– Espírito errante, que aspira a um novo destino e o espera.

224-a. Qual poderá ser a duração desses intervalos?

– De algumas horas a alguns milhares de séculos. De resto, não existe, propriamente falando, limite extremo determinado para o estado errante, que pode prolongar-se por muito tempo, mas que nunca é perpétuo. O Espírito tem sempre a oportunidade, cedo ou tarde, de recomeçar uma existência que sirva à purificação das anteriores.

224-b. Essa duração está subordinada à vontade do Espírito, ou pode lhe ser imposta como expiação?

– É uma consequência do livre-arbítrio. Os Espíritos sabem perfeitamente o que fazem, mas para alguns é também uma punição infligida por Deus. Outros pedem o seu prolongamento para prosseguir estudos que não podem ser feitos com proveito a não ser no estado de Espírito.

225. A erraticidade é, por si mesma, um sinal de inferioridade entre os Espíritos?

– Não, pois há Espíritos errantes de todos os graus. A encarnação é um estado transitório, já o dissemos. No seu estado normal, o Espírito é livre da matéria.

226. Pode-se dizer que todos os Espíritos não encarnados são errantes?

– Os que devem reencarnar-se, sim; mas os Espíritos puros, que chegam à perfeição, não são errantes: seu estado é definitivo.

No tocante às suas qualidades íntimas, os Espíritos pertencem a diferentes ordens ou graus, pelos quais passam sucessivamente à medida que se purificam. No tocante ao estado, podem ser encarnados, que quer dizer ligados a um corpo; errantes, ou desligados do corpo material e esperando uma nova encarnação para se melhorarem; Espíritos puros, ou perfeitos, e não tendo mais necessidade da encarnação.

227. De que maneira se instruem os Espíritos errantes, pois certamente não o fazem da mesma maneira que nós?

– Estudam o seu passado e procuram o meio de se elevarem. Veem, observam o que se passa nos lugares que percorrem; escutam os discursos dos homens esclarecidos e os conselhos dos Espíritos mais elevados que eles, e isso lhes proporciona ideias que não possuíam.

228. Os Espíritos conservam algumas das paixões humanas?

– Os Espíritos elevados, ao perderem o seu invólucro, deixam as más paixões e só guardam as do bem; mas os Espíritos inferiores as conservam, pois de outra maneira pertenceriam à primeira ordem.

229. Por que os Espíritos, ao deixar a Terra, não abandonam as suas más paixões, desde que veem os seus inconvenientes?

– Tens nesse mundo pessoas que são excessivamente vaidosas. Acreditas que, ao deixá-lo, perderão esse defeito? Após a partida da Terra, sobretudo para aqueles que tiveram paixões bem vivas, resta uma espécie de atmosfera que os envolve guardando todas essas coisas más, pois o Espírito não está inteiramente desprendido. É apenas por momentos que ele entrevê a verdade, como para mostrar-lhe o bom caminho.

230. O Espírito progride no estado errante?

– Pode melhorar-se bastante, sempre de acordo com a sua vontade e o seu desejo; mas é na existência corpórea que ele põe em prática as novas ideias adquiridas.

231. Os Espíritos errantes são felizes ou infelizes?

– Mais ou menos, segundo os seus méritos. Sofrem as paixões cujos germes conservaram, ou são felizes, segundo a sua maior ou menor desmaterialização. No estado errante, o Espírito entrevê o que lhe falta para ser feliz. É assim que ele busca os meios de o atingir; mas nem sempre lhe é permitido reencarnar à vontade, e isso é uma punição.

232. No estado errante, os Espíritos podem ir a todos os mundos?

– Conforme. Quando o Espírito deixou o corpo, ainda não está completamente desligado da matéria e pertence ao mundo em que viveu ou a um mundo do mesmo grau; a menos que, durante sua vida, tenha se elevado. Esse é o objetivo a que deve voltar-se, pois sem isso jamais se aperfeiçoaria. Ele pode, entretanto, ir a alguns mundos superiores, passando por eles como estrangeiro. Nada mais faz do que os entrever, e é isso que lhe dá o desejo de se melhorar para ser digno da felicidade que neles se desfruta e poder habitá-los.

233. Os Espíritos já purificados vêm aos mundos inferiores?

– Vêm frequentemente, a fim de os ajudar a progredir. Sem isso, esses mundos estariam entregues a si mesmos, sem guias para os orientar.

II - MUNDOS TRANSITÓRIOS

234. Existem, como foi dito, mundos que servem de estações ou de lugares de repouso aos Espíritos errantes?

– Sim, há mundos particularmente destinados aos seres errantes, mundos que eles podem habitar temporariamente, espécie de acampamentos, de lugares em que possam repousar de erraticidades muito longas, que são sempre um pouco penosas. São posições intermediárias entre os outros mundos, graduados de acordo com a natureza dos Espíritos que podem atingi-los, e que neles gozam de maior ou menor bem-estar.

234-a. Os Espíritos que habitam esses mundos podem deixá-los à vontade?

– Sim, os Espíritos que se encontram nesses mundos podem deixá-los, para seguir o seu destino. Figurai-os como aves de arribação descendo numa ilha, para recuperarem suas forças e seguirem avante.

235. Os Espíritos progridem durante essas estações nos mundos transitórios?

– Certamente. Os que assim se reúnem têm o fito de se instruírem e poder mais facilmente obter a permissão de ir a lugares melhores e até chegar à posição dos eleitos.

236. Os mundos transitórios são, por sua natureza especial, perpetuamente destinados aos Espíritos errantes?

– Não, sua posição é apenas temporária.

236-a. São eles ao mesmo tempo habitados por seres corpóreos?

– Não, sua superfície é estéril. Os que os habitam não precisam de nada.

236-b. Essa esterilidade é permanente e se liga à sua natureza especial?

– Não; são estéreis transitoriamente.

236-c. Esses mundos seriam, então, desprovidos de belezas naturais?

– A Natureza se traduz pela belezas da imensidade, que não são menos admiráveis do que as que chamais belezas naturais.

236-d. Sendo transitório o estado desses mundos, a Terra terá um dia de estar entre eles?

– Já esteve.

236-e. Em que época?

– Durante a sua formação.

Nada existe de inútil na Natureza; cada coisa tem a sua finalidade, a sua destinação; nada é vazio, tudo é habitado, a vida se expande por toda parte. Assim, durante a longa série de séculos que se escoou antes da aparição do homem sobre a Terra, durante os lentos períodos de transição atestados pelas camadas geológicas, antes mesmo da formação dos primeiros seres orgânicos, sobre essa massa informe, nesse árido caos em que os elementos se confundiam, não havia ausência de vida. Seres que não tinham as nossas necessidades, nem as nossas sensações físicas, ali encontravam refúgio. Deus quis que, mesmo nesse estado imperfeito, ela servisse para alguma coisa. Quem, pois, ousaria dizer que, entre os bilhões de mundos que circulam na imensidade, apenas um, e um dos menores, perdido na multidão, teve o privilégio exclusivo de ser povoado? Qual seria a utilidade dos outros? Deus só os teria feito para recrear os nossos olhos? Suposição absurda, incompatível com a sabedoria que brilha em todas as suas obras, inadmissível quando se pensa em todas as que não podemos perceber. Ninguém poderá negar que há, nesta ideia dos mundos ainda impróprios para a vida material, e entretanto povoados de seres apropriados ao seu estado, alguma coisa de grande e sublime, onde talvez se encontre a solução de mais de um problema.

III - PERCEPÇÕES, SENSAÇÕES E SOFRIMENTOS DOS ESPÍRITOS

237. A alma, uma vez no mundo dos Espíritos, tem ainda as percepções que tinha nesta vida?

– Sim, e outras que não possuía, porque o seu corpo era como um véu que a obscurecia. A inteligência é um atributo do Espírito, mas se manifesta mais livremente quando não tem entraves.

238. As percepções e os conhecimentos dos Espíritos são ilimitados? Sabem eles todas as coisas?

– Quanto mais se aproximam da perfeição, mais sabem; se são superiores, sabem muito. Os Espíritos inferiores são mais ou menos ignorantes em todos os assuntos.

239. Os Espíritos conhecem o princípio das coisas?

– Conforme a sua elevação e a sua pureza. Os Espíritos inferiores não sabem mais do que os homens.

240. Os Espíritos compreendem a duração do tempo como nós?

– Não; e isso faz que não nos compreendamos sempre quando se trata de fixar datas ou épocas.

Os Espíritos vivem fora do tempo, tal como o compreendemos; a duração, para eles, praticamente não existe, e os séculos, tão longos para nós, são aos seus olhos apenas instantes que desaparecem na eternidade, da mesma maneira que as desigualdades do solo se apagam e desaparecem, para aquele que se eleva no espaço.

241. Os Espíritos fazem do presente uma ideia mais precisa e mais justa do que nós?

– Mais ou menos como aquele que vê claramente tem uma ideia mais justa das coisas do que o cego. Os Espíritos veem o que não vedes, e julgam diferente de vós. Mas, ainda uma vez, isso depende da sua elevação.

242. Como têm os Espíritos o conhecimento do passado? Esse conhecimento é para eles ilimitado?

– O passado, quando dele nos ocupamos, é um presente, precisamente como te lembras de uma coisa que te impressionou durante o teu exílio. Entretanto, como não temos mais o véu material que obscurece a tua inteligência, lembramo-nos das coisas que desapareceram para ti. Mas nem tudo os Espíritos conhecem, a começar pela sua própria criação.

243. Os Espíritos conhecem o futuro?

– Depende, ainda, da sua perfeição. Quase sempre, nada mais fazem do que entrevê-lo, mas nem sempre têm a permissão de o revelar. Quando o veem, ele lhes parece presente. O Espírito vê o futuro mais claramente, à medida que se aproxima de Deus.

Depois da morte, a alma vê e abarca de relance as suas migrações passadas, mas não pode ver o que Deus lhe prepara. Para isso, é necessário que esteja integrada nele, depois de muitas existências.

243-a. Os Espíritos chegados à perfeição absoluta têm completo conhecimento do futuro?

– *Completo não é o termo, porque Deus é o único e soberano Senhor, e ninguém o pode igualar.*

244. Os Espíritos veem a Deus?

– *Somente os Espíritos superiores o veem e compreendem; os Espíritos inferiores o sentem e adivinham.*

244-a. Quando um Espírito inferior diz que Deus lhe proíbe ou permite uma coisa, como sabe que a ordem vem de Deus?

– *Ele não vê a Deus, mas sente a sua soberania, e, quando uma coisa não deve ser feita ou uma palavra não deve ser dita, recebe uma intuição, uma advertência invisível, que o inibe de fazê-lo. Vós mesmos tendes pressentimentos que são para vós como advertências secretas, para fazerdes ou não alguma coisa. O mesmo acontece conosco mas em grau superior, pois compreendes que, sendo mais sutil do que a vossa a essência dos Espíritos, podemos receber mais facilmente as advertências divinas.*

244-b. A ordem é transmitida diretamente por Deus, ou por intermédio de outros Espíritos?

– *Não vem diretamente de Deus, pois para comunicar-se com ele é preciso merecê-lo. Deus transmite as suas ordens pelos Espíritos que estão mais elevados em perfeição e instrução.*

245. A vista dos Espíritos é circunscrita, como nos seres corpóreos?

– *Não, é uma faculdade geral.*

246. Os Espíritos precisam de luz para ver?

– *Veem pela luz própria, sem necessidade de luz exterior. Para eles não há trevas, a não ser aquelas em que podem encontrar-se por expiação.*

247. Os Espíritos precisam transportar-se, para ver em dois lugares diferentes? Podem ver ao mesmo tempo num e noutro hemisfério do globo?

– *Como o Espírito se transporta com a rapidez do pensamento, podemos dizer que vê por toda parte de uma só vez. Seu pensamento pode irradiar e dirigir-se para muitos pontos ao mesmo tempo. Mas essa faculdade depende da sua pureza; quanto menos puro ele for, mais limitada é a sua vista; somente os Espíritos superiores podem ter visão de conjunto.*

A faculdade de ver dos Espíritos, inerente à sua natureza, difunde-se por todo o seu ser, como a luz num corpo luminoso. É uma espécie de lucidez universal, que se estende a tudo, envolve simultaneamente o espaço, o tempo e as coisas, e para a qual não há trevas nem obstáculos materiais. Compreende-se que assim deve ser, pois no homem a vista funciona através de um órgão que recebe a luz, e sem luz ele fica na obscuridade. Nos Espíritos, a faculdade de ver é um atributo próprio, que independe de qualquer agente exterior. A vista não precisa da luz. (Ver Ubiquidade – item 92.)

248. O Espírito vê as coisas distintamente como nós?

– *Mais distintamente, porque a sua vista penetra o que a vossa não pode penetrar; nada a obscurece.*

249. O Espírito percebe os sons?

– *Sim, e percebe até mesmo os que os vossos sentidos obtusos não podem perceber.*

249-a. A faculdade de ouvir, como a de ver, está em todo o seu ser?

– *Todas as percepções são atributos do Espírito e fazem parte do seu ser. Quando ele se reveste de corpo material, elas se manifestam pelos meios orgânicos; mas, no estado de liberdade, não estão mais localizadas.*

250. Sendo as percepções atributos do próprio Espírito, ele pode deixar de usá-las?

– *O Espírito só vê e ouve o que ele quiser. Isto de uma maneira geral, e sobretudo para os Espíritos elevados. Os imperfeitos ouvem e veem frequentemente, queiram ou não, aquilo que pode ser útil ao seu melhoramento.*

251. Os Espíritos são sensíveis à música?

– *Trata-se da vossa música? O que é ela perante a música celeste, essa harmonia da qual ninguém na Terra pode ter ideia? Uma é para a outra o que o canto do selvagem é para a suave melodia. Não obstante, os Espíritos vulgares podem provar um certo prazer ao ouvir a vossa música, porque não estão ainda capazes de compreender outra mais sublime. A música tem, para os Espíritos, encantos infinitos, em razão de suas qualidades sensitivas muito desenvolvidas. Refiro-me à música celeste, que é tudo quanto a imaginação espiritual pode conceber de mais belo e mais suave.*

252. Os Espíritos são sensíveis às belezas naturais?

– *As belezas naturais dos vários globos são tão diversas que estamos longe de as conhecer. Sim, são sensíveis a elas segundo as suas aptidões para as apreciar e compreender. Para os Espíritos elevados há belezas de conjunto, diante das quais se apagam, por assim dizer, as belezas dos detalhes.*

253. Os Espíritos experimentam as nossas necessidades e os nossos sofrimentos físicos?

– *Eles os conhecem, porque os sofreram, mas não os experimentam, como vós, porque são Espíritos.*

254. Os Espíritos sentem fadiga e necessidade de repouso?

– *Não podem sentir a fadiga como a entendeis, e portanto não necessitam do repouso corporal, pois não possuem órgãos em que as forças tenham de ser restauradas. Mas o Espírito repousa, no sentido de não permanecer numa atividade constante. Ele não age de maneira material, porque a sua ação é toda intelectual e o seu repouso é todo moral. Há momentos em que o seu pensamento diminui de atividade e não se dirige a um objetivo determinado; este é um verdadeiro repouso, mas não se pode compará-lo ao do corpo. A espécie de fadiga que os Espíritos podem provar está na razão da sua inferioridade, pois, quanto mais se elevam, de menos repouso necessitam.*

255. Quando um Espírito diz que sofre, de que natureza é o seu sofrimento?

– *Angústias morais, que o torturam mais dolorosamente que os sofrimentos físicos.*

256. Como alguns Espíritos se queixam de frio ou calor?

– *Lembrança do que sofreram durante a vida e algumas vezes tão penosa como a própria realidade. Frequentemente, é uma comparação que fazem, para exprimirem a sua situação. Quando se lembram do corpo, experimentam uma espécie de impressão, como quando se tira uma capa e algum tempo depois ainda se pensa estar com ela.*

IV - ENSAIO TEÓRICO SOBRE A SENSAÇÃO NOS ESPÍRITOS

257. O corpo é o instrumento da dor; se não é a sua causa primeira, é pelo menos a imediata. A alma tem a percepção dessa dor: essa percepção é o efeito. A lembrança que dela conserva pode ser muito penosa, mas não pode implicar ação física. Com efeito, o frio e o calor não podem desorganizar os tecidos da alma; a alma não pode regelar-se nem queimar. Não vemos, todos os dias, a lembrança ou a preocupação de um mal físico produzir os seus efeitos? E até mesmo ocasionar a morte? Todos sabem que as pessoas que sofreram amputações sentem dor no membro que não mais existe. Seguramente não é esse membro a sede nem o ponto de partida da dor; o cérebro conservou a impressão, eis tudo. Podemos portanto supor que há qualquer coisa de semelhante nos sofrimentos dos Espíritos depois da morte. Um estudo mais aprofundado do perispírito, que desempenha papel tão importante em todos os fenômenos espíritas – nas aparições vaporosas ou tangíveis, no estado do Espírito no momento da morte, na ideia tão frequente de que ainda está vivo, na situação surpreendente dos suicidas, dos supliciados, dos que se absorveram nos prazeres materiais, e tantos outros fatos –, veio lançar luz sobre esta questão, dando lugar às explicações de que apresentamos um resumo.

O perispírito é o liame que une o Espírito à matéria do corpo; é tomado do meio ambiente, do fluido universal, contém ao mesmo tempo eletricidade, fluido magnético e, até um certo ponto, a própria matéria inerte. Poderíamos dizer que é a quintessência da matéria. É o princípio da vida orgânica, mas não o da vida intelectual, porque esta pertence ao Espírito. É também o agente das sensações externas. No corpo, estas sensações se localizam nos órgãos que lhes servem de canais. Destruído o corpo, as sensações se tornam generalizadas. Eis por que o Espírito não diz que sofre mais da cabeça que dos pés. É necessário, aliás, nos precavermos de confundir as sensações do perispírito independente com as do corpo; não podemos tomar estas últimas senão como termo de comparação, e não como analogia. Liberto do corpo, o Espírito pode sofrer, mas esse sofrimento não é o mesmo do corpo; não obstante, não é também um sofrimento exclusivamente moral, como o remorso, pois ele se queixa de frio e de calor. Mas não sofre mais no inverno do que no verão: vimo-los passar através das chamas sem nada experimentar de penoso, o que mostra que a temperatura não exerce sobre eles nenhuma impressão. A dor que sentem não é a dor física propriamente dita; é um vago sentimento interior, de que o próprio Espírito nem sempre tem perfeita consciência, porque a dor não está localizada e não é produzida por agentes exteriores. É antes uma lembrança, também penosa. Algumas vezes há mais que uma lembrança, como veremos.

A experiência nos ensina que, no momento da morte, o perispírito se desprende mais ou menos lentamente do corpo. Nos primeiros instantes, o Espírito não compreende a sua situação; não acredita que morreu; sente-se vivo; vê o seu corpo de lado, sabe que é o seu e não entende por que está separado. Esse estado dura o tempo em que existir um liame entre o corpo e o perispírito. Um suicida nos dizia: – "Não, eu não estou morto", e acrescentava: "e entretanto sinto os vermes que me roem". Ora, seguramente os vermes não roíam o perispírito, e menos ainda o Espírito, mas o corpo. Como a separação do corpo e do perispírito não estava completa, havia uma espécie de repercussão moral, que lhe transmitia a sensação do que se passava no corpo. Repercussão não é bem o termo, pois poderia dar ideias de um efeito muito material. Era antes a visão do que se passava no corpo, ao qual o perispírito continuava ligado, que produzia essa ilusão, tomada como real. Assim, não se tratava de uma lembrança, pois durante a vida ele não fora roído pelos vermes; era uma sensação atual.

Vemos, pois, as deduções que podemos tirar dos fatos quando atentamente observados. Durante a vida, o corpo recebe as impressões e as transmite ao Espírito, por intermédio do perispírito, que constitui, provavelmente, o que se costuma chamar de fluido nervoso. O corpo, estando morto, não sente mais nada, porque não possui Espírito nem perispírito. O Espírito, desligado do corpo, experimenta a sensação, mas, como esta não lhe chega por um canal limitado, torna-se geral. Como o perispírito é apenas um agente de transmissão, pois é o Espírito que possui a consciência, deduz-se que, se pudesse existir perispírito sem Espírito, ele não sentiria mais do que um corpo morto. Da mesma maneira, se um Espírito não tivesse perispírito, seria inacessível a todas as sensações penosas; é o que acontece com os Espíritos completamente purificados. Sabemos que, quanto mais o Espírito se purifica, mais eterizada se torna a essência do perispírito, de maneira que a influência material diminui à medida que o Espírito progride, ou seja, à medida que o perispírito se torna menos grosseiro.

Mas, dir-se-á, as sensações agradáveis são transmitidas ao Espírito pelo perispírito, tanto quanto as desagradáveis. Ora, se o Espírito puro é inacessível a umas, deve sê-lo igualmente às outras. Sim, sem dúvida, àquelas que provêm unicamente da influência da matéria que conhecemos; o som dos nossos instrumentos, o perfume das nossas flores não lhe produzem nenhuma impressão, e não obstante eles gozam de sensações íntimas, de um encanto indefinível, das quais não podemos fazer a mínima ideia, porque estamos para elas como os cegos de nascença para a luz. Sabemos que elas existem, mas de que maneira? Aí se detém o nosso conhecimento. Sabemos que o Espírito tem percepção, sensação, audição, visão, que essas faculdades são atributos de todo o seu ser, e não apenas de certos órgãos, como nos homens. Mas, ainda uma vez, de que forma? Isso é o que não sabemos. Os próprios Espíritos não podem explicar-nos porque a nossa linguagem não foi feita para exprimir ideias que não possuímos, assim como na língua dos selvagens não há termos para a expressão de nossas artes, nossas ciências e nossas doutrinas filosóficas.

Ao dizer que os Espíritos são inacessíveis às impressões da nossa matéria, queremos falar dos Espíritos mais elevados, cujo envoltório eterizado não encontra termos de comparação na Terra. Não se dá o mesmo com aquele cujo perispírito é mais denso, pois ele percebe os nossos sons e sente os nossos odores, mas não por uma parte determinada do seu organismo, como quando vivo. Poderíamos dizer que as vibrações moleculares se fazem sentir em todo o seu ser, chegando assim ao seu senso comum, que é o próprio Espírito, mas de maneira diversa, produzindo talvez uma impressão diferente, que acarreta uma modificação na percepção. Eles ouvem o som da voz, e no entanto os compreendem sem a necessidade da palavra, pela simples transmissão do pensamento, o que é demonstrado pelo fato de ser essa penetração mais fácil para o Espírito desmaterializado. A faculdade de ver é um atributo essencial da alma, para a qual não há obscuridade, e apresenta-se mais ampla e penetrante entre os que estão mais purificados. A alma, ou o Espírito, têm portanto em si mesmo a faculdade de todas as percepções. Na vida corpórea, elas são obliteradas pela grosseria dos nossos órgãos; na vida extracorpórea, libertam-se mais e mais, à medida que se torna menos denso o envoltório semimaterial.

Tomado do meio ambiente, esse envoltório varia segundo a natureza dos mundos. Ao passar de um mundo para outro, os Espíritos mudam de envoltório, como mudamos de roupa ao passar do inverno ao verão, ou do Polo ao Equador. Os Espíritos mais elevados, quando vêm visitar-nos, revestem o perispírito terrestre, e então as suas percepções se assemelham às dos Espíritos vulgares; mas todos eles, inferiores ou superiores, não ouvem e não sentem senão o que querem ouvir e sentir. Como não possuem órgãos sensoriais, podem tornar à vontade as suas percepções ativas ou nulas, havendo apenas uma coisa que são forçados a ouvir: os conselhos dos bons Espíritos. A vista é sempre ativa, mas eles podem tornar-se invisíveis uns para os outros. Conforme a classe a que pertençam, podem ocultar-se dos que lhes são inferiores, mas não dos superiores. Nos primeiros momentos após a morte, a vista do Espírito é sempre turva e confusa, esclarecendo-se na proporção em que ele se liberta e podendo adquirir a mesma clareza que tinha durante a vida, além da possibilidade de penetrar nos corpos opacos. Quanto à sua extensão através do espaço infinito, no passado e no futuro, depende do grau de pureza e elevação do Espírito.

Toda esta teoria, dir-se-á, não é muito tranquilizadora. Pensávamos que, uma vez desembaraçados do nosso envoltório grosseiro, instrumento de nossas dores, não sofreríamos mais, e nos ensinais que sofreremos ainda, pois podemos ainda sofrer, e muito, durante longo tempo. Mas podemos também não sofrer mais, desde o instante em que deixamos esta vida corpórea.

Os sofrimentos deste mundo decorrem às vezes de nossa própria vontade. Remontando à origem, veremos que a maioria é consequência de causas que poderíamos ter evitado. Quantos males, quantas enfermidades o homem deve apenas aos seus excessos, à sua ambição, às suas paixões, enfim? O homem que tivesse vivido sempre sobriamente, que não houvesse abusado de nada, que tivesse sido sempre de gostos simples e desejos modestos, se pouparia de muitas tribulações. O mesmo acontece ao Espírito: os sofrimentos que ele enfrenta são sempre consequência da maneira por que viveu na Terra. Não terá, sem dúvida, a gota e o reumatismo, mas terá outros sofrimentos que não serão menores.

Já vimos que esses sofrimentos são o resultado dos laços que ainda existem entre o Espírito e a matéria. Que, quanto mais ele estiver desligado da influência da matéria, quanto mais desmaterializado, menos sensações penosas sofrerá. Depende dele afastar-se dessa influência, desde esta vida, pois tem o livre-arbítrio e por conseguinte a faculdade de escolha entre o fazer e o não fazer. Que dome as suas paixões animais, que não tenha ódio, nem inveja, nem ciúme, nem orgulho; que não se deixe dominar pelo egoísmo; que purifique sua alma, pelos bons sentimentos; que pratique o bem; que não dê às coisas deste mundo senão a importância que elas merecem; e, então, mesmo sob o seu envoltório corpóreo, já se terá purificado, desprendido da matéria, e, quando o deixar, não sofrerá mais a sua influência. Os sofrimentos físicos que experimentou no passado não lhe deixarão nenhuma lembrança penosa; não lhe restará nenhuma impressão desagradável, porque estas não afetaram o Espírito, mas apenas o corpo; sentir-se-á feliz por se ter libertado, e a tranquilidade de sua consciência o afastará de todo sofrimento moral.

Interpelamos sobre o assunto milhares de Espíritos, pertencentes a todas as classes sociais, a todas as posições. Estudamo-los em todos os períodos da vida espírita, desde o instante em que deixaram o corpo. Seguimo-los passo a passo na vida de além-túmulo, para observar as modificações que neles se operavam, nas suas ideias, nas suas sensações. E a esse respeito os homens vulgares não foram os que nos forneceram menos preciosos elementos de estudo. Vimos sempre que os sofrimentos estão em relação com a conduta, da qual sofrem as consequências, e que essa nova existência é uma fonte de felicidade inefável para aqueles que tomaram o bom caminho. De onde se segue que os que sofrem é porque assim quiseram, e só devem queixar-se de si mesmos, tanto no outro mundo quanto neste.

V - ESCOLHA DAS PROVAS

258. No estado errante, antes de nova existência corpórea, o Espírito tem consciência e previsão do que lhe vai acontecer durante a vida?

– *Ele mesmo escolhe o gênero de provas que deseja sofrer; nisto consiste o seu livre-arbítrio.*

258-a. Não é Deus quem lhe impõe as tribulações da vida, como castigo?

– *Nada acontece sem a permissão de Deus porque foi ele quem estabeleceu todas as leis que regem o Universo. Perguntareis agora por que ele fez tal lei em vez de tal outra. Dando ao Espírito a liberdade de escolha, deixa-lhe toda a responsabilidade dos seus atos e das suas consequências; nada lhe estorva o futuro; o caminho do bem está à sua frente, como o do mal. Mas, se sucumbir, ainda lhe resta uma consolação, a de que nem tudo se acabou para ele, pois Deus, na sua bondade, permite-lhe recomeçar o que foi malfeito. É necessário distinguir o que é obra da vontade de Deus e o que é da vontade do homem. Se um perigo vos ameaça, não fostes vós que o criastes, mas Deus; tiveste, porém, a vontade de vos expordes a ele, porque o considerastes um meio de adiantamento; e Deus o permitiu.*

259. Se o Espírito escolhe o gênero de provas que deve sofrer, todas as tribulações da vida foram previstas e escolhidas por nós?

– *Todas, não, pois não se pode dizer que escolhestes e previstes tudo o que vos acontece no mundo, até as menores coisas. Escolhestes o gênero de provas; os detalhes são consequências da posição escolhida, e frequentemente de vossas próprias ações. Se o Espírito quis nascer entre malfeitores, por exemplo, já sabia a que deslizes se expunha, mas não conhecia cada um dos atos que praticaria; esses atos são produtos de sua vontade ou do seu livre-arbítrio. O Espírito sabe que, escolhendo esse caminho, terá de passar por esse gênero de lutas; e sabe de que natureza são as vicissitudes que irá encontrar; mas não sabe quais os acontecimentos que o aguardam. Os detalhes nascem das circunstâncias e da força das coisas. Só os grandes acontecimentos, que influem no destino, estão previstos. Se tomas um caminho cheio de desvios, sabes que deves ter muitas precauções, porque corres o perigo de cair, mas não sabes quando cairás, e pode ser que nem caias, se fores bastante prudente. Se, ao passar pela rua, uma telha te cair na cabeça, não penses que estava escrito, como vulgarmente se diz.*

260. Como o Espírito pode querer nascer entre gente de má vida?

– *É necessário ser enviado ao meio em que possa sofrer a prova pedida. Pois bem: o semelhante atrai o semelhante, e para lutar contra o instinto do bandido é preciso que ele se encontre entre gente dessa espécie.*

260-a. Se não houvesse gente de má vida na Terra, o Espírito não poderia encontrar nela o meio necessário a certas provas?

– *E deveríamos lamentar isso? É o que acontece nos mundos superiores, onde o mal não tem acesso. É por isso que neles só existem bons Espíritos. Fazei que o mesmo aconteça, bem logo, em vossa Terra.*

261. O Espírito, nas provas que deve sofrer para chegar à perfeição, terá de experimentar todos os gêneros de tentações? Deverá passar por todas as circunstâncias que possam provocar-lhe o orgulho, o ciúme, a avareza, a sensualidade, etc.?

– Certamente não, pois sabeis que há os que tomam desde o princípio um caminho que os afasta de muitas provas. Mas aquele que se deixa levar pelo mau caminho corre todos os perigos do mesmo. Um Espírito pode pedir a riqueza e esta lhe será dada; então, segundo o seu caráter, poderá tornar-se avarento ou pródigo, egoísta ou generoso, ou ainda entregar-se a todos os prazeres da sensualidade. Mas isso não quer dizer que ele devia passar forçosamente por todas essas tendências.

262. Como pode o Espírito, que em sua origem é simples, ignorante e sem experiência, escolher uma existência com conhecimento de causa e ser responsável pela sua escolha?

– Deus supre a sua inexperiência, traçando-lhe o caminho que deve seguir, como fazes com uma criança desde o berço. Mas deixa-lhe pouco a pouco a liberdade de escolher, à medida que o seu livre-arbítrio se desenvolve. É então que ele muitas vezes se extravia, tomando o mau caminho, por não ouvir os conselhos dos bons Espíritos. É a isso que podemos chamar a queda do homem.

262-a. Quando o Espírito goza do seu livre-arbítrio, a escolha da existência corpórea depende sempre exclusivamente da sua vontade, ou essa existência pode lhe ser imposta pela vontade de Deus, como expiação?

– Deus sabe esperar: não precipita a expiação. Entretanto, pode impor certa existência a um Espírito, quando este, por sua inferioridade ou má vontade, não está apto a compreender o que lhe seria mais proveitoso, e quando vê que essa existência pode servir para a sua purificação, o seu adiantamento, e ao mesmo tempo servir-lhe de expiação.

263. O Espírito faz a escolha imediatamente após a morte?

– Não, pois muitos creem na eternidade das penas, e, como já vos foi dito, isso é um castigo.

264. O que orienta o Espírito na escolha das provas?

– Ele escolhe as que podem servir de expiação, segundo a natureza de suas faltas, e fazê-lo adiantar mais rapidamente. Uns podem impor-se uma vida de misérias e provações para tentar suportá-la com coragem; outros querem experimentar as tentações da fortuna e do poder, bem mais perigosas, pelo abuso e o mau emprego que se lhes pode dar e pelas más paixões que desenvolvem;

outros, enfim, querem ser provados nas lutas que terão de sustentar no contato com o vício.

265. Se alguns dos Espíritos escolhem o contato com o vício, como prova, há os que o escolhem por simpatia e pelo desejo de viver num meio adequado aos seus gostos, ou para poderem entregar-se livremente às suas inclinações materiais?

– Há, por certo, mas só entre aqueles cujo senso moral é ainda pouco desenvolvido; a prova decorre disso, e eles a sofrem por tempo mais longo. Cedo ou tarde compreenderão que a satisfação das paixões brutais tem para eles consequências deploráveis, que terão de sofrer durante um tempo que lhes parecerá eterno. Deus poderá deixá-los nesse estado até que eles tenham compreendido suas faltas, pedindo por si mesmos o meio de resgatá-las em provas proveitosas.

266. Não parece natural que os Espíritos escolham as provas menos penosas?

– Para vós, sim; para o Espírito, não. Quando ele está liberto da matéria, cessa a ilusão, e a sua maneira de pensar é diferente.

O homem, submetido na Terra à influência das ideias carnais, só vê nas suas provas o lado penoso. É por isso que lhe parece natural escolher as que, do seu ponto de vista, podem subsistir com os prazeres materiais. Mas na vida espiritual ele compara os prazeres fugidios e grosseiros com a felicidade inalterável que entrevê, e, então, que lhe importam alguns sofrimentos passageiros? O Espírito pode escolher a prova mais rude, e em consequência a existência mais penosa, com a esperança de chegar mais depressa a um estado melhor, como o doente escolhe muitas vezes o remédio mais desagradável, para se curar mais rapidamente. Aquele que deseja ligar o seu nome à descoberta de um país desconhecido não escolhe um caminho coberto de flores, pois sabe os perigos que corre, mas sabe também a glória que o espera, se for feliz.

A doutrina da liberdade de escolha das nossas existências, e das provas que devemos sofrer, deixa de parecer extraordinária, quando se considera que os Espíritos, libertos da matéria, apreciam as coisas de maneira diferente da nossa. Eles anteveem o fim, e esse fim lhes parece muito mais importante que os prazeres fugidios do mundo. Depois de cada existência, veem o progresso que fizeram e compreendem quanto ainda lhes falta em pureza, para o atingirem. Eis por que se submetem voluntariamente a todas as vicissitudes da vida corpórea, pedindo eles mesmos aquelas que podem fazê-los chegar mais depressa. Não há pois motivo para nos admirarmos de que o Espírito não dê preferência à existência mais suave. No seu estado de imperfeição, ele não pode desfrutar a vida sem amarguras, que apenas entrevê. E é para atingi-la que procura melhorar-se.

Não vemos diariamente exemplos de coisas parecidas? O homem que trabalha uma parte de sua vida, sem tréguas nem descanso, a fim de ajuntar o necessário para o seu bem-estar, não desempenha uma tarefa que se impôs, com vistas a um futuro melhor? O militar que se oferece para uma missão perigosa, o viajante que não enfrenta menores perigos, no interesse da ciência ou de sua própria fortuna, não se submetem a provas voluntárias, que devem proporcionar-lhes honra e proveito, se as vencerem? A que o homem não se submete e não se expõe, pelo seu interesse ou pela sua glória? Todos os concursos não são provas voluntárias para melhorar na carreira escolhida? Não se chega a nenhuma posição social de elevada importância, nas ciências, nas artes, na indústria, sem passar pela série de posições inferiores, que são outras tantas provas. A vida humana é assim, o decalque da vida espiritual. Nela encontramos, em menor escala, todas as peripécias daquela. Se na vida terrena escolhemos muitas vezes as provas mais difíceis, com vistas a um fim mais elevado, por que o Espírito, que vê mais longe, e para quem a vida do corpo é apenas um incidente fugaz, não escolherá uma existência penosa e laboriosa, se ela o deve conduzir a uma felicidade eterna? Aqueles que dizem que, se pudessem escolher a sua existência, teriam pedido a de príncipes ou milionários, são como os míopes que não veem o que tocam, ou como as crianças gulosas, que respondem, quando perguntamos que profissão preferem: pasteleiros ou confeiteiros.

Da mesma maneira, o viajante, no fundo de um vale nevoento, não vê a extensão nem os pontos extremos da sua rota; mas, chegando ao cume da montanha, seu olhar abrange o caminho percorrido e o que falta a percorrer; vê o final de sua viagem, os obstáculos que ainda tem de vencer, e pode então escolher com mais segurança os meios de o atingir. O Espírito encarnado é como o viajante no fundo do vale; desembaraçado dos liames terrestres, é como o que atingiu o cume. Para o viajante, o fim é o repouso após a fadiga; para o Espírito é a felicidade suprema, após as tribulações e as provas.

Todos os Espíritos dizem que, no estado errante, buscam, estudam, observam, para fazerem suas escolhas. Não temos um exemplo disso na vida corpórea? Não buscamos muitas vezes, através dos anos, a carreira que livremente acabamos por escolher, porque a achamos a mais apropriada aos nossos objetivos? Se fracassamos numa, procuramos outra. Cada carreira que abraçamos é uma fase, um período da vida. Não empregamos cada dia em escolher o que faremos no outro? Ora, o que são as diferentes existências corpóreas para o Espírito, senão fases, períodos, dias da sua vida espírita que, como sabemos, é a vida normal, não sendo a vida corpórea mais do que transitória, passageira?

267. O Espírito poderia fazer a sua escolha durante a vida corporal?

– *Seu desejo pode ter influência. Isso depende da intenção. Mas, no estado de Espírito, frequentemente vê as coisas de maneira diferente. É o Espírito quem faz a escolha. Mas, ainda assim, ele pode fazê-la nesta vida material, porque o Espírito tem sempre os momentos em que se liberta da matéria.*

267-a. Muitas pessoas desejam grandezas e riquezas, mas não o será, por certo, como expiação nem como prova?

– Sem dúvida; a matéria deseja essa grandeza, para gozá-la, e o Espírito a deseja para conhecer-lhe as vicissitudes.

268. Até que chegue ao estado de perfeita pureza, o Espírito tem de passar constantemente por provas?

– Sim, mas elas não são como as entendeis. Chamais provas às tribulações materiais; ora, o Espírito, chegando a um certo grau, mesmo sem ser perfeito, não tem mais nada a sofrer. Mas tem sempre deveres que o ajudam a se aperfeiçoar, e que não são penosos para ele, a não ser os de ajudar os outros a se aperfeiçoarem.

269. O Espírito pode enganar-se, quanto à eficácia da prova que escolher?

– Pode escolher uma que esteja acima de suas forças, e então sucumbe. Pode também escolher uma que não lhe dê proveito algum, como um gênero de vida ocioso e inútil. Mas, nesse caso, voltando ao mundo dos Espíritos, percebe que nada ganhou, e pede para recuperar o tempo perdido.

270. Ao que se devem as vocações de certas pessoas, e sua vontade de seguir uma carreira em vez de outra?

– Parece-me que podeis responder por vós mesmos a esta questão. Não é a consequência de tudo o que dissemos sobre a escolha das provas sobre o progresso realizado numa existência anterior?

271. Quando o Espírito estuda, na erraticidade, as condições em que poderá progredir, como julga poder fazê-lo se nascer entre canibais?

– Não são os Espíritos já adiantados que nascem entre os canibais, mas os Espíritos da mesma natureza dos canibais, ou que lhe são inferiores.

Sabemos que os nossos antropófagos não estão no último grau da escala, e que há mundos onde o embrutecimento e a ferocidade ultrapassam tudo que existe na Terra. Esses Espíritos são, portanto, ainda inferiores aos mais inferiores do nosso mundo, e vir para o meio dos nossos selvagens é para eles um progresso, como seria um progresso para os nossos antropófagos exercer entre nós uma profissão que os obrigasse a derramar sangue. Se eles não visam ao mais alto, é porque a sua inferioridade moral não lhes permite compreender um progresso mais completo. O Espírito não pode avançar senão gradualmente; não deve transpor de um salto a distância que separa a barbárie da civilização. E está nisso uma das necessidades da reencarnação, que se mostra verdadeiramente de acordo com a justiça de Deus. De outra maneira, em que se transformariam esses milhões de seres que morrem diariamente no último estado de degradação, se não tivessem meios de se elevar? Por que Deus os teria deserdado dos favores concedidos aos demais?

272. Os Espíritos procedentes de um mundo inferior à Terra, ou de um povo muito atrasado, como os canibais, poderiam nascer entre os povos civilizados?

– Sim, há os que se extraviam ao quererem subir muito alto, mas ficam deslocados entre vós, porque têm hábitos e instintos que se chocam com os vossos.

Esses seres nos dão o triste espetáculo da ferocidade em meio da civilização. Retornando para o meio dos canibais, isso não será um retrocesso, pois não farão mais do que retomar o seu lugar, e talvez ainda com proveito.

273[1]. Um homem pertencente a uma raça civilizada poderia, por expiação, reencarnar-se numa raça selvagem?

– Sim, mas isso depende do gênero da expiação. Um senhor que tenha sido duro para os seus escravos poderá tornar-se escravo e sofrer os maus-tratos que infligiu a outros. Aquele que mandou numa época pode, em outra existência, obedecer aos que se curvaram ante a sua vontade. É uma expiação, se ele abusou do poder, e Deus pode determiná-la. Um bom Espírito pode, para os fazer avançar, escolher uma vida de influência entre esses povos. Então se trata de uma missão.

VI - RELAÇÕES DE ALÉM-TÚMULO

274. As diferentes ordens de Espíritos estabelecem entre elas uma hierarquia de poderes; e há entre eles subordinação e autoridade?

– Sim, muito grande. Os Espíritos têm, uns sobre os outros, a autoridade relativa à sua superioridade. E a exercem por meio de uma ascendência moral irresistível.

274-a. Os Espíritos inferiores podem subtrair-se à autoridade dos superiores?

– Eu disse: irresistível.

275. O poder e a consideração de que um homem goza na Terra dão-lhe alguma supremacia no mundo dos Espíritos?

[1] Vide Nota Explicativa no final do livro.

– Não; pois os pequenos serão elevados e os grandes rebaixados. Lede os salmos.

275-a. Como devemos entender essa elevação e esse rebaixamento?

– Não sabes que os Espíritos são de diferentes ordens, segundo os seus méritos? Pois bem, o maior na Terra pode estar na última classe entre os Espíritos; enquanto o seu servidor estará na primeira. Compreendes isso? Jesus não disse: quem se humilhar será exaltado e quem se exaltar será humilhado?

276. Aquele que foi grande na Terra, e se encontra inferior entre os Espíritos, sente humilhação?

– Quase sempre muito grande, sobretudo se era orgulhoso e invejoso.

277. O soldado que, após a batalha, encontra o seu general no mundo dos Espíritos reconhece-o ainda como seu superior?

– O título não é nada; a superioridade real é tudo.

278. Os Espíritos de diferentes ordens estão misturados?

– Sim e não; quer dizer, eles se veem, mas se distinguem uns dos outros. Afastam-se ou se aproximam segundo a semelhança ou divergência de seus sentimentos, como acontece entre vós. É todo um mundo, do qual o vosso é o reflexo obscuro. Os da mesma ordem se reúnem por uma espécie de afinidade, e formam grupos ou famílias de Espíritos unidos pela simpatia e pelos propósitos; os bons, pelo desejo de fazer o bem; os maus, pelo desejo de fazer o mal, pela vergonha de suas faltas e pela necessidade de se encontrarem entre os seres semelhantes a eles.

Igual a uma grande cidade, onde os homens de todas as classes e de todas as condições se veem e se encontram, sem se confundirem, onde as sociedades se formam pela similitude de gostos, onde o vício e a virtude se acotovelam, sem se falarem.

279. Todos os Espíritos têm acesso, reciprocamente, uns junto aos outros?

– Os bons vão por toda parte e é necessário que assim seja, para que possam exercer a sua influência sobre os maus. Mas as regiões habitadas pelos bons são interditadas aos imperfeitos, a fim de que não levem a elas o distúrbio das más paixões.

280. Qual é a natureza das relações entre os bons e os maus Espíritos?

– Os bons procuram combater as más tendências dos outros, a fim de os ajudar a subir; é uma missão.

281. Por que os Espíritos inferiores se comprazem em nos levar ao mal?

– Pelo despeito de não terem merecido estar entre os bons. Seu desejo é o de impedir, tanto quanto puderem, que os Espíritos ainda inexperientes atinjam o bem supremo. Querem fazer os outros provarem aquilo que eles provam. Não vedes o mesmo entre vós?

282. Como os Espíritos se comunicam entre si?

– Eles se veem e se compreendem; a palavra é material: é reflexo da faculdade espiritual. O fluido universal estabelece entre eles uma comunicação constante; é o veículo da transmissão do pensamento, como o ar é para vós o veículo do som. Uma espécie de telégrafo universal que liga todos os mundos, permitindo aos Espíritos corresponderem-se de um mundo a outro.

283. Os Espíritos podem dissimular reciprocamente os seus pensamentos; podem esconder-se uns dos outros?

– Não; para eles, tudo permanece a descoberto, principalmente quando são perfeitos. Podem distanciar-se uns dos outros, mas sempre se veem. Esta não é uma regra absoluta, porque certos Espíritos podem muito bem tornar-se invisíveis para outros, se julgam útil fazê-lo.

284. Como podem os Espíritos que não têm mais corpo constatar a própria individualidade e distinguir-se dos outros que os rodeiam?

– Constatam a sua individualidade pelo perispírito, que os torna seres distintos uns para os outros, como os corpos entre os homens.

285. Os Espíritos se reconhecem por terem convivido na Terra? O filho reconhece o pai, o amigo o seu amigo?

– Sim, e assim de geração a geração.

285-a. Como se reconhecem no mundo dos Espíritos os homens que se conheceram na Terra?

– Vemos a nossa vida passada e a lemos como num livro. Vendo o passado de nossos amigos e de nossos inimigos, vemos a sua passagem da vida para a morte.

286. A alma, ao deixar os despojos mortais, vê imediatamente os parentes e amigos que a precederam no mundo dos Espíritos?

– Imediatamente, nem sempre; pois, como já dissemos, lhe é necessário algum tempo para reconhecer o seu estado e sacudir o véu material.

287. Como a alma é recebida na sua volta ao mundo dos Espíritos?

– A do justo, como um irmão bem-amado e longamente esperado; a do mau, como um ser que se despreza.

288. Que sentimento experimentam os Espíritos impuros, à vista de outro mau Espírito que chega?

– Os maus ficam satisfeitos de verem os seres à sua imagem e como eles privados da felicidade infinita; como acontece, na Terra, a um ladrão entre os seus iguais.

289. Nossos parentes e nossos amigos vêm, às vezes, ao nosso encontro, quando deixamos a Terra?

– Sim, vêm ao encontro da alma que estimam, felicitam-na como no regresso de uma viagem, se ela escapou aos perigos do caminho, e a ajudam a se desprender dos liames corporais; é um favor concedido aos bons Espíritos, quando os que os amam vêm ao seu encontro, enquanto os que estão manchados ficam no isolamento ou cercados somente de Espíritos semelhantes a eles: é uma punição.

290. Os parentes e os amigos reúnem-se sempre após a morte?

– Isso depende de sua elevação e do caminho que seguem para o seu adiantamento. Se um deles está mais adiantado e marcha mais rápido que o outro, não poderão ficar juntos; poderão ver-se algumas vezes, mas não estarão sempre reunidos, a não ser quando possam marchar ombro a ombro, ou quando tiverem atingido a igualdade na perfeição. Além disso, a privação de ver os parentes e amigos é às vezes uma punição.

VII - RELAÇÕES SIMPÁTICAS E ANTIPÁTICAS DOS ESPÍRITOS. METADES ETERNAS

291. Além da simpatia geral, determinada pelas semelhanças, há afeições particulares entre os Espíritos?

– Sim, como entre os homens. Mas o liame que une os Espíritos é mais forte na ausência do corpo, porque não está mais exposto às vicissitudes das paixões.

292. Há aversões entre os Espíritos?

– Não há aversões senão entre os Espíritos impuros, e são estes que excitam entre vós as inimizades e as dissensões.

293. Dois seres que foram inimigos na Terra conservarão os seus ressentimentos no mundo dos Espíritos?

– *Não; compreenderão que sua dissensão era estúpida, e o motivo, pueril. Apenas os Espíritos imperfeitos conservam uma espécie de animosidade, até que se purifiquem. Se não foi senão um interesse material o que os separou, não pensarão mais nele por pouco desmaterializados que estejam. Se não houver antipatia entre eles, o motivo da dissensão não mais existindo, podem rever-se com prazer.*

Da mesma maneira que dois escolares, chegando à idade da razão, reconhecem a puerilidade de suas brigas infantis e deixam de se malquerer.

294. A lembrança das más ações que dois homens cometeram, um contra o outro, é obstáculo à sua simpatia?

– *Sim, ela os leva a se distanciarem.*

295. Que sentimento experimentam, após a morte, aqueles a quem fizemos mal neste mundo?

– *Se são bons, perdoam, de acordo com o vosso arrependimento. Se são maus, podem conservar o ressentimento, e por vezes vos perseguir até numa outra existência. Deus pode permiti-lo, como um castigo.*

296. As afeições dos Espíritos são suscetíveis de alteração?

– *Não, porque eles não podem enganar-se, não usam mais a máscara sob a qual se ocultam os hipócritas, e é por isso que as suas afeições são inalteráveis, quando eles são puros. O amor que os une é para eles fonte de uma suprema felicidade.*

297. A afeição que dois seres mantiveram na Terra prossegue sempre no mundo dos Espíritos?

– *Sim, sem dúvida, se ela se baseia numa verdadeira simpatia: mas, se as causas de ordem física tiverem maior influência que a simpatia, ela cessa com as causas. As afeições, entre os Espíritos, são mais sólidas e mais duráveis que na Terra, porque não estão subordinadas ao capricho dos interesses materiais e do amor-próprio.*

298. As almas que se devem unir estão predestinadas a essa união desde a sua origem, e cada um de nós tem, em alguma parte do Universo, a sua metade, à qual algum dia se unirá fatalmente?

– *Não; não existe união particular e fatal entre duas almas. A união existe entre os Espíritos, mas em graus diferentes, segundo a ordem que ocupam, a perfeição que adquirem: quanto mais perfeitos, mais unidos. Da discórdia nascem todos os males humanos; da concórdia resulta felicidade completa.*

299. Em que sentido se deve entender a palavra metade, de que certos Espíritos se servem para designar os Espíritos simpáticos?

– *A expressão é inexata; se um Espírito fosse a metade de outro, quando separado estaria incompleto.*

300. Dois Espíritos perfeitamente simpáticos, quando reunidos, ficarão assim pela eternidade ou podem separar-se e unir-se a outros Espíritos?

– *Todos os Espíritos são unidos entre si. Falo dos que já atingiram a perfeição. Nas esferas inferiores, quando um Espírito se eleva já não tem a mesma simpatia pelos que deixou.*

301. Dois Espíritos simpáticos são o complemento um do outro, ou essa simpatia é o resultado de uma afinidade perfeita?

– *A simpatia que atrai um Espírito para outro é o resultado da perfeita concordância de suas tendências, de seus instintos; se um devesse completar o outro, perderia a sua individualidade.*

302. A afinidade necessária para a simpatia perfeita consiste apenas na semelhança dos pensamentos e sentimentos, ou também na uniformidade dos conhecimentos adquiridos?

– *Na igualdade dos graus de elevação.*

303. Os Espíritos que hoje não são simpáticos podem sê-lo mais tarde?

– *Sim, todos o serão. Assim, o Espírito que está numa determinada esfera inferior, quando se aperfeiçoar, chegará à esfera em que se encontra o outro. Seu encontro se realizará mais prontamente se o Espírito mais elevado, suportando mal as provas a que se submetera, tiver permanecido no mesmo estado.*

303-a. Dois Espíritos simpáticos podem deixar de sê-lo?

– *Certamente, se um deles é preguiçoso.*

A teoria das metades eternas é uma imagem que representa a união de dois Espíritos simpáticos. É uma expressão usada até mesmo na linguagem vulgar, e que não deve ser tomada ao pé da letra. Os Espíritos que dela se servem não pertencem à ordem mais elevada. A esfera de suas ideias é necessariamente limitada, e exprimiram o seu pensamento pelos termos de que se teriam servido na vida corpórea. E necessário rejeitar esta ideia de que dois Espíritos, criados um para o outro, devem um dia fatalmente reunir-se na eternidade, após terem permanecido separados durante um lapso de tempo mais ou menos longo.

VIII - LEMBRANÇA DA EXISTÊNCIA CORPÓREA

304. O Espírito se lembra da sua existência corpórea?

– *Sim, tendo vivido muitas vezes como homem, recorda-se do que foi. E te asseguro que, por vezes, ri-se de piedade de si mesmo.*

Como o homem que, atingindo a idade da razão, ri das suas loucuras da juventude, ou das puerilidades da sua infância.

305. A lembrança da existência corpórea se apresenta ao Espírito de maneira completa e inopinada, após a morte?

– *Não: mas pouco a pouco, como alguma coisa que sai do nevoeiro, e à medida que nela vai fixando a sua atenção.*

306. O Espírito se lembra detalhadamente de todos os acontecimentos de sua vida, abrangendo o conjunto num golpe de vista retrospectivo?

– *Lembra-se das coisas na razão das consequências que acarretam para a sua situação de Espírito. Mas compreende que há circunstâncias às quais ele não atribui nenhuma importância e que nem mesmo procura recordar.*

306-a. Poderia lembrá-las, se o quisesse?

– *Pode lembrar-se dos detalhes e dos incidentes mais minuciosos, sejam de acontecimentos, sejam mesmo de seus pensamentos. Mas, quando isso não tem utilidade, ele não o faz.*

306-b. Entrevê a finalidade da vida terrestre, com relação à vida futura?

– *Seguramente que a vê e compreende muito melhor do que quando vivia no corpo. Compreende a necessidade de purificação para chegar ao infinito, e sabe que a cada existência se livra de algumas impurezas.*

307. De que maneira a vida passada se desenrola na memória do Espírito? Por um esforço da sua imaginação, ou como um quadro que ele tenha ante os olhos?

– *De uma e outra forma. Todos os atos que tenham interesse para a sua lembrança são para ele como se estivessem presentes: os outros ficam mais ou menos no fundo da memória, ou completamente esquecidos. Quanto mais desmaterializado estiver, menos importância atribui às coisas materiais. Fazes muitas vezes a evocação de um Espírito errante, que acabou de deixar a Terra e não se lembra dos nomes das pessoas que amava, nem dos detalhes que para ti parecem importantes; é que pouco lhe interessam, e caem no esquecimento. Aquilo de que ele se lembra muito bem são os fatos principais, que o ajudam a se melhorar.*

308. O Espírito se lembra de todas as existências que precederam a que acabou de deixar?

– Todo o seu passado se desenrola diante dele, como as etapas de um caminho que o viajante percorreu. Mas, como já dissemos, ele não se lembra de uma maneira absoluta de todos os atos, recordando-os apenas na razão da influência que tenham sobre o seu estado presente. Quanto às primeiras existências, as que se podem considerar como a infância do Espírito perdem-se no vazio e desaparecem na noite do esquecimento.

309. Como o Espírito considera o corpo que acabou de deixar?

– Como uma veste imprópria, que o incomodava e da qual se sente feliz por se ter desembaraçado.

309-a. Que sentimento experimenta à vista do seu corpo em decomposição?

– Quase sempre o de indiferença, como por uma coisa a que não dá mais importância.

310. Ao fim de um certo lapso de tempo o Espírito reconhece os ossos ou outras coisas que lhe tenham pertencido?

– Algumas vezes. Isso depende da maneira mais ou menos elevada pela qual considere as coisas terrestres.

311. O respeito que se tem pelas coisas materiais que os Espíritos deixaram atrai a sua atenção para esses objetos, e eles consideram esse respeito com prazer?

– O Espírito se sente sempre feliz de ser lembrado. As coisas que dele conservamos avivam em nós a sua lembrança, mas é o pensamento o que o atrai para vós e não os objetos.

312. Os Espíritos conservam a lembrança dos sofrimentos que suportaram durante sua última existência corpórea?

– Frequentemente a conservam, e essa lembrança os faz melhor avaliar a felicidade que podem desfrutar como Espíritos.

313. O homem que foi feliz neste mundo lastima os gozos que perdeu ao deixar a Terra?

– Somente os Espíritos inferiores podem lastimar os gozos que correspondem à impureza de sua natureza, e que eles expiam pelo sofrimento. Para os Espíritos elevados, a felicidade eterna é mil vezes preferível aos prazeres efêmeros da Terra.

314. Aquele que iniciou grandes trabalhos com uma finalidade útil, e que os vê interrompidos pela morte, lamenta tê-los deixado por acabar?

– Não, porque vê que os outros estão destinados a concluí-los. Ao contrário, trata de influenciar outros Espíritos humanos a continuá-los. Seu objetivo na Terra era o bem da Humanidade; esse objetivo é o mesmo no mundo dos Espíritos.

315. Aquele que deixou trabalhos de arte ou de literatura conserva pelas suas obras o amor que tinha durante a vida?

– Segundo sua elevação, julga-as de outra maneira e frequentemente reprova o que mais admirava.

316. O Espírito se interessa ainda pelos trabalhos que se fazem na Terra, pelo progresso das artes e das ciências?

– Isso depende de sua elevação ou da missão que possa ter a cumprir. Aquilo que vos parece magnífico é frequentemente bem pouca coisa para certos Espíritos, que o admiram como o sábio admira a obra de um escolar. Eles examinam o que pode provar a elevação dos Espíritos encarnados e seus progressos.

317. Os Espíritos conservam, depois da morte, o amor da pátria?

– É sempre o mesmo princípio: para os Espíritos elevados, a pátria é o Universo; na Terra, é aquela em que possuem maior número de pessoas simpáticas.

A situação dos Espíritos e sua maneira de ver as coisas variam ao infinito, na razão do grau de seu desenvolvimento moral e intelectual. Os Espíritos de uma ordem elevada geralmente fazem, na Terra, estações de curta duração. Tudo quanto aqui se faz é tão mesquinho, em comparação com as grandezas do infinito; as coisas a que os homens atribuem a maior importância são tão pueris aos seus olhos, que eles encontram poucos atrativos neste mundo, a menos que tenham sido chamados a fim de concorrer para o progresso da Humanidade. Os Espíritos de uma ordem intermédia passam mais frequentemente por aqui, embora considerem as coisas de maneira mais elevada do que durante a encarnação. Os Espíritos vulgares são de alguma forma os que aqui permanecem, constituindo a massa da população ambiente do mundo invisível. Conservam, com pouca diferença, as mesmas ideias, os mesmos gostos e as mesmas tendências que tinham no seu envoltório corporal. Intrometem-se nas nossas reuniões, nos nossos negócios, nas nossas diversões, tomando parte mais ou menos ativa, segundo o seu caráter. *Não podendo satisfazer as suas paixões, gozam com os que a elas se entregam, e as excitam nessas pessoas.*[2] Encontramos entre eles alguns mais sérios, que veem e observam, para se instruir e aperfeiçoar.

318. As ideias dos Espíritos se modificam na vida de espírito?

---

[2] Obsessões para os vícios, de que dão prova os tratamentos espíritas em Hospitais e nos Centros. O grifo é nosso. (N. do T.)

– Muito; sofrem modificações muito grandes, à medida que o Espírito se desmaterializa. Ele pode, às vezes, permanecer muito tempo com as mesmas ideias, mas pouco a pouco a influência da matéria diminui e ele vê as coisas mais claramente. É então que procura os meios de se melhorar.

319. Desde que o Espírito já viveu a vida espírita antes da sua encarnação, de onde vem o seu espanto, ao reentrar no mundo dos Espíritos?

– Esse é apenas o efeito do primeiro momento e da perturbação que se segue ao despertar. Mais tarde ele reconhece perfeitamente o seu estado, à medida que lhe volta a lembrança do passado e que se desfaz a impressão da vida terrestre. (Ver o item 163 e seguintes.)

IX - COMEMORAÇÃO DOS MORTOS. FUNERAIS

320. Os Espíritos são sensíveis à saudade dos que os amavam na Terra?

– Muito mais do que podeis julgar. Essa lembrança aumenta-lhes a felicidade, se são felizes, e, se são infelizes, serve-lhes de alívio.

321. O dia de comemoração dos mortos tem alguma coisa de mais solene para os Espíritos? Preparam-se eles para visitar os que vão orar sobre os túmulos?

– Os Espíritos atendem ao chamado do pensamento nesse dia como nos outros.

321-a. Esse é para eles um dia de reunião junto às sepulturas?

– Reúnem-se em maior número nesse dia, porque maior é o número de pessoas que os chamam. Mas cada um só comparece em atenção aos seus amigos, e não pela multidão dos indiferentes.

321-b. Sob que forma comparecem, e como seriam vistos, se pudessem tornar-se visíveis?

– Aquela pela qual eram conhecidos em vida.

322. Os Espíritos esquecidos, cujas tumbas não são visitadas por ninguém, comparecem apesar disso e sentem algum desgosto por não verem nenhum amigo lembrar-se deles?

– Que lhes importa a Terra? Somente pelo coração se prendem a ela. Se não mais o amam, nada mais há que faça o Espírito voltar à Terra. Ele tem todo o Universo pela frente.

323. A visita ao túmulo proporciona mais satisfação ao Espírito do que uma prece feita em sua intenção?

– *A visita ao túmulo é uma maneira de se manifestar que se pensa no Espírito ausente: é a exteriorização desse fato. Eu já vos disse que é a prece que santifica o ato de lembrar; pouco importa o lugar, se a lembrança é ditada pelo coração.*

324. Os Espíritos das pessoas homenageadas com estátuas ou monumentos assistem às inaugurações e as veem com prazer?

– *Muitos as assistem, quando podem, mas são menos sensíveis às honras que lhes tributam do que às lembranças.*

325. De onde pode vir, para certas pessoas, o desejo de serem enterradas antes num lugar do que noutro? Voltam a ele com mais satisfação, após a morte? E essa importância dada a uma coisa material é sinal de inferioridade do Espírito?

– *Afeição do Espírito por certos lugares: inferioridade moral. O que representa um pedaço de terra mais do que outro, para o Espírito elevado? Não sabe ele que a sua alma se reunirá aos que ama, mesmo que os seus ossos estejam separados?*

325-a. A reunião dos despojos mortais de todos os membros de uma família deve ser considerada como futilidade?

– *Não. É um costume piedoso e um testemunho de simpatia pelos entes amados. Se essa reunião pouco representa para os Espíritos, é útil para os homens: suas recordações se concentram melhor.*

326. A alma que volta à vida espiritual é sensível às honras que tributam aos seus despojos mortais?

– *Quando o Espírito já chegou a um certo grau de perfeição, não tem mais vaidade terrestre e compreende a futilidade de todas as coisas. Sabei, porém, que frequentemente há Espíritos que, no primeiro momento da morte, gozam de grande satisfação com as honras que lhes tributam, ou se desgostam com o abandono a que lançam o seu envoltório, pois conservam ainda alguns preconceitos deste mundo.*

327. O Espírito assiste ao seu enterro?

– *Muito frequentemente o assiste. Mas algumas vezes não percebe o que se passa, se ainda estiver perturbado.*

327-a. Fica lisonjeado com a concorrência ao seu enterro?

– *Mais ou menos, segundo o sentimento que provoca essa concorrência.*

328. O Espírito daquele que acaba de morrer assiste às reuniões de seus herdeiros?

– *Quase sempre. Deus o quer, para sua própria instrução e para castigo dos culpados. É nessa ocasião que vê quanto valiam os protestos que lhe faziam. Todos os sentimentos se tornam patentes, e a decepção que experimenta, vendo a rapacidade dos que dividem o seu espólio, o esclarece quanto aos seus propósitos. Mas a vez deles também chegará.*

329. O respeito instintivo do homem pelos mortos, em todos os tempos e entre todos os povos, é um efeito da intuição da existência futura?

– *É a sua consequência natural. Sem ela, esse respeito não teria sentido.*

CAPÍTULO VII

RETORNO À VIDA CORPORAL

I - PRELÚDIO DO RETORNO

330. Os Espíritos conhecem a época em que terão de se reencarnar?

– Eles a pressentem, como o cego sente o fogo de que se aproxima. Sabem que devem retomar um corpo, como sabeis que deveis morrer um dia, mas ignoram quando isso acontecerá. (Ver o item 166.)

330-a. A reencarnação é, portanto, uma necessidade da vida espírita, como a morte é uma necessidade da vida corpórea?

– Seguramente, assim é.

331. Todos os Espíritos se preocupam com a sua reencarnação?

– Há os que absolutamente não pensam nela, que nem mesmo a compreendem; isso depende de sua natureza mais ou menos avançada. Para alguns, a incerteza quanto ao futuro é uma punição.

332. O Espírito pode abreviar ou retardar o momento da reencarnação?

– Pode abreviá-lo, solicitando-o por suas preces, e pode também retardá-lo, se recuar ante a prova. Porque entre os Espíritos há também indiferentes e poltrões; mas não o faz impunemente, pois sofre com isso, como aquele que recusa o remédio que o pode curar.

333. Se um Espírito se sentisse bastante feliz numa condição mediana entre os Espíritos errantes, e não tivesse a ambição de se elevar, poderia prolongar indefinidamente esse estado?

– Não indefinidamente; cedo ou tarde, o Espírito sente a necessidade de avançar; todos devem elevar-se, pois esse é o destino de todos.

334. A união da alma com este ou aquele corpo está predestinada, ou no último momento é que se faz a escolha?

– O Espírito é sempre designado com antecedência. Escolhendo a prova que deseja sofrer, o Espírito pede para se encarnar; ora, Deus, que tudo sabe e tudo vê, sabe e vê com antecedência que tal alma se unirá a tal corpo.

335. O Espírito tem o direito de escolher o corpo ou somente o gênero de vida que lhe deve servir de prova?

– Ele pode escolher também o corpo, porque as imperfeições do corpo são provas que o ajudam no seu adiantamento, se ele vencer os obstáculos encontrados; mas a escolha nem sempre depende dele, que pode pedi-la.

335-a. Pode o Espírito, no último momento, recusar o corpo escolhido?

– Se o recusasse, sofreria muito mais do que aquele que não tivesse tentado nenhuma prova.

336. Poderia acontecer que um corpo que deve nascer não encontrasse Espírito para encarnar-se nele?

– Deus proveria a isso. A criança, quando deve nascer para viver, tem sempre uma alma predestinada: nada é criado sem um desígnio.

337. A união do Espírito com determinado corpo pode ser imposta por Deus?

– Pode ser imposta, da mesma maneira que as diferentes provas, sobretudo quando o Espírito ainda não está apto a fazer uma escolha com conhecimento de causa. Como expiação, o Espírito pode ser constrangido a se unir ao corpo de uma criança que, por seu nascimento e pela posição que terá no mundo, poderá tornar-se para ele um meio de castigo.

338. Se acontecesse que muitos Espíritos se apresentassem para ocupar um mesmo corpo que vai nascer, o que decidiria entre eles?

– Muitos podem pedi-lo, mas é Deus quem julga, em casos assim, qual é o mais capaz de preencher a missão a que a criança se destina. Mas, como já disse, o Espírito é designado antes do instante em que deve unir-se ao corpo.

339. O momento da encarnação é seguido de perturbação semelhante ao que se verifica na desencarnação?

– Muito maior, e sobretudo mais longa. Na morte, o Espírito sai da escravidão; no nascimento entra nela.

340. O instante em que o Espírito deve encarnar-se é para ele um instante solene? Cumpre ele esse ato como coisa grave e importante?

– É como um viajante que embarca para uma travessia perigosa e não sabe se vai encontrar a morte nas vagas que afronta.

O viajante que embarca sabe a que perigos se expõe, mas não sabe se naufragará. Assim se dá com o Espírito: ele conhece o gênero de provas a que se submete, mas não sabe se sucumbirá.

Da mesma maneira que a morte do corpo é um renascimento para o Espírito, a reencarnação é para ele uma espécie de morte, ou, antes, de exílio e de clausura. Ele deixa o mundo dos Espíritos pelo mundo corpóreo, como o homem deixa o mundo corpóreo pelo mundo dos Espíritos. O Espírito sabe que se reencarnará, como o homem sabe que morre; mas, como este, não tem consciência do fato senão no último momento, quando chega o tempo desejado. Então, nesse momento supremo, a perturbação o envolve, como no homem em agonia, e essa perturbação persiste até que a nova existência esteja nitidamente firmada. O início da reencarnação é uma espécie de agonia para o Espírito.

341. A incerteza do Espírito quanto à eventualidade do sucesso das provas que vai sofrer na vida é para ele uma causa de aflição, antes da encarnação?

– Uma grande aflição, pois as provas da sua existência o retardarão ou farão avançar, segundo as tiver bem ou mal suportado.

342. No momento de sua reencarnação o Espírito é acompanhado por outros Espíritos, seus amigos, que assistem à sua partida do mundo espírita, como o vão receber na sua volta?

– Isso depende da esfera que o Espírito habita. Se está nas esferas em que reina a afeição, os Espíritos que o amam o acompanham até o derradeiro momento, o encorajam e frequentemente, mesmo, o seguem durante a vida.

343. Os Espíritos amigos, que nos seguem durante a vida, são, por vezes, os que vemos em sonho, que nos testemunham a sua afeição e que se nos apresentam com feições desconhecidas?

– Muito frequentemente o são; eles vêm visitar-vos, como ides ver um prisioneiro sob chaves.

II - UNIÃO DA ALMA COM O CORPO. ABORTO

344. Em que momento a alma se une ao corpo?

– A união começa na concepção, mas não se completa senão no momento do nascimento. Desde o momento da concepção, o Espírito designado para tomar determinado corpo a ele se liga por um laço fluídico, que se vai encurtando cada vez mais, até o instante em que a criança vem à luz; o grito que então se escapa

de seus lábios anuncia que a criança entrou para o número dos vivos e dos servos de Deus.

345. A união entre o Espírito e o corpo é definitiva desde o momento da concepção? Durante esse primeiro período o Espírito poderia renunciar a tomar o corpo que lhe foi designado?

– *A união é definitiva no sentido de que outro Espírito não poderia substituir o que foi designado para o corpo; mas, como os laços que o prendem são muitos frágeis, fáceis de romper, podem ser rompidos pela vontade do Espírito que recua ante a prova escolhida. Nesse caso, a criança não vinga.*

346. Que acontece ao Espírito se o corpo que ele escolheu morrer antes de nascer?

– *Escolhe outro.*

346-a. Qual pode ser a causa dessas mortes prematuras?

– *As imperfeições da matéria, na maioria das vezes, são a causa dessas mortes.*

347. Que utilidade pode ter para um Espírito a sua encarnação num corpo que morre poucos dias depois de nascer?

– *O ser ainda não tem consciência bastante desenvolvida da sua existência; a importância da morte é quase nula; frequentemente, como já dissemos, trata-se de uma prova para os pais.*

348. O Espírito sabe, com antecedência, que o corpo por ele escolhido não tem possibilidade de viver?

– *Sabe, algumas vezes; mas, se o escolheu por esse motivo, é que recua ante a prova.*

349. Quando falha uma encarnação para o Espírito, por uma causa qualquer, é ela suprida imediatamente por outra existência?

– *Nem sempre imediatamente; o Espírito necessita de tempo para escolher de novo, a menos que a reencarnação instantânea decorra de uma determinação anterior.*

350. O Espírito, uma vez unido ao corpo da criança, e não podendo mais retroceder, lamenta algumas vezes a escolha feita?

– *Queres perguntar se, como homem, ele se queixa da vida que tem? Se desejaria outra? Sim. Se lamenta a escolha feita? Não, porque não sabe que a escolheu. O Espírito, uma vez encarnado, não pode lamentar uma escolha de que não tem consciência, mas pode achar muito pesada a carga. E, se a considera acima de suas forças, é então que recorre ao suicídio.*

351. No intervalo da concepção ao nascimento, o Espírito goza de todas as suas faculdades?

– Mais ou menos, segundo a fase, porque não está ainda encarnado, mas ligado ao corpo. Desde o instante da concepção, a perturbação começa a envolver o Espírito, advertido assim de que chegou o momento de tomar uma nova existência; essa perturbação vai crescendo até o nascimento. Nesse intervalo, seu estado é mais ou menos o de um Espírito encarnado, durante o sono do corpo. À medida que o momento do nascimento se aproxima, suas ideias se apagam, assim como a lembrança do passado se apaga desde que entrou na vida. Mas essa lembrança lhe volta pouco a pouco à memória, no seu estado de Espírito.

352. No momento do nascimento o Espírito recobra imediatamente a plenitude de suas faculdades?

– Não: elas se desenvolvem gradualmente com os órgãos. Ele se encontra numa nova existência; é preciso que aprenda a se servir dos seus instrumentos: as ideias lhe voltam pouco a pouco, como a um homem que acorda e se encontra numa posição diferente da que ocupava antes de dormir.

353. A união do Espírito com o corpo não estando completa e definidamente consumada, senão depois do nascimento, pode considerar-se o feto como tendo uma alma?

– O Espírito que deve animar existe, de qualquer maneira, fora dele. Propriamente falando, ele não tem uma alma, pois a encarnação está apenas em vias de se realizar, mas está ligado à alma que deve possuir.

354. Como se explica a vida intrauterina?

– É a da planta que vegeta. A criança vive a vida animal. O homem possui em si a vida animal e a vida vegetal, que completa, ao nascer, com a vida espiritual.

355. Há, como o indica a Ciência, crianças que desde o ventre da mãe não têm possibilidades de viver? E com que fim acontece isso?

– Isso acontece frequentemente, e Deus o permite como prova, seja para os pais, seja para o Espírito destinado a encarnar.

356. Há crianças natimortas que não foram destinadas à encarnação de um Espírito?

– Sim, há as que jamais tiveram um Espírito destinado aos seus corpos: nada devia cumprir-se nelas. É somente pelos pais que essa criança nasce.

356-a. Um ser dessa natureza pode chegar ao tempo normal de nascimento?

– Sim, algumas vezes, mas então não vive.

356-b. Toda criança que sobrevive tem, portanto, necessariamente, um Espírito encarnado em si?

– Que seria ela sem o Espírito? Não seria um ser humano.

357. Quais são, para o Espírito, as consequências do aborto?

– Uma existência nula e a recomeçar.

358. O aborto provocado é um crime, qualquer que seja a época da concepção?

– Há sempre crime quando se transgride a lei de Deus. A mãe ou qualquer pessoa cometerá sempre um crime ao tirar a vida à criança antes do seu nascimento, porque isso é impedir a alma de passar pelas provas de que o corpo devia ser o instrumento.

359. No caso em que a vida da mãe estaria em perigo pelo nascimento da criança, há crime em sacrificar a criança para salvar a mãe?

– É preferível sacrificar o ser que não existe a sacrificar o que existe.

360. É racional ter pelos fetos o mesmo respeito que se tem pelo corpo de uma criança que tivesse vivido?

– Em tudo isto vede a vontade de Deus e a sua obra, e não trateis levianamente as coisas que deveis respeitar. Por que não respeitar as obras da criação, que às vezes são incompletas pela vontade do Criador? Isso pertence aos seus desígnios, a que ninguém é chamado a julgar.

III - FACULDADES MORAIS E INTELECTUAIS

361. De onde vêm para o homem as suas qualidades morais, boas ou más?

– São as do Espírito que está nele encarnado; quanto mais puro é esse espírito, mais o homem é propenso ao bem.

361-a. Parece resultar daí que o homem de bem é a encarnação de um bom Espírito, e o homem vicioso a de um mau Espírito?

– Sim, mas dize antes que é um Espírito imperfeito, pois de outra forma se poderia crer nos Espíritos sempre maus, a que chamais demônios.

362. Qual o caráter dos indivíduos em que se encarnam os Espíritos brejeiros e levianos?[1]

– *São estouvados, espertos, e algumas vezes, seres malfazejos.*

363. Os Espíritos têm paixões estranhas à Humanidade?

– *Não; se assim fosse, vós também as teríeis.*

364. É o mesmo Espírito que dá ao homem as qualidades morais e as da inteligência?

– *Seguramente que é o mesmo, e na razão do grau a que tenha chegado. O homem não tem em si dois Espíritos.*

365. Por que os homens mais inteligentes, que revelam um Espírito superior neles encarnados, são, às vezes, ao mesmo tempo, profundamente viciosos?

– *É que o Espírito encarnado não é bastante puro, e o homem cede à influência de outros Espíritos ainda piores. O Espírito progride numa marcha ascendente insensível, mas o progresso não se realiza simultaneamente em todos os sentidos; num período ele pode avançar em Ciência, num outro em moralidade.*

366. Que pensar da opinião segundo a qual as diferentes faculdades intelectuais e morais do homem seriam o produto de outros tantos Espíritos diversos, nele encarnados, tendo cada qual uma aptidão especial?

– *Refletindo-se a respeito reconhece-se que é absurda. O Espírito deve ter todas as aptidões. Para poder progredir necessita de uma vontade única. Se o homem fosse um amálgama de Espíritos, essa vontade não existiria e ele não teria individualidade, pois na sua morte todos esses Espíritos seriam como um bando de pássaros escapos da gaiola. O homem se queixa muitas vezes de não compreender algumas coisas, mas é curioso ver-se como ele multiplica as dificuldades, quando tem em mãos uma explicação muito simples e natural. Isso é ainda tomar o efeito pela causa: fazer com o homem o que os pagãos faziam com Deus. Eles criam em tantos deuses quantos os fenômenos do Universo. Mas, mesmo entre eles, as pessoas sensatas não viam nesses fenômenos mais do que efeitos, tendo por causa um Deus único.*

O mundo físico e o mundo moral nos oferecem, a respeito, numerosos pontos de comparação. Acreditou-se na multiplicidade da matéria, enquanto o exame se detinha na aparência dos fenômenos; hoje, compreende-se

---

[1] No original: "*Esprits follets e legers*". Alguns traduzem por "duendes", porque, em francês, "*esprit follet*" é duende. No caso presente, porém, o acréscimo do adjetivo "*le gers*" e a própria sequência do assunto parecem dar razão à nossa tradução. (N. do T.)

que esses fenômenos tão variados podem não ser mais do que modificações de uma matéria elementar única. As diversas faculdades são manifestações de uma mesma causa, que é a alma, ou do Espírito encarnado, e não de muitas almas, como os diferentes sons do órgão são produtos de uma mesma espécie de ar, e não de tantas espécies de ar quantos forem os sons. Desse sistema resultaria que, quando um homem perde ou adquire certas aptidões, certas tendências, isso significa que outros tantos Espíritos o possuíram ou deixaram, o que o tornaria um ser múltiplo, sem individualidade, e consequentemente sem responsabilidade. Isto, além do mais, é contraditado pelos tão numerosos exemplos de manifestações em que os Espíritos provam sua personalidade e sua identidade.

IV - INFLUÊNCIA DO ORGANISMO

367. O Espírito, ao se unir ao corpo, identifica-se com a matéria?

– *A matéria não é mais que o envoltório do Espírito, como a roupa é o envoltório do corpo. O Espírito, ao se unir ao corpo, conserva os atributos da natureza espiritual.*

368. As faculdades do Espírito se exercem com toda a liberdade, após a sua união com o corpo?

– *O exercício das faculdades depende dos órgãos que lhe servem de instrumento; elas são enfraquecidas pela grosseria da matéria.*

368-a. De acordo com isso, o envoltório material seria um obstáculo à livre manifestação das faculdades do Espírito, como um vidro opaco se opõe à livre emissão da luz?

– *Sim, e bastante opaco.*

Pode-se ainda comparar a ação da matéria grosseira do corpo sobre o Espírito à da água lodosa, que tira a liberdade de movimentos do corpo nela mergulhado.

369. O livre exercício das faculdades da alma está subordinado ao desenvolvimento dos órgãos?

– *Os órgãos são os instrumentos da manifestação das faculdades da alma. Essa manifestação está subordinada ao desenvolvimento e ao grau de perfeição dos respectivos órgãos, como a excelência de um trabalho à excelência da ferramenta.*

370. Pode-se induzir, da influência dos órgãos, uma relação entre o desenvolvimento dos órgãos cerebrais e o das faculdades morais e intelectuais?

– Não confundais o efeito com a causa. O Espírito tem sempre as faculdades que lhe são próprias. Assim, não são os órgãos que lhe dão as faculdades, mas as faculdades que impulsionam o desenvolvimento dos órgãos.

370-a. De acordo com isso, a diversidade das aptidões entre os homens decorre unicamente do estado do Espírito?

– Unicamente não é o termo exato. As qualidades do Espírito, que pode ser mais ou menos adiantado, constituem o princípio, mas é necessário ter em conta a influência da matéria, que entrava mais ou menos o exercício dessas faculdades.

O Espírito, ao se encarnar, traz certas predisposições, e, se admitirmos para cada uma delas um órgão correspondente no cérebro, o desenvolvimento desses órgãos será um efeito e não uma causa. Se as faculdades tivessem os seus princípios nos órgãos, o homem seria uma máquina, sem livre-arbítrio e sem a responsabilidade dos seus atos. Teríamos de admitir que os maiores gênios, sábios, poetas, artistas não são gênios senão porque o acaso lhes deu órgãos especiais. De onde se segue que, sem esses órgãos, eles não seriam gênios, e que o último dos imbecis poderia ter sido um Newton, um Virgílio ou um Rafael, se houvesse sido provido de certos órgãos. Suposição que se torna ainda mais absurda, quando aplicada às qualidades morais. Assim, segundo esse sistema, São Vicente de Paulo, dotado pela Natureza de tal órgão, poderia ter sido um celerado, e não faltaria ao maior celerado mais do que um órgão para ser um São Vicente de Paulo. Admiti, ao contrário, que os órgãos especiais, se é que existem, são consequentes e se desenvolvem pelo exercício das faculdades, como os músculos pelo movimento, e nada tereis de irracional. Tomemos uma comparação trivial por bem se aplicar ao caso. Através de certos sinais fisionômicos reconhecereis o homem dado à bebida; são esses sinais que o fazem bêbado ou é o vício da embriaguez que produz os sinais? Pode-se dizer que os órgãos recebem a marca das faculdades.

V - IDIOTISMO E LOUCURA

371. A opinião de que os cretinos e os idiotas teriam uma alma de natureza inferior tem fundamento?

– Não. Eles têm uma alma humana frequentemente mais inteligente do que pensais, e que sofre com a insuficiência dos meios de que dispõe para se comunicar, como o mudo sofre por não poder falar.

372. Qual é o objetivo da Providência ao criar seres desgraçados como os cretinos e os idiotas?

– São os Espíritos em punição que vivem em corpos de idiotas. Esses Espíritos sofrem com o constrangimento a que estão sujeitos e pela impossibilidade de manifestar-se através de órgãos não desenvolvidos ou defeituosos.

372-a. Então não é exato dizer que os órgãos não exercem influência sobre as faculdades?

– Jamais dissemos que os órgãos não exercem influência. Eles a exercem, e muito grande, sobre a manifestação das faculdades, mas não produzem as faculdades. Esta a diferença. Um bom músico, com um mau instrumento, não fará boa música, o que não o impede de ser um bom músico.

É necessário distinguir o estado normal do estado patológico. No estado normal, o moral supera o obstáculo material. Mas há casos em que a matéria oferece uma tal resistência que as manifestações são entravadas ou desnaturadas, como na idiotia e na loucura. Esses são casos patológicos, e em tal estado a alma não goza de toda a sua liberdade. A própria lei humana a isenta da responsabilidade dos seus atos.

373. Qual o mérito da existência para seres que, como os idiotas e os cretinos, não podendo fazer o bem nem o mal, não podem progredir?

– É uma expiação imposta ao abuso que tenham feito de certas faculdades; é um tempo de suspensão.

373-a. Um corpo de idiota pode então encerrar um Espírito que tivesse um homem de gênio numa existência precedente?

– Sim, o gênio torna-se às vezes uma desgraça, quando dele abusa.

A superioridade moral não está sempre na razão da superioridade intelectual, e os maiores gênios podem ter muito a expiar; daí resulta frequentemente para eles uma existência inferior às que já tenham vivido, e uma causa de sofrimentos. Os entraves que o Espírito prova em suas manifestações são para ele como as cadeias que constrangem os movimentos de um homem vigoroso. Pode-se dizer que os cretinos e os idiotas são estropiados do cérebro, como o coxo o é das pernas e o cego dos olhos.

374. O idiota, no estado de Espírito, tem consciência de seu estado mental?

– Sim, muito frequentemente. Compreende que as cadeias que entravam seu desenvolvimento são uma prova e uma expiação.

375. Qual é a situação do Espírito na loucura?

– O Espírito, quando em liberdade, recebe diretamente suas impressões e exerce diretamente a sua ação sobre a matéria; mas, encarnado, encontra-se em condições totalmente diferentes

e na contingência de não o fazer senão com a ajuda de órgãos especiais. Que uma parte ou conjunto desses órgãos sejam alterados, e a sua ação ou suas impressões, no que respeita a esses órgãos, ficam interrompidos. Se ele perde os olhos, fica cego; sem os ouvidos, fica surdo, etc. Imagina agora se o órgão que preside aos efeitos da inteligência e da vontade for parcial, ou inteiramente atacado ou modificado, e fácil te será compreender que o Espírito, só tendo então a seu serviço órgãos incompletos ou alterados, deve entrar numa perturbação de que, por si mesmo e no seu foro íntimo, tem perfeita consciência, mas cujo curso já não pode deter.

375-a. É então sempre o corpo e não o Espírito o desorganizado?

– Sim; mas é necessário não perder de vista que, da mesma maneira que o Espírito age sobre a matéria, esta reage sobre ele numa certa medida, e que o Espírito pode encontrar-se momentaneamente impressionado pela alteração dos órgãos através dos quais se manifesta e recebe as suas impressões. Pode acontecer que, com o tempo, quando a loucura durou bastante, a repetição dos mesmos atos acabe por exercer sobre o Espírito uma influência da qual ele não se livrará senão depois da sua completa separação de toda impressão material.

376. Qual a razão por que a loucura leva algumas vezes ao suicídio?

– O Espírito sofre pelo constrangimento a que está submetido e pela impotência para manifestar-se livremente. Por isso busca libertar-se por intermédio da morte.

377. Após a morte, o Espírito se ressente da perturbação de suas faculdades?

– Ele pode ressentir-se durante algum tempo, até que esteja completamente desligado da matéria, como o homem que, ao acordar, se ressente por algum tempo da perturbação em que o sono o mergulhara.

378. Como a alteração do cérebro pode reagir sobre o Espírito após a morte?

– É uma lembrança. Um peso oprime o Espírito, e, como ele não teve consciência de tudo o que se passou durante a sua loucura, é necessário um certo tempo para que se ponha ao corrente. É por isso que, quanto mais tenha durado a loucura, durante a vida, mais longamente durará a tortura, o constrangimento após a morte.

O Espírito desligado do corpo se ressente por algum tempo da impressão dos seus ligamentos.

VI - DA INFÂNCIA

379. O Espírito que anima o corpo de uma criança é tão desenvolvido quanto o de um adulto?

– *Pode mesmo ser mais, se ele mais progrediu, pois são apenas os órgãos imperfeitos que o impedem de se manifestar. Age de acordo com o instrumento de que se serve.*

380. Numa criança de tenra idade, o Espírito, fora do obstáculo que a imperfeição dos órgãos opõe à sua livre manifestação, pensa como uma criança ou como um adulto?

– *Enquanto criança é natural que os órgãos da inteligência, não estando desenvolvidos, não possam dar-lhe toda a intuição de um adulto; sua inteligência, com efeito, é bastante limitada, até que a idade lhe amadureça a razão. A perturbação que acompanha a encarnação não cessa de súbito com o nascimento e só se dissipa com o desenvolvimento dos órgãos.*

Uma observação vem ao apoio desta resposta: é que os sonhos de uma criança não têm o caráter dos sonhos de um adulto; seu objeto é quase sempre pueril, o que é um indício da natureza das preocupações do Espírito.

381. Com a morte da criança o Espírito retoma imediatamente o seu vigor primitivo?

– *Assim deve ser, pois que está desembaraçado do seu envoltório carnal; entretanto, ele não retoma a sua lucidez primitiva enquanto a separação não estiver completa, ou seja, enquanto não desaparecer toda ligação entre o Espírito e o corpo.*

382. O Espírito encarnado sofre, durante a infância, com o constrangimento imposto pela imperfeição dos seus órgãos?

– *Não; esse estado é uma necessidade; é natural e corresponde aos desígnios da Providência. É um tempo de repouso para o Espírito.*

383. Qual é, para o Espírito, a utilidade de passar pela infância?

– *Encarnando-se com o fim de se aperfeiçoar, o Espírito é mais acessível durante esse tempo às impressões que recebe e que podem ajudar o seu adiantamento, para o qual devem contribuir os que estão encarregados da sua educação.*[2]

[2] Os pais e os professores espíritas devem ponderar sobre este item e os que se lhe seguem. O Espiritismo vem abrir um novo capítulo da psicologia infantil

384. Por que os primeiros gritos da criança são de choro?

– *Para excitar o interesse da mãe e provocar os cuidados necessários. Não compreendes que, se ela só tivesse gritos de alegria, quando ainda não sabe falar, pouco se inquietariam com as suas necessidades? Admirai, pois, em tudo, a sabedoria da Providência.*

385. Qual o motivo da mudança que se opera no seu caráter a uma certa idade, e particularmente ao sair da adolescência? É o Espírito que se modifica?

– *É o Espírito que retoma a sua natureza e se mostra tal qual era.*

Não conheceis o mistério que as crianças ocultam em sua inocência; não sabeis o que elas são, nem o que foram, nem o que serão; e no entanto as amais e acariciais como se fossem uma parte de vós mesmos, de tal maneira que o amor de uma mãe por seus filhos é reputado como o maior amor que um ser possa ter por outros seres. De onde vêm essa doce afeição, essa terna complacência que até mesmo os estranhos experimentam por uma criança? Vós sabeis? Não; e é isso que vou explicar.

As crianças são os seres que Deus envia a novas existências, e, para que não possam acusá-lo de demasiada severidade, dá-lhes todas as aparências de inocência. Mesmo numa criança de natureza má, suas faltas são cobertas pela não consciência dos atos. Esta inocência não é uma superioridade real, em relação ao que elas eram antes; não, é apenas a imagem do que elas deveriam ser, e, se não o são, é sobre elas somente que recai a culpa.

Mas não é somente por elas que Deus lhe dá esse aspecto, é também e sobretudo por seus pais, cujo amor é necessário à fragilidade infantil. E esse amor seria extraordinariamente enfraquecido pela presença de um caráter impertinente e acerbo, enquanto, supondo os filhos bons e ternos, dão-lhes toda a afeição e os envolvem nos mais delicados cuidados. Mas quando as crianças não mais necessitam dessa proteção, dessa assistência que lhes foi dispensada durante quinze a vinte anos, seu caráter real e individual reaparece em toda a sua nudez: permanecem boas, se eram fundamentalmente boas, mas se irisam sempre de matizes que estavam ocultos na primeira infância.

Vedes que os caminhos de Deus são sempre os melhores, e que, quando se tem o coração puro, é fácil conceber-se a explicação a respeito.

---

e da pedagogia, mostrando a importância da educação da criança não apenas para esta vida mas para a sua própria evolução espiritual. (N. do T.)

Com efeito, ponderai que o Espírito da criança que nasce entre vós pode vir de um mundo em que tenha adquirido hábitos inteiramente diferentes; como quereríeis que permanecesse no vosso meio esse novo ser, que traz paixões tão diversas das que possuís, inclinações e gostos inteiramente opostos aos vossos; como quereríeis que se incorporasse no vosso ambiente, senão como Deus quis, ou seja, depois de haver passado pela preparação da infância? Nesta vêm confundir-se todos os pensamentos, todos os caracteres, todas as variedades de seres engendrados por essa multidão de mundos em que se desenvolvem as criaturas. E vós mesmos, ao morrer, estareis numa espécie de infância, no meio de novos irmãos, e na vossa nova existência não terrena ignorareis os hábitos, os costumes, as formas de relação desse mundo, novo para vós, e manejareis com dificuldade uma língua que não estais habituados a falar, língua mais vivaz do que o é atualmente o vosso pensamento. (Ver o item 319.)

A infância tem ainda outra utilidade: os Espíritos não ingressam na vida corpórea senão para se aperfeiçoarem, para se melhorarem; a debilidade dos primeiros anos os torna flexíveis, acessíveis aos conselhos da experiência e daqueles que devem fazê-los progredir. É então que se pode reformar o seu caráter e reprimir as suas más tendências. Esse é o dever que Deus confiou aos pais, missão sagrada pela qual terão de responder.

É assim que a infância é não somente útil, necessária, indispensável, mas ainda a consequência natural das leis que Deus estabeleceu e que regem o Universo.

VII - SIMPATIAS E ANTIPATIAS TERRENAS

386. Dois seres que se conheceram e se amaram podem encontrar-se noutra existência corpórea e se reconhecerem?

– Reconhecerem-se, não, mas serem atraídos um pelo outro, sim; e frequentemente as ligações íntimas, fundadas numa afeição sincera, não provêm de outra causa. Dois seres se aproximam um do outro por circunstâncias aparentemente fortuitas, mas que são o resultado da atração de dois Espíritos que se buscam através da multidão.

386-a. Não seria agradável para eles se reconhecerem?

– Nem sempre. A recordação das existências passadas teria inconvenientes maiores do que acreditais. Após a morte eles se reconhecerão e saberão em que tempo estiveram juntos. (Ver item 392.)

387. A simpatia tem sempre por motivo um conhecimento anterior?

– Não; dois Espíritos que tenham afinidades se procuram naturalmente, sem que se hajam conhecido como encarnados.

388. Os encontros que se dão algumas vezes entre certas pessoas, e que se atribuem ao acaso, não seriam o efeito de uma espécie de relações simpáticas?

– Há, entre os seres pensantes, ligações que ainda não conheceis. O Magnetismo é a bússola desta ciência, que mais tarde compreendereis melhor.

389. De onde vem a repulsa instintiva que se experimenta por certas pessoas, à primeira vista?

– Espíritos antipáticos que se percebem e se reconhecem, sem se falarem.

390. A antipatia instintiva é sempre um sinal de natureza má?

– Dois Espíritos não são necessariamente maus pelo fato de não serem simpáticos. A antipatia pode originar-se de uma falta de similitude do modo de pensar. Mas, à medida que eles se elevam, os matizes se apagam e a antipatia desaparece.

391. A antipatia entre duas pessoas nasce em primeiro lugar naquela cujo Espírito é pior ou o melhor?

– Em uma e em outra, mas as causas e os efeitos são diferentes. Um Espírito mau sente antipatia por quem quer que o possa julgar e desmascarar; vendo uma pessoa pela primeira vez, percebe que ela vai desaprová-lo; seu afastamento se transforma então em ódio, inveja e lhe inspira o desejo de fazer o mal. O bom Espírito sente repulsa pelo mau porque sabe que não será compreendido por ele e que ambos não participam dos mesmos sentimentos; mas, seguro de sua superioridade, não sente contra o outro nem ódio, nem inveja: contenta-se em evitá-lo e lastimá-lo.

VIII - ESQUECIMENTO DO PASSADO

392. Por que o Espírito encarnado perde a lembrança do seu passado?

– O homem nem pode nem deve saber tudo; Deus assim o quer, na sua sabedoria. Sem o véu que lhe encobre certas coisas o homem ficaria ofuscado, como aquele que passa sem transição

da obscuridade para a luz. Pelo esquecimento do passado ele é mais ele mesmo.[3]

393. Como pode o homem ser responsável por atos e resgatar faltas dos quais não se recorda? Como pode aproveitar-se da experiência adquirida em existências que caíram no esquecimento? Seria concebível que as tribulações da vida fossem para ele uma lição, se pudesse lembrar-se daquilo que as atraiu, mas, desde que não se recorda, cada existência é para ele como se fosse a primeira, e é assim que ele está sempre a recomeçar. Como conciliar isto com a justiça de Deus?

– *A cada nova existência o homem tem mais inteligência e pode melhor distinguir o bem e o mal. Onde estaria o seu mérito se ele se recordasse de todo o passado? Quando o Espírito entra na sua vida de origem (a vida espírita) toda a sua vida passada se desenrola diante dele; vê as faltas cometidas e que são causa do seu sofrimento. Bem como aquilo que poderia tê-lo impedido de cometê-las; compreende a justiça da posição que lhe é dada e procura então a existência necessária a reparar a que acaba de escoar-se. Procura provas semelhantes àquelas por que passou, ou as lutas que acredita apropriadas ao seu adiantamento, e pede a Espíritos que lhe são superiores para o ajudarem na nova tarefa a empreender, porque sabe que o Espírito que lhe será dado por guia nessa nova existência procurará fazê-lo reparar suas faltas, dando-lhe uma espécie de intuição das que ele cometeu. Essa mesma intuição é o pensamento, o desejo criminoso que frequentemente vos assalta e ao qual resistis instintivamente, atribuindo a vossa resistência, na maioria das vezes, aos princípios que recebestes de vossos pais enquanto é a voz da consciência que vos fala e essa voz é a recordação do passado, voz que vos adverte para não cairdes nas faltas anteriormente cometidas. Nessa nova existência, se o Espírito sofrer as suas provas com coragem e souber resistir, eleva-se a si próprio e ascenderá na hierarquia dos Espíritos, quando voltar para o meio deles.*

Se não temos, durante a vida corpórea, uma lembrança precisa daquilo que fomos, e do que fizemos de bem ou de mal em nossas existências anteriores, temos, entretanto, a sua intuição. E as nossas tendências instintivas são uma reminiscência do nosso passado, às quais a nossa consciência – que representa o desejo por nós concebido de não mais cometer as mesmas faltas – adverte que devemos resistir.

---

[3] Algumas traduções dizem: "Esquecido de seu passado, ele é mais senhor de si". A frase francesa é a seguinte: "*Par l'oubli du passé il est plus lui-même*". O fato de "ser ele mesmo", na nova encarnação, parece-nos mais significativo do que ser "senhor de si". (N. do T.)

394. Nos mundos mais adiantados que o nosso, onde não existem todas as nossas necessidades físicas e as nossas enfermidades, os homens compreendem que são mais felizes do que nós? A felicidade, em geral, é relativa; sentimo-la por comparação com um estado menos feliz. Como em suma alguns desses mundos, embora melhores que o nosso, não chegaram ao estado de perfeição, os homens que os habitam devem ter motivos de aborrecimento a seu modo. Entre nós, o rico, ainda que não sofra a angústia das necessidades materiais, como o pobre, não está menos sujeito a tribulações que lhe amarguram a vida. Ora, pergunto se, na sua posição, os habitantes desses mundos não se sentem tão infelizes quanto nós e não lastimam a própria sorte, já que não têm a lembrança de uma existência inferior para comparação.

– A isto é preciso dar duas respostas diferentes. Há mundos, entre aqueles de que falas, em que os habitantes guardam lembrança clara e exata de suas existências passadas. Esses, compreendas, podem e sabem apreciar a felicidade de que Deus lhe permite fruir. Outros há, porém, cujos habitantes, situados, como dizes, em melhores condições que vós, nem por isso estão menos sujeitos a grandes desgostos, e mesmo a infelicidades. Estes não apreciam a sua felicidade pelo fato mesmo de não se lembrarem de um estado ainda mais infeliz. Se, entretanto, não a apreciarem como homens, o fazem como Espíritos.

Não há no esquecimento dessas existências passadas, sobretudo quando foram penosas, alguma coisa de providencial, onde se revela a sabedoria divina? É nos mundos superiores, quando a lembrança das existências infelizes não passa de um sonho mau, que elas se apresentam à memória. Nos mundos inferiores, as infelicidades presentes não seriam agravadas pela recordação de tudo aquilo que tivessem suportado? Concluamos, portanto, que tudo quanto Deus fez é bem-feito e que não nos cabe criticar as suas obras e dizer como ele deveria ter regulado o Universo.

A lembrança de nossas individualidades anteriores teria gravíssimos inconvenientes. Poderia, em certos casos, humilhar-nos extraordinariamente; em outros, exaltar o nosso orgulho e por isso mesmo entravar o nosso livre-arbítrio. Deus nos deu, para nos melhorarmos, justamente o que nos é necessário e suficiente: a voz da consciência e nossas tendências instintivas, tirando-nos aquilo que poderia prejudicar-nos. Acrescentemos ainda que, se tivéssemos a lembrança de nossos atos pessoais anteriores, teríamos a dos atos alheios, e esse conhecimento poderia ter os mais desagradáveis efeitos sobre as relações sociais. Não havendo sempre motivo para nos orgulharmos do nosso passado, é quase sempre uma felicidade que um véu seja lançado sobre ele. Isso concorda perfeitamente com a doutrina dos Espíritos sobre os mundos superiores ao nosso. Nesses mundos, onde não reina senão o bem, a lembrança do passado nada tem de penosa; é por isso que neles se recorda com frequência a existência precedente, como nos lembramos do que fizemos na véspera. Quanto à passagem que se possa ter tido por mundos inferiores, a sua lembrança nada mais é, como dissemos, que um sonho mau.

395. Podemos ter algumas revelações sobre as nossas existências anteriores?

– Nem sempre. Muitos sabem, entretanto, o que foram e o que fizeram; se lhes fosse permitido dizê-lo abertamente, fariam singulares revelações sobre o passado.

396. Algumas pessoas creem ter a vaga lembrança de um passado desconhecido, vislumbrado como a imagem fugidia de um sonho, que em vão se procura reter. Essa ideia não seria uma ilusão?

– Algumas vezes é real; mas quase sempre é também uma ilusão, contra a qual se deve precaver, pois pode ser o efeito de uma imaginação superexcitada.

397. Nas existências corpóreas de natureza mais elevada que a nossa a lembrança das existências anteriores é mais precisa?

– Sim; à medida que o corpo é menos material, recorda-se melhor. A lembrança do passado é mais clara para aqueles que habitam os mundos de uma ordem superior.

398. As tendências instintivas do homem, sendo uma reminiscência do seu passado, pelo estudo dessas tendências ele poderá conhecer as faltas que cometeu?

– Sem dúvida, até certo ponto; mas é necessário ter em conta a melhora que se possa ter operado no Espírito e as resoluções que ele tomou no seu estado errante. A existência atual pode ser muito melhor que a precedente.

398-a. Pode ela ser pior? Por outras palavras, pode o homem cometer numa existência faltas não cometidas na precedente?

– Isso depende do seu adiantamento. Se ele não souber resistir às provas, pode ser arrastado a novas faltas, que serão a consequência da posição por ele mesmo escolhida. Mas, em geral, essas faltas denunciam antes um estado estacionário do que retrógrado, porque o Espírito pode avançar ou se deter, mas não recuar.

399. Sendo as vicissitudes da vida corpórea ao mesmo tempo uma expiação das faltas passadas e provas para o futuro,

segue-se que, da natureza dessas vicissitudes, possa induzir-se o gênero da existência anterior?

– *Muito frequentemente, pois cada um é punido naquilo em que pecou. Entretanto, não se deve tirar daí uma regra absoluta; as tendências instintivas são um índice mais seguro, porque as provas que um Espírito sofre tanto se referem ao futuro quanto ao passado.*

Chegado ao termo que a Providência marcou para a sua vida errante, o Espírito escolhe por ele mesmo as provas às quais deseja submeter-se, para apressar o seu adiantamento, ou seja, o gênero de existência que acredita mais apropriado a lhe fornecer os meios, e essas provas estão sempre em relação com as faltas que deve expiar. Se nelas triunfa, ele se eleva; se sucumbe, tem de recomeçar.

O Espírito goza sempre do seu livre-arbítrio. É em virtude dessa liberdade que, no estado de Espírito, escolhe as provas da vida corpórea, e no estado de encarnado delibera o que fará ou não fará, escolhendo entre o bem e o mal. Negar ao homem o livre-arbítrio seria reduzi-lo à condição de máquina.

Integrado na vida corpórea o Espírito perde momentaneamente a lembrança de suas existências anteriores, como se um véu as ocultasse. Não obstante, tem às vezes uma vaga consciência, e elas podem mesmo lhe ser reveladas em certas circunstâncias. Mas isto não acontece senão pela vontade dos Espíritos superiores, que o fazem espontaneamente, com um fim útil e jamais para satisfazer uma curiosidade vã.

As existências futuras não podem ser reveladas em caso algum, por dependerem da maneira por que se cumpre a existência presente e da escolha ulterior do Espírito.

O esquecimento das faltas cometidas não é obstáculo à melhoria do Espírito porque, se ele não tem uma lembrança precisa, o conhecimento que delas teve no estado errante e o desejo que concebeu de as reparar guiam-no pela intuição e lhe dão o pensamento de resistir ao mal. Este pensamento é a voz da consciência, secundada pelos Espíritos que o assistem, se ele atende às boas inspirações que estes lhe sugerem.

Se o homem não conhece os próprios atos que cometeu em suas existências anteriores, pode sempre saber qual o gênero de faltas de que se tornou culpado e qual era o seu caráter dominante. Basta que se estude a si mesmo e poderá julgar o que foi, não pelo que é, mas pelas suas tendências.

As vicissitudes da vida corpórea são, ao mesmo tempo, uma expiação das faltas passadas e provas para o futuro. Elas nos depuram e nos elevam, se as sofremos com resignação e sem reclamações.

A natureza das vicissitudes e das provas que sofremos pode também esclarecer-nos sobre o que fomos e o que fizemos, como neste mundo julgamos os atos de um criminoso pelo castigo que a lei lhe inflige. Assim, este será castigado no seu orgulho pela humilhação de uma existência subalterna; o mau rico e avarento pela miséria; aquele que foi duro para os outros pelos tratamentos duros que sofrerá; o tirano, pela escravidão; o mau filho pela ingratidão dos seus filhos; o preguiçoso por um trabalho forçado, etc.

CAPÍTULO VIII

EMANCIPAÇÃO DA ALMA

I - O SONO E OS SONHOS

400. O Espírito encarnado permanece voluntariamente no envoltório corporal?

– É como perguntar se o prisioneiro está satisfeito sob as chaves. O Espírito encarnado aspira incessantemente à libertação, e, quanto mais grosseiro é o envoltório, mais deseja ver-se desembaraçado.

401. Durante o sono, a alma repousa como o corpo?

– Não, o Espírito jamais fica inativo. Durante o sono, os liames que o unem ao corpo se afrouxam e o corpo não necessita do Espírito. Então, ele percorre o espaço e entra em relação mais direta com os outros Espíritos.

402. Como podemos julgar da liberdade do Espírito durante o sono?

– Pelos sonhos. Sabei que, quando o corpo repousa, o Espírito dispõe de mais faculdades que no estado de vigília. Tem a lembrança do passado e às vezes a previsão do futuro; adquire mais poder e pode entrar em comunicação com os outros espíritos, seja deste mundo, seja do outro. Frequentemente dizes: "Tive um sonho bizarro, um sonho horrível, mas que não tem nenhuma verossimilhança". Enganas-te. É quase sempre uma lembrança de lugares e de coisas que viste ou que verás numa outra existência ou em outra ocasião. O corpo estando adormecido, o Espírito trata de quebrar as suas cadeias para investigar no passado ou no futuro.

Pobres homens, que conheceis tão pouco dos mais ordinários fenômenos da vida! Acreditais ser muito sábios, e as coisas mais vulgares vos embaraçam. A esta pergunta de todas as crianças: "O que é que fazemos quando dormimos, o que são os sonhos?", ficais sem resposta.

O sono liberta parcialmente a alma do corpo. Quando o homem dorme, momentaneamente se encontra no estado em que estará de maneira permanente após a morte. Os Espíritos que logo se desprendem da matéria, ao morrerem, tiveram sonhos inteligentes. Esses Espíritos, quando dormem, procuram a sociedade dos que lhes são superiores: viajam, conversam e se instruem com eles; trabalham mesmo em obras que encontram concluídas ao morrer. Destes fatos deveis aprender, uma vez mais, a não ter medo da morte, pois morreis todos os dias, segundo a expressão de um santo.

Isto para os Espíritos elevados; pois a massa dos homens que, com a morte, devem permanecer longas horas nessa perturbação, nessa incerteza de que vos têm falado, vão, seja a mundos inferiores à Terra, onde antigas afeições os chamam, seja à procura de prazeres talvez ainda mais baixos do que possuíam aqui; vão beber doutrinas ainda mais vis, mais ignóbeis, mais nocivas do que as que professavam entre vós. E o que engendra a simpatia na Terra não é outra coisa senão o fato de nos sentirmos, ao acordar, ligados pelo coração àqueles com quem acabamos de passar oito ou nove horas de felicidade ou de prazer. O que explica também as antipatias invencíveis é que sentimos, no fundo do coração, que essas pessoas têm uma consciência diversa da nossa, porque as conhecemos sem jamais as ter visto. É ainda o que explica a indiferença, pois não procuramos fazer novos amigos, quando sabemos ter os que nos amam e nos querem. Numa palavra: o sono influi, mais do que pensais, sobre a nossa vida.

Por efeito do sono os Espíritos encarnados estão sempre em relação com o mundo dos Espíritos, e é isso o que faz com que os Espíritos superiores consintam, sem muita repulsa, em encarnar-se entre vós. Deus quis que durante o seu contato com o vício pudessem eles retemperar-se da fonte do bem, para não falirem, eles que vinham instruir os outros. O sono é a porta que Deus lhes abriu para o contato com os seus amigos do céu; é o recreio após o trabalho, enquanto esperam o grande livramento, a libertação final que deve restituí-los ao seu verdadeiro meio.

O sonho é a lembrança do que o vosso Espírito viu durante o sono; mas observai que nem sempre sonhais, porque nem sempre vos lembrais daquilo que vistes ou de tudo o que vistes. Isso porque não tendes a vossa alma em todo o seu desenvolvimento; frequentemente não vos resta mais do que a lembrança da perturbação que acompanha a vossa partida e a vossa volta, a que se junta a lembrança do que fizeste ou do que vos preocupa no estado de vigília. Sem isto, como explicaríeis esses sonhos absurdos, a que estão sujeitos tanto os mais sábios quanto os mais simples? Os maus Espíritos também se servem dos sonhos, para atormentar as almas fracas e pusilânimes.

De resto, vereis dentro em pouco desenvolver-se uma outra espécie de sonhos; uma espécie tão antiga como a que conheceis, mas que ignorais. O sonho de Joana D'Arc, o sonho de Jacó, o sonho dos profetas judeus e de alguns indivíduos indianos: esse sonho é a lembrança da alma inteiramente liberta do corpo, a recordação dessa segunda vida de que há pouco eu vos falava.

Procurai distinguir bem essas duas espécies de sonhos, entre aqueles de que vos lembrardes; sem isso, cairíeis em contradições e em erros que seriam funestos para a vossa fé.

Os sonhos são o produto da emancipação da alma, que se torna mais independente pela suspensão da vida ativa e de relação. Daí uma espécie de clarividência indefinida, que se estende aos lugares os mais distantes ou que jamais se viu, e algumas vezes mesmo a outros mundos. Daí também a lembrança que retraça na memória os acontecimentos verificados na existência presente ou nas existências anteriores. A extravagância das imagens referentes ao que se passa ou se passou em mundos desconhecidos, entremeadas de coisas do mundo atual, formam esses conjuntos bizarros e confusos que parecem não ter senso nem nexo.

A incoerência dos sonhos ainda se explica pelas lacunas decorrentes da lembrança incompleta do que nos apareceu no sonho. Tal como um relato ao qual se tivessem truncado frases ou partes de frases ao acaso: os fragmentos restantes, sendo reunidos, perderiam toda significação racional.

403. Por que não nos recordamos sempre dos sonhos?

– Nisso que chamais sono só tens o repouso do corpo, porque o Espírito está em movimento. No sono, ele recobra um pouco de sua liberdade e se comunica com os que lhe são caros, seja neste ou em outros mundos. Mas, como o corpo é de matéria pesada e grosseira, dificilmente conserva as impressões recebidas pelo Espírito, mesmo porque o Espírito não as percebeu pelos órgãos do corpo.

404. Que pensar da significação atribuída aos sonhos?

– Os sonhos não são verdadeiros, como entendem os ledores da sorte, pelo que é absurdo admitir que sonhar com uma coisa anuncia outra. Eles são verdadeiros no sentido de apresentarem imagens reais para o Espírito, mas que, frequentemente, não têm relação com o que se passa na vida corpórea. Muitas vezes, ainda, como já dissemos, são uma recordação. Podem ser, enfim, algumas vezes, um pressentimento do futuro, se Deus o permite, ou a visão do que se passa no momento em outro lugar a que a alma se transporta. Não tendes numerosos exemplos de pessoas que aparecem em sonhos para advertir parentes e amigos do que lhes está acontecendo? O que são essas aparições senão a alma ou o Espírito dessas pessoas que se comunicam com a vossa ? Quando adquiris a certeza de que aquilo que vistes realmente aconteceu,

não é isso uma prova de que a imaginação nada tem com o fato, sobretudo se o ocorrido absolutamente não estava no vosso pensamento durante a vigília?

405. Frequentemente se veem em sonhos coisas que parecem pressentimentos e que não se cumprem; de onde vêm elas?

– Podem cumprir-se para o Espírito, se não se cumprem para o corpo. Quer dizer que o Espírito vê aquilo que deseja, porque vai procurá-lo. Não se deve esquecer que, durante o sono, a alma está sempre mais ou menos sob a influência da matéria e por conseguinte não se afasta jamais completamente das ideias terrenas. Disso resulta que as preocupações da vigília podem dar, àquilo que se vê, a aparência do que se deseja ou do que se teme. A isso é que realmente se pode chamar um efeito da imaginação. Quando se está fortemente preocupado com uma ideia liga-se a ela tudo o que se vê.

406. Quando vemos em sonho pessoas vivas, que conhecemos perfeitamente, praticarem atos em que absolutamente não pensam, não é isso um efeito de pura imaginação?

– Em que absolutamente não pensam? Como o sabes? Seus Espíritos podem vir visitar o teu, como o teu pode visitar os delas, e nem sempre sabes o que pensam. Além disso, frequentemente aplicais, a pessoas que conheceis, e segundo os vossos desejos, aquilo que se passou ou se passa em outras existências.

407. É necessário o sono completo, para a emancipação do Espírito?

– Não. O Espírito recobra a sua liberdade quando os sentidos se entorpecem; ele aproveita para se emancipar, todos os instantes de descanso que o corpo lhe oferece. Desde que haja prostração das forças vitais o Espírito se desprende, e, quanto mais fraco estiver o corpo, mais o Espírito estará livre.

É assim que o cochilar, ou um simples entorpecimento dos sentidos, apresenta muitas vezes as mesmas imagens do sonho.

408. Parece-nos, às vezes, ouvir em nosso íntimo palavras pronunciadas distintamente e que não têm nenhuma relação com o que nos preocupa. De onde vêm elas?

– Sim, e até mesmo frases inteiras, sobretudo quando os sentidos começam a se entorpecer. É, às vezes, o fraco eco de um Espírito que deseja comunicar-se contigo.

409. Muitas vezes, num estado que ainda não é o cochilo, quando temos os olhos fechados, vemos imagens distintas,

figuras das quais apanhamos os pormenores mais minuciosos. É um efeito de visão ou de imaginação?

– Entorpecido o corpo, o Espírito trata de quebrar a sua cadeia: ele se transporta e vê, e, se o sono fosse completo, isso seria um sonho.

410. Têm-se às vezes, durante o sono ou o cochilo, ideias que parecem muito boas e que, apesar dos esforços que se fazem para recordá-las, se apagam da memória. De onde vêm essas ideias?

– São o resultado da liberdade do Espírito, que se emancipa e goza, nesse momento, de mais amplas faculdades. Frequentemente, também, são conselhos dados por outros Espíritos.

410-a. De que servem essas ideias ou esses conselhos, se a sua recordação se perde e não se pode aproveitá-los?

– Essas ideias pertencem, algumas vezes, mais ao mundo dos Espíritos que ao mundo corpóreo, mas o mais frequente é que se o corpo as esquece o Espírito as lembra, e a ideia volta no momento necessário, como uma inspiração do momento.

411. O Espírito encarnado, nos momentos em que se desprende da matéria e age como Espírito, conhece a época de sua morte?

– Muitas vezes a pressente, e às vezes tem dela uma consciência bastante clara, o que lhe dá, no estado de vigília, a sua intuição. É por isso que algumas pessoas preveem às vezes a própria morte com grande exatidão.

412. A atividade do Espírito, durante o repouso ou o sono do corpo, pode fatigar a este?

– Sim, porque o Espírito está ligado ao corpo, como o balão cativo ao poste. Ora, da mesma maneira que as sacudidas do balão abalam o poste, a atividade do Espírito reage sobre o corpo, e pode produzir-lhe fadiga.

II - VISITAS ESPÍRITAS ENTRE VIVOS

413. Do princípio de emancipação da alma durante o sono parece resultar que temos, simultaneamente, duas existências: a do corpo, que nos dá vida de relação exterior, e a da alma, que nos dá a vida de relação oculta. É isso exato?

– No estado de emancipação a vida do corpo cede lugar à da alma, mas não existem, propriamente falando, duas existências;

são antes duas fases da mesma existência, porque o homem não vive de maneira dupla.

414. Duas pessoas que se conhecem podem visitar-se durante o sono?

– *Sim, e muitas outras que pensam não se conhecerem se encontram e conversam. Podes ter, sem que o suspeites, amigos em outro país. O fato de visitardes, durante o sono, amigos, parentes, conhecidos, pessoas que vos podem ser úteis, é tão frequente que o realizais quase todas as noites.*

415. Qual pode ser a utilidade dessas visitas noturnas, se não as recordamos?

– *Ordinariamente, ao despertar, resta uma intuição que é quase sempre a origem de certas ideias que surgem espontaneamente, sem que se possa explicá-las, e não são mais que as ideias hauridas naqueles colóquios.*

416. O homem pode provocar voluntariamente as visitas espíritas? Pode, por exemplo, dizer ao adormecer: "Esta noite quero encontrar-me em espírito com tal pessoa; falar-lhe e dizer-lhe tal coisa"?

– *Eis o que se passa: o homem dorme, seu Espírito desperta, e o que o homem havia resolvido o Espírito está muitas vezes bem longe de o seguir, porque a vida do homem interessa pouco ao Espírito, quando ele se liberta da matéria. Isto para os homens já bastante elevados, pois os outros passam de maneira inteiramente diversa a sua existência espiritual: entregam-se às paixões ou permanecem em inatividade. Pode acontecer, portanto, que, segundo o motivo que se propôs, o Espírito vá visitar as pessoas que deseja: mas o fato de o haver desejado quando em vigília não é razão para que o faça.*

417. Certo número de Espíritos encarnados pode então se reunir e formar uma assembleia?

– *Sem nenhuma dúvida. Os laços de amizade, antigos ou novos, reúnem assim, frequentemente, diversos Espíritos que se sentem felizes de se encontrar.*

Pela palavra "antigos" é necessário entender os laços de amizade contraídos em existências anteriores. Trazemos ao acordar uma intuição das ideias que haurimos nesses colóquios ocultos, mas ignoramos a fonte.

418. Uma pessoa que julgasse morto um de seus amigos, que na realidade não o estivesse, poderia encontrar-se com

ele em espírito e saber assim que continuava vivo? Poderia, nesse caso, ter uma intuição ao acordar?

– *Como Espírito pode certamente vê-lo e saber como está. Se não lhe foi imposto como prova acreditar na morte do amigo, terá um pressentimento de que ele vive, como poderá ter o de sua morte.*

III - TRANSMISSÃO OCULTA DO PENSAMENTO

419. Qual é a razão por que a mesma ideia, a de uma descoberta, por exemplo, surge ao mesmo tempo em muitos pontos?

– *Já dissemos que durante o sono os Espíritos se comunicam entre si. Pois bem, quando o corpo desperta, o Espírito se recorda do que aprendeu e o homem julga ter inventado. Assim, muitos podem encontrar a mesma coisa ao mesmo tempo. Quando dizeis que uma ideia está no ar fazeis uma figura mais exata do que pensais; cada um contribui, sem o suspeitar, para propagá-la.*

Nosso Espírito revela assim, muitas vezes, a outros Espíritos, e à nossa revelia, aquilo que constitui o objeto das nossas preocupações de vigília.

420. Os Espíritos podem comunicar-se, se o corpo estiver completamente acordado?

– *O Espírito não está encerrado no corpo como numa caixa: ele irradia em todo o seu redor; eis por que pode comunicar-se com outros Espíritos, mesmo no estado de vigília, embora o faça mais dificilmente.*

421. Por que duas pessoas, perfeitamente despertas, têm, muitas vezes, instantaneamente, o mesmo pensamento?

– *São dois Espíritos simpáticos que se comunicam e veem reciprocamente os seus pensamentos, mesmo quando não dormem.*

Há entre os Espíritos que se afinam uma comunicação de pensamentos que faz que duas pessoas se vejam e se compreendam sem a necessidade dos signos exteriores da linguagem. Poderia dizer-se que elas falam a linguagem dos Espíritos.

IV - LETARGIA, CATALEPSIA, MORTE APARENTE

422. Os letárgicos e os catalépticos veem e ouvem geralmente o que se passa em torno deles, mas não podem manifestá-lo; é pelos olhos e os ouvidos do corpo que o fazem?

– *Não; é pelo Espírito; o Espírito está consciente, mas não pode comunicar-se.*

422-a. Por que não pode comunicar-se?

– O estado do corpo se opõe a isso. Esse estado particular dos órgãos vos dá a prova de que existe no homem alguma coisa além do corpo, pois o corpo não está funcionando e o Espírito continua a agir.

423. Na letargia, o Espírito pode separar-se inteiramente do corpo, de maneira a dar a este todas as aparências da morte, e voltar a ele em seguida?

– Na letargia, o corpo não está morto, pois há funções que continuam a realizar-se; a vitalidade se encontra em estado latente, como na crisálida, mas não se extingue. Ora, o Espírito está ligado ao corpo, enquanto ele vive; uma vez rompidos os laços pela morte real e pela desagregação dos órgãos, a separação é completa e o Espírito não volta mais. Quando um homem aparentemente morto volta à vida, é que a morte não estava consumada.

424. Pode-se, através de cuidados dispensados a tempo, renovar os laços a se romperem e devolver à vida um ser que, sem esses recursos, morreria realmente?

– Sim, sem dúvida, e disso tendes prova todos os dias. O magnetismo é, nesses casos, muitas vezes, um meio poderoso, porque dá ao corpo o fluido vital que lhe falta e que era insuficiente para entreter o funcionamento dos órgãos.

A letargia e a catalepsia têm o mesmo princípio, que é a perda momentânea da sensibilidade e do movimento, por uma causa fisiológica ainda inexplicada. Elas diferem entre si em que, na letargia, a suspensão das forças vitais é geral, dando ao corpo todas as aparências da morte, e na catalepsia é localizada e pode afetar uma parte mais ou menos extensa do corpo, de maneira a deixar a inteligência livre para se manifestar, o que não permite confundi-la com a morte. A letargia é sempre natural; a catalepsia é às vezes espontânea, mas pode ser provocada e desfeita artificialmente pela ação magnética.

V - O SONAMBULISMO

425. O sonambulismo natural tem relação com os sonhos? Como se pode explicá-lo?

– É um estado de independência da alma, mais completo que no sonho, e então as faculdades adquirem maior desenvolvimento. A alma tem percepções que não atinge no sonho, que é um estado de sonambulismo imperfeito.

No sonambulismo o Espírito está na posse total de si mesmo; os órgãos materiais, estando de qualquer forma em catalepsia, não recebem mais as impressões exteriores. Esse estado se manifesta sobretudo durante o sono; é o momento em que o Espírito pode deixar provisoriamente o corpo, que se acha entregue ao repouso indispensável à matéria. Quando se produzem os fatos do sonambulismo é que o Espírito, preocupado com uma coisa ou outra, se entrega a alguma ação que exige o uso do seu corpo, do qual se serve como se empregasse uma mesa ou qualquer outro objeto material, nos fenômenos de manifestação física, ou mesmo da vossa mão, nas comunicações escritas. Nos sonhos de que se tem consciência, os órgãos, inclusive os da memória, começam a despertar e recebem imperfeitamente as impressões produzidas pelos objetos ou pelas causas exteriores, e as comunicam ao Espírito, que, também se encontrando em repouso, só percebe sensações confusas e frequentemente fragmentárias, sem nenhuma razão de ser aparente, misturadas que estão de vagas recordações, seja desta existência, seja de existências anteriores. É portanto fácil compreender por que os sonâmbulos não se lembram de nada e por que os sonhos de que conservam a lembrança, na maioria das vezes, não têm sentido. Digo na maioria das vezes, porque acontece também serem eles a consequência de uma recordação precisa de acontecimentos de uma vida anterior, e, algumas vezes, até uma espécie de intuição do futuro.

426. O chamado sonambulismo magnético tem relações com o sonambulismo natural?

– *É a mesma coisa, com a diferença de ser provocado.*

427. Qual é a natureza do agente chamado fluido magnético?

– *Fluido vital, eletricidade animalizada, que são modificações do fluido universal.*

428. Qual é a causa da clarividência sonambúlica?

– *Já o dissemos: é a alma que vê.*

429. Como o sonâmbulo pode ver através dos corpos opacos?

– *Não há corpos completamente opacos, senão para os vossos órgãos grosseiros. Já dissemos que, para o Espírito, a matéria não oferece obstáculos, pois ele a atravessa livremente. Com frequência ele vos diz que vê pela testa, pelo joelho, etc., porque vós, inteiramente imersos na matéria, não compreendeis que ele possa ver sem o auxílio dos órgãos, e ele mesmo, pela vossa insistência, julga necessitar desses órgãos. Mas, se o deixásseis livre, compreenderia que vê por todas as partes do corpo, ou, para melhor dizer, é fora do corpo que ele vê.*

430. Pois que a clarividência do sonâmbulo é a da sua alma ou do seu Espírito, por que ele não vê tudo e por que se engana tantas vezes?

– Primeiro, não é dado aos Espíritos imperfeitos tudo ver e tudo conhecer; sabes muito bem que eles ainda participam dos vossos erros e dos vossos prejuízos; e, depois, quando estão ligados à matéria, não gozam de todas as suas faculdades de Espíritos. Deus deu ao homem esta faculdade com um fim útil e sério, e não para que ele aprenda o que não deve saber; eis por que os sonâmbulos não podem dizer tudo.

431. Qual é a fonte das ideias inatas do sonâmbulo, e como pode ele falar com exatidão de coisas que ignora no estado de vigília, e que estão mesmo acima de sua capacidade intelectual?

– Acontece que o sonâmbulo possui mais conhecimentos do que os que lhe reconheceis, somente que eles estão adormecidos, porque o seu invólucro é bastante imperfeito para que ele possa recordá-los. Mas, em última análise, o que é ele? Como nós, um Espírito, que está encarnado para cumprir a sua missão, e o estado em que ele entra o desperta dessa letargia. Nós já te dissemos repetidamente que revivemos muitas vezes; e essa mudança é que lhe faz perder materialmente o que conseguiu aprender na existência precedente. Entrando no estado a que chamas crise, ele se lembra, mas sempre de maneira incompleta; ele sabe, mas não poderia dizer de onde lhe vem o conhecimento, nem como o possui. Passada a crise, toda a lembrança se apaga e ele volta à obscuridade.

A experiência mostra que os sonâmbulos recebem também comunicações de outros Espíritos, que lhes transmitem o que eles devem dizer e suprem a sua insuficiência. Isto se vê, sobretudo, nas prescrições médicas: o Espírito do sonâmbulo vê o mal, o outro lhe indica o remédio. Esta dupla ação é algumas vezes patente e se revela outras vezes pelas suas expressões bastante frequentes: dizem-me que diga; ou, proíbem-me dizer tal coisa. Neste último caso é sempre perigoso insistir em obter a revelação recusada, porque então se dá lugar aos Espíritos levianos, que falam de tudo sem escrúpulos e sem se interessarem pela verdade.

432. Como explicar a visão à distância em alguns sonâmbulos?

– A alma não se transporta durante o sono? O mesmo se verifica no sonambulismo.

433. O desenvolvimento maior ou menor da clarividência sonambúlica depende da organização física ou da natureza do Espírito encarnado?

– De uma e de outra; há disposições físicas que permitem ao Espírito libertar-se mais ou menos facilmente da matéria.

434. As faculdades de que o sonâmbulo desfruta são as mesmas do Espírito após a morte?

– *Até certo ponto, pois é necessário ter em conta a influência da matéria, a que ele ainda se encontra ligado.*

435. O sonâmbulo pode ver os outros Espíritos?

– *A maioria os vê muito bem; isso depende do grau e da natureza da lucidez de cada um; mas às vezes ele não compreende, de início, e os toma por seres corporais. Isso acontece, sobretudo, com os que não têm nenhum conhecimento do Espiritismo; eles ainda não compreendem a natureza dos Espíritos; o fato os espanta, e é por isso que julgam estar vendo pessoas vivas.*

O mesmo efeito se produz no momento da morte, entre os que ainda se julgam vivos. Nada ao seu redor lhes parece modificado; os Espíritos lhes aparecem como tendo corpos semelhantes aos nossos, e eles tomam a aparência de seus próprios corpos como corpos reais.

436. O sonâmbulo que vê à distância, vê do lugar em que está o seu corpo ou daquele em que está a sua alma?

– *Por que esta pergunta, pois se é a alma que vê, e não o corpo?*

437. Sendo a alma que se transporta, como pode o sonâmbulo experimentar no corpo as sensações de calor ou de frio do lugar em que se encontra a sua alma, às vezes bem longe do corpo?

– *A alma não deixou inteiramente o corpo, permanece sempre ligada a ele pelo laço que os une, e é esse laço o condutor das sensações. Quando duas pessoas se correspondem entre uma cidade e outra por meio da eletricidade, é este o laço entre os seus pensamentos; é graças a isso que elas se comunicam, como se estivessem uma ao lado da outra.*

438. O uso que um sonâmbulo faz da sua faculdade influi no estado do seu Espírito após a morte?

– *Muito, como o uso bom ou mau de todas as faculdades que Deus concedeu ao homem.*

VI - ÊXTASE

439. Qual a diferença entre o êxtase e o sonambulismo?

– *O êxtase é um sonambulismo mais apurado; a alma do extático é mais independente.*

440. O Espírito do extático penetra realmente nos mundos superiores?

– Sim, ele os vê e compreende a felicidade dos que os habitam: é por isso que desejaria permanecer neles. Mas há mundos inacessíveis aos Espíritos que não estão bastante depurados.

441. Quando o extático exprime o desejo de deixar a Terra, fala sinceramente e não o retém o instinto de conservação?

– Isso depende do grau de depuração do Espírito; se ele vê a sua posição futura melhor que a vida presente, faz esforços para romper os laços que o prendem à Terra.

442. Se abandonarmos o extático a si mesmo, sua alma poderá abandonar definitivamente o corpo?

– Sim, ele pode morrer e por isso é necessário chamá-lo, por meio de tudo o que pode prendê-lo a este mundo e sobretudo fazendo-lhe entrever que, se quebrasse a cadeia que o retém aqui, seria esse o verdadeiro meio de não ficar lá, onde vê que seria feliz.

443. Há coisas que o extático pretende ver e que não são evidentemente o produto de uma imaginação excitada pelas crenças e preconceitos terrenos. Tudo o que ele vê não é então real?

– O que ele vê é real para ele; mas, como o seu Espírito está sempre sob a influência das ideias terrenas, ele pode ver à sua maneira, ou, melhor dito, exprimir numa linguagem de acordo com os seus preconceitos e com as ideias em que foi criado, ou com as vossas, a fim de melhor se fazer compreender. É sobretudo nesse sentido que ele pode errar.

444. Qual o grau de confiança que se pode depositar nas revelações dos extáticos?

– O extático pode enganar-se muito frequentemente, sobretudo quando ele quer penetrar aquilo que deve permanecer um mistério para o homem, porque então se abandona às suas próprias ideias ou se torna joguete de Espíritos enganadores que se aproveitam do seu entusiasmo para o fascinar.

445. Quais as consequências que se podem tirar dos fenômenos do sonambulismo e do êxtase? Não seriam uma espécie de iniciação à vida futura?

– Ou, melhor dito, é a vida passada e a vida futura que o homem entrevê. Que ele estude esses fenômenos e neles encontrará a solução de mais de um mistério que a sua razão procura inutilmente penetrar.

446. Os fenômenos do sonambulismo e do êxtase poderiam acomodar-se ao materialismo?

– Aquele que os estuda de boa-fé e sem prevenções não pode ser materialista nem ateu.

VII - DUPLA VISTA

447. O fenômeno designado pelo nome de dupla vista[1] tem relação com o sonho e o sonambulismo?

– Tudo isso não é mais do que uma mesma coisa. Isso a que chamas dupla vista é ainda o Espírito em maior liberdade, embora o corpo não esteja adormecido. A dupla vista é a vista da alma.

448. A dupla vista é permanente?

– A faculdade, sim; o seu exercício, não. Nos mundos menos materiais que o vosso, os Espíritos se desprendem mais facilmente e se põem em comunicação apenas pelo pensamento, sem excluir, entretanto, a linguagem articulada; também a dupla vista é para a maioria uma faculdade permanente; seu estado normal pode ser comparado ao dos vossos sonâmbulos lúcidos, e essa é também a razão por que eles se manifestam a vós mais facilmente do que os encarnados de corpos mais grosseiros.

449. A dupla vista se desenvolve espontaneamente ou pela vontade de quem a possui?

– Na maioria das vezes ela é espontânea, mas a vontade também muitas vezes desempenha um grande papel. Assim, podes tomar por exemplo certas pessoas chamadas leitoras da sorte, algumas das quais possuem esta faculdade de dupla vista e nisso a que chamas visão.

450. A dupla vista é suscetível de se desenvolver pelo exercício?

– Sim, o trabalho sempre conduz ao progresso, e o véu que encobre as coisas se torna transparente.

450-a. Esta faculdade se liga à organização física?

– Por certo, a organização desempenha o seu papel; há organizações que se mostram refratárias.

451. De onde vem que a dupla vista pareça hereditária em certas famílias?

---

[1] Kardec usou as duas expressões: "Segunda vista" e "dupla vista", com evidente preferência pela primeira. Em português, sendo mais comum a "dupla vista", demos preferência a esta. (N. do T.)

– Similitude de organizações, que se transmite, como as outras qualidades físicas; e, depois, desenvolvimento da faculdade por uma espécie de educação, que também se transmite de um para outro.

452. É verdade que certas circunstâncias desenvolvem a dupla vista?

– A doença, a proximidade de um perigo, uma grande comoção podem desenvolvê-la. O corpo se encontra às vezes num estado particular que permite ao Espírito ver o que não podeis ver com os olhos do corpo.

Os tempos de crise e de calamidades, as grandes emoções, todas as causas, enfim, de superexcitação moral provocam às vezes o desenvolvimento da dupla vista. Parece que a Providência nos dá, em presença do perigo, o meio de o conjurar. Todas as seitas e todos os partidos perseguidos oferecem numerosos exemplos a respeito.

453. As pessoas dotadas de dupla vista sempre têm consciência disso?

– Nem sempre; para elas, é coisa inteiramente natural, e muitas dessas pessoas acreditam que, se todos se observassem nesse sentido, perceberiam ser como elas.

454. Poder-se-ia atribuir a uma espécie de dupla vista a perspicácia de certas pessoas que, sem nada terem de extraordinário, julgam as coisas com mais precisão do que as outras?

– É sempre a alma que irradia mais livremente e julga melhor do que sob o véu da matéria.

454-a. Esta faculdade pode, em certos casos, dar a presciência das coisas?

Sim; ela dá também os pressentimentos, porque há muitos graus desta faculdade e o mesmo indivíduo pode ter todos os graus ou não ter mais do que alguns.

VIII - RESUMO TEÓRICO DO SONAMBULISMO, DO ÊXTASE E DA DUPLA VISTA

455. Os fenômenos do sonambulismo natural se produzem espontaneamente e independem de qualquer causa exterior conhecida; mas entre algumas pessoas dotadas de organização especial podem ser provocados artificialmente, pela ação do agente magnético.

O estado designado pelo nome de sonambulismo magnético não difere do sonambulismo natural, senão pelo fato de ser provocado, enquanto o outro é espontâneo.

O sonambulismo natural é um fato notório, que ninguém pensa pôr em dúvida, apesar do aspecto maravilhoso dos seus fenômenos. Que haveria pois, de mais extraordinário ou de mais irracional no sonambulismo magnético, por ser ele produzido artificialmente, como tantas outras coisas? Dizem que os charlatães o têm explorado; mais uma razão para que não seja deixado nas suas mãos. Quando a Ciência se tiver apropriado dele, o charlatanismo terá muito menos crédito entre as massas. Mas, enquanto se espera, como o sonambulismo natural ou artificial são um fato, e contra fatos não há argumentos, ele se firma, apesar da má vontade de alguns, e isso no próprio seio da ciência, onde penetra por uma infinidade de portas laterais, em vez de passar pela central. E, quando lá estiver plenamente firmado, será necessário lhe conceder o direito de cidadania.

Para o Espiritismo, o sonambulismo é mais do que um fenômeno fisiológico, é uma luz projetada sobre a Psicologia. É nele que se pode estudar a alma, porque é nele que ela se mostra a descoberto. Ora, um dos fenômenos pelos quais ela se caracteriza é o da clarividência, independente dos órgãos comuns da visão. Os que contestam o fato se fundam em que o sonâmbulo não vê sempre, e à vontade dos experimentadores, como através dos olhos. Seria de admirar que, os meios sendo diferentes, os efeitos não sejam os mesmos? Seria racional buscar efeitos semelhantes, quando não existe o instrumento? A alma tem as suas propriedades, como os olhos têm as deles; é preciso julgá-los em si mesmos, e não por analogia.

A causa da clarividência, do sonambulismo magnético e do sonambulismo natural é a mesma: um atributo da alma, uma faculdade inerente a todas as partes do ser incorpóreo que existe em nós, e que não tem limites além dos que são assinalados à própria alma. O sonâmbulo vê em toda parte a que sua alma possa transportar-se, qualquer que seja a distância.

No caso da visão à distância, o sonâmbulo não vê as coisas do lugar em que se encontra o seu corpo, à semelhança de um efeito telescópico. Ele as vê presentes, como se estivesse no lugar em que elas existem, porque a sua alma lá se encontra realmente; eis por que o seu corpo fica como aniquilado e privado de sensações, até o momento em que a alma se reapossar dele. Essa separação parcial da alma e do corpo é um estado anormal, que pode ter uma duração mais ou menos longa, mas não indefinida. Essa a causa da fadiga que o corpo experimenta, após um certo tempo, sobretudo quando a alma se entrega a um trabalho ativo.

A vista da alma ou do Espírito não sendo circunscrita e não tendo sede determinada, isso explica por que os sonâmbulos não podem assinalar para ela um órgão especial; eles veem porque veem, sem saber por que nem como, pois a vista não tem, para eles, como Espírito, lugar próprio. Se eles se reportam ao corpo, esse lugar parece estar nos centros em que a atividade vital é maior, principalmente no cérebro, ou na região epigástrica, ou no órgão que, para eles, é o ponto de ligação mais intenso entre o Espírito e o corpo.

O poder de lucidez sonambúlica não é indefinido. O Espírito, mesmo quando completamente livre, é limitado em suas faculdades e em seus conhecimentos, segundo o grau de perfeição que tenha atingido; e é mais ainda quando ligado à matéria, da qual sofre a influência. Essa a causa por que a clarividência sonambúlica não é universal nem infalível. E tanto menos se pode contar com a sua infalibilidade, quanto mais a desviem do fim proposto pela natureza e a transformem em objeto de curiosidade e de experimentação.

No estado de desprendimento em que se encontra o Espírito do sonâmbulo, entra ele em comunicação mais fácil com os outros Espíritos, encarnados ou não. Essa comunicação se estabelece pelo contato dos fluidos que compõem os perispíritos e servem de transmissão ao pensamento, como o fio à eletricidade. O sonâmbulo não tem, pois, necessidade de que o pensamento seja articulado através da palavra: ele o sente e adivinha; é isso que o torna eminentemente impressionável e acessível às influências da atmosfera moral em que se encontra. É também por isso que uma afluência numerosa de espectadores, e sobretudo de curiosos mais ou menos malévolos, prejudica essencialmente o desenvolvimento de suas faculdades, que, por assim dizer, se fecham sobre si mesmas e não se desdobram com toda a liberdade, como na intimidade e num meio simpático. A presença de pessoas malévolas ou antipáticas produz sobre ele o efeito do contato da mão sobre a sensitiva.

O sonâmbulo vê, ao mesmo tempo, o seu próprio Espírito e o seu corpo; eles são, por assim dizer, dois seres que lhe representam a dupla existência espiritual e corporal, confundidos, entretanto, pelos laços que os unem. Nem sempre o sonâmbulo se dá conta dessa situação, e essa dualidade faz que frequentemente ele fale de si mesmo como se falasse de uma pessoa estranha. É que num momento o ser corporal fala ao espiritual, e noutro é o ser espiritual que fala ao ser corporal.

O Espírito adquire um acréscimo de conhecimentos e de experiências em cada uma de suas existências corpóreas. Esquece-os, em parte, durante a sua encarnação numa matéria demasiado grosseira, mas recorda-os como Espírito. É assim que certos sonâmbulos revelam conhecimentos superiores ao seu grau de instrução, e mesmo à sua capacidade intelectual aparente. A inferioridade intelectual e científica do sonâmbulo, em seu estado de vigília, não permite, portanto, prejulgar-se nada sobre os conhecimentos que ele pode revelar no estado lúcido. Segundo as circunstâncias e o objetivo que se tenha em vista, ele pode hauri-los na sua própria experiência, na clarividência das coisas presentes, ou nos conselhos que recebe de outros Espíritos; mas, como o seu próprio Espírito pode ser mais ou menos adiantado, ele pode dizer coisas mais ou menos justas.

Pelos fenômenos do sonambulismo, seja natural, seja magnético, a Providência nos dá a prova irrecusável da existência e da independência da alma, e nos faz assistir ao espetáculo sublime da sua emancipação; por esses fenômenos ela nos abre o livro do nosso destino. Quando o sonâmbulo descreve o que se passa à distância, é evidente que ele o vê, mas não pelos olhos do corpo: vê-se a si mesmo no local, e para lá se sente transportado; lá existe, portanto, qualquer coisa dele, e essa qualquer coisa, não sendo o seu corpo, só pode ser a alma ou o seu Espírito. Enquanto o homem se extravia nas sutilezas de uma metafísica abstrata e ininteligível, na busca das causas de nossa existência moral, Deus põe diariamente sob os seus olhos e sob as suas mãos os meios mais simples e mais patentes para o estudo da Psicologia experimental.

O êxtase é o estado pelo qual a independência entre a alma e o corpo se manifesta da maneira mais sensível, e se torna, de certa forma, palpável.

No sonho e no sonambulismo a alma erra pelos mundos terrestres; no êxtase, ela penetra um mundo desconhecido, o dos Espíritos etéreos, com os quais entra em comunicação, sem entretanto poder ultrapassar certos limites, que ela não poderia transpor sem romper inteiramente os laços que a ligam ao corpo. Um fulgor resplandecente e inteiramente novo a envolve, harmonias desconhecidas na Terra a empolgam, um bem-estar indefinível a penetra: ela goza, por antecipação, da beatitude celeste, e pode dizer-se que passa um pé no limiar da eternidade.

No estado de êxtase o aniquilamento do corpo é quase completo; ele só conserva, por assim dizer, a vida orgânica. Sente-se que a alma não se liga a ele mais que por um fio, que um esforço a mais poderia romper sem remédio.

Nesse estado, todos os pensamentos terrenos desaparecem para dar lugar ao sentimento puro que é a própria essência do nosso ser imaterial. Todo entregue a essa contemplação sublime, o extático encara a vida como uma parada momentânea; para ele, o bem e o mal, as alegrias grosseiras e as misérias deste mundo não são mais que fúteis incidentes de uma viagem da qual se sente feliz ao ver o termo.

Acontece com os extáticos o mesmo que com os sonâmbulos: sua lucidez pode ser mais ou menos perfeita, e seu próprio Espírito, conforme for mais ou menos elevado, é também mais ou menos apto a conhecer e a compreender as coisas. Verifica-se neles, às vezes, mais exaltação do que verdadeira lucidez, ou, melhor dito, sua exaltação prejudica a lucidez; é por isso que suas revelações são frequentemente uma mistura de verdades e erros, de coisas sublimes e de coisas absurdas, ou mesmo ridículas. Espíritos inferiores aproveitam-se muitas vezes dessa exaltação, que é sempre uma causa de fraqueza, quando não se sabe vencê-la, para dominar o extático, e para tanto se revestem aos seus olhos de aparências que o mantêm nas suas ideias e preconceitos do estado de vigília. Este é um escolho, mas nem todos são assim; cabe-nos julgar friamente e pesar as suas revelações na balança da razão.

A emancipação da alma se manifesta às vezes no estado de vigília, e produz o fenômeno designado pelo nome de dupla vista, que dá aos que o possuem a faculdade de ver, ouvir e sentir além dos limites dos nossos sentidos. Eles percebem as coisas ausentes, por toda parte, até onde a alma possa estender a sua ação; veem, por assim dizer, através da vista ordinária, como por uma espécie de miragem.

No momento em que se produz o fenômeno da dupla vista o estado físico é sensivelmente modificado: os olhos têm qualquer coisa de vago, olhando sem ver, e toda a fisionomia reflete uma espécie de exaltação. Constata-se que os órgãos da visão são alheios ao fenômeno, ao verificar-se que a visão persiste, mesmo com os olhos fechados.

Esta faculdade se afigura, aos que a possuem, tão natural como a de ver: consideram-na um atributo normal, que não lhes parece constituir exceção. O esquecimento se segue, em geral, a essa lucidez passageira, cuja lembrança se torna cada vez mais vaga, e acaba por desaparecer, como a de um sonho.

O poder da dupla vista vai desde a sensação confusa até a percepção clara e nítida das coisas presentes ou ausentes. No estado rudimentar ela dá a algumas pessoas o tato, a perspicácia, uma espécie de segurança nos seus atos a que se pode chamar a justeza do golpe de vista moral. Mais desenvolvida, desperta os pressentimentos, e ainda mais desenvolvida mostra acontecimentos já realizados ou em vias de realização.

O sonambulismo natural e artificial, o êxtase e a dupla vista, não são mais do que variedades ou modificações de uma mesma causa. Esses fenômenos, da mesma maneira que os sonhos, pertencem à ordem natural. Eis por que existiram desde todos os tempos: a história nos mostra que eles foram conhecidos, e até mesmo explorados, desde a mais alta antiguidade, e neles se encontra a explicação de uma infinidade de fatos que os preconceitos fizeram passar como sobrenaturais.[2]

---

[2] Todos estes fenômenos estão hoje cientificamente provados pelas pesquisas parapsicológicas, embora certos pesquisadores pretenda fazê-los "acomodar-se ao materialismo". Veja-se o que diz, a respeito dessa acomodação, a resposta à pergunta 446 deste livro. (N. do T.)

CAPÍTULO IX

INTERVENÇÃO DOS ESPÍRITOS NO MUNDO CORPÓREO

I - PENETRAÇÃO DO NOSSO PENSAMENTO PELOS ESPÍRITOS

456. Os Espíritos veem tudo o que fazemos?

– Podem vê-lo, pois estais incessantemente rodeados por eles. Mas, cada um só vê aquelas coisas a que dirige a sua atenção, porque eles não se ocupam das que não lhes interessam.

457. Os Espíritos podem conhecer os nossos pensamentos mais secretos?

– Conhecem, muitas vezes, aquilo que desejaríeis ocultar a vós mesmos; nem atos, nem pensamentos podem ser dissimulados para eles.

457-a. Assim sendo, pareceria mais fácil ocultar-se uma coisa a uma pessoa viva, pois não o podemos fazer a essa mesma pessoa depois de morta?

– Certamente, pois, quando vos julgais bem escondidos, tendes muitas vezes ao vosso lado uma multidão de Espíritos que vos veem.

458. Que pensam de nós os Espíritos que estão ao nosso redor e nos observam?

– Isso depende. Os Espíritos levianos riem das pequenas traquinices que vos fazem, e zombam das vossas impaciências. Os Espíritos sérios lamentam as vossas trapalhadas e tratam de vos ajudar.

II - INFLUÊNCIA OCULTA DOS ESPÍRITOS SOBRE OS NOSSOS PENSAMENTOS E AS NOSSAS AÇÕES

459. Os Espíritos influem sobre os nossos pensamentos e as nossas ações?

– Nesse sentido a sua influência é maior do que supondes, porque muito frequentemente são eles que vos dirigem.

460. Temos pensamentos próprios e outros que nos são sugeridos?

– Vossa alma é um Espírito que pensa; não ignorais que muitos pensamentos vos ocorrem, a um só tempo, sobre o mesmo assunto, e frequentemente bastante contraditórios. Pois bem: nesse conjunto há sempre os vossos e os nossos, e é isso o que vos deixa na incerteza, porque tendes em vós duas ideias que se combatem.

461. Como distinguir os nossos próprios pensamentos dos que nos são sugeridos?

– Quando um pensamento vos é sugerido, é como uma voz que vos fala. Os pensamentos próprios são, em geral, os que vos ocorrem no primeiro impulso.

De resto, não há grande interesse para vós nessa distinção e é frequentemente útil não o saberdes: o homem age mais livremente; se decidir pelo bem, o fará de melhor vontade; se tomar o mau caminho, sua responsabilidade será maior.

462. Os homens de inteligência e de gênio tiram sempre suas ideias de si mesmos?

– Algumas vezes as ideias surgem de seu próprio Espírito, mas frequentemente lhes são sugeridas por outros Espíritos, que os julgam capazes de as compreender e dignos de as transmitir. Quando eles não as encontram em si mesmos, apelam para a inspiração; é uma evocação que fazem, sem o suspeitar.

Se fosse útil que pudéssemos distinguir os nossos próprios pensamentos daqueles que nos são sugeridos, Deus nos teria dado o meio de fazê-lo, como nos deu o de distinguir o dia e a noite. Quando uma coisa permanece vaga, é que assim deve ser para o nosso bem.

463. Diz-se algumas vezes que o primeiro impulso é sempre bom; isto é exato?

– Pode ser bom ou mau, segundo a natureza do Espírito encarnado. É sempre bom para aquele que ouve as boas inspirações.

464. Como distinguir se um pensamento sugerido vem de um bom ou de um mau Espírito?

– Estudai a coisa: os bons Espíritos não aconselham senão o bem; cabe a vós distinguir.

465. Com que fim os Espíritos imperfeitos nos induzem ao mal?

– Para vos fazer sofrer com eles.

465-a. Isso lhes diminui os sofrimentos?

– Não, mas eles o fazem por inveja dos seres mais felizes.

465-b. Que espécie de sofrimentos querem fazer-nos provar?

– *Os que decorrem de pertencer a uma ordem inferior e estar distante de Deus.*

466. Por que permite Deus que os Espíritos nos incitem ao mal?

– *Os Espíritos imperfeitos são os instrumentos destinados a experimentar a fé e a constância dos homens no bem. Tu, sendo Espírito, deves progredir na ciência do infinito, e é por isso que passas pelas provas do mal, para chegar ao bem. Nossa missão é a de colocar-te no bom caminho, e, quando más influências agem sobre ti, és tu que as chamas, pelo desejo do mal, porque os Espíritos inferiores vêm em teu auxílio no mal, quando tens a vontade de o cometer; eles não podem ajudar-te no mal, senão quando tu desejas o mal. Se és inclinado ao assassínio, pois bem, terás uma nuvem de Espíritos que entreterão esse pensamento em ti; mas também terás outros que tratarão de influenciar-te para o bem, o que faz que se reequilibre a balança e te deixe senhor de ti.*

É assim que Deus deixa à nossa consciência a escolha da rota que devemos seguir e a liberdade de ceder a uma ou a outra das influências contrárias que se exercem sobre nós.

467. Pode o homem se afastar da influência dos Espíritos que o incitam ao mal?

– *Sim, porque eles só se ligam aos que os solicitam por seus desejos ou os atraem por seus pensamentos.*

468. Os Espíritos cuja influência é repelida pela vontade do homem renunciam às suas tentativas?

– *Que queres que eles façam? Quando nada têm a fazer, abandonam o campo. Não obstante, espreitam o momento favorável, como o gato espreita o rato.*

469. Por que meio se pode neutralizar a influência dos maus Espíritos?

– *Fazendo o bem e colocando toda a vossa confiança em Deus, repelis a influência dos Espíritos inferiores e destruís o império que desejam ter sobre vós. Guardai-vos de escutar as sugestões dos Espíritos que suscitem em vós os maus pensamentos, que insuflam a discórdia e excitam em vós todas as más paixões. Desconfiai sobretudo dos que exaltam o vosso orgulho, porque eles vos atacam na vossa fraqueza. Eis por que Jesus vos faz dizer na oração dominical: "Senhor, não nos deixeis cair em tentação, mas livrai-nos do mal!"*

470. Os Espíritos que procuram induzir-nos ao mal, e que assim põem à prova a nossa firmeza no bem, receberam a

missão de o fazer, e, se é uma missão que eles cumprem, terão responsabilidade nisso?

– Nenhum Espírito recebe a missão de fazer o mal; quando ele o faz, é pela sua própria vontade, e consequentemente terá de sofrer as consequências.[1] *Deus pode deixá-lo fazer para vos provar, mas jamais o ordena e cabe a vós repeli-lo.*

471. Quando experimentamos um sentimento de angústia, de ansiedade indefinível ou de satisfação interior sem causa conhecida, isso decorre de uma disposição física?

– É quase sempre um efeito das comunicações que, sem o saber, tivestes com os Espíritos, ou das relações que tivestes com eles durante o sono.

472. Os Espíritos que desejam incitar-nos ao mal limitam-se a aproveitar as circunstâncias em que nos encontramos ou podem criar essas circunstâncias?

– Eles aproveitam a circunstância, mas frequentemente a provocam, empurrando-vos sem o perceberdes para o objeto da vossa ambição. Assim, por exemplo, um homem encontra no seu caminho uma certa quantia: não acrediteis que foram os Espíritos que puseram o dinheiro ali, mas eles podem dar ao homem o pensamento de se dirigir naquela direção, e então lhe sugerem apoderar-se dele, enquanto outros lhe sugerem devolver o dinheiro ao dono. Acontece o mesmo em todas as outras tentações.

III - POSSESSOS

473. Pode um Espírito momentaneamente revestir-se do invólucro de uma pessoa viva, quer dizer, introduzir-se num corpo animado e agir em substituição ao Espírito que nele se encontra encarnado?

– O Espírito não entra num corpo como entra numa casa; ele se assimila a um Espírito encarnado que tem os seus mesmos defeitos e as suas mesmas qualidades, para agir conjuntamente; mas é sempre o Espírito encarnado que age como quer sobre a matéria de que está revestido. Um Espírito não pode substituir-se ao que se acha encarnado, porque o Espírito e o corpo estão ligados até o tempo marcado para o termo da existência material.

---

[1] Diz o texto francês: "et par conséquent il en subit les conséquences". Em geral, nas traduções, procura-se corrigir a repetição. Preferimos respeitá-la, mesmo porque nos parece destinada a dar ênfase ao fato. (N. do T.)

474. Se não há possessão propriamente dita, quer dizer, coabitação de dois Espíritos no mesmo corpo, a alma pode encontrar-se na dependência de um outro Espírito, de maneira a se ver por ele subjugada ou obsedada a ponto de ser sua vontade, de alguma forma, paralisada?

– *Sim, e são esses os verdadeiros possessos; mas fica sabendo que essa dominação não se efetua jamais sem a participação daquele que sofre, seja por sua fraqueza, seja pelo seu desejo. Frequentemente se têm tomado por possessos criaturas epiléticas ou loucas, que mais necessitam de médico do que de exorcismo.*

A palavra possesso, na sua acepção vulgar, supõe a existência de demônios, ou seja, de uma categoria de seres de natureza má, e a coabitação de um desses seres com a alma, no corpo de um indivíduo. Mas, como não há demônios nesse sentido, e como dois Espíritos não podem habitar simultaneamente o mesmo corpo, também não há possessos, segundo a ideia ligada a essa palavra. Pela expressão possesso não se deve entender senão a dependência absoluta da alma em relação a Espíritos imperfeitos que a subjuguem.

475. Pode uma pessoa, por si mesma, afastar os maus Espíritos e se libertar do seu domínio?

– *Sempre se pode sacudir um jugo, quando se tem uma vontade firme.*

476. Não pode acontecer que a fascinação exercida por um mau Espírito seja tal, que a pessoa subjugada não a perceba? Então, uma terceira pessoa pode fazer cessar a sujeição e, nesse caso, que condição deve ela preencher?

– *Se for um homem de bem, sua vontade pode ajudar, apelando para o concurso dos bons Espíritos, porque, quanto mais se é um homem de bem, mais poder se tem sobre os Espíritos imperfeitos, para os afastar, e sobre os bons, para os atrair. Não obstante, essa terceira pessoa seria importante se aquele que está subjugado não se prestasse a isso, pois há pessoas que se comprazem numa dependência que satisfaz os seus gostos e os seus desejos. Em todos os casos, aquele que não tem o coração puro não pode ter nenhuma influência; os bons Espíritos o desprezam e os maus não o temem.*

477. As fórmulas de exorcismo têm qualquer eficácia contra os maus Espíritos?

– *Não; quando esses Espíritos veem alguém tomá-las a sério, riem e se obstinam.*

478. Há pessoas animadas de boas intenções e nem por isso menos obsedadas; qual o melhor meio de se livrarem dos Espíritos obsessores?

– Cansar-lhes a paciência, não dar nenhuma atenção às suas sugestões, mostrar-lhes que perdem tempo; então, quando eles veem que nada têm a fazer, se retiram.

479. A prece é um meio eficaz para curar a obsessão?

– A prece é um poderoso socorro para todos os casos, mas sabei que não é suficiente murmurar algumas palavras para obter o que se deseja. Deus assiste aos que agem, e não aos que se limitam a pedir. Cumpre, portanto, que o obsedado faça, de seu lado, o que for necessário para destruir em si mesmo a causa que atrai os maus Espíritos.

480. Que se deve pensar da expulsão do demônio, de que se fala no Evangelho?

– Isso depende de interpretação. Se chamais demônio a um mau Espírito que subjuga um indivíduo, quando a sua influência for destruída ele será verdadeiramente expulso. Se atribuís uma doença ao demônio, quando a tiverdes curado direis também que expulsastes o demônio. Uma coisa pode ser verdadeira ou falsa, segundo o sentido que se der às palavras. As maiores verdades podem parecer absurdas, quando não se olha senão para a forma e quando se toma a alegoria pela realidade. Compreendei bem isto e procurai retê-lo, que é de aplicação geral.

IV - CONVULSIONÁRIOS

481. Os Espíritos desempenham algum papel nos fenômenos que se produzem entre os indivíduos chamados convulsionários?

– Sim, e muito grande, como também o magnetismo, que é a sua primeira fonte. Mas o charlatanismo tem frequentemente explorado e exagerado os seus efeitos, o que o pôs em ridículo.

481-a. De que natureza são, em geral, os Espíritos que concorrem a essas espécies de fenômeno?

– Pouco elevados; acreditais que Espíritos superiores perdessem tempo com tais coisas?

482. Como o estado anormal dos convulsionários e dos nervosos pode estender-se subitamente a toda uma população?

– Efeito simpático. As disposições morais se comunicam mais facilmente em certos casos; não sois tão alheios aos efeitos magnéticos

para não compreender esse fato e a parte que alguns Espíritos devem nele tomar, por simpatia pelos que os provocam.[2]

Entre as faculdades estranhas que se notam nos convulsionários, reconhecemos facilmente algumas de que o sonambulismo e o magnetismo oferecem numerosos exemplos: tais são, entre outras, a insensibilidade física, a leitura do pensamento, a transmissão simpática de dores, etc. Não se pode duvidar que esses indivíduos em crise estejam numa espécie de estado sonambúlico desperto, provocado pela influência que exercem uns sobre os outros. Eles são, ao mesmo tempo, magnetizadores e magnetizados, sem o saber.

483. Qual a causa da insensibilidade física que se verifica, seja entre certos convulsionários, seja entre outros indivíduos submetidos às torturas mais atrozes?

– Entre alguns é um efeito exclusivamente magnético, que age sobre o sistema nervoso da mesma maneira que certas substâncias. Entre outros, a exaltação do pensamento embota a sensibilidade, pelo que a vida parece haver-se retirado do corpo e se transportado ao Espírito. Não sabeis que, quando o Espírito está fortemente preocupado com uma coisa, o corpo não sente, não ouve e não vê?

A exaltação fanática e o entusiasmo oferecem muitas vezes, nos casos de suplício, o exemplo de uma calma e de um sangue-frio que não poderiam triunfar de uma dor aguda, se não se admitisse que a sensibilidade foi neutralizada por uma espécie de efeito anestésico. Sabe-se que, no calor do combate, frequentemente não se percebe um ferimento grave, enquanto nas circunstâncias ordinárias uma arranhadura provoca tremores.

Desde que esses fenômenos dependem de uma causa física e da ação de certos Espíritos, podemos perguntar como, em alguns casos, a autoridade os pode fazer cessar. A razão é simples. A ação dos Espíritos é secundária, eles nada mais fazem do que aproveitar uma disposição natural. A autoridade não pode suprimir essa disposição, mas a causa que a entretinha e exaltava; de ativa, ela a torna latente, e com razão para agir assim, porque o fato resultava em abuso e escândalo. Sabe-se, aliás, que essa intervenção é importante, quando a ação dos Espíritos é direta e espontânea.

V - AFEIÇÃO DOS ESPÍRITOS POR CERTAS PESSOAS

484. Os Espíritos se afeiçoam de preferência a certas pessoas?

---

[2] Esta resposta dos Espíritos lembra a Kardec os estudos magnéticos a que se dedicara longamente antes do Espiritismo e que lhe serviram, como se vê, de preparação para o desempenho da sua missão de pesquisador e codificador. (N. do T.)

– Os bons Espíritos simpatizam com os homens de bem, ou suscetíveis de se melhorar; os Espíritos inferiores, com os homens viciosos ou que podem viciar-se; daí o seu apego, resultante da semelhança de sensações.

485. A afeição dos Espíritos por certas pessoas é exclusivamente moral?

– A afeição verdadeira nada tem de carnal; mas, quando um Espírito se apega a uma pessoa, nem sempre o faz por afeição, podendo existir no caso uma lembrança de paixões humanas.

486. Os Espíritos se interessam pelos nossos infortúnios e pela nossa prosperidade? Os que nos querem bem se afligem pelos males que experimentamos na vida?

– Os bons Espíritos fazem todo o bem que podem e se sentem felizes com as vossas alegrias. Eles se afligem com os vossos males, quando não os suportais com resignação, porque então esses males não vos dão resultados, pois procedeis como o doente que rejeita o remédio amargo destinado a curá-lo.

487. Qual a espécie de mal que mais faz os Espíritos se afligirem por nós: o mal físico ou o mal moral?

– Vosso egoísmo e vossa dureza de coração: é disso que tudo deriva. Eles riem de todos esses males imaginários que nascem do orgulho e da ambição e se rejubilam com os que têm por fim abreviar o vosso tempo de prova.

Os Espíritos, sabendo que a vida corporal é apenas transitória, e que as tribulações que a acompanham são meios de conduzir a um estado melhor, se afligem mais pelas causas morais que podem distanciar-nos desse estado do que pelos males físicos que são apenas passageiros.

Os Espíritos pouco se importam com os infortúnios que só afetam as nossas ideias mundanas, como fazemos com as aflições pueris da infância.

O Espírito que vê nas aflições da vida um meio de adiantamento para nós considera-as como a crise momentânea que deve salvar o doente. Compadece-se dos nossos sofrimentos como nos compadecemos dos sofrimentos de um amigo, mas, vendo as coisas de um ponto de vista mais justo, aprecia-os de maneira diversa, e, enquanto os bons reerguem a nossa coragem, no interesse do nosso futuro, os outros, tentando comprometer-nos, nos incitam ao desespero.

488. Nossos parentes e nossos amigos, que nos precederam na outra vida, têm mais simpatia por nós do que os Espíritos que nos são estranhos?

– Sem dúvida, e frequentemente vos protegem como Espírito, de acordo com o seu poder.

488-a. São eles sensíveis à afeição que lhes conservamos?

– Muito sensíveis, mas esquecem aqueles que os esquecem.

VI - ANJOS DA GUARDA, ESPÍRITOS PROTETORES, FAMILIARES OU SIMPÁTICOS

489. Há Espíritos que se ligam a um indivíduo em particular, para o proteger?

– Sim, o irmão espiritual; é o que chamais o bom Espírito ou o bom gênio.

490. Que se deve entender por anjo da guarda?

– O Espírito protetor de uma ordem elevada.

491. Qual a missão do Espírito protetor?

– A de um pai para com os filhos: conduzir o seu protegido pelo bom caminho, ajudá-lo com os seus conselhos, consolá-lo nas suas aflições, sustentar sua coragem nas provas da vida.

492. O Espírito protetor é ligado ao indivíduo desde o seu nascimento?

– Desde o nascimento até a morte, e frequentemente o segue depois da morte, na vida espírita, e mesmo através de numerosas experiências corpóreas, porque essas existências não são mais do que fases bem curtas da vida do Espírito.

493. A missão do Espírito protetor é voluntária ou obrigatória?

– O Espírito é obrigado a velar por vós porque aceitou essa tarefa, mas pode escolher os seres que lhe são simpáticos. Para uns, isso é um prazer, para outros, uma missão ou um dever.

493-a. Ligando-se a uma pessoa, o Espírito renuncia a proteger outros indivíduos?

– Não, mas o faz de maneira mais geral.

494. O Espírito protetor está fatalmente ligado ao ser que foi confiado à sua guarda?

– Acontece frequentemente que certos Espíritos deixam sua posição para cumprir diversas missões, mas nesse caso são substituídos.

495. O Espírito protetor abandona às vezes o protegido, quando este se mostra rebelde às suas advertências?

– Afasta-se quando vê que os seus conselhos são inúteis e que é mais forte a vontade do protegido em submeter-se à influência

dos Espíritos inferiores, mas não o abandona completamente e sempre se faz ouvir. É o homem quem lhe fecha os ouvidos. Ele volta, logo que chamado.

Há uma doutrina que deveria converter os mais incrédulos, por seu encanto e por sua doçura: a dos anjos da guarda. Pensar que tendes sempre ao vosso lado seres que vos são superiores, que estão sempre ali para vos aconselhar, vos sustentar, vos ajudar a escalar a montanha escarpada do bem, que são amigos mais firmes e mais devotados que as mais íntimas ligações que se possam contrair na Terra, não é essa uma ideia bastante consoladora? Esses seres ali estão por ordem de seu Deus, que os colocou ao vosso lado; ali estão por seu amor, e cumprem junto a vós todos uma bela mas penosa missão. Sim, onde quer que estiverdes vosso anjo estará convosco; nos cárceres, nos hospitais, nos antros do vício, na solidão, nada vos separa desse amigo que não podeis ver, mas do qual vossa alma recebe os mais doces impulsos e ouve os mais sábios conselhos.

Ah, por que não conheceis melhor esta verdade! Quantas vezes ela vos ajudaria nos momentos de crise; quantas vezes ela vos salvaria dos maus Espíritos. Mas no dia decisivo este anjo de bondade terá muitas vezes de vos dizer: "Não te avisei disso? E não o fizeste. Não te mostrei o abismo? E nele te precipitaste! Não fiz soar na tua consciência a voz da verdade, e não seguiste os conselhos da mentira?" Ah, interpelai vossos anjos da guarda, estabelecei entre vós e eles essa terna intimidade que reina entre os melhores amigos! Não penseis em lhes ocultar nada, pois eles são os olhos de Deus e não os podeis enganar. Considerai o futuro; procurai avançar nesta vida, e vossas provas serão mais curtas, vossas existências mais felizes. Vamos, homens, coragem! Afastai para longe de vós, de uma vez por todas, preconceitos e segundas intenções. Entrai na nova via que se abre diante de vós, marchai, marchai! Tendes guias, segui-os: a meta não vos pode faltar porque essa meta é o próprio Deus.

Aos que pensassem que é impossível a Espíritos verdadeiramente elevados se restringirem a uma tarefa tão laboriosa e de todos os instantes, diremos que influenciamos as vossas almas embora estando a milhões de léguas de distância: para nós o espaço não existe, e mesmo vivendo em outro mundo nossos Espíritos conservam sua ligação convosco. Gozamos de faculdades que não podeis compreender, mas estais certos de que Deus não vos impôs uma tarefa acima de vossas forças, nem vos abandonou sozinhos sobre a Terra, sem amigos e sem, amparo.

Cada anjo da guarda tem o seu protegido e vela por ele como um pai vela pelo filho. Sente-se feliz quando o vê no bom caminho, chora quando os seus conselhos são desprezados.

Não temais fatigar-nos com as vossas perguntas; permanecei, pelo contrário, sempre em contato conosco: sereis então mais fortes e mais felizes. São essas comunicações de cada homem com o seu Espírito familiar que fazem médiuns a todos os homens, médiuns hoje ignorados, mas que mais tarde se manifestarão, derramando-se como um oceano sem bordas para fazer refluir a incredulidade e a ignorância. Homens instruídos, instruí; homens de talento, educai os vossos irmãos. Não sabeis que obra assim realizais: é a do Cristo, a que Deus vos impõe. Por que Deus vos concedeu a inteligência e a ciência, senão para as repartirdes com vossos irmãos, para os adiantar na senda da ventura e da eterna bem-aventurança?

São Luís, Santo Agostinho.

A doutrina dos anjos da guarda, velando pelos protegidos apesar da distância que separa os mundos, nada tem que deva surpreender; pelo contrário, é grande e sublime. Não vemos sobre a Terra um pai velar pelo filho, ainda que esteja distante, e ajudá-lo com seus conselhos através da correspondência? Que haveria de admirar em que os Espíritos possam guiar, de um mundo ao outro, os que tomaram sob a sua proteção, pois se, para eles, a distância que separa os mundos é menor que a que divide os continentes na Terra? Não dispõem eles do fluido universal que liga todos os mundos e os torna solidários, veículo imenso da transmissão do pensamento, como o ar é para nós o veículo da transmissão do som?

496. O Espírito que abandona o seu protegido, não mais lhe fazendo o bem, pode fazer-lhe mal?

– *Os bons Espíritos jamais fazem o mal; deixam que o façam os que lhe tomam o lugar, e então acusais a sorte pelas desgraças que vos oprimem, enquanto a falta é vossa.*

497. O Espírito protetor pode deixar o seu protegido à mercê de um Espírito que o quisesse mal?

– *Existe a união dos maus Espíritos para neutralizar a ação dos bons, mas, se o protegido quiser, dará toda força ao seu bom Espírito. Esse talvez encontre, em algum lugar, uma boa vontade a ser ajudada, e a aproveita, esperando o momento de voltar junto ao seu protegido.*

498. Quando o Espírito protetor deixa o seu protegido se extraviar na vida, é por impotência para enfrentar os Espíritos maléficos?

– Não é por impotência, mas porque ele não o quer: seu protegido sai das provas mais perfeito e instruído, e ele o assiste com os seus conselhos, pelos bons pensamentos que lhe sugere, mas que infelizmente nem sempre são ouvidos. Não é senão a fraqueza, o desleixo ou o orgulho do homem que dão força aos maus Espíritos. Seu poder sobre vós só provém do fato de não lhes opordes resistência.

499. O Espírito está constantemente com o protegido? Não existe alguma circunstância em que, sem o abandonar, o perca de vista?

– Há circunstâncias em que a presença do Espírito protetor não é necessária, junto ao protegido.

500. Chega um momento em que o Espírito não tem mais necessidade do anjo da guarda?

– Sim, quando se torna capaz de guiar-se por si mesmo, como chega um momento em que o estudante não mais precisa de mestre. Mas isso não acontece na Terra.

501. Por que a ação dos Espíritos em nossa vida é oculta, e por que, quando eles nos protegem, não o fazem de maneira ostensiva?

– Se contásseis com o seu apoio não agiríeis por vós mesmos e o vosso Espírito não progrediria. Para que ele possa adiantar-se necessita de experiência e em geral é preciso que adquira à sua custa; é necessário que exercite as suas forças, sem o que seria como uma criança a quem não deixam andar sozinha. A ação dos Espíritos que vos querem bem é sempre de maneira a vos deixar o livre-arbítrio, porque se não tivésseis responsabilidade não vos adiantaríeis na senda que vos deve conduzir a Deus. Não vendo quem o ampara, o homem se entrega às suas próprias forças; não obstante, o seu guia vela por ele e de quando em quando o adverte do perigo.

502. O Espírito protetor que consegue conduzir o seu protegido pelo bom caminho experimenta com isso algum bem para si mesmo?

– É um mérito que lhe será levado em conta, seja para o seu próprio adiantamento, seja para sua felicidade. Ele se sente feliz quando vê os seus cuidados coroados de sucesso; é para ele um triunfo, como um preceptor triunfa com os sucessos do seu discípulo.

502-a. É ele responsável, quando não o consegue?

– Não, pois fez o que dele dependia.

503. O Espírito protetor que vê o seu protegido seguir um mau caminho, apesar dos seus avisos, não sofre com isso e não vê assim perturbada a sua felicidade?

– *Sofre com os seus erros e os lamenta, mas essa aflição nada tem das angústias da paternidade terrena, porque ele sabe que há remédio para o mal, e que o que hoje não se fez, amanhã se fará.*

504. Podemos sempre saber o nome do nosso Espírito protetor ou anjo da guarda?

– *Como quereis saber nomes que não existem para vós? Acreditais, então, que só existem os Espíritos que conheceis?*

504-a. Como então o invocar, se não o conhecemos?

– *Dai-lhe o nome que quiserdes, o de um Espírito superior pelo qual tendes simpatia e veneração; vosso protetor atenderá a esse apelo, porque todos os bons Espíritos são irmãos e se assistem mutuamente.*

505. Os Espíritos protetores que tomam nomes comuns são sempre os de pessoas que tiveram esses nomes?

– *Não, mas Espíritos que lhes são simpáticos e que muitas vezes vêm por sua ordem. Necessitais de um nome: então, eles tomam um que vos inspire confiança. Quando não podeis cumprir pessoalmente uma missão, enviais alguém de vossa confiança que age em vosso nome.*

506. Quando estivermos na vida espírita reconheceremos nosso Espírito protetor?

– *Sim, pois frequentemente o conhecestes antes da vossa encarnação.*

507. Os Espíritos protetores pertencem todos à classe dos Espíritos superiores? Podem ser encontrados entre os da classe média? Um pai, por exemplo, pode tornar-se Espírito protetor de seu filho?

– *Pode, mas a proteção supõe um certo grau de elevação, e um poder e uma virtude a mais, concedidos por Deus. O pai que protege o filho pode ser assistido por um Espírito mais elevado.*

508. Os Espíritos que deixaram a Terra em boas condições podem sempre proteger os que amaram e lhe sobreviveram?

– *Seu poder é mais ou menos restrito; a posição em que se encontram não lhes permite, sempre, inteira liberdade de ação.*

509. Os homens no estado selvagem ou de inferioridade moral têm igualmente seus Espíritos protetores, e nesse caso

esses Espíritos são de uma ordem tão elevada como os dos homens adiantados?

– Cada homem tem um Espírito que vela por ele, mas as missões são relativas ao seu objeto. Não dareis a uma criança que aprende a ler um professor de filosofia. O progresso do Espírito familiar segue o do Espírito protegido. Tendo um Espírito superior que vela por nós, podeis também vos tornardes o protetor de um Espírito que vos seja inferior, e o progresso que o ajudardes a fazer contribuirá para o vosso adiantamento. Deus não pede ao Espírito mais do que aquilo que a sua natureza e o grau a que tenha atingido possam comportar.

510. Quando o pai que vela pelo filho se reencarna, continua ainda a velar por ele?

– Isso é mais difícil, mas ele pede, num momento de desprendimento, que um Espírito simpático o assista nessa missão. Aliás, os Espíritos não aceitam senão as missões que podem cumprir até o fim. O Espírito encarnado, sobretudo nos mundos onde a existência é material, é demasiado sujeito ao corpo para poder devotar-se inteiramente a outro, ou seja, assisti-lo pessoalmente. Eis por que os não suficientemente elevados estão sob a assistência de Espíritos que lhes são superiores, de tal maneira que, se um faltar, por um motivo qualquer, será substituído por outro.

511. Além do Espírito protetor, um mau Espírito é ligado a cada indivíduo com o fim de impulsioná-lo ao mal e de lhe propiciar uma ocasião de lutar entre o bem e o mal?

– Ligação não é bem o termo. É bem verdade que os maus Espíritos procuram desviar o homem do bom caminho quando encontram ocasião, mas quando um deles se liga a um indivíduo o faz por si mesmo, porque espera ser escutado; então haverá luta entre o bom e o mau e vencerá aquele a cujo domínio o homem se entregar.

512. Podemos ter muitos Espíritos protetores?

– Cada homem tem sempre Espíritos simpáticos, mais ou menos elevados, que lhe dedicam afeição e se interessam por ele, como há também os que o assistem no mal.

513. Agem os Espíritos simpáticos em virtude de uma missão?

– Às vezes podem ter uma missão temporária mas em geral são apenas solicitados pela similitude de pensamentos e de sentimentos, no bem como no mal.

513-a. Parece resultar daí que os Espíritos simpáticos podem ser bons ou maus?

– *Sim, o homem encontra sempre Espíritos que simpatizam com ele, qualquer que seja o seu caráter.*

514. Os Espíritos familiares são a mesma coisa que os Espíritos simpáticos ou os Espíritos protetores?

– *Há muitas gradações na proteção e na simpatia. Dai-lhes os nomes que quiserdes. O Espírito familiar é antes de tudo o amigo da casa.*

Das explicações acima e das observações feitas sobre a natureza dos Espíritos que se ligam ao homem podemos deduzir o seguinte.

O Espírito protetor, anjo da guarda ou bom gênio, é aquele que tem por missão seguir o homem na vida e o ajudar a progredir. E sempre de uma natureza superior à do protegido.

Os Espíritos familiares se ligam a certas pessoas por meio de laços mais ou menos duráveis, com o fim de ajudá-las na medida de seu poder, frequentemente bastante limitado. São bons, mas às vezes pouco adiantados e mesmo levianos; ocupam-se voluntariamente de pormenores da vida íntima e só agem por ordem ou com permissão dos Espíritos protetores.

Os Espíritos simpáticos são os que atraímos a nós por afeições particulares e uma certa semelhança de gostos e de sentimentos, tanto no bem como no mal. A duração de suas relações é quase sempre subordinada às circunstâncias.

O mau gênio é um Espírito imperfeito ou perverso que se liga ao homem com o fim de o desviar do bem, mas age pelo seu próprio impulso e não em virtude de uma missão. Sua tenacidade está na razão do acesso mais fácil ou mais difícil que encontre. O homem é sempre livre de ouvir a sua voz ou de a repelir.

515. Que se deve pensar dessas pessoas que parecem ligar-se a certos indivíduos para levá-los fatalmente à perdição ou para guiá-los no bom caminho?

– *Algumas pessoas exercem um efeito sobre outras, uma espécie de fascinação que parece irresistível. Quando isso acontece para o mal, são maus Espíritos, de que se servem outros maus Espíritos, para melhor subjugarem as suas vítimas. Deus pode permiti-lo para vos experimentar.*

516. Nosso bom e nosso mau gênio poderiam encarnar-se para nos acompanharem na vida de maneira mais direta?

– *Isso acontece algumas vezes, mas frequentemente, também, eles encarregam dessa missão outros Espíritos encarnados que lhes são simpáticos.*

517[3]. Há Espíritos que se ligam a toda uma família para protegê-la?

– *Alguns Espíritos se ligam aos membros de uma mesma família, que vivem juntos e são unidos por afeição, mas não acrediteis em Espíritos protetores do orgulho das raças.*

518. Sendo os Espíritos atraídos aos indivíduos por simpatia, serão igualmente às reuniões de indivíduos, por motivos particulares?

– *Os Espíritos vão de preferência onde estão os seus semelhantes, pois nesses lugares podem estar à vontade e mais seguros de ser ouvidos. O homem atrai os Espíritos em razão de suas tendências, quer esteja só ou constitua um todo coletivo, como uma sociedade, uma cidade ou um povo. Há, pois, sociedades, cidades e povos que são assistidos por Espíritos mais ou menos elevados, segundo o seu caráter e as paixões que os dominam. Os Espíritos imperfeitos se afastam dos que os repelem e disso resulta que o aperfeiçoamento moral de um todo coletivo, como o dos indivíduos, tende a afastar os maus Espíritos e a atrair os bons, que despertam e mantêm o sentimento do bem nas massas, da mesma maneira por que outros podem insuflar-lhes as más paixões.*

519. As aglomerações de indivíduos, como as sociedades, as cidades, as nações têm os seus Espíritos protetores especiais?

– *Sim, porque essas reuniões são de individualidades coletivas que marcham para um objetivo comum e têm necessidade de uma direção superior.*

520. Os Espíritos protetores das massas são de natureza mais elevada que a dos que se ligam aos indivíduos?

– *Tudo é relativo ao grau de adiantamento, das massas como dos indivíduos.*

521. Alguns Espíritos podem ajudar o progresso das Artes, protegendo os que delas se ocupam?

– *Há Espíritos especiais e que assistem aos que os invocam, quando os julgam dignos; mas que quereis que eles façam com os que creem ser o que não são? Eles não podem fazer ver os cegos nem ouvir os surdos.*

Os antigos haviam feito desses Espíritos divindades especiais. As Musas eram a personificação alegórica dos Espíritos protetores das Ciências e das Artes, como designavam pelos nomes de lares e penates os Espíritos protetores da família. Entre os modernos, as artes, as diferentes indústrias, as cidades, os países têm também seus patronos ou protetores, que são os Espíritos superiores, mas sob outros nomes.

---

[3] Vide Nota Explicativa no final do livro.

Cada homem tendo os seus Espíritos simpáticos, disso resulta que em todas as coletividades a generalidade dos Espíritos simpáticos está em relação com a generalidade dos indivíduos; que os Espíritos estranhos são para elas atraídos pela identidade de gostos e de pensamentos; em uma palavra, que essas aglomerações, tão bem como os indivíduos, são mais ou menos bem envolvidas, assistidas e influenciadas segundo a natureza dos pensamentos da multidão.

Entre os povos, as causas de atração dos Espíritos são os costumes, os hábitos, o caráter dominante, as leis, sobretudo, porque o caráter da nação se reflete nas suas leis. Os homens que fazem reinar a justiça entre eles combatem a influência dos maus Espíritos. Por toda parte onde a lei consagra as coisas injustas, contrária à Humanidade, os bons Espíritos estão em minoria e a massa dos maus, que para ali afluem, entretêm a nação nas suas ideias e paralisam as boas influências parciais, que ficam perdidas na multidão, como espigas isoladas em meio de espinheiros. Estudando-se os costumes dos povos, ou de qualquer reunião de homens, é fácil, portanto, fazer ideia da população oculta que se imiscui nos seus pensamentos e nas suas ações.[4]

VII - PRESSENTIMENTOS

522. O pressentimento é sempre uma advertência do Espírito protetor?

O pressentimento é o conselho íntimo e oculto de um Espírito que vos deseja o bem. E também a intuição da escolha anterior: é a voz do instinto. O Espírito, antes de se encarnar, tem conhecimento das fases principais da sua existência, ou seja, do gênero de provas a que irá ligar-se. Quando estas têm um caráter marcante, ele conserva uma espécie de impressão em seu foro íntimo, e essa impressão, que é a voz do instinto, desperta quando chega o momento, tornando-se pressentimento.[5]

523. Os pressentimentos e a voz do instinto têm sempre qualquer coisa de vago; na incerteza, o que devemos fazer?

– *Quando estás em dúvida, invoca o teu bom Espírito, ou ora a Deus, nosso soberano Senhor, para que te envie um de seus mensageiros, um de nós.*

[4] Neste comentário às respostas dos Espíritos, Kardec nos oferece duas indicações importantes: a primeira, referente à interpretação espírita da mitologia, que modifica tudo quanto os estudos puramente humanos do assunto firmaram a respeito, até hoje, pois mostra que os deuses mitológicos realmente existiam, como Espíritos; a segunda, referente à Sociologia, que à luz do Espiritismo reveste-se também de novo aspecto, exigindo o estudo da interação das coletividades espirituais e humanas para a boa compreensão dos processos sociais. (N. do T.)

[5] Veja-se referência a este problema na nota do fim do capítulo. (N. do T.)

524. As advertências de nossos Espíritos protetores têm por único objetivo a conduta moral ou também a conduta que devemos ter em relação às coisas da vida privada?

– *Tudo; eles procuram fazer-vos viver da melhor maneira possível; mas frequentemente fechais os ouvidos às boas advertências e vos tornais infelizes por vossa culpa.*

Os Espíritos protetores nos ajudam com os seus conselhos através da voz da consciência que fazem falar em nosso íntimo; mas como nem sempre lhes damos a necessária importância oferecem-nos outros mais diretos, servindo-se das pessoas que nos cercam. Que cada um examine as diversas circunstâncias, felizes ou infelizes, de sua vida, e verá que em muitas ocasiões recebeu conselhos que nem sempre aproveitou e que lhe teriam poupado muitos dissabores, se os houvesse escutado.

VIII - INFLUÊNCIA DOS ESPÍRITOS SOBRE OS ACONTECIMENTOS DA VIDA

525. Os Espíritos exercem influência sobre os acontecimentos da vida?

– *Seguramente, pois que te aconselham.*

525-a. Exercem essa influência de outra maneira, além dos pensamentos que sugerem, ou seja, têm uma ação direta sobre a realização das coisas?

– *Sim, mas não agem nunca fora das leis naturais.*

Pensamos erradamente que a ação dos Espíritos só deve manifestar-se por fenômenos extraordinários; desejaríamos que viessem em nosso auxílio através de milagres, e sempre os representamos armados de uma varinha mágica. Mas assim não é, e eis por que a sua intervenção nos parece oculta e o que se faz pelo seu concurso nos parece inteiramente natural. Assim, por exemplo, eles provocarão o encontro de duas pessoas, o que parece dar-se por acaso; inspirarão a alguém o pensamento de passar por tal lugar; chamarão sua atenção para determinado ponto, se isso pode conduzir ao resultado que desejam; de tal maneira que o homem, não julgando seguir senão os seus próprios impulsos, conserva sempre o seu livre-arbítrio.

526. Tendo os Espíritos ação sobre a matéria, podem provocar certos efeitos com o fim de produzir um acontecimento? Por exemplo, um homem deve perecer: sobe então a uma escada, esta se quebra e ele morre. Foram os Espíritos que fizeram quebrar a escada para que se cumpra o destino desse homem?

– *É bem verdade que os Espíritos têm influência sobre a matéria, mas para o cumprimento das leis da natureza e não para as derrogar, fazendo surgir em determinado ponto um acontecimento inesperado e contrário a essas leis. No exemplo que citas, a escada se quebra porque está carunchada ou não era bastante forte para suportar o peso do homem; se estivesse no destino desse homem morrer dessa maneira, eles lhe inspirariam o pensamento de subir na escada que deveria quebrar-se com o seu peso e sua morte se daria por um motivo natural, sem necessidade de um milagre para isso.*

527. Tomemos outro exemplo, no qual não intervenha o estado natural da matéria. Um homem deve morrer de raio: esconde-se embaixo de uma árvore, o raio estala e ele morre. Os Espíritos poderiam ter provocado o raio, dirigindo-o sobre ele?

– *É ainda a mesma coisa. O raio explodiu sobre aquela árvore e naquele momento porque o fato estava nas leis da Natureza. Não foi dirigido para a árvore porque o homem lá se encontrava, mas ao homem foi dada a inspiração de se refugiar numa árvore, sobre a qual ele deveria explodir. A árvore não seria menos atingida se o homem estivesse ou não sob ela.*

528. Um homem mal-intencionado dispara um tiro contra outro, mas o projétil passa apenas de raspão, sem o atingir. Um Espírito benfazejo pode ter desviado o tiro?

– *Se o indivíduo não deve ser atingido, o Espírito benfazejo lhe inspira o pensamento de se desviar, ou ainda poderá ofuscar o seu inimigo de maneira a lhe perturbar a pontaria; porque o projétil, uma vez lançado, segue a linha da sua trajetória.*

529. Que se deve pensar da balas encantadas, a que se referem algumas lendas e que atingem fatalmente o alvo?

– *Pura imaginação: o homem gosta do maravilhoso e não se contenta com as maravilhas da Natureza.*

529-a. Os Espíritos que dirigem os acontecimentos da vida podem ser contrariados por Espíritos que tenham desejos em contrário?

– *O que Deus quer, deve acontecer; se há retardamento ou empecilho, é por sua vontade.*

530. Os Espíritos levianos e brincalhões não podem provocar esses pequenos embaraços que se antepõem aos nossos projetos e transtornam as nossas previsões; em uma palavra, são eles os autores do que vulgarmente chamamos as pequenas misérias da vida?

– Eles se comprazem nessas traquinices que são provas para vós, destinadas a exercitar a vossa paciência; mas se cansam quando veem que nada conseguem. Entretanto, não seria justo nem exato responsabilizá-los por todas as vossas frustrações, das quais vós sois os principais autores, pelo vosso estouvamento. Convence-te, pois, de que se a tua baixela se quebra é antes em virtude do teu descuido do que por culpa dos Espíritos.

530-a. Os Espíritos que provocam discórdias agem em consequência de animosidades pessoais ou atacam ao primeiro que encontram, sem motivo determinado, por simples malícia?

– Por uma e outra coisa; às vezes trata-se de inimigos que fizestes nesta vida ou em existência anterior e que vos perseguem; de outras vezes não há nenhum motivo.

531. O rancor dos seres que nos fizeram mal na Terra extingue-se com a sua vida corpórea?

– Muitas vezes reconhecem sua injustiça e o mal que fizeram, mas muitas vezes também vos perseguem com o seu ódio, se Deus o permite, para continuar a vos experimentar.

531-a. Pode-se pôr termo a isso, e por que meio?

– Sim, pode-se orar por eles, e ao se lhes retribuir o mal com o bem acabarão por compreender os seus erros. De resto, se souberdes colocar-vos acima de suas maquinações cessarão de fazê-las ao verem que nada lucram.

A experiência prova que certos Espíritos prosseguem na sua vingança de uma existência a outra, e que assim expiaremos, cedo ou tarde, os males que pudermos ter acarretado a alguém.

532. Os espíritos têm o poder de desviar os males de certas pessoas, atraindo para elas a prosperidade?

– Não o podem fazer inteiramente, porque há males que pertencem aos desígnios da Providência; mas minoram as vossas dores, dando-vos paciência e resignação.

Sabei, também, que depende frequentemente de vós desviar esses males ou pelo menos atenuá-los. Deus vos deu a inteligência para a usardes, e é sobretudo por meio dela que os Espíritos vos socorrem, sugerindo-vos pensamentos favoráveis. Mas eles não assistem senão aos que sabem assistir-se a si mesmos. É esse o significado das palavras: "Buscai e achareis, batei e abrir-se-vos-á".

Sabei ainda que aquilo que vos parece um mal nem sempre o é. Frequentemente um bem deve resultar dele, que será maior que o mal, e é isso o que não compreendeis porque não pensais senão no momento presente ou na vossa pessoa.

533. Podem os Espíritos fazer que se obtenham os dons da fortuna, desde que solicitados nesse sentido?

– Às vezes, como prova, mas frequentemente os recusam como se recusa a uma criança um pedido inconsiderado.

533-a. São os bons ou os maus Espíritos que concedem esses favores?

– Uns e outros. Isso depende da intenção. Mas em geral são os Espíritos que querem arrastar-vos ao mal e que encontram um meio fácil de o fazer, nos prazeres que a fortuna proporciona.

534. Quando os obstáculos parecem vir fatalmente contra os nossos projetos, seria isso por influência de algum Espírito?

– Algumas vezes são os Espíritos: outras vezes, e o mais frequentemente, é que vos colocastes mal. A posição e o caráter influem muito. Se vos obstinais numa senda que não é a vossa os Espíritos nada têm com isso; sois vós mesmos que vos tornais o vosso mau gênio.

535. Quando nos acontece alguma coisa feliz, é ao nosso Espírito protetor que devemos agradecer?

– Agradecei sobretudo a Deus, sem cuja permissão nada se faz, e depois aos bons Espíritos, que foram os seus agentes.

535-a. Que aconteceria se esquecêssemos de agradecer?

– O que acontece aos ingratos.

535-b. Há entretanto muita gente que não ora nem agradece e para quem tudo sai bem?

– Sim, mas é necessário ver o fim; pagarão bem caro essa felicidade passageira que não merecem, porque, quanto mais tenham recebido, mais terão de restituir.

IX - AÇÃO DOS ESPÍRITOS SOBRE OS FENÔMENOS DA NATUREZA

536. Os grandes fenômenos da Natureza, esses que se consideram como perturbações dos elementos, são devidos a causa fortuitas ou têm, pelo contrário, um fim providencial?

– Tudo tem uma razão de ser e nada acontece sem a permissão de Deus.

536-a. Esses fenômenos sempre objetivam o homem?

– Algumas vezes têm uma razão de ser diretamente relacionada ao homem, mas frequentemente não têm outro objetivo que o

restabelecimento do equilíbrio e da harmonia das forças físicas da Natureza.

536-b. Concebemos perfeitamente que a vontade de Deus seja a causa primária, nisso como em todas as coisas; mas, como sabemos que os Espíritos podem agir sobre a matéria e que eles são os agentes da vontade de Deus, perguntamos se alguns dentre eles não exerceriam uma influência sobre os elementos para os agitar, acalmar ou dirigir.

– *Mas é evidente; isso não pode ser de outra maneira. Deus não se entrega a uma ação direta sobre a Natureza, mas tem os seus agentes dedicados, em todos os graus de escala dos mundos.*

537. A Mitologia dos antigos é inteiramente fundada sobre as ideias espíritas, com a diferença de que consideravam os Espíritos como divindades. Ora, eles nos representam esses deuses ou esses Espíritos com atribuições especiais. Assim, uns eram encarregados dos ventos, outros do raio, outros de presidir à vegetação, etc. Essa crença é destituída de fundamento?

– *Tão pouco destituída de fundamento que está ainda muito aquém da verdade.*

537-a. Pela mesma razão poderia haver Espíritos habitando o interior da Terra e presidindo aos fenômenos geológicos?

– *Esses Espíritos não habitam precisamente a Terra, mas presidem e dirigem os fenômenos segundo as suas atribuições. Um dia tereis a explicação de todos esses fenômenos e os compreendereis melhor.*

538. Os Espíritos que presidem aos fenômenos da Natureza formam uma categoria especial no mundo espírita, são seres à parte ou Espíritos que foram encarnados, como nós?

– *Que o serão, ou que o foram.*

538-a. Esses Espíritos pertencem às ordens superiores ou inferiores da hierarquia espírita?

– *Segundo o seu papel for mais ou menos material ou inteligente: uns mandam, outros executam; os que executam as coisas materiais são sempre de uma ordem inferior, entre os Espíritos como entre os homens.*

539. Na produção de certos fenômenos, das tempestades, por exemplo, é somente um Espírito que age ou se reúnem em massa?

– *Em massas inumeráveis.*

540. Os Espíritos que agem sobre os fenômenos da Natureza agem com conhecimento de causa em virtude de seu livre-arbítrio, ou por um impulso instintivo e irrefletido?

– Uns sim; outros, não. Faço uma comparação: figurai essas miríades de animais que pouco a pouco fazem surgir do mar as ilhas e os arquipélagos; acreditais que não há nisso um objetivo providencial e que essa transformação da face do globo não seja necessária para a harmonia geral? São, entretanto, animais do último grau os que realizam essas coisas, enquanto vão provendo às necessidades e sem perceberem que são instrumentos de Deus. Pois bem: da mesma maneira os Espíritos mais atrasados são úteis ao conjunto; enquanto eles ensaiam para a vida, e antes de terem plena consciência de seus atos e de seu livre-arbítrio, agem sobre certos fenômenos de que são agentes sem o saberem. Primeiro, executam; mais tarde, quando sua inteligência estiver desenvolvida, comandarão e dirigirão as coisas do mundo material; mais tarde ainda poderão dirigir as coisas do mundo moral. É assim que tudo serve, tudo se encadeia na Natureza, desde o átomo primitivo até o arcanjo, pois ele mesmo começou pelo átomo. Admirável lei de harmonia, de que o vosso Espírito limitado ainda não pode abranger o conjunto.

X - OS ESPÍRITOS DURANTE OS COMBATES

541. Numa batalha há Espíritos que a assistem e que amparam cada uma das forças em luta?

– Sim, e que estimulam a sua coragem.

Assim os antigos nos representavam os deuses tomando partido por este ou aquele povo. Esses deuses nada mais eram do que os Espíritos representados por figuras alegóricas.

542. Numa guerra, a justiça está sempre de um lado; como os Espíritos tomam partido a favor do errado?

– Sabeis perfeitamente que há Espíritos que só buscam a discórdia e a destruição. Para eles a guerra é a guerra; a justiça da causa pouco lhes importa.

543. Certos Espíritos podem influenciar o general na concepção dos seus planos de campanha?

– Sem nenhuma dúvida. Os Espíritos podem influenciá-lo nesse sentido, como em todas as concepções.

544. Os maus Espíritos poderiam suscitar-lhe planos errados, com vistas à derrota?

– *Sim, mas não tem ele o seu livre-arbítrio? Se o seu raciocínio não lhe permite distinguir uma ideia certa de uma falsa, terá de sofrer as consequências e faria melhor em obedecer do que em comandar.*

545. O general pode, algumas vezes, ser guiado por uma espécie de dupla vista, uma visão intuitiva que lhe mostre por antecipação o resultado dos seus planos?

– *É frequentemente o que acontece com o homem de gênio. É o que ele chama inspiração e lhe permite agir com uma espécie de certeza. Essa inspiração lhe vem dos Espíritos que o dirigem e se servem das faculdades de que ele é dotado.*

546. No tumulto do combate, o que acontece aos espíritos dos que sucumbem? Ainda se interessam pela luta, após a morte?

– *Alguns continuam a se interessar, outros se afastam.*

Nos combates acontece o mesmo que se verifica em todos os casos de morte violenta: no primeiro momento o Espírito fica surpreso e como aturdido, não acreditando que está morto; parece-lhe ainda tomar parte na ação. Não é senão pouco a pouco que a realidade se lhe impõe.

547. Os Espíritos que se combatiam quando vivos, uma vez mortos, se reconhecem como inimigos e continuam ainda excitados uns contra os outros?

– *Nesses momentos o Espírito jamais se mostra calmo. No primeiro instante ele ainda pode odiar ao seu inimigo e mesmo o perseguir. Mas quando as ideias se lhe acalmarem verá que a sua animosidade não tem mais razão de ser. Não obstante poderá ainda conservar resquícios maiores ou menores, de acordo com o seu caráter.*

547-a. Ouve ainda o fragor da batalha?

– *Sim, perfeitamente.*

548. O Espírito que assiste friamente a um combate, como espectador, testemunha a separação entre a alma e o corpo? E como esse fenômeno se apresenta a ele?

– *Há poucas mortes realmente instantâneas. Na maioria das vezes o Espírito cujo corpo foi mortalmente ferido não tem consciência disso no mesmo instante. Quando começa a retomar consciência é que se pode distinguir o Espírito a mover-se ao lado do cadáver. Isso parece tão natural que a vista do corpo morto não produz nenhum efeito desagradável. Toda a vida tendo sido transportada no Espírito, somente ele chama a atenção e é com ele que o espectador conversa ou a quem dá ordens.*

XI - DOS PACTOS

549. Há alguma coisa de verdadeiro nos pactos com os maus Espíritos?

– Não, não há pactos, mas uma natureza má simpatiza com Espíritos maus. Por exemplo: queres atormentar o teu vizinho e não sabes como fazê-lo; chamas então os Espíritos inferiores que, como tu, só querem o mal, e para te ajudar querem que também os sirvas nos seus maus desígnios. Mas disto não se segue que o teu vizinho não possa se livrar deles por uma conjuração contrária ou pela sua própria vontade. Aquele que deseja cometer uma ação má, pelo simples fato de o querer, chama em seu auxílio os maus Espíritos, ficando obrigado a servi-los como eles o auxiliam, pois eles também necessitam dele para o mal que desejam fazer. É somente nisso que consiste o pacto.

A dependência em que o homem se encontra, algumas vezes, dos Espíritos inferiores provém da sua entrega aos maus pensamentos que eles lhe sugerem, e não de qualquer espécie de estipulações feitas entre eles. O pacto, no sentido comum atribuído a essa palavra, é uma alegoria que figura uma natureza má simpatizando com Espíritos malfazejos.

550. Qual o sentido das lendas fantásticas segundo as quais certos indivíduos teriam vendido sua alma a Satanás em troca de favores?

– Todas as fábulas encerram um ensinamento e um sentido moral, e o vosso erro é tomá-los ao pé da letra. Essa é uma alegoria que se pode explicar assim: aquele que chama em seu auxílio os Espíritos, para deles obter os dons da fortuna ou qualquer outro favor, rebela-se contra a Providência, renuncia à missão que recebeu e às provas que deve sofrer neste mundo e sofrerá as consequências disso na vida futura. Isso não quer dizer que sua alma esteja para sempre condenada ao sofrimento. Mas, porque em vez de se desligar da matéria ele se afunda cada vez mais, o gozo que preferiu na Terra não o terá no mundo dos Espíritos, até que resgate a sua falta através de novas provas, talvez maiores e mais penosas. Por seu amor aos gozos materiais coloca-se na dependência dos Espíritos impuros: estabelece-se entre eles um pacto tácito, que o conduz à perdição, mas que sempre lhe será fácil romper com a assistência dos bons Espíritos, desde que o queira com firmeza.

XII - PODER OCULTO, TALISMÃS, FEITICEIROS

551. Um homem mau, com o auxílio de um mau Espírito que lhe for devotado, pode fazer o mal ao seu próximo?

– Não, Deus não o permitiria.

552. Que pensar da crença no poder de enfeitiçar que certas pessoas teriam?

– Algumas pessoas têm um poder magnético muito grande, do qual podem fazer mau uso se o seu próprio Espírito for mau. Nesse caso poderão ser secundadas por maus Espíritos. Mas não acrediteis nesse pretenso poder mágico que só existe na imaginação das pessoas supersticiosas, ignorantes das verdadeiras leis da Natureza. Os fatos que citam são fatos naturais mal observados e sobretudo mal compreendidos.

553. Qual pode ser o efeito de fórmulas e práticas com as quais certas pessoas pretendem dispor da vontade dos Espíritos?

– O de as tornar ridículas, se são de boa-fé; no caso contrário são tratantes que merecem castigo. Todas as fórmulas são charlatanices; não há nenhuma palavra sacramental, nenhum signo cabalístico, nenhum talismã que tenha qualquer ação sobre os Espíritos, porque eles só são atraídos pelo pensamento e não pelas coisas materiais.

553-a. Certos Espíritos não ditaram, algumas vezes, fórmulas cabalísticas?

– Sim, tendes Espíritos que vos indicam signos, palavras bizarras, ou que vos prescrevem certos atos, com a ajuda dos quais fazeis aquilo que chamais conjuração. Mas ficai bem seguros de que são Espíritos que zombam de vós e abusam de vossa credulidade.

554. Aquele que, com ou sem razão, confia naquilo a que chama virtude de um talismã não pode, por essa mesma confiança, atrair um Espírito? Porque então é o pensamento que age; o talismã não é um signo que ajuda a dirigir o pensamento?

– Isso é verdade; mas a natureza do Espírito atraído depende da natureza da intenção e da elevação dos sentimentos. Ora, é difícil que aquele que é tão simplório para crer na virtude de um talismã não tenha um objetivo mais material do que moral. Qualquer que seja o caso, isso indica estreiteza e fraqueza de ideias, que dão azo aos Espíritos imperfeitos e zombadores.

555. Que sentido se deve dar ao qualificativo de feiticeiro?

– Esses a que chamais feiticeiros são pessoas, quando de boa-fé, que possuem certas faculdades como o poder magnético ou a dupla vista. Como fazem coisas que não compreendeis, as julgais

dotadas de poder sobrenatural. Vossos sábios não passaram muitas vezes por feiticeiros aos olhos dos ignorantes?

O Espiritismo e o magnetismo nos dão a chave de uma infinidade de fenômenos sobre os quais a ignorância teceu muitas fábulas, em que os fatos são exagerados pela imaginação. O conhecimento esclarecido dessas duas ciências, que se resumem numa só, mostrando a realidade das coisas e sua verdadeira causa, é o melhor preservativo contra as ideias supersticiosas, porque revela o que é impossível, o que está nas leis da Natureza e o que não passa de crença ridícula.

556. Certas pessoas têm realmente o dom de curar por simples contato?

– O poder magnético pode chegar até isso, quando é secundado pela pureza de sentimentos e um ardente desejo de fazer o bem, porque então os bons Espíritos auxiliam. Mas é necessário desconfiar da maneira por que as coisas são contadas por pessoas muito crédulas ou muito entusiastas, sempre dispostas a ver o maravilhoso nas coisas mais simples e mais naturais. É necessário também desconfiar dos relatos interesseiros por parte de pessoas que exploram a credulidade em proveito próprio.

XIII - BÊNÇÃO E MALDIÇÃO

557. A bênção e a maldição podem atrair o bem e o mal para aqueles a quem são lançadas?

– Deus não escuta uma maldição injusta e aquele que a pronuncia é culpável aos seus olhos. Como temos as tendências opostas do bem e do mal, pode nesses casos haver uma influência momentânea, mesmo sobre a matéria; mas essa influência nunca se verifica sem a permissão de Deus e como acréscimo de prova para aquele que a sofre. De resto, o mais frequentemente se maldizem os maus e bendizem os bons. A bênção e a maldição não podem jamais desviar a Providência da senda da justiça: esta não fere o amaldiçoado se ele não for mau e sua proteção não cobre aquele que não a mereça.[6]

---

[6] O problema da bênção e maldição, como se vê, reduz-se ao plano das relações psíquicas, amplamente estudado neste livro e atualmente em pesquisa na Parapsicologia. Mas um dos pontos mais importantes deste capítulo é o de nº 522, onde aparece o conceito *instinto espiritual* como lembrança das provas escolhidas. Não confundir esse conceito com o de instinto, biológico, tratado nos ns. 589 e 590. (N. do T.)

CAPÍTULO X

OCUPAÇÕES E MISSÕES DOS ESPÍRITOS

558. Os Espíritos cuidam de outra coisa, além do seu melhoramento pessoal?

– Concorrem para a harmonia do Universo, executando a vontade de Deus, do qual são os ministros. A vida espírita é uma ocupação contínua, mas nada tem de penosa como a da Terra, pois não está sujeita à fadiga corpórea nem às angústias da necessidade.

559. Os Espíritos inferiores e imperfeitos desempenham também um papel útil no Universo?

– Todos têm deveres a cumprir. O último dos pedreiros não concorre tão bem para a construção do edifício como o arquiteto? (Ver item 540.)

560. Os Espíritos têm, cada um, atributos especiais?

– Vale dizer que todos temos de habitar em toda parte e adquirir o conhecimento de todas as coisas, presidindo sucessivamente às funções concernentes a todos os planos do Universo. Mas, como se diz no Eclesiastes, há um tempo para cada coisa. Assim, este cumpre hoje o seu destino neste mundo, aquele o cumprirá ou já cumpriu em outro tempo, sobre a Terra, na água, no ar, etc.

561. As funções que os Espíritos desempenham na ordem das coisas são permanentes para cada um e pertencem às atribuições de certas classes?

– Todos devem percorrer os diferentes graus da escala, para se aperfeiçoarem. Deus, que é justo, não poderia ter dado a uns a ciência sem trabalho, enquanto outros só a adquirem de maneira penosa.

Da mesma maneira, entre os homens, ninguém chega ao supremo grau de habilidade numa arte qualquer sem ter adquirido os conhecimentos necessários na prática das funções mais ínfimas dessa arte.

562. Os Espíritos da ordem mais elevada, nada mais tendo a adquirir, entregam-se a um repouso absoluto ou têm ainda ocupações?

– Que querias que eles fizessem por toda a Eternidade? A eterna ociosidade seria um suplício eterno.

562-a. Qual é a natureza de suas ocupações?

– *Receber diretamente as ordens de Deus, transmiti-las por todo o Universo e velar pela sua execução.*

563. As ocupações dos Espíritos são incessantes?

– *Incessantes, sim, se entendermos que o seu pensamento está sempre em atividade, pois eles vivem pelo pensamento. Mas é necessário não equiparar as ocupações dos Espíritos com as ocupações materiais dos homens. Sua própria atividade é um gozo, pela consciência que eles têm de ser úteis.*

563-a. Concebe-se isso para os bons Espíritos; mas acontece o mesmo com os Espíritos inferiores?

– *Os Espíritos inferiores têm ocupações apropriadas à sua natureza. Confiais ao trabalhador braçal e ao ignorante os trabalhos do homem culto?*

564. Entre os Espíritos há os que são ociosos ou que não se ocupem de alguma coisa útil?

– *Sim, mas esse estado é temporário e subordinado ao desenvolvimento de sua inteligência. Certamente que os há, como entre os homens vivendo apenas para si mesmos; mas essa ociosidade lhes pesa e cedo ou tarde o desejo de progredir lhes faz sentir a necessidade de atividade, e são então felizes de poderem tornar-se úteis. Falamos de Espíritos que atingiram o ponto necessário para terem consciência de si mesmos e de seu livre-arbítrio. Porque, em sua origem, eles são como crianças recém-nascidas que agem mais por instinto do que por uma vontade determinada.*

565. Os Espíritos examinam os nossos trabalhos de arte e se interessam por eles?

– *Examinam o que pode provar a elevação dos Espíritos e seu progresso.*

566. Um Espírito que teve uma especialidade na Terra, um pintor, um arquiteto, por exemplo, se interessa de preferência pelos trabalhos que constituíram o objeto de sua predileção durante a vida?

– *Tudo se confunde num objetivo geral. Se for bom, se interessará por eles na proporção que lhe permitam ajudar a elevação das almas a Deus. Esqueceis, aliás, que um Espírito que praticou uma arte na existência em que o conhecestes pode ter praticado outra em outra existência, porque é necessário que tudo saiba para tornar-se perfeito. Assim, segundo o seu grau de adiantamento pode ser que nenhuma delas constitua uma especialidade para ele. É isso o que eu entendo quando digo que tudo se confunde num objetivo geral. Notai ainda isto: o que é sublime para vós, no vosso mundo atrasado, não passa de infantilidade, comparado com o que há nos mundos mais avançados. Como quereis que os Espíritos que habitam esses mundos, onde existem artes desconhecidas para vós, admirem o que, para eles, não é mais que um trabalho escolar? Já o disse: eles examinam aquilo que pode provar progresso.*

566-a. Concebemos que assim deve ser para os Espíritos bastante adiantados. Mas falamos dos Espíritos mais vulgares, que não se elevaram ainda acima das ideias terrenas.

– *Para esses é diferente. Seu ponto de vista é mais limitado e podem admirar aquilo mesmo que admirais.*

567. Os Espíritos se imiscuem algumas vezes em nossas ocupações e em nossos prazeres?

– *Os Espíritos vulgares, como disseste, sim; estão incessantemente ao vosso redor e tomam parte às vezes bastante ativa naquilo que fazeis, segundo a sua natureza. E é bom que o façam, para impulsionar os homens nos diferentes caminhos da vida, excitar ou moderar as suas paixões.*

Os Espíritos se ocupam das coisas deste mundo na razão da sua elevação ou da sua inferioridade. Os Espíritos superiores têm, sem dúvida, a faculdade de as considerar nos seus mínimos aspectos, mas não o fazem senão na medida em que isso seja útil ao progresso. Os Espíritos inferiores somente ligam a essas coisas uma importância relativa às lembranças que ainda estão presentes em sua memória, e às ideias materiais que ainda não foram extintas.

568. Os Espíritos que têm missões a cumprir cumprem-nas em estado errante ou encarnado?

– *Podem fazê-lo num e noutro estado. Para certos Espíritos errantes essa é uma grande ocupação.*

569. Em que consistem as missões de que podem ser encarregados os Espíritos errantes?

– *São tão variadas que seria impossível descrevê-las; existem, aliás, as que não poderíeis compreender. Os Espíritos executam a vontade de Deus e não podeis penetrar todos os seus desígnios.*

As missões dos Espíritos têm sempre o bem por objeto. Seja como Espírito, seja como homens, são encarregados de ajudar o progresso da humanidade, dos povos, ou dos indivíduos num círculo de ideias mais ou menos largo, mais ou menos especial, de preparar as vias para certos acontecimentos, de velar pela realização de certas coisas. Alguns têm missões mais restritas e de certa maneira pessoais ou inteiramente locais, como de assistir os doentes, os agonizantes, os aflitos, de velar pelos que estão sob a sua proteção de guias, de dirigi-los pelos seus conselhos ou pelos bons pensamentos que lhes sugerem. Pode-se dizer que há tantos gêneros de missões quantas as espécies de interesses a resguardar, seja no mundo físico ou no mundo moral. O Espírito se adianta segundo a maneira por que desempenha a sua tarefa.

570. Os Espíritos compreendem sempre os desígnios que estão encarregados de executar?

– *Não; há os que são instrumentos cegos, mas outros sabem muito bem com que objetivo agem.*

571. Só há Espíritos elevados no cumprimento de missões?

– *A importância das missões está em relação com a capacidade e a elevação do Espírito. O estafeta que leva um despacho cumpre também uma missão, que não é a do general.*

572. A missão de um Espírito lhe é imposta ou depende de sua vontade?

– *Ele a pede e alegra-se de a obter.*

572-a. A mesma missão pode ser pedida por muitos Espíritos?

– *Sim, há sempre muitos candidatos, mas nem todos são aceitos.*

573. Em que consiste a missão dos Espíritos encarnados?

– *Instruir os homens, ajudá-los a avançar, melhorar as suas instituições por meios diretos e materiais. Mas as missões são mais ou menos gerais e importantes. Aquele que cultiva a terra cumpre uma missão, como aquele que governa ou aquele que instrui. Tudo se encadeia na Natureza; ao mesmo tempo que o Espírito se depura pela encarnação, também concorre por essa forma para o cumprimento dos desígnios da Providência. Cada um tem a sua missão neste mundo, porque cada um pode ser útil em algum sentido.*

574. Qual pode ser a missão de pessoas voluntariamente inúteis na Terra?

– *Há efetivamente pessoas que só vivem para si mesmas e não sabem tornar-se úteis para nada. São pobres seres que devemos lamentar, porque expiarão cruelmente sua inutilidade voluntária. Seu castigo começa frequentemente desde este mundo, pelo tédio e o desgosto da vida.*

574-a. Pois se tinham o direito de escolha, por que preferiram uma vida que em nada lhes poderia aproveitar?

– *Entre os Espíritos há também os preguiçosos, que recuam diante de uma vida de trabalho. Deus os deixa fazer; compreenderão mais tarde e à sua própria custa os inconvenientes de sua inutilidade e serão os primeiros a pedir para reparar o tempo perdido. Talvez, também, tenham escolhido uma vida mais útil, mas uma vez em ação a recusaram, deixando-se arrastar pelas sugestões dos Espíritos que os incitavam à ociosidade.*

575. As ocupações comuns nos parecem antes deveres que missões propriamente ditas. A missão, segundo a ideia ligada a essa palavra, tem um sentido de importância menos exclusivo e sobretudo menos pessoal. Desse ponto de vista, como se pode reconhecer que um homem tem uma missão real na Terra?

– Pelas grandes coisas que ele realiza, pelo progresso que faz os seus semelhantes realizarem.

576. Os homens que têm uma missão importante são predestinados a ela antes do nascimento e têm conhecimento disso?

– Às vezes, sim, mas na maioria das vezes o ignoram. Só têm um vago objetivo ao virem para a Terra; sua missão se desenha após o nascimento e segundo as circunstâncias. Deus os impulsiona pela via em que devem cumprir os seus desígnios.

577. Quando um homem faz uma coisa útil é sempre em virtude de uma missão anterior e predestinada ou pode receber uma missão não prevista?

– Tudo o que um homem faz não é consequência de uma missão predestinada; ele é frequentemente o instrumento de que um Espírito se serve para fazer executar alguma coisa que considera útil. Por exemplo, um Espírito julga que seria bom escrever um livro que ele escreveria se estivesse encarnado; procura o escritor mais apto a compreender o seu pensamento e a executá-lo; dá-lhe então a ideia e o dirige na execução. Assim este homem não veio à Terra com a missão de fazer a obra. Acontece o mesmo com alguns trabalhos de arte e com as descobertas. Deve-se dizer ainda que durante o sono do corpo o Espírito encarnado comunica-se diretamente com o Espírito errante, e que se entendem sobre a execução.

578. O Espírito pode falir na sua missão, por sua culpa?

– Sim, se não for um Espírito superior.

578-a. Quais são para ele as consequências?

– Terá de reiniciar a tarefa; está nisso a punição. Depois sofrerá as consequências do mal que tenha causado.

579. Pois que o Espírito recebe a sua missão de Deus, como Deus pode confiar uma missão importante e de interesse geral a um Espírito que poderia falir?

– Deus não sabe se o seu general será vitorioso ou vencido? Ele o sabe, estai certos, e seus planos, quando importantes, não dependem desses que devem abandonar a obra em meio do trabalho. Toda a questão está, para vós, no conhecimento do futuro, que Deus possui mas que não vos é dado.

580. O Espírito que se encarna para cumprir uma missão tem as mesmas apreensões daquele que o faz como prova?

– Não; ele tem experiência.

581. Os homens que são os faróis do gênero humano, que o esclarecem pelo seu gênio, têm certamente uma missão. Mas no seu número há os que se enganam e que, ao lado de grandes verdades, difundem grandes erros. Como devemos considerar a sua missão?

– Como falseada por eles. Estão abaixo da tarefa que empreenderam. É necessário entretanto tomar em conta as circunstâncias: os homens de gênio devem falar segundo o tempo, e um ensino que parece errôneo ou pueril para uma época avançada poderia ser suficiente para o seu século.

582. Pode-se considerar a paternidade como uma missão?

– É, sem contradita, uma missão. E ao mesmo tempo um dever muito grande, que implica, mais do que o homem pensa, sua responsabilidade para o futuro. Deus põe a criança sob a tutela dos pais para que estes a dirijam no caminho do bem. E lhes facilitou a tarefa dando à criança uma organização débil e delicada, que a torna acessível a todas as impressões. Mas há os que mais se ocupam de endireitar as árvores do pomar e de fazê-las carregar de bons frutos do que em endireitar o caráter do filho. Se este sucumbir por sua culpa terão de sofrer a pena, e os sofrimentos da criança na vida futura recairão sobre eles, porque não fizeram o que lhes competia para o seu adiantamento nas vias do bem.

583. Se uma criança se transviar, apesar dos cuidados dos pais, estes são responsáveis?

– Não; mas, quanto mais as disposições da criança são más, mais a tarefa é pesada e maior será o mérito se conseguirem desviá-la do mau caminho.

583-a. Se uma criança se torna um bom adulto, apesar da negligência ou dos maus exemplos dos pais, estes se beneficiam com isso?

– Deus é justo.

584. Qual pode ser a natureza da missão do conquistador, que só tem em vista satisfazer a sua ambição e para atingir o alvo não recua diante de nenhuma calamidade?

– *Ele não é, na maioria das vezes, mais do que um instrumento de que Deus se serve para o cumprimento de seus desígnios. Essas calamidades são muitas vezes o meio de fazer avançar mais rapidamente um povo.*

584-a. Aquele que é instrumento dessas calamidades passageiras é alheio ao bem que delas pode resultar, pois só se propõe um alvo pessoal; não obstante, aproveitará desse bem?

– *Cada um é recompensado segundo as suas obras, o bem que desejou fazer e a orientação de suas intuições.*

Os Espíritos encarnados têm ocupações inerentes à sua existência corporal. No estado errante ou de desmaterialização, suas ocupações são proporcionais ao seu grau de adiantamento.

Uns percorrem os mundos, instruindo-se e preparando-se para uma nova encarnação.

Outros, mais avançados, ocupam-se do progresso dirigindo os acontecimentos e sugerindo pensamentos favoráveis; assistem aos homens de gênio que concorrem para o adiantamento da Humanidade.

Outros se encarnam com uma missão de progresso.

Outros tomam à sua tutela indivíduos, famílias, aglomerações humanas, cidades e povos dos quais se tornam anjos da guarda, gênios protetores e Espíritos familiares.

Outros, enfim, presidem aos fenômenos da Natureza, dos quais são os agentes diretos.

Os Espíritos comuns se imiscuem nas ocupações e divertimentos dos homens.

Os Espíritos impuros ou imperfeitos esperam, em sofrimentos e angústias, o momento em que praza a Deus conceder-lhes os meios de se adiantarem. Se fazem o mal é pelo despeito de ainda não poderem gozar do bem[1].

---

[1] Estas anotações de Kardec dão-nos a visão de conjunto das funções dos Espíritos na Natureza e justificam a sua afirmação de que os Espíritos são uma das forças naturais do Universo. As doutrinas espiritualistas que acusam o Espiritismo de não reconhecer a existência de classes de espíritos não humanos desconhecem este quadro. O Espiritismo é monista e considera toda a evolução espiritual como um processo único que se define na Humanidade, mas reconhece as fases pré-humanas dessa evolução. Como vemos acima, os Espíritos estão em toda parte e exercem universalmente a sua ação inteligente. (N. do T.)

CAPÍTULO XI

OS TRÊS REINOS

I - OS MINERAIS E AS PLANTAS

585. Que pensais da divisão da Natureza em três reinos, ou ainda em duas classes: os seres orgânicos e os seres inorgânicos? Alguns fazem da espécie humana um quarto reino. Qual dessas divisões é a preferível?

– *Todas são boas; isso depende do ponto de vista. Encarnados sob o aspecto material, não há senão seres orgânicos e seres inorgânicos; do ponto de vista moral há, evidentemente, quatro graus.*

Esses quatro graus têm, com efeito, caracteres bem definidos; embora pareçam confundir-se os seus limites. A matéria inerte, que constitui o reino mineral, não possui mais do que uma força mecânica; as plantas, compostas de matéria inerte, são dotadas de vitalidade; os animais, compostos de matéria inerte e dotados de vitalidade, têm também uma espécie de inteligência instintiva, limitada, com a consciência de sua existência e de sua individualidade; o homem, tendo tudo o que existe nas plantas e nos animais, domina todas as outras classes por uma inteligência especial ilimitada[1], que lhe dá a consciência do seu futuro, a percepção das coisas extramateriais e o conhecimento de Deus.

586. As plantas têm consciência de sua existência?

– *Não. Elas não pensam, não têm mais do que a vida orgânica.*

587. As plantas têm sensações; sofrem, quando mutiladas?

– *As plantas recebem as impressões físicas da ação sobre a matéria, mas não têm percepções, por conseguinte, não têm a sensação de dor.*

588. A força que atrai as plantas, umas para as outras, é independente da sua vontade?

– *Sim, pois elas não pensam. É uma força mecânica da matéria que age na matéria: elas não poderiam opor-se.*

[1] A inteligência do homem é ilimitada em face da inteligência limitada do animal. O texto francês diz: "*indéfinie*", geralmente traduzido por indefinida. Embora a palavra indefinida tenha, também em português, o sentido de sem limites, parece-nos que a tradução mais clara é a que fizemos. (N. do T.)

589. Certas plantas, como a sensitiva e a dioneia, por exemplo, têm movimentos que acusam uma grande sensibilidade e em alguns casos uma espécie de vontade, como a última, cujos lóbulos apanham a mosca que vem pousar sobre ela para sugar-lhe o suco, e à qual ela parece haver preparado uma armadilha para matar. Essas plantas são dotadas da faculdade de pensar? Têm uma vontade e formam uma classe intermediária entre a natureza vegetal e a animal? Constituem uma transição de uma para a outra?

– *Tudo é transição na Natureza, pelo fato mesmo de que nada é semelhante, e no entanto tudo se liga. As plantas não pensam e por conseguinte não têm vontade. A ostra que se abre e todos os zoófitos não têm pensamento: nada mais possuem que um instinto natural e cego.*

O organismo humano nos fornece exemplos de movimentos analógicos, sem a participação da vontade, como as funções digestivas e circulatórias. O piloro se fecha ao contato de certos corpos para negar-lhes passagem. O mesmo deve acontecer com a sensitiva, na qual os movimentos não implicam absolutamente a necessidade de uma percepção, e menos ainda de uma vontade.

590. Não há nas plantas, como nos animais, um instinto de conservação que os leva a procurar aquilo que lhes pode ser útil e a fugir ao que lhes pode prejudicar?

– *Há, se o quiserdes, uma espécie de instinto: isso depende da extensão que se atribua a essa palavra; mas é puramente mecânico. Quando, nas reações químicas, vedes dois corpos se unirem, é que eles se afinam, quer dizer, que há afinidades entre eles; mas não chamais a isso de instinto.*

591. Nos mundos superiores as plantas são, como os outros seres, de natureza mais perfeita?

– *Tudo é mais perfeito: mas as plantas são sempre plantas, como os animais são sempre animais e os homens sempre homens.*[2]

II - OS ANIMAIS E O HOMEM

[2] Algumas pessoas fazem desta resposta uma negação da continuidade evolutiva das coisas e dos seres. O leitor deve considerar que a resposta se refere à condição dos mundos superiores, onde há plantas, animais e homens, como nos inferiores, mas em escala avançada. A palavra sempre não é empregada aí no sentido de eternidade, o que seria contrariar os princípios espíritas. Quer dizer apenas que os três reinos existem sempre, em todos os mundos aqui referidos. Ver os itens 604, 607 e 607-a. (N. do T.)

592. Se comparamos o homem e os animais em relação à inteligência, parece difícil estabelecer a linha de demarcação, porque certos animais têm, nesse terreno, notória superioridade sobre certos homens. Essa linha de demarcação pode ser estabelecida de maneira precisa?

– *Sobre esse assunto os vossos filósofos não estão muito de acordo. Uns querem que o homem seja um animal, e outros que o animal seja um homem. Estão todos errados. O homem é um ser à parte, que desce às vezes muito baixo ou que pode elevar-se muito alto. No físico o homem é como os animais e menos bem provido que muitos dentre eles; a Natureza lhes deu tudo aquilo que o homem é obrigado a inventar com a sua inteligência para prover às suas necessidades e à sua conservação. Seu corpo se destrói como o dos animais, isto é certo, mas o seu Espírito tem um destino que só ele pode compreender, porque só ele é completamente livre. Pobres homens, que vos rebaixais mais do que os brutos! Não sabeis distinguir-vos deles? Reconhecei o homem pelo pensamento de Deus.*

593. Podemos dizer que os animais só agem por instinto?

– *Ainda nisso há um sistema. É bem verdade que o instinto domina na maioria dos animais: mas não vês que há os que agem por uma vontade determinada? É que têm inteligência, mas ela é limitada.*

Além do instinto, não se poderia negar a certos animais a prática de atos combinados que denotam a vontade de agir num sentido determinado e de acordo com as circunstâncias. Há neles, portanto, uma espécie de inteligência, mas cujo exercício é mais precisamente concentrado sobre os meios de satisfazer às suas necessidades físicas e prover à sua conservação. Não há entre eles nenhuma criação, nenhum melhoramento; qualquer que seja a arte que admiramos em seus trabalhos, aquilo que faziam antigamente é o mesmo que fazem hoje, nem melhor nem pior, segundo formas e proposições constantes e invariáveis. Os filhotes separados de sua espécie não deixam de construir o seu ninho de acordo com o mesmo modelo, sem terem sido ensinados. Se alguns são suscetíveis de uma certa educação, esse desenvolvimento intelectual, sempre fechado em estreitos limites, é devido à ação do homem sobre uma natureza flexível, pois não fazem nenhum progresso por si mesmos, e esse progresso é efêmero, puramente individual, porque o animal, abandonado a si próprio, não tarda a voltar aos limites traçados pela Natureza.

594. Os animais têm linguagem?

– *Se pensais numa linguagem formada de palavras e de sílabas, não; mas num meio de se comunicarem entre si, então, sim. Eles se dizem muito mais coisas do que supondes, mas a sua linguagem é limitada, como as próprias ideias, às suas necessidades.*

594-a. Há animais que não possuem voz; esses não parecem destituídos de linguagem?

– *Compreendem-se por outros meios. Vós, homens, não tendes mais do que a palavra para vos comunicardes? E dos mudos, que dizeis? Os animais, sendo dotados da vida de relação, têm meios de se prevenir e de exprimir as sensações que experimentam. Pensas que os peixes não se entendem? O homem não tem o privilégio da linguagem, mas a dos animais é instintiva e limitada pelo círculo exclusivo das suas necessidades e das suas ideias, enquanto a do homem é perfectível e se presta a todas as concepções da sua inteligência.*

Realmente, os peixes que emigram em massa, bem como as andorinhas que obedecem ao guia, devem ter meios de se advertir, de se entender e de se combinar. Talvez o façam entre si, ou a água seja um veículo que lhes transmita certas vibrações. Seja o que for, é incontestável que eles dispõem de meios para se entenderem, da mesma maneira que todos os animais privados de voz, que realizam trabalhos em comum. Deve-se admirar, diante disso, que os Espíritos possam comunicar-se entre eles sem o recurso da palavra articulada? (Ver item 282.)

595. Os animais têm livre-arbítrio?

– *Não são simples máquinas, como supondes*[3]*, mas sua liberdade de ação é limitada pelas suas necessidades, e não pode ser comparada à do homem. Sendo muito inferiores a este, não têm os mesmos deveres. Sua liberdade é restrita aos atos da vida material.*

596. De onde vem a aptidão de certos animais para imitar a linguagem do homem, e por que essa aptidão se encontra mais entre as aves do que entre os símios, por exemplo, cuja conformação tem mais analogia com a humana?

– *Conformação particular dos órgãos vocais, secundada pelo instinto da imitação. O símio imita os gestos; certos pássaros imitam a voz.*

597. Pois se os animais têm uma inteligência que lhes dá uma certa liberdade de ação, há neles um princípio independente da matéria?

– *Sim, e que sobrevive ao corpo.*

---

[3] Descartes ensinava que os animais são máquinas, agindo segundo as leis naturais, por não terem espírito. Essa concepção, que no tempo de Kardec era ainda bastante difundida, prevalece até hoje entre a maioria dos homens. Os Espíritos a contestam, como se vê, e a sua opinião é referenciada pelas ciências. (N. do T.)

597-a. Esse princípio é uma alma semelhante à do homem?

– É também uma alma, se o quiserdes; isso depende do sentido em que se tome a palavra; mas é inferior à do homem. Há, entre a alma dos animais e a do homem, tanta distância quanto entre a alma do homem e Deus.

598. A alma dos animais conserva após a morte sua individualidade e a consciência de si mesma?

– Sua individualidade sim, mas não a consciência de si mesma. A vida inteligente permanece em estado latente.

599. A alma dos animais pode escolher a espécie em que prefira encarnar-se?

– Não; ela não tem o livre-arbítrio.

600. A alma do animal, sobrevivendo ao corpo, fica num estado errante como a do homem após a morte?

– Fica numa espécie de erraticidade, pois não está unida a um corpo. Mas não é um Espírito errante. O Espírito errante é um ser que pensa e age por sua livre vontade; o dos animais não tem a mesma faculdade. É a consciência de si mesmo que constitui o atributo principal do Espírito. O Espírito do animal é classificado, após a morte, pelos Espíritos incumbidos disso e utilizado quase imediatamente: não dispõe de tempo para se pôr em relação com outras criaturas.

601. Os animais seguem uma lei progressiva como os homens?

– Sim, e é por isso que nos mundos superiores, onde os homens são mais adiantados, os animais também o são, dispondo de meios de comunicação mais desenvolvidos. São, porém, sempre inferiores e submetidos aos homens, sendo, para estes, servidores inteligentes.

Nada há nisso de extraordinário. Suponhamos os nossos animais de maior inteligência, como o cão, o elefante, o cavalo, dotados de uma conformação apropriada aos trabalhos manuais. O que não poderiam fazer, sob a direção do homem?

602. Os animais progridem, como o homem, por sua própria vontade, ou pela força das coisas?

– Pela força das coisas; e é por isso que, para eles, não existe expiação.

603. Nos mundos superiores os animais conhecem a Deus?

– Não. O homem é um deus para eles, como antigamente os Espíritos foram deuses para os homens.

604. Os animais, mesmo aperfeiçoados nos mundos superiores, sendo sempre inferiores aos homens, disso resultaria que Deus tivesse criado seres intelectuais perpetuamente votados à inferioridade, o que parece em desacordo com a unidade de vistas e de progresso que se assinalam em todas as suas obras?

– *Tudo se encadeia na Natureza por liames que não podeis ainda perceber, e as coisas aparentemente mais disparatadas têm pontos de contato que o homem jamais chegará a compreender no seu estado atual. Pode entrevê-los por um esforço de sua inteligência, mas somente quando essa inteligência tiver atingido todo o seu desenvolvimento e se libertado dos prejuízos do orgulho e da ignorância poderá ver claramente na obra de Deus. Até lá suas ideias limitadas lhe farão ver as coisas de um ponto de vista mesquinho. Sabei que Deus não pode contradizer-se e que tudo, na Natureza, se harmoniza através de leis gerais que jamais se afastam da sublime sabedoria do Criador.*

604-a. A inteligência é assim uma propriedade comum, um ponto de encontro entre a alma dos animais e a do homem?

– *Sim, mas os animais não têm senão a inteligência da vida material; nos homens, a inteligência produz a vida moral.*

605. Se considerarmos todos os pontos de contato existentes entre o homem e os animais, não poderíamos pensar que o homem possui duas almas: a alma animal e a alma espírita, e que, se ele não tivesse esta última, poderia viver só como os animais? Dizendo de outra maneira: o animal é um ser semelhante ao homem, menos a alma espírita? Disso resultaria que os bons e os maus instintos do homem seriam o efeito da predominância de uma ou outra dessas duas almas?

– *Não, o homem não tem duas almas, mas o corpo tem os seus instintos, que resultam da sensação dos órgãos. Não há no homem senão uma dupla natureza: a natureza animal e a espiritual. Pelo seu corpo ele participa da natureza dos animais e dos seus instintos; pela sua alma participa da natureza dos Espíritos.*

605-a. Assim, além das suas próprias imperfeições, de que o Espírito deve despojar-se, deve ele lutar contra a influência da matéria?

– *Sim, quanto mais inferior é ele, mais apertados são os laços entre o Espírito e a matéria. Não o vedes? Não, o homem não tem duas almas; a alma é sempre única, um ser único. A alma do animal e a do homem são distintas entre si, de tal maneira que a de um não pode animar o corpo criado para o outro. Mas, se o homem não possui uma alma animal, que por suas paixões o coloque no nível dos animais, tem o seu corpo que o rebaixa frequentemente a esse nível, porque o seu corpo é um ser dotado de vitalidade, que tem instintos, mas ininteligentes e limitados ao interesse de sua conservação.*[4]

O Espírito, encarnando-se no corpo do homem, transmite-lhe o princípio intelectual e moral que o torna superior aos animais. As duas naturezas existentes no homem oferecem às suas paixões duas fontes diversas: umas provêm dos instintos da natureza, outras das impurezas do Espírito encarnado, que simpatiza em maior ou menor proporção com a grosseria dos apetites animais. O Espírito, ao se purificar, liberta-se pouco a pouco da influência da matéria. Sob essa influência ele se aproxima dos brutos; liberto dessa influência, eleva-se ao seu verdadeiro destino.

606. De onde tiram os animais o princípio inteligente que constitui a espécie particular de alma de que são dotados?

– *Do elemento inteligente universal.*

606-a. A inteligência do homem e a dos animais emanam, portanto, de um princípio único?

– *Sem nenhuma dúvida; mas no homem ela passou por uma elaboração que a eleva sobre a dos brutos.*

607. Ficou dito que a alma do homem, em sua origem, assemelha-se ao estado de infância da vida corpórea, que a sua inteligência apenas desponta e que ela ensaia para a vida. (Ver item 190.) Onde cumpre o Espírito essa primeira fase?

– *Numa série de existências que precedem o período que chamais de Humanidade.*

607-a. Parece, assim, que a alma teria sido o princípio inteligente dos seres inferiores da criação?

– *Não dissemos que tudo se encadeia na Natureza e tende à unidade? É nesses seres, que estais longe de conhecer inteiramente, que o princípio inteligente se elabora, se individualiza pouco a pouco e ensaia para a vida, como dissemos. É, de certa maneira, um trabalho preparatório, como o de germinação, em seguida ao qual o princípio inteligente sofre uma transformação e se torna Espírito. É então que começa para ele o período de humanidade, e com este a consciência do seu futuro, a distinção do bem e do mal e a responsabilidade dos seus atos. Como depois do período da infância*

[4] Os Espíritos levantam aqui um problema filosófico, o do "ser do corpo", que o desenvolvimento da Filosofia Espírita tende a esclarecer. Ver obras especializadas. (N. do T.)

vem o da adolescência, depois a juventude, e por fim a idade madura. Nada há, de resto, nessa origem, que deva humilhar o homem. Os grandes gênios sentem-se humilhados por terem sido fetos informes no ventre materno? Se alguma coisa deve humilhá-los é a sua inferioridade perante Deus e sua impotência para sondar a profundeza de seus desígnios e a sabedoria das leis que regulam a harmonia do Universo. Reconhecei a grandeza de Deus nessa admirável harmonia que faz a solidariedade de todas as coisas na Natureza. Crer que Deus pudesse ter feito qualquer coisa sem objetivo e criar seres inteligentes sem futuro seria blasfemar contra a sua bondade, que se estende sobre todas as suas criaturas.

607-b. Esse período de humanidade começa sobre a nossa Terra?

– *A Terra não é o ponto de partida da primeira encarnação humana. O período de humanidade começa, em geral, nos mundos ainda mais inferiores. Essa, entretanto, não é uma regra absoluta e poderia acontecer que um Espírito, desde o seu início humano, esteja apto a viver na Terra. Esse caso não é frequente e seria antes uma exceção.*

608. O Espírito do homem, após a morte, tem consciência das existências que precederam, para ele, o período de humanidade?

– *Não, porque não é senão desse período que começa para ele a vida de Espírito, e é mesmo difícil que se lembre de suas primeiras existências como homem, exatamente como o homem não se lembra mais dos primeiros tempos de sua infância, e ainda menos do tempo que passou no ventre materno. Eis por que os Espíritos vos dizem que não sabem como começaram. (Ver item 78.)*

609. O Espírito, tendo entrado no período de humanidade, conserva os traços do que havia sido precedentemente, ou seja, do estado em que se encontrava no período que se poderia chamar anti-humano?

– *Isso depende da distância que separa os dois períodos e do progresso realizado. Durante algumas gerações ele pode conservar um reflexo mais ou menos pronunciado do estado primitivo, porque nada na Natureza se faz por transição brusca*[5]*; há sempre anéis que*

[5] A dialética marxista contraria aparentemente este princípio com a afirmação de que a Natureza "dá saltos". Na realidade esses saltos são qualitativos, e decorrem da acumulação de pequenas modificações quantitativas, ou seja, de uma cadeia de ações e reações. Engels afirmou: "Embora com toda a graduação, a transição de uma forma de movimento para outra sempre se

ligam as extremidades da cadeia dos seres e dos acontecimentos. Mas esses traços desaparecem com o desenvolvimento do livre--arbítrio. Os primeiros progressos se realizam lentamente, porque não são ainda secundados pela vontade, mas seguem uma progressão mais rápida à medida que o Espírito adquire consciência mais perfeita de si mesmo.

610. Os Espíritos que disseram que o homem é um ser à parte na ordem da Criação enganaram-se, então?

– *Não, mas a questão não havia sido desenvolvida e há coisas que não podem vir senão a seu tempo. O homem é, de fato, um ser à parte porque tem faculdades que o distinguem de todos os outros e tem outro destino. A espécie humana é a que Deus escolheu para a encarnação dos seres que O podem conhecer.*

III - METEMPSICOSE

611. A comunhão de origem dos seres vivos no princípio inteligente não é a consagração da doutrina da metempsicose?

– *Duas coisas podem ter a mesma origem e não se assemelharem em nada mais tarde. Quem reconheceria a árvore, suas folhas, suas flores e seus frutos no germe informe que se contém na semente de onde saíram? No momento em que o princípio inteligente atinge o grau necessário para ser Espírito e entrar no período de humanidade, não tem mais relação com o seu estado primitivo e não é mais a alma dos animais, como a árvore não é a semente. No homem, somente existe do animal o corpo, as paixões que nascem da influência do corpo e os instintos de conservação inerente à matéria. Não se pode dizer, portanto, que tal homem é a encarnação do Espírito de tal animal, e por conseguinte a metempsicose, tal como a entendem, não é exata.*

612. O Espírito que animou o corpo de um homem poderia encarnar-se num animal?

– *Isso seria retrogradar, e o Espírito não retrograda. O rio não remonta à nascente. (Ver item 118.)*

---

apresenta como um salto, que se resolve em revolução." Esta teoria justifica a revolução social. Mas essa mesma revolução, segundo o marxismo, só pode ocorrer em condições especiais, preparadas por uma longa série de acontecimentos. Dessa maneira, mesmo diante da concepção materialista revolucionária, permanece válido em sua substância o princípio espírita "nada na Natureza se faz por transição brusca". Todo "salto" é o fim de uma cadeia de ações e reações. (N. do T.)

613[6]. Por mais errônea que seja a ideia ligada à metempsicose, não seria ela o resultado do sentimento intuitivo das diferentes existências do homem?

– Reconhecemos esse sentimento intuitivo nessa crença como em muitas outras; mas, como a maior parte dessas ideias intuitivas, o homem a desnaturou.

A metempsicose seria verdadeira se por ela se entendesse a progressão da alma de um estado inferior para um superior, realizando os desenvolvimentos que transformariam a sua natureza; mas é falsa, no sentido de transmigração direta do animal para o homem e vice-versa, o que implicaria a ideia de uma retrogradação ou de fusão. Ora, não podendo realizar-se essa fusão entre seres corporais de duas espécies, temos nisso um indício de que se encontram em graus não assimiláveis e que o mesmo deve acontecer com os espíritos que os animam. Se o mesmo Espírito pudesse animá-los alternativamente, disso resultaria uma identidade de natureza que se traduziria na possibilidade de reprodução material. A reencarnação ensinada pelos Espíritos se funda, pelo contrário, sobre a marcha ascendente da Natureza e sobre a progressão do homem na sua própria espécie, o que não diminui em nada a sua dignidade. O que o rebaixa é o mau uso que faz das faculdades que Deus lhe deu para o seu adiantamento. Como quer que seja, a antiguidade e a universalidade da doutrina da metempsicose, e o número de homens eminentes que a professaram, provam que o princípio da reencarnação tem suas raízes na própria Natureza; esses são, portanto, argumentos antes a seu favor do que contrários.

O ponto de partida do Espírito é uma dessas questões que se ligam ao princípio das coisas e estão nos segredos de Deus. Não é dado ao homem conhecê-los de maneira absoluta e ele só pode fazer, a seu respeito, meras suposições, construir sistemas mais ou menos prováveis. Os próprios Espíritos estão longe de tudo conhecer, e sobre o que não conhecem podem ter também opiniões pessoais mais ou menos sensatas.

É assim que nem todos pensam da mesma maneira a respeito das relações existentes entre o homem e os animais. Segundo alguns o Espírito não chega ao período humano senão depois de ter sido elaborado e individualizado nos diferentes graus dos seres inferiores da Criação. Segundo outros o Espírito do homem teria sempre pertencido à raça humana, sem passar pela fieira animal. O primeiro desses sistemas tem a vantagem de dar uma finalidade ao futuro dos animais, que constituiriam assim os primeiros anéis da cadeia dos seres pensantes; o segundo é mais conforme à dignidade do homem e pode resumir-se da maneira que segue.

As diferentes espécies de animais não procedem intelectualmente umas das outras, por via de progressão; assim o Espírito da ostra não se torna sucessivamente do peixe, da ave, do quadrúpede e do quadrúmano; cada espécie é um tipo absoluto, física e moralmente, e cada um dos

[6] Vide Nota Explicativa no final do livro.

seus indivíduos tira da fonte universal a quantidade de princípio inteligente que lhe é necessária, segundo a perfeição dos seus órgãos e a tarefa que deve desempenhar nos fenômenos da Natureza, devolvendo-a à massa após a morte. Aqueles dos mundos mais adiantados que o nosso (ver item 188) são igualmente constituídos de raças distintas, apropriadas às necessidades desses mundos e ao grau de adiantamento dos homens de que são auxiliares, mas não procedem absolutamente dos terrestres, espiritualmente falando. Com o homem já não se dá o mesmo.

Do ponto de vista físico o homem constitui evidentemente um anel da cadeia dos seres vivos; mas do ponto de vista moral há solução de continuidade entre o homem e o animal. O homem possui, como sua particularidade, a alma ou Espírito, centelha divina que lhe dá o senso moral e um alcance intelectual que os animais não possuem; é o seu ser principal, preexistente e sobrevivente ao corpo, conservando a sua individualidade. Qual é a origem do Espírito? Onde está o seu ponto de partida? Forma-se ele do princípio inteligente individualizado? Isso é um mistério que seria inútil procurar e penetrar sobre o qual, como dissemos, só podemos construir sistemas.

O que é constante e ressalta ao mesmo tempo do raciocínio e da experiência é a sobrevivência do Espírito, a conservação de sua individualidade após a morte, sua faculdade de progredir, seu estado feliz ou infeliz, proporcional ao seu adiantamento na senda do bem, e todas as verdades morais que são a consequência desse princípio. Quanto às relações misteriosas existentes entre o homem e os animais, isso, repetimos, está nos segredos de Deus, como muitas outras coisas cujo conhecimento atual nada importa para o nosso adiantamento e sobre as quais seria inútil nos determos.[7]

---

[7] *O Livro dos Espíritos* contém em si toda a doutrina, mas nem todos os princípios do Espiritismo estão nele suficientemente desenvolvidos. A codificação é progressiva. Vemos o aspecto científico desenvolver-se em *O Livro dos Médiuns* e em *A Gênese*; o aspecto religioso em *O Evangelho segundo o Espiritismo* e *O Céu e o Inferno*. Para esclarecimento dessa questão da origem do homem, o leitor deve consultar o capítulo VI de *A Gênese*, parte referente à "Criação Universal" (comunicação de Galileu, recebida por Flammarion e integrada por Kardec na codificação), o capítulo X, Gênese Orgânica, especialmente no número 26 e seguintes, referentes ao "Homem Corpóreo", e o capítulo XI, Gênese Espiritual. Aconselhável também a leitura de *A Evolução Anímica*, de Gabriel Delanne, obra subsidiária da codificação. Em *Depois da Morte*, de Léon Denis, o capítulo XI da parte segunda, intitulado A Pluralidade das Existências . Nota-se ainda a concordância dos ensinos acima, sobre o problema da metempsicose, com a constante afirmação dos Espíritos, neste livro, de que: "Tudo se encadeia na Natureza". (N. do T.)

LIVRO TERCEIRO

AS LEIS MORAIS

CAPÍTULO I

A LEI DIVINA OU NATURAL

I - CARACTERES DA LEI NATURAL

614. O que se deve entender por lei natural?

– A lei natural é a lei de Deus; é a única necessária à felicidade do homem; ela lhe indica o que ele deve fazer ou não fazer e ele só se torna infeliz porque dela se afasta.

615. A lei de Deus é eterna?

– É eterna e imutável, como o próprio Deus.[1]

[1] Por este princípio: "a lei natural é a lei de Deus, eterna e imutável como Ele mesmo", certos teólogos católicos e protestantes acusam o Espiritismo de doutrina panteísta. O mesmo fizeram com Espinosa, para quem Deus, a substância única, é a própria Natureza, mas não no seu aspecto material, e sim nas suas leis. Espinosa respondeu: "Afirmo-o com Paulo, e talvez com todos os filósofos em Deus; ouso mesmo acrescentar que esse foi o pensamento de todos os antigos hebreus" (Carta LXXIII, explicando a proposição XV da "Ética": "Tudo o que existe, existe em Deus, e nada pode existir nem ser concebido sem Deus"). Embora exista funda divergência entre a concepção espinosiana e a espírita de Deus, ambas concordam ao negar o antropomorfismo católico e protestante, ao reafirmar o princípio paulino acima citado e ao estabelecer identidade de origem e natureza divina para todas as leis do Universo. Por outro lado, assim como Espinosa não confundia a natureza material (*natura naturata*) com Deus, mas apenas a natureza inteligente (*natura naturans*), assim também o Espiritismo não faz semelhante confusão, estabelecendo ainda que as leis de Deus são uma coisa e Deus mesmo é outra. Veja-se o capítulo primeiro do Livro Primeiro, sobre Deus. Não há possibilidade de confusão entre Espiritismo e Panteísmo, a menos que se admita como panteísta a doutrina da imanência de Deus, por força mesmo de sua transcendência; e, nesse caso, católicos e protestantes também seriam panteístas. As revoluções atuais no campo da Teologia, particularmente o movimento da Teologia Radical, mostram mais uma vez o acerto da concepção espírita de Deus. (N. do T.)

616. Deus teria prescrito aos homens, numa época, aquilo que lhes proibiria em outra?

– *Deus não se engana; os homens é que são obrigados a modificar as suas leis, que são imperfeitas, mas as leis de Deus são perfeitas. A harmonia que regula o Universo material e o Universo moral se funda nas leis que Deus estabeleceu por toda a eternidade.*

617. O que as leis divinas abrangem? Referem-se a algo mais do que à conduta moral?

– *Todas as leis da Natureza são leis divinas, pois Deus é o autor de todas as coisas. O sábio estuda as leis da matéria, o homem de bem as da alma, e as segue.*

617-a. É dado ao homem aprofundar umas e outras?

– *Sim, mas uma só existência não lhe é suficiente para isso.*

Que são, de fato, alguns anos para se adquirir tudo o que constitui o ser perfeito, embora não consideremos mais do que a distância que separa o selvagem do homem civilizado? A mais longa existência possível é insuficiente e com mais forte razão quando ela é abreviada, como acontece com um grande número.

Entre as leis divinas, umas regulam o movimento e as relações da matéria bruta: são as leis físicas; seu estudo pertence ao domínio da Ciência.

As outras concernem especialmente ao homem e às suas relações com Deus e com os seus semelhantes. Compreendem as regras da vida do corpo e as da vida da alma: são as leis morais.

618. As leis divinas são as mesmas para todos os mundos?

– *A razão nos diz que elas devem ser apropriadas à natureza de cada mundo e proporcionais ao grau de adiantamento dos seres que os habitam.*

II - CONHECIMENTO DA LEI NATURAL

619. Deus proporcionou a todos os homens os meios de conhecerem a sua lei?

– *Todos podem conhecê-la, mas nem todos a compreendem; os que melhor a compreendem são os homens de bem e os que desejam pesquisá-la. Não obstante, um dia todos a compreenderão, porque é necessário que o progresso se realize.*

A justiça da multiplicidade de encarnações do homem decorre deste princípio, pois a cada nova existência sua inteligência se torna mais desenvolvida e ele compreende melhor o que é o bem e o que é o mal. Se tudo tivesse de se realizar numa só existência, qual seria a sorte de tantos milhões de seres que morrem diariamente no embrutecimento da selvageria ou nas trevas da ignorância, sem que deles dependa o próprio esclarecimento? (Ver os itens 171 a 222.)

620. A alma, antes de sua união com o corpo, compreende melhor a lei de Deus do que após a encarnação?

– *Ela a compreende segundo o grau de perfeição a que tenha chegado e conserva a sua lembrança intuitiva após a união com o corpo; mas os maus instintos do homem frequentemente fazem que ela a esqueça.*

621. Onde está escrita a lei de Deus?

– *Na consciência.*[2]

621-a. Desde que o homem traz na consciência a lei de Deus, que necessidade tem de que lha revelem?

– *Ele a tinha esquecido e desprezado: Deus quis que ela lhe fosse lembrada.*

622. Deus outorgou a alguns homens a missão de revelar a sua lei?

– *Sim, certamente; em todos os tempos houve homens que receberam essa missão. São Espíritos superiores, encarnados com o fim de fazer progredir a Humanidade.*

623. Esses que pretenderam instruir os homens na lei de Deus não se enganaram algumas vezes e não os fizeram transviar-se muitas vezes através de falsos princípios?

– *Os que não eram inspirados por Deus e que se atribuíram a si mesmos, por ambição, uma missão, que não tinham, certamente os fizeram extraviar; não obstante, como eram homens de gênio, em meio aos próprios erros ensinaram frequentemente grandes verdades.*

624. Qual é o caráter do verdadeiro profeta?

– *O verdadeiro profeta é um homem de bem, inspirado por Deus. Podemos reconhecê-lo por suas palavras e por suas ações. Deus não se serve da boca do mentiroso para ensinar a verdade.*

---

[2] Descartes, na terceira de suas Meditações Metafísicas, declara que a ideia de Deus está impressa no homem "como a marca do obreiro impressa na sua obra". Essa ideia de Deus é inata no homem e o impele à perfeição. Embora as escolas modernas de psicologia neguem a existência de ideias inatas, o Espiritismo sustenta essa existência, através do princípio da reencarnação. Por outro lado, as ideias de Deus, da sobrevivência, do bem e do mal existem e existiram sempre entre todos os povos. A lei de Deus está escrita na consciência do homem como a assinatura do artista na sua obra. (N. do T.)

625. Qual o tipo mais perfeito que Deus ofereceu ao homem para lhe servir de guia e de modelo?

– *Vede Jesus.*

Jesus é para o homem o tipo da perfeição moral a que pode aspirar a Humanidade na Terra. Deus no-lo oferece como o mais perfeito modelo e a doutrina que ele ensinou é a mais pura expressão de sua lei, porque ele estava animado do espírito divino e foi o ser mais puro que já apareceu na Terra.

Se alguns dos que pretenderam instruir os homens na lei de Deus algumas vezes os desviaram para falsos princípios, foi por se deixarem dominar por sentimentos demasiado terrenos e por terem confundido as leis que regem as condições da vida da alma com as que regem a vida do corpo. Muitos deles apresentaram como leis divinas o que eram apenas leis humanas, instruídas para servir às paixões e dominar os homens.

626. As leis divinas e naturais só foram reveladas aos homens por Jesus e antes dele só foram conhecidas por intuição?

– *Não dissemos que elas estão escritas por toda parte? Todos os homens que meditaram sobre a sabedoria puderam compreendê-las e ensiná-las, desde os séculos mais distantes. Por seus ensinamentos, mesmo incompletos, eles prepararam o terreno para receber a semente. Estando as leis divinas escritas no livro da Natureza, o homem pode conhecê-las sempre que desejou procurá-las. Eis por que os seus princípios foram proclamados em todos os tempos pelos homens de bem, e também por que encontramos os seus elementos na doutrina moral de todos os povos saídos da barbárie, mas incompletos ou alterados pela ignorância e a superstição.*

627. Desde que Jesus ensinou as verdadeiras leis de Deus qual é a utilidade do ensinamento dado pelos Espíritos? Têm eles mais alguma coisa para nos ensinar?

– *O ensino de Jesus era frequentemente alegórico e em forma de parábolas, porque ele falava de acordo com a época e os lugares. Faz-se hoje necessário que a verdade seja inteligível para todos. É preciso, pois, explicar e desenvolver essas leis, tão poucos são os que as compreendem e ainda menos os que as praticam. Nossa missão é a de despertar os olhos e os ouvidos para confundir os orgulhosos e desmascarar os hipócritas: os que afetam exteriormente a virtude e a religião para ocultar as suas torpezas. O ensinamento dos Espíritos deve ser claro e sem equívocos a fim de que ninguém possa pretextar ignorância e cada um possa julgá-lo e apreciá-lo com sua própria razão. Estamos encarregados de preparar o Reino de Deus anunciado por Jesus, e por isso é necessário que ninguém possa interpretar a lei de Deus ao sabor de suas paixões, nem falsear o sentido de uma lei que é toda amor e caridade.*[3]

628. Por que a verdade não esteve sempre ao alcance de todos?

– *É necessário que cada coisa venha a seu tempo. A verdade é como a luz: é preciso que nos habituemos a ela pouco a pouco, pois de outra maneira nos ofuscaria.*

Jamais houve um tempo em que Deus permitisse ao homem receber comunicações tão completas e tão instrutivas como as que hoje lhe são dadas. Havia na antiguidade, como sabeis, alguns indivíduos que estavam de posse daquilo que consideravam uma ciência sagrada e da qual faziam mistério para os que consideravam profanos. Deveis compreender, com o que conheceis das leis que regem esses fenômenos, que eles recebiam apenas verdades esparsas no meio de um conjunto equívoco e na maioria das vezes alegórico. Não há, entretanto, para o homem de estudo, nenhum antigo sistema filosófico, nenhuma tradição, nenhuma religião a negligenciar, porque todos encerram os germes de grandes verdades, que, embora pareçam contraditórias entre si, espalhadas que se acham entre acessórios sem fundamento, são hoje muito fáceis de coordenar, graças à chave que vos dá o Espiritismo de uma infinidade de coisas que até aqui vos pareciam sem razão, e cuja realidade vos é agora demonstrada de maneira irrecusável. Não deixeis de tirar temas de estudo desses materiais. São eles muito ricos e podem contribuir poderosamente para vossa instrução.[4]

III - O BEM E O MAL

[3] Comparar esta resposta com a mensagem do Espírito da Verdade colocada por Kardec como prefácio de *O Evangelho segundo o Espiritismo*. Como se vê, desde os primeiros momentos, os Espíritos anunciaram que a finalidade da doutrina era o restabelecimento do Cristianismo. (N. do T.)

[4] Os textos sagrados das grandes religiões, como a Bíblia e os Vedas, os sistemas de antigos filósofos, as doutrinas de velhas ordens ocultas ou esotéricas, todos encerram grandes verdades nas suas contradições aparentes. Os espíritas não devem recuar diante desses sistemas ou ver-lhes apenas as contradições, quando possuem a chave do Espiritismo, com a qual estão aptos a decifrar-lhes os enigmas, descobrindo seus poderosos motivos de esclarecimento. Também nos sistemas modernos de filosofia ou de ciência, por mais contrários que pareçam aos espíritas, uma análise verdadeiramente espírita poderá revelar a existência de grandes verdades. (N. do T.)

629. Que definição se pode dar à moral?

– A moral é a regra da boa conduta e portanto da distinção entre o bem e o mal. Funda-se na observação da lei de Deus. O homem se conduz bem quando faz tudo tendo em vista o bem e para o bem de todos, porque então observa a lei de Deus.

630. Como se pode distinguir o bem do mal?

– O bem é tudo o que está de acordo com a lei de Deus e o mal é tudo o que dela se afasta. Assim, fazer o bem é se conformar à lei de Deus; fazer o mal é infringir essa lei.

631. O homem tem meios para distinguir por si mesmo o bem e o mal?

– Sim, quando ele crê em Deus e quando o quer saber. Deus lhe deu a inteligência para discernir um e outro.

632. O homem, que é sujeito a errar, não pode enganar-se na apreciação do bem e do mal e crer que faz o bem quando em realidade está fazendo o mal?

– Jesus vos disse: vede o que quereríeis que vos fizessem ou não; tudo se resume nisso. Assim não vos enganareis.

633. A regra do bem e do mal, que se poderia chamar de reciprocidade ou de solidariedade, não pode ser aplicada à conduta pessoal do homem para consigo mesmo. Encontra ele, na lei natural, a regra desta conduta e um guia seguro?

– Quando comeis demais, isso vos faz mal. Pois bem: é Deus que vos dá a medida do que vos falta. Quando a ultrapassais, sois punidos. O mesmo se dá com tudo o mais. A lei natural traça para o homem o limite das suas necessidades; quando ele o ultrapassa é punido pelo sofrimento. Se o homem escutasse, em todas as coisas, essa voz que diz chega, evitaria, a maior parte dos males de que acusa a Natureza.

634. Por que o mal se encontra na natureza das coisas? Falo do mal moral. Deus não poderia criar a Humanidade em melhores condições?

– Já te dissemos: os Espíritos foram criados simples e ignorantes. (Ver o item 115.) Deus deixa ao homem a escolha do caminho: tanto pior para ele se seguir o mal; sua peregrinação será mais longa. Se não existissen montanhas não poderia o homem compreender que se pode subir e descer, e se não existissem rochas não compreenderia que há corpos duros. É necessário que o Espírito adquira a experiência, e para isso é necessário que ele conheça o bem e o mal; eis por que existe a união do Espírito e do corpo. (Ver item 119.)

635. As diferentes condições sociais criam necessidades novas: que não são as mesmas para todos os homens. A lei natural pareceria, assim, não ser uma regra uniforme?

– *Essas diferentes condições existem na Natureza e estão de acordo com a lei do progresso. Isso não impede a unidade da lei natural, que se aplica a tudo.*

As condições de existência do homem mudam segundo as épocas e os lugares, e disso resultam para ele necessidades diferentes: e condições sociais correspondentes a essas necessidades. Desde que essa diversidade está na ordem das coisas é conforme a lei de Deus, e essa lei, por isso, não é menos una em seu princípio. Cabe à razão distinguir as necessidades reais das necessidades fictícias: ou convencionais.

636. O bem e o mal são absolutos para todos os homens?

– *A lei de Deus é a mesma para todos: mas o mal depende, sobretudo, da vontade que se tenha de fazê-lo. O bem é sempre bem e o mal sempre mal, qualquer que seja a posição do homem; a diferença está no grau de responsabilidade.*[5]

637. O selvagem que cede ao seu instinto, comendo carne humana, é culpado?

– *Eu disse que o mal depende da vontade. Pois bem: o homem é tanto mais culpado quanto melhor sabe o que faz.*

As circunstâncias dão ao bem e ao mal uma gravidade relativa. O homem comete, frequentemente, faltas que, sendo embora decorrentes da posição em que a sociedade o colocou, não são menos repreensíveis; mas a responsabilidade está na razão dos meios que ele tiver para compreender o bem e o mal. É assim que o homem esclarecido que comete uma simples injustiça é mais culpável aos olhos de Deus que o selvagem que se entrega aos instintos.

638. O mal parece, algumas vezes, ser consequente da força das circunstâncias. Tal é, por exemplo, em certos casos, a

---

[5] As pesquisas sociológicas deram motivo a uma reavaliação, em nosso tempo, do conceito tradicional de moral. Entendeu-se que a moral é variável, porque o bem de um povo pode ser mal para outro, e vice-versa. Renouvier, entretanto, em *Science de la morale*, a compara às matemáticas: é uma ciência que deve fundar-se em puros conceitos. Os sociólogos confundiram moral e costumes, mas ultimamente já distinguiram, na confusão dos costumes, uma regra geral, que é a aspiração comum do bem. Bergson, em *Les deux sources de la morale et de la religion*, estabelece dois tipos de moral: a fechada, que decorre da coação social, e a aberta, que é individual e não se sujeita às convenções. A moral relativa é a convencional, enquanto a moral absoluta é a ditada pela aspiração universal do bem, pela Lei de Deus gravada nas consciências. (N. do T.)

necessidade de destruição, até mesmo do nosso semelhante. Pode-se dizer, então, que há infração à lei de Deus?

– O mal não é menos mal por ser necessário, mas essa necessidade desaparece à medida que a alma se depura passando de uma para outra existência; então se torna mais culpável quando o comete, porque melhor o compreende.

639. O mal que se comete não resulta frequentemente da posição em que os outros nos colocaram, e nesse caso quais são os mais culpáveis?

– O mal recai sobre aquele que a causou. Assim, o homem que é levado ao mal pela posição em que os outros o colocaram é menos culpável que aqueles que o causaram, pois cada um sofrerá a pena não somente do mal que tenha feito, mas também do que houver provocado.

640. Aquele que não faz o mal, mas aproveita o mal praticado por outro, é culpável no mesmo grau?

– É como se o cometesse; ao aproveitá-lo, torna-se participante dele. Talvez tivesse recuado diante da ação; mas, se ao encontrá-la realizada dela se serve, é porque a aprova e a teria praticado se pudesse ou se tivesse ousado.

641. O desejo do mal é tão repreensível quanto o mal?

– Conforme; há virtude em resistir voluntariamente ao mal que se sente desejo de praticar, sobretudo quando se tem a possibilidade de satisfazer esse desejo; mas, se o que faltou foi apenas a ocasião, o homem é culpável.

642. Será suficiente não se fazer o mal para ser agradável a Deus e assegurar uma situação futura?

– Não; é preciso fazer o bem no limite das próprias forças, pois cada um responderá por todo o mal que tiver ocorrido por causa do bem que deixou de fazer.

643. Há pessoas que, por sua posição, não tenham possibilidade de fazer o bem?

– Não há ninguém que não possa fazer o bem; somente o egoísta não encontra jamais a ocasião de praticá-lo. É suficiente estar em relação com outros homens para se fazer o bem, e cada dia da vida oferece essa possibilidade a quem não estiver cego pelo egoísmo, porque fazer o bem não é apenas ser caridoso mas ser útil na medida do possível, sempre que o auxílio se faça necessário.

644. O meio em que certos homens vivem não é para eles o motivo principal de muitos vícios e crimes?

– Sim, mas ainda nisso há uma prova escolhida pelo Espírito no estado de liberdade; ele quis se expor à tentação para ter o mérito da resistência.

645. Quando o homem está mergulhado na atmosfera do vício, o mal não se torna para ele um arrastamento quase irresistível?

– Arrastamento, sim, irresistível, não: porque no meio dessa atmosfera de vícios podes encontrar grandes virtudes. São Espíritos que tiveram a força de resistir e que tiveram, ao mesmo tempo, a missão de exercer uma boa influência sobre os seus semelhantes.

646. O mérito do bem que se faz está subordinado a certas condições, ou seja, há diferentes graus no mérito do bem?

– O mérito do bem está na dificuldade; não há nenhum em fazê-lo sem penas e quando nada custa. Deus leva mais em conta o pobre que reparte o seu único pedaço de pão, que o rico que só dá do seu supérfluo. Jesus já o disse, a propósito do óbolo da viúva.

IV - DIVISÃO DA LEI NATURAL

647. Toda a lei de Deus está encerrada na máxima do amor ao próximo ensinada por Jesus?

– Certamente essa máxima encerra todos os deveres dos homens entre si; mas é necessário mostrar-lhes a aplicação, pois do contrário podem negligenciá-la, como já o fazem hoje. Aliás, a lei natural compreende todas as circunstâncias da vida e essa máxima se refere a apenas um dos seus aspectos. Os homens necessitam de regras precisas. Os preceitos gerais e muito vagos deixam muitas portas abertas à interpretação.

648. Que pensais da divisão da lei natural em dez partes, compreendendo as leis sobre a adoração, o trabalho, a reprodução, a conservação, a destruição, a sociedade, o progresso, a igualdade, a liberdade e, por fim, a da justiça, amor e caridade?

– Essa divisão da lei de Deus em dez partes é a de Moisés e pode abranger todas as circunstâncias da vida, o que é essencial. Podes segui-la, sem que ela tenha entretanto nada de absoluto, como não o têm os demais sistemas de classificação, que sempre dependem do ponto de vista sob o qual se considera um assunto. A última lei é a mais importante; é por ela que o homem pode avançar mais na vida espiritual, porque ela resume todas as outras.

CAPÍTULO II

LEI DE ADORAÇÃO

I - FINALIDADE DA ADORAÇÃO

649. Em que consiste a adoração?

– É a elevação do pensamento a Deus. Pela adoração o homem aproxima de Deus a sua alma.

650. A adoração é o resultado de um sentimento inato ou produto de um ensinamento?

– Sentimento inato, como o da Divindade. A consciência de sua fraqueza leva o homem a se curvar diante daquele que o pode proteger.

651. Houve povos desprovidos de todo sentimento de adoração?

– Não, porque jamais houve povos ateus. Todos compreendem que há, acima deles, um Ser supremo.

652. Pode-se considerar a adoração como tendo sua fonte na lei natural?

– Ela faz parte da lei natural, porque é o resultado de um sentimento inato no homem; por isso a encontramos entre todos os povos, embora sob formas diferentes.

II - ADORAÇÃO EXTERIOR

653. A adoração necessita de manifestações exteriores?

– A verdadeira adoração é a do coração. Em todas as vossas ações, pensai sempre que o Senhor vos observa.

653-a. A adoração exterior é útil?

– Sim, se não for um vão simulacro. É sempre útil dar um bom exemplo; mas os que o fazem só por afetação e amor-próprio, e cuja conduta desmente a sua aparente piedade, dão um exemplo antes mau do que bom e fazem mais mal do que supõem.

654. Deus tem preferência pelos que o adoram desta ou daquela maneira?

– Deus prefere os que o adoram do fundo do coração, com sinceridade, fazendo o bem e evitando o mal, aos que pensam honrá-lo através de cerimônias que não os tornam melhores para os seus semelhantes.

Todos os homens são irmãos e filhos do mesmo Deus, que chama para ele todos os que seguem as suas leis, qualquer que seja a forma pela qual se exprimam.

Aquele que só tem a aparência da piedade é um hipócrita; aquele para quem a adoração é apenas um fingimento, e está em contradição com a própria conduta, dá um mau exemplo.

Aquele que faz profissão da adoração ao Cristo e que é orgulhoso, invejoso e ciumento, que é duro e implacável com os outros ou ambicioso dos bens mundanos, eu vos declaro que só tem a religião nos lábios e não no coração. Deus, que tudo vê, dirá: aquele que conhece a verdade é cem vezes mais culpável do mal que faz do que o selvagem ignorante e será tratado de maneira consequente no dia do juízo. Se um cego vos derruba ao passar, vós o desculpais e com razão.

Não pergunteis, pois, se há uma forma de adoração mais conveniente, porque isso seria perguntar se é mais agradável a Deus ser adorado numa língua do que em outra. Digo-vos ainda uma vez: os cânticos não chegam a ele senão pela porta do coração.

655. É reprovável praticar uma religião na qual não se acredita de coração, quando se faz isso por respeito humano e para não escandalizar os que pensam de outra maneira?

– A intenção, nisso como em tantas outras coisas, é a regra. Aquele que não tem em vista senão respeitar as crenças alheias não faz mal: faz melhor do que aquele que as ridicularizasse, porque esse faltaria com a caridade. Mas quem as praticar por interesse ou por ambição é desprezível aos olhos de Deus e dos homens. Deus não pode agradar-se daquele que só demonstra humildade perante ele para provocar a aprovação dos homens.

656. A adoração em comum é preferível à adoração individual?

– Os homens reunidos por uma comunhão de pensamentos e sentimentos têm mais força para atrair os bons Espíritos. Acontece o mesmo quando se reúnem para adorar a Deus. Mas não penseis, por isso, que a adoração em particular seja menos positiva; pois cada um pode adorar a Deus pensando nele.

III - VIDA CONTEMPLATIVA

657. Os homens que se entregam à vida contemplativa, não fazendo nenhum mal e só pensando em Deus, têm algum mérito aos seus olhos?

– Não, pois se não fazem o mal também não fazem o bem e são inúteis. Aliás, não fazer o bem já é um mal. Deus quer que se pense nele, mas não que se pense apenas nele, pois deu ao homem deveres a serem cumpridos na Terra. Aquele que se consome na meditação e na contemplação nada faz de meritório aos olhos de Deus, porque sua vida é toda pessoal e inútil para a Humanidade. Deus lhe pedirá contas do bem que não tenha feito. (Ver item 640.)

IV - DA PRECE

658. A prece é agradável a Deus?

– A prece é sempre agradável a Deus quando ditada pelo coração, porque a intenção é tudo para ele. A prece do coração é preferível à que podes ler, por mais bela que seja, se a leres mais com os lábios do que com o pensamento. A prece é agradável a Deus quando é proferida com fé, com fervor e sinceridade. Não creias, pois, que Deus seja tocado pelo homem vão, orgulhoso e egoísta, a menos que a sua prece represente um ato de sincero arrependimento e de verdadeira humildade.

659. Qual o caráter geral da prece?

– A prece é um ato de adoração. Fazer preces a Deus é pensar Nele, aproximar-se Dele, pôr-se em comunicação com Ele. Pela prece podemos fazer três coisas: louvar, pedir e agradecer.

660. A prece torna o homem melhor?

– Sim, porque aquele que faz preces com fervor e confiança se torna mais forte contra as tentações do mal, e Deus lhe envia bons Espíritos para o assistir. É um socorro jamais recusado, quando o pedimos com sinceridade.

660-a. Como se explica que certas pessoas que oram muito sejam, apesar disso, de muito mau caráter, ciumentas, invejosas, implicantes, faltas de benevolência e de indulgência; que sejam até mesmo viciosas?

– O essencial não é orar muito, mas orar bem. Essas pessoas julgam que todo o mérito está na extensão da prece e fecham os olhos para os seus próprios defeitos. A prece é para elas uma ocupação, um emprego do tempo, mas não um estudo de si mesmas. Não é o remédio que é ineficaz, neste caso, mas a maneira de aplicá-lo.

661. Pode-se pedir eficazmente a Deus o perdão das faltas?

– Deus sabe discernir o bem e o mal; a prece não oculta as faltas. Aquele que pede a Deus o perdão de suas faltas não o obtém se não mudar de conduta. As boas ações são a melhor prece, porque os atos valem mais do que as palavras.

662. Pode-se orar utilmente pelos outros?

– O Espírito daquele que ora está agindo pela vontade de fazer o bem. Pela prece atrai a ele os bons Espíritos que se associam ao bem que deseja fazer.

Possuímos em nós mesmos, pelo pensamento e pela vontade, um poder de ação que se estende muito além dos limites de nossa esfera corpórea. A prece por outros é um ato dessa vontade. Se for ardente e sincera pode chamar os bons Espíritos em auxílio daqueles por quem pedimos, a fim de lhes sugerirem bons pensamentos e lhes darem a força necessária para o corpo e a alma. Mas ainda nesse caso a prece do coração é tudo e a dos lábios não é nada.

663. As preces que fazemos por nós mesmos podem modificar a natureza das nossas provas e desviar-lhes o curso?

– Vossas provas estão nas mãos de Deus e há as que devem ser suportadas até o fim, mas Deus leva sempre em conta a resignação. A prece atrai a vós os bons Espíritos, que vos dão a força de as suportar com coragem. Então elas vos parecem menos duras. Já o dissemos: a prece nunca é inútil, quando bem-feita, porque dá força, o que já é um grande resultado. Ajuda-te a ti mesmo e o céu te ajudará; sabes disso. Aliás, Deus não pode mudar a ordem da Natureza ao sabor de cada um, porque aquilo que é um grande mal do vosso ponto de vista mesquinho, para vossa vida efêmera, muitas vezes é um grande bem na ordem geral do Universo[1]*. Além disso, de quantos males o homem é o próprio autor por sua imprevidência ou por suas faltas. Ele é punido no que pecou. Não obstante, os vossos justos pedidos são em geral mais escutados do que julgais. Pensais que Deus não vos ouviu porque não fez um milagre em vosso favor, quando entretanto vos assiste por meios tão naturais que vos parecem o efeito do acaso ou da força das circunstâncias. Frequentemente, ou o mais frequentemente, ele vos suscita o pensamento necessário para sairdes por vós mesmos do embaraço.*

---

[1] Espinosa dizia que "Deus age segundo unicamente as leis de sua natureza, sem ser constrangido por ninguém" (Proposição XVII da *Ética*), e afirmava a impossibilidade do milagre, por ser uma violação das leis de Deus. Também no tocante aos males individuais, alegava que eles não existiam na ordem geral do Universo. (N. do T.)

664. É inútil orar pelos mortos e pelos Espíritos sofredores, e nesse caso como podem as nossas preces lhes proporcionar consolo e abreviar os sofrimentos? Têm elas o poder de fazer dobrar-se a justiça de Deus?

– A prece não pode ter o efeito de mudar os desígnios de Deus, mas a alma pela qual se ora experimenta alívio porque é um testemunho de interesse que se lhe dá e porque o infeliz é sempre consolado, quando encontra almas caridosas que compartilham as suas dores. De outro lado, pela prece provoca-se o arrependimento, desperta-se o desejo de fazer o necessário para se tornar feliz. É nesse sentido que se pode abreviar a sua pena, se do seu lado ele contribui com a sua boa vontade. Esse desejo de melhora, excitado pela prece, atrai para o Espírito sofredor os Espíritos melhores, que vêm esclarecê-lo, consolá-lo e dar-lhe esperanças. Jesus orava pelas ovelhas transviadas. Com isso vos mostrava que sereis culpados se nada fizerdes pelos que mais necessitam.

665. Que pensar da opinião que rejeita a prece pelos mortos, por não estar prescrita nos Evangelhos?

– O Cristo disse aos homens: amai-vos uns aos outros. Essa recomendação implica a de empregar todos os meios possíveis de testemunhar afeição aos outros, sem entrar, por isso mesmo, em nenhum detalhe sobre a maneira de atingir o objetivo. Se é verdade que nada pode desviar o Criador de aplicar a justiça, inerente a ele mesmo, a todas as ações do Espírito, não é menos verdade que a prece que lhes dirigis em favor daquele que vos inspira afeição é para este um testemunho de recordação que não pode deixar de contribuir para aliviar os seus sofrimentos e o consolar. Desde que ele revele o mais leve arrependimento, e somente então, será socorrido; mas isso não o deixará jamais esquecer que uma alma simpática se ocupou dele e lhe dará a doce crença de que a sua intercessão lhe foi útil. Disso resulta necessariamente, de sua parte, um sentimento de afeição por aquele que lhe deu essa prova de interesse e de piedade. Por conseguinte, o amor recomendado aos homens pelo Cristo não fez mais do que aumentar entre eles, e ambos obedeceram à lei de amor e de união de todos os seres, lei divina que deve conduzir à unidade, objetivo e fim do Espírito.[2]

666. Podemos orar aos Espíritos?

– Podemos orar aos bons Espíritos como sendo os mensageiros de Deus e os executores de seus desígnios, mas o seu poder está

[2] Resposta dada pelo Espírito de M. Monod, pastor protestante de Paris, falecido em abril de 1856. A resposta precedente, número 664, é do Espírito de São Luís.

na razão da sua superioridade e decorre sempre do Senhor de todas as coisas, sem cuja permissão nada se faz; eis por que as preces que lhes dirigimos só são eficazes se forem agradáveis a Deus.

V - POLITEÍSMO

667. Por que o Politeísmo é uma das crenças mais antigas e mais espalhadas, se é falso?

– A ideia de um Deus único só podia aparecer como resultado do desenvolvimento mental do homem. Incapaz, na sua ignorância, de conceber um ser imaterial, sem forma determinada, agindo sobre a matéria, ele lhe havia dado os atributos da natureza corpórea, ou seja, uma forma e uma figura, e desde então tudo o que lhe parecia ultrapassar as proporções da inteligência comum tornava-se para ele uma divindade. Tudo quanto não compreendia devia ser obra de um poder sobrenatural, e disso a acreditar em tantas potências distintas quantos os efeitos pudesse ver, não ia mais do que um passo. Mas em todos os tempos houve homens esclarecidos, que compreenderam a impossibilidade dessa multidão de poderes para governar o mundo sem uma direção superior e se elevaram ao pensamento de um Deus único.

668. Os fenômenos espíritas, sendo produzidos desde todos os tempos e conhecidos desde as primeiras eras do mundo, não podem ter contribuído para a crença da pluralidade dos deuses?

– Sem dúvida, porque para os homens, que chamavam Deus a tudo o que era sobre-humano, os Espíritos pareciam deuses. E também por isso, quando um homem se distinguia entre os demais pelas suas ações, pelo seu gênio ou por um poder oculto que o vulgo não podia compreender, faziam dele um deus e lhe rendiam culto após a morte. (Ver item 603.)

A palavra Deus tinha entre os antigos uma acepção muito extensa; não era, como em nossos dias, uma designação do Senhor da Natureza mas uma qualificação genérica de todos os seres não pertencentes às condições humanas. Ora, tendo as manifestações espíritas lhes revelado a existência de seres incorpóreos que agem como forças da Natureza, eles o chamaram deuses, como nós os chamamos Espíritos. Uma simples questão de palavras. Com a diferença de que, em sua ignorância entretida deliberadamente pelos que tinham interesse em mantê-la, elevaram templos e altares lucrativos a esses seres, enquanto para nós eles não passam de criaturas nossas semelhantes, mais ou menos perfeitas, despojadas de seu envoltório terreno. Se estudarmos com atenção os diversos atributos das divindades pagãs, reconheceremos sem dificuldade todos os que caracterizam os nossos Espíritos, em todos os graus da escala espírita: seu estado físico nos mundos superiores, todas as propriedades do perispírito e o papel que exercem no tocante às coisas terrenas.

O Cristianismo, vindo aclarar o mundo com a sua luz divina, não podia destruir uma coisa que está na própria Natureza, mas fez que a adoração se voltasse para aquele a que realmente pertence. Quanto aos Espíritos, sua lembrança se perpetuou sob diversos nomes, segundo os povos, e suas manifestações, que jamais cessaram, foram diversamente interpretadas e frequentemente exploradas sob o domínio do mistério. Enquanto a religião as considerava como fenômenos miraculosos, os incrédulos as tomaram por charlatanice. Hoje, graças a estudos mais sérios, feitos a plena luz, o Espiritismo, liberto das ideias supersticiosas que o obscureceram através dos séculos, nos revela um dos maiores e mais sublimes princípios da Natureza.

VI - SACRIFÍCIOS

669. A prática dos sacrifícios humanos remonta à mais alta antiguidade. Como foi o homem levado a crer que semelhantes coisas pudessem agradar a Deus?

– Primeiro, porque não compreendia Deus como sendo a fonte da bondade. Entre os povos primitivos a matéria sobrepõe-se ao Espírito; eles se entregam aos instintos animais e por isso são geralmente cruéis, pois o senso moral ainda não se encontra neles desenvolvido. Depois, os homens primitivos deviam crer naturalmente que uma criatura animada teria muito mais valor aos olhos de Deus que um corpo material. Foi isso que os levou a imolar primeiramente animais e mais tarde criaturas humanas, pois, segundo sua falsa crença, pensavam que o valor do sacrifício estava em relação com a importância da vítima. Na vida material, como geralmente a levais, se ofereceis um presente a alguém, escolheis sempre o de um valor tanto maior, quanto mais amizade e consideração quereis testemunhar à pessoa. O mesmo deviam fazer os homens ignorantes, com relação a Deus.

669-a. Assim, os sacrifícios de animais teriam precedido os humanos?

– Não há dúvida quanto a isso.

669-b. Segundo essa explicação, os sacrifícios humanos não se originaram de um sentimento de crueldade?

– Não, mas de uma falsa concepção do que seria agradável a Deus. Vede Abraão. Com o tempo, os homens passaram a cometer abusos, imolando os inimigos, até mesmo os inimigos pessoais.

De resto, Deus jamais exigiu sacrifícios, nem de animais, nem de homens. Ele não pode ser honrado com a destruição inútil de sua própria criatura.

670. Poderiam os sacrifícios humanos, realizados com intenções piedosas, ter algumas vezes agradado a Deus?

– Não, jamais; mas Deus julga a intenção. Os homens, sendo ignorantes, podiam crer que faziam um ato louvável ao imolar um de seus semelhantes. Nesse caso, Deus atentaria para o pensamento e não para o fato. Os homens, ao se melhorarem, deviam reconhecer o erro e reprovar esses sacrifícios, que não mais seriam admissíveis para espíritos esclarecidos; e digo esclarecidos porque os Espíritos estavam então envolvidos pelo véu material. Mas pelo livre-arbítrio poderiam ter uma percepção de sua origem e sua finalidade. Muitos já compreendiam por intuição o mal que faziam, e só o praticavam para satisfazer suas paixões.

671. Que devemos pensar das chamadas guerras santas? O sentimento que leva os povos fanáticos a exterminar o mais possível os que não partilham de suas crenças, com o fim de agradar a Deus, não teria a mesma origem dos que antigamente provocavam os sacrifícios humanos?

– Esses povos são impulsionados pelos maus Espíritos. Fazendo a guerra aos seus semelhantes, vão contra Deus, que manda o homem amar ao próximo como a si mesmo. Todas as religiões, ou, antes, todos os povos adoram um mesmo Deus, quer sob este ou aquele nome. Como promover uma guerra de exterminação, porque a religião de um outro é diferente ou não atingiu ainda o progresso religioso dos povos esclarecidos? Os povos são escusáveis por não crerem na palavra daquele que estava animado pelo Espírito de Deus e fora enviado por Ele, sobretudo quando não o viram e não testemunharam os seus atos; e como quereis que eles creiam nessa palavra de paz quando os procurais de espada em punho? Eles devem esclarecer-se e devemos procurar fazê-los conhecer a sua doutrina pela persuasão e a doçura, e não pela força e pelo sangue. A maioria de vós não acreditais nas nossas comunicações com certos mortais; por que quereis então que os estranhos acreditem nas vossas palavras, quando os vossos atos desmentem a doutrina que pregais?

672. A oferenda dos frutos da terra teria mais mérito aos olhos de Deus que o sacrifício dos animais?

– Já vos respondi ao dizer que Deus julgaria a intenção, e que o fato em si teria pouca importância para ele. Seria evidentemente

mais agradável a Deus a oferenda de frutos da terra que a de sangue das vítimas. Como vos dissemos e repetimos sempre, a prece dita do fundo do coração é cem vezes mais agradável a Deus que todas as oferendas que lhe pudésseis fazer. Repito que a intenção é tudo e o fato, nada.

673. Não haveria um meio de tornar essas oferendas mais agradáveis a Deus, consagrando-as ao amparo dos que não têm sequer o necessário? E, nesse caso, o sacrifício dos animais, realizado com uma finalidade útil, não seria mais meritório que o sacrifício abusivo que não servia para nada ou não aproveitava senão aos de que nada precisavam? Não haveria algo de realmente piedoso em se consagrar aos pobres as primícias dos bens da terra que Deus nos concede?

– Deus abençoa sempre os que praticam o bem; amparar os pobres e os aflitos é o melhor meio de homenageá-lo. Já vos disse, por isso mesmo, que Deus desaprova as cerimônias que fazeis para as vossas preces, pois há muito dinheiro que poderia ser empregado mais utilmente. O homem que se prende à exterioridade, e não ao coração, é um espírito de vista estreita; julgai se Deus deve importar-se mais com a forma do que com o fundo.

CAPÍTULO III

LEI DO TRABALHO

I - NECESSIDADE DO TRABALHO

674. A necessidade do trabalho é uma lei da Natureza?

– O trabalho é uma lei da Natureza, e por isso mesmo é uma necessidade. A civilização obriga o homem a trabalhar mais, porque aumenta as suas necessidades e os seus prazeres.

675. Só devemos entender por trabalho senão as ocupações materiais?

– Não; o Espírito também trabalha, como o corpo. Toda ocupação útil é trabalho.

676. Por que o trabalho é imposto ao homem?

– É uma consequência da sua natureza corpórea. É uma expiação e ao mesmo tempo um meio de aperfeiçoar a sua inteligência. Sem o trabalho o homem permaneceria na infância intelectual; eis por que ele deve a sua alimentação, a sua segurança e o seu bem-estar ao seu trabalho e à sua atividade. Ao que é de físico franzino Deus concebeu a inteligência para o compensar; mas há sempre trabalho.

677. Por que a Natureza provê, por si mesma, a todas as necessidades dos animais?

– Tudo trabalha na Natureza. Os animais trabalham, como tu, mas o seu trabalho, como a sua inteligência, é limitado aos cuidados da conservação. Eis por que, entre eles, o trabalho não conduz ao progresso, enquanto entre os homens tem um duplo objetivo: a conservação do corpo e o desenvolvimento do pensamento, que é também uma necessidade e que o eleva acima de si mesmo. Quando digo que o trabalho dos animais é limitado aos cuidados de sua conservação, refiro-me ao fim a que eles se propõem, trabalhando. Mas eles são ainda, sem o saberem, enquanto se entregam inteiramente a prover as suas necessidades materiais, os agentes que colaboram nos desígnios do Criador. Seu trabalho não concorre menos para o objetivo final da Natureza, embora muitas vezes não possais ver o seu resultado imediato.

678. Nos mundos mais aperfeiçoados o homem é submetido à mesma necessidade de trabalho?

– *A natureza do trabalho é relativa à natureza das necessidades; quanto menos necessidades materiais, menos material é o trabalho. Mas não julgueis, por isso, que o homem permanece inativo e inútil; a ociosidade seria um suplício, em vez de ser um benefício.*

679. O homem que possui bens suficientes para assegurar sua subsistência está liberto da lei do trabalho?

– *Do trabalho material, talvez, mas não da obrigação de se tornar útil na proporção de seus meios, de aperfeiçoar a sua inteligência ou a dos outros, o que é também um trabalho. Se o homem, a quem Deus concedeu bens suficientes para assegurar sua subsistência, não está obrigado a comer o pão com o suor da fronte, a obrigação de ser útil a seus semelhantes é tanto maior para ele, quanto a parte que lhe coube por adiantamento lhe der maior lazer para fazer o bem.*

680. Não há homens que estão impossibilitados de trabalhar, seja no que for, e cuja existência é inútil?

– *Deus é justo e só condena aquele cuja existência for voluntariamente inútil, porque esse vive na dependência do trabalho alheio. Ele quer que cada um se torne útil na proporção de suas faculdades. (Ver item 643.)*

681. A lei da Natureza impõe aos filhos a obrigação de trabalhar para os pais?

– *Certamente, como os pais devem trabalhar para os filhos. Eis por que Deus fez do amor filial e do amor paterno um sentimento natural, a fim de que, por essa afeição recíproca, os membros de uma mesma família sejam levados a se auxiliarem mutuamente. É o que, com muita frequência, não se reconhece em vossa atual sociedade. (Ver item 205.)*

II - LIMITE DO TRABALHO. REPOUSO

682. Sendo o repouso uma necessidade após o trabalho, não é uma lei da natureza?

– *Sem dúvida o repouso serve para reparar as forças do corpo. É também necessário para deixar um pouco mais de liberdade à inteligência, que deve elevar-se acima da matéria.*

683. Qual é o limite do trabalho?

– *O limite das forças; não obstante, Deus dá liberdade ao homem.*

684. Que pensar dos que abusam da autoridade para impor aos seus inferiores um excesso de trabalho?

– *É uma das piores ações. Todo homem que tem o poder de dirigir é responsável pelo excesso de trabalho que impõe aos seus inferiores, porque transgride a lei de Deus. (Ver item 273.)*

685. O homem tem direito ao repouso na sua velhice?

– *Sim, pois não está obrigado a nada, senão na proporção de suas forças.*

685-a. Mas o que fará o velho que precisa trabalhar para viver e não pode?

– *O forte deve trabalhar para o fraco; na falta da família, a sociedade deve ampará-lo: é a lei da caridade.*

Não basta dizer ao homem que ele deve trabalhar, é necessário também que o que vive do seu trabalho encontre ocupação, e isso nem sempre acontece. Quando a falta de trabalho se generaliza, toma as proporções de um flagelo, como a escassez. A ciência econômica procura o remédio no equilíbrio entre a produção e o consumo, mas esse equilíbrio, supondo-se que seja possível, sofrerá sempre intermitências, e durante essas fases o trabalhador tem necessidade de viver. Há um elemento que não se ponderou bastante, e sem o qual a ciência econômica não passa de teoria: a educação. Não a educação intelectual, mas a moral, e nem ainda a educação moral pelos livros, mas a que consiste na arte de formar caracteres, aquela que cria os hábitos, porque educação é conjunto de hábitos adquiridos.

Quando se pensa na massa de indivíduos diariamente lançados na corrente da população, sem princípios, sem freios, entregues aos próprios instintos, deve-se admirar das consequências desastrosas desse fato? Quando essa arte for conhecida, compreendida e praticada, o homem seguirá no mundo os hábitos de ordem e previdência para si mesmo e para os seus, de respeito pelo que é respeitável, hábitos que lhe permitirão atravessar de maneira menos penosa os maus dias inevitáveis. A desordem e a imprevidência são duas chagas que somente uma educação bem compreendida pode curar. Nisso está o ponto de partida, o elemento real do bem-estar, a garantia da segurança de todos.[1]

---

[1] A concepção espírita do trabalho como lei natural, determinante ao mesmo tempo da evolução do homem e da Natureza, coincide com o princípio marxista segundo o qual, nas próprias palavras de Marx: "Agindo sobre a natureza, que está fora dele, e transformando-a por meio da ação, o homem se transforma também a si mesmo". Vemos, no item 676, que "sem o trabalho o homem permaneceria na infância intelectual". O Espiritismo não encara, pois, o trabalho como "uma condenação" segundo dizem alguns marxistas, mas como uma necessidade da evolução humana e da evolução terrena. Trabalhar não é sofrer, mas progredir, desenvolver-se, conquistar a felicidade. A diferença está em que para os marxistas a felicidade se encontra nos produtos

materiais do trabalho na Terra, enquanto para os espíritas, além dos proventos imediatos na Terra, o trabalho proporciona também os da evolução espiritual. Por isso não basta dar trabalho ao homem, sendo também necessário dar-lhe educação moral, ou seja, orientação espiritual para que ele possa tirar do trabalho todos os proventos que este lhe pode dar. Um mundo socialista, de trabalho e abundância para todos, mas sem perspectivas espirituais, seria tão vazio e aborrecido como um mundo espiritual de ociosidade, segundo o prometido pelas religiões. O paraíso terrestre do marxismo equivaleria ao paraíso celeste dos beatos. O Espiritismo não aceita um extremo nem outro, colocando as coisas em seu devido lugar. (N. do T.)

CAPÍTULO IV

LEI DA REPRODUÇÃO

I - POPULAÇÃO DO GLOBO

686. A reprodução dos seres vivos é uma lei natural?
– *Isso é evidente; sem a reprodução o mundo corpóreo pereceria.*

687. Se a população seguir sempre a progressão constante que vemos, chegará um momento em que ela se tornará excessiva na Terra?
– *Não. Deus a isso provê, mantendo sempre o equilíbrio. Ele nada faz de inútil. O homem, que só vê um ângulo do quadro da Natureza, não pode julgar da harmonia do conjunto.*[1]

II - SUCESSÃO E APERFEIÇOAMENTO DAS RAÇAS

688[2]. Há neste momento raças humanas que diminuem evidentemente; chegará um momento em que terão desaparecido da Terra?
– *Isso é verdade; mas é que outras lhes tomaram o lugar, como outras tomarão o vosso, um dia.*

689[3]. Os homens de hoje são uma nova criação ou os descendentes aperfeiçoados dos seres primitivos?
– *São os mesmos espíritos que voltaram para se aperfeiçoarem em novos corpos, mas que ainda estão longe da perfeição. Assim a raça humana atual, que, por seu crescimento, tende a invadir toda*

[1] A população do mundo continua em intenso crescimento (veja-se Problación Mundial, de A. M. Carr Saunders, Fondo de Cultura Econômica, México, 1959), mas os jogos de equilíbrio da própria Natureza são visíveis para os observadores do movimento demográfico. Por outro lado, na proporção em que cresce a população, a Ciência e a Técnica aumentam as possibilidades de produção e de aproveitamento de regiões inabitadas. As apreensões e o pessimismo de Malthus e seus discípulos dão bem um exemplo do que seja "ver apenas um ângulo do quadro da Natureza". Leia-se em A Marca da Violência, de Fred Werthan, edição Ibrasa, São Paulo, 1968, o capítulo "O Mito de Malthus", que mostra a atualidade da posição espírita nesse terreno. (N. do T.)

[2] Vide Nota Explicativa no final do livro.

[3] Vide Nota Explicativa no final do livro.

a Terra e substituir as raças que se extinguem, terá também o seu período de decrescimento e extinção. Outras raças mais perfeitas a substituirão, descendendo da raça atual, como os homens civilizados de hoje descendem dos seres brutos e selvagens dos tempos primitivos.

690[4]. Do ponto de vista puramente físico, os corpos da raça atual são uma criação especial ou procedem dos corpos primitivos, por via de reprodução?

– *A origem das raças se perde na noite dos tempos, mas, como todos pertencem à grande família humana, qualquer que seja o tronco primitivo de cada uma, puderam mesclar-se e produzir novos tipos.*

691[5]. Qual é, do ponto de vista físico, o caráter distintivo e dominante das raças primitivas?

– *Desenvolvimento da força bruta, em detrimento da intelectual. Atualmente dá-se o contrário: o homem faz mais pela inteligência do que pela força física, e no entanto faz cem vezes mais, porque colocou a seu serviço as forças da Natureza, o que não fazem os animais.*

692. O aperfeiçoamento das raças animais e vegetais pela Ciência é contrário à lei natural? Seria mais conforme a essa lei deixar as coisas seguirem o seu curso normal?

– *Tudo se deve fazer para chegar à perfeição. O próprio homem é um instrumento de que Deus se serve para atingir os seus fins. Sendo a perfeição o alvo para o que tende a Natureza, favorecer a sua conquista é corresponder àqueles fins.*

692-a. Mas o homem é geralmente movido, nos seus esforços para melhoramento das raças, apenas por interesse pessoal, que não tem outro objetivo senão o aumento de seu bem-estar; isso não diminui o seu mérito?

– *Que importa que o seu mérito seja nulo, contanto que se faça o progresso? Compete a ele tornar meritório o seu trabalho, através da intenção. Ademais, por meio desse trabalho, ele exercita e desenvolve sua inteligência e é sob esse aspecto que tira maior proveito.*

III - OBSTÁCULOS À REPRODUÇÃO

[4] Vide Nota Explicativa no final do livro.

[5] Vide Nota Explicativa no final do livro.

693. As leis e os costumes humanos que objetivam ou têm por efeito criar obstáculos à reprodução são contrários à lei natural?

– *Tudo o que entrava a marcha da Natureza é contrário à lei geral.*

693-a. Não obstante, há espécies de seres vivos, animais e plantas, cuja reprodução indefinida seria prejudicial às outras espécies e das quais, em breve, o próprio homem seria vítima. Seria repreensível deter essa reprodução?

– *Deus deu ao homem, sobre todos os seres vivos, um poder que ele deve usar para o bem, mas não abusar. Ele pode regular a reprodução segundo as necessidades, mas não deve entravá-la sem necessidade. A ação inteligente do homem é um contrapeso posto por Deus entre as forças da Natureza para restabelecer-lhes o equilíbrio, e isso também o distingue dos animais, pois ele o faz com conhecimento de causa. Os animais concorrem, por sua vez, para esse equilíbrio, pois o instinto de conservação que lhes foi dado faz que, ao proverem à própria conservação, detenham o desenvolvimento excessivo e talvez perigoso das espécies animais e vegetais de que se nutrem.*

694. Que pensar dos usos que têm por fim deter a reprodução, com vistas à satisfação da sensualidade?

– *Isso prova a predominância do corpo sobre a alma e quanto o homem está imerso na matéria.*

IV - CASAMENTO E CELIBATO

695. O casamento, ou seja, a união permanente de dois seres é contrária à lei da Natureza?

– *É um progresso na marcha da Humanidade.*

696. Qual seria o efeito da abolição do casamento sobre a sociedade humana?

– *O retorno à vida dos animais.*

A união livre e fortuita dos sexos pertence ao estado de natureza. O casamento é um dos primeiros atos de progresso nas sociedades humanas porque estabelece a solidariedade fraterna e se encontra entre todos os povos, embora nas mais diversas condições. A abolição do casamento seria, portanto, o retorno à infância da Humanidade e colocaria o homem abaixo mesmo de alguns animais que lhe dão o exemplo das uniões constantes.

697. A indissolubilidade absoluta do casamento pertence à lei natural ou apenas à lei humana?

– É uma lei humana muito contrária à lei natural. Mas os homens podem modificar suas leis; somente as naturais são imutáveis.

698. O celibato voluntário é um estado de perfeição, meritório aos olhos de Deus?

– Não, e os que vivem assim, por egoísmo, desagradam a Deus e enganam a todos.

699. O celibato não é um sacrifício para algumas pessoas que desejam devotar-se mais inteiramente ao serviço da Humanidade?

– Isso é bem diferente. Eu disse: por egoísmo. Todo sacrifício pessoal é meritório, quando feito para o bem; quanto maior o sacrifício, maior o mérito.

Deus não se contradiz nem considera mau o que ele mesmo fez. Não pode, pois, ver um mérito na violação de sua lei. Mas se o celibato, por si mesmo, não é um estado meritório, já não se dá o mesmo quando constitui, pela renúncia às alegrias da vida familiar, um sacrifício realizado a favor da Humanidade. Todo sacrifício pessoal visando ao bem e sem segunda intenção egoísta eleva o homem acima da sua condição material.

V - POLIGAMIA

700. A igualdade numérica aproximada entre os sexos é um indício da proporção em que eles se devem unir?

– Sim, pois tudo tem um fim na Natureza.[6]

701. Qual das duas, a poligamia ou a monogamia, é mais conforme à lei natural?

– A poligamia é uma lei humana, cuja abolição marca um progresso social. O casamento, segundo as vistas de Deus, deve fundar-se na

---

[6] O Espiritismo é teleológico, tanto do ponto de vista físico quanto do ético: as coisas materiais e os fatos morais, o mundo e o homem, tudo tem uma finalidade, mas não de ordem antropológica. Muitas vezes ela contraria ou escapa ao pensamento do homem. Isso deu motivo à reação antiteleológica da Filosofia moderna. A Ciência, por sua vez, tratando apenas do plano objetivo, não viu mais que "um ângulo do quadro da Natureza" e restringiu-se às "condições determinantes". Sua natureza analítica não lhe permite abranger o sentido das coisas e dos fatos. Henri Bergson, porém, em *L'Evolution Creatice* desenvolveu, a teoria do elã vital, segundo a qual todo o curso da evolução, partindo da matéria mais densa, dirige-se à liberação da consciência no homem, aparecendo este como o fim último da vida na Terra. Essa é a tese espírita da evolução, até os limites da vida terrena. Mas o Espiritismo vai além, admitindo a "escala dos mundos", através da qual a evolução se processa no infinito, sempre com a finalidade da perfeição. (N. do T.)

afeição dos seres que se unem. Na poligamia não há verdadeira afeição: não há mais do que sensualidade.

Se a poligamia estivesse de acordo com a lei natural devia ser universal, o que, entretanto, seria materialmente impossível em virtude da igualdade numérica dos sexos.

A poligamia deve ser considerada como um uso ou uma legislação particular apropriada a certos costumes e que o aperfeiçoamento social fará desaparecer pouco a pouco.

CAPÍTULO V

LEI DE CONSERVAÇÃO

I - INSTINTO DE CONSERVAÇÃO

702. O instinto de conservação é uma lei da Natureza?

– Sem dúvida. Todos os seres vivos o possuem, qualquer que seja o seu grau de inteligência; em uns é puramente mecânico e noutros é racional.

703. Com que fim Deus concedeu a todos os seres vivos o instinto de conservação?

– Porque todos devem colaborar nos desígnios da Providência. Foi por isso que Deus lhes deu a necessidade de viver. Depois, a vida é necessária ao aperfeiçoamento dos seres; eles o sentem instintivamente, sem disso se aperceberem.

II - MEIOS DE CONSERVAÇÃO

704. Deus, dando ao homem a necessidade de viver, sempre lhe forneceu os meios para isso?

– Sim, e se ele não os encontra é por falta de compreensão. Deus não podia dar ao homem a necessidade de viver sem lhe dar também os meios. É por isso que faz a terra produzir de maneira a fornecer o necessário a todos os seus habitantes, pois só o necessário é útil; o supérfluo jamais o é.

705. Por que a terra nem sempre produz bastante para fornecer o necessário ao homem?

– É que o homem a negligencia, o ingrato, e no entanto ela é uma excelente mãe. Frequentemente ele acusa a Natureza pelas consequências da sua imperícia ou da sua imprevidência. A terra produziria sempre o necessário, se o homem soubesse contentar-se. Se ela não supre a todas as necessidades é porque o homem emprega no supérfluo o que se destina ao necessário. Vede o árabe no deserto como encontra sempre do que viver, porque não cria necessidades fictícias. Mas quando metade dos produtos é esperdiçada na satisfação de fantasias, deve o homem se admirar de nada encontrar no dia seguinte e tem razão de se lastimar

por se achar desprevenido quando chega o tempo de escassez? Na verdade eu vos digo que não é a Natureza a imprevidente, é o homem que não sabe regular-se.

706. Como bens da terra devemos entender apenas os produtos do solo?

– O solo é a fonte primeira de que decorrem todos os outros recursos, porque esses recursos, em última instância, são apenas uma transformação dos produtos do solo. É por isso que devemos entender pelos bens da terra tudo quanto o homem pode gozar nesse mundo.

707. Os meios de subsistência faltam frequentemente a certos indivíduos, mesmo em meio da abundância que os cerca; a que se deve ligar esse fato?

– Ao egoísmo dos homens, que nem sempre fazem o que devem; em seguida, e o mais frequentemente, a eles mesmos. Buscai e achareis; estas palavras não querem dizer que seja suficiente olhar a terra a fim de encontrar o que se deseja, mas que é necessário procurar com ardor e perseverança, e não com displicência, sem se deixar desanimar pelos obstáculos que muito frequentemente não passam de meios de pôr à prova a vossa constância, a vossa paciência e a vossa firmeza. (Ver item 534.)

Se a civilização multiplica as necessidades também multiplica as fontes de trabalho e os meios de vida; mas é preciso convir que nesse sentido ainda muito lhe resta a fazer. Quando ela tiver realizado a sua obra, ninguém poderá dizer que lhe falte o necessário, a menos que o falte por sua própria culpa. O mal, para muitos, é viverem uma vida que não é a que a Natureza lhes traçou; é então que lhes falta a inteligência para vencerem. Há para todos um lugar ao Sol, mas com a condição de cada qual tomar o seu e não o dos outros. A Natureza não poderia ser responsável pelos vícios da organização social e pelas consequências da ambição e do amor-próprio.

Seria preciso ser cego, entretanto, para não se reconhecer o progresso que nesse sentido têm realizado os povos mais adiantados.

Graças aos louváveis esforços que a Filantropia e a Ciência, reunidas, não cessam de fazer para a melhoria da condição material dos homens, e malgrado o crescimento incessante das populações, a insuficiência da produção é atenuada, pelo menos em grande parte, e os anos mais calamitosos nada têm de comparável aos de há bem pouco tempo. A higiene pública, esse elemento tão essencial da energia e da saúde, desconhecido por nossos pais, é objeto de uma solicitude esclarecida; o infortúnio e o sofrimento encontram lugares de refúgio; por toda parte a Ciência é posta em ação, contribuindo para o acréscimo do bem-estar. Pode-se dizer que atingimos a perfeição? Oh, certamente que não. Mas o que já se fez dá-nos a medida do que pode ser feito, com perseverança, se o homem for bastante sensato para procurar a sua felicidade nas coisas positivas e sérias, e não nas utopias que o fazem recuar em vez de avançar.

708. Não há situações em que os meios de subsistência não dependem absolutamente da vontade do homem e onde a privação do necessário, o mais imperioso, é uma consequência das circunstâncias?

– É uma prova frequentemente cruel que o homem deve sofrer e à qual sabia que seria exposto; seu mérito está na submissão à vontade de Deus, se a sua inteligência não lhe fornecer algum meio de sair da dificuldade. Se a morte deve atingi-lo, ele deverá submeter-se sem lamentar, pensando que a hora da verdadeira liberdade chegou e que o desespero do momento final pode fazê-lo perder o fruto de sua resignação.

709. Aqueles que em situações críticas se viram obrigados a sacrificar os semelhantes para matar a fome cometeram com isso um crime? Se houve crime, é ele atenuado pela necessidade de viver que o instinto de conservação lhes dá?

– Já respondi, ao dizer que há mais mérito em sofrer todas as provas da vida com abnegação e coragem. Há homicídio e crime de lesa-natureza, que deve ser duplamente punido.

710. Nos mundos onde a organização é mais apurada, os seres vivos têm necessidade de alimentação?

– Sim, mas os seus alimentos estão em relação com a sua natureza. Esses alimentos não seriam tão substanciais para os vossos estômagos grosseiros; da mesma maneira, eles não poderiam digerir os vossos.

III - GOZO DOS BENS DA TERRA

711. O uso dos bens da terra é um direito de todos os homens?

– Esse direito é a consequência da necessidade de viver. Deus não pode impor um dever sem conceder os meios de ser cumprido.

712. Com que fim Deus fez atrativos os gozos dos bens materiais?

– Para instigar o homem ao cumprimento da sua missão e também para o provar na tentação.

712-a. Qual o objetivo dessa tentação?

– Desenvolver a razão que deve preservá-lo dos excessos.

Se o homem não fosse instigado ao uso dos bens da terra senão em vista da sua utilidade, sua indiferença poderia ter comprometido a harmonia do Universo. Deus lhe deu o atrativo do prazer que o solicita à realização dos desígnios da Providência. Mas, por meio desse mesmo atrativo, Deus quis prová-lo também pela tentação, que o arrasta ao abuso, do qual a sua razão deve livrá-lo.

713. Os gozos têm limites traçados pela Natureza?

– *Sim, para vos mostrar o termo do necessário; mas pelos vossos excessos chegais até o aborrecimento e com isso vos punis a vós mesmos.*

714. Que pensar do homem que procura nos excessos de toda espécie um refinamento dos seus gozos?

– *Pobre criatura que devemos lastimar e não invejar, porque está bem próxima da morte.*

714-a. É da morte física ou da morte moral que ele se aproxima?

– *De uma e de outra.*

O homem que procura nos excessos de toda espécie um refinamento dos gozos coloca-se abaixo dos animais, porque estes sabem limitar-se à satisfação de suas necessidades. Ele abdica da razão que Deus lhe deu para guia e quanto maiores forem os seus excessos maior é o império que concede à sua natureza animal sobre a espiritual. As doenças, a decadência e a própria morte, que são a consequência do abuso, são também a punição da transgressão da lei de Deus.

IV - NECESSÁRIO E SUPÉRFLUO

715. Como pode o homem conhecer o limite do necessário?

– *O sensato o conhece por intuição e muitos o conhecem à custa de suas próprias experiências.*

716. A Natureza não traçou o limite do necessário em nossa própria organização?

– *Sim, mas o homem é insaciável. A Natureza traçou o limite de suas necessidades na sua organização, mas os vícios alteraram a sua constituição e criaram para ele necessidades artificiais.*

717. Que pensar dos que açambarcam os bens da terra para se proporcionarem o supérfluo, em prejuízo dos que não têm sequer o necessário?

– *Desconhecem a lei de Deus e terão de responder pelas privações que ocasionarem.*

O limite entre o necessário e o supérfluo nada tem de absoluto. A civilização criou necessidades que não existem no estado de selvageria, e os

Espíritos que ditaram esses preceitos não querem que o homem civilizado viva como selvagem. Tudo é relativo e cabe à razão colocar cada coisa em seu lugar. A civilização desenvolve o senso moral e ao mesmo tempo o sentimento de caridade que leva os homens a se apoiarem mutuamente. Os que vivem à custa das privações alheias exploram os benefícios da civilização em proveito próprio, não têm de civilizados mais do que o verniz, como há pessoas que não possuem da religião mais do que a aparência.

V - PRIVAÇÕES VOLUNTÁRIAS. MORTIFICAÇÕES

718. A lei de conservação obriga-nos a prover as necessidades do corpo?

– Sim, pois sem a energia e a saúde o trabalho é impossível.

719. O homem é censurável por procurar o bem-estar?

– O bem-estar é um desejo natural. Deus só proíbe o abuso, por ser contrário à conservação, e não considera um crime a procura do bem-estar se este não for conquistado as expensas de alguém e se não enfraquecer as vossas forças morais nem as vossas forças físicas.

720. As privações voluntárias, com vistas a uma expiação igualmente voluntária, têm algum mérito aos olhos de Deus?

– Fazei o bem aos outros e tereis maior mérito.

720-a. Há privações voluntárias que sejam meritórias?

– Sim: a privação dos prazeres inúteis, porque liberta o homem da matéria e eleva sua alma. O meritório é resistir à tentação que vos convida aos excessos e ao gozo das coisas inúteis, é retirar do necessário para dar aos que o não têm. Se a privação nada mais for que um fingimento será apenas uma irrisão.

721. A vida de mortificações no ascetismo tem sido praticada desde toda a antiguidade e nos diferentes povos; é ela meritória sob algum ponto de vista?

– Perguntai a quem ela aproveita e tereis a resposta. Se não serve ao que a pratica e o impede de fazer o bem, é egoísta, qualquer que seja o pretexto sob o qual se disfarce. Submeter-se a privações no trabalho pelos outros é a verdadeira mortificação, de acordo com a caridade cristã.

722. A abstenção de certos alimentos, prescrita entre diversos povos, funda-se na razão?

– Tudo aquilo de que o homem se possa alimentar, sem prejuízo para a sua saúde, é permitido. Mas os legisladores puderam interditar

alguns alimentos com uma finalidade útil. E para dar maior crédito às suas leis apresentaram-nas como provindas de Deus.

723. A alimentação animal, para o homem, é contrária à lei natural?

– *Na vossa constituição física, a carne nutre a carne, pois do contrário o homem perece. A lei de conservação impõe ao homem o dever de conservar suas energias e sua saúde para poder cumprir a lei do trabalho. Ele deve alimentar-se, portanto, segundo o exige a sua organização.*

724. A abstenção de alimentos animais ou outros, como expiação, é meritória?

– *Sim, se o homem se priva em favor dos outros, pois Deus não pode ver mortificação quando não há privação séria e útil. Eis por que dizemos que os que só se privam em aparência são hipócritas.* *(Ver item 720.)*

725. Que pensar das mutilações praticadas no corpo do homem ou dos animais?

– *A que vem semelhante pergunta? Perguntai sempre se uma coisa é útil. O que é inútil não pode ser agradável a Deus e o que é prejudicial lhe é sempre desagradável. Porque, ficai sabendo, Deus só é sensível aos sentimentos que elevam a alma para ele, e é praticando as suas leis, em vez de violá-las, que podereis sacudir o jugo de vossa matéria terrena.*

726. Se os sofrimentos deste mundo nos elevam, conforme os suportarmos, poderemos elevar-nos pelos que criarmos voluntariamente?

– *Os únicos sofrimentos que elevam são os naturais, porque vêm de Deus. Os sofrimentos voluntários não servem para nada, quando nada valem para o bem de outros. Crês que os que abreviam a vida através de rigores sobre-humanos, como o fazem os bonzos, os faquires e alguns fanáticos de tantas seitas, avançam na sua senda? Por que não trabalham, antes, em favor dos seus semelhantes? Que vistam o indigente, consolem o que chora, trabalhem pelo que está enfermo, sofram privações para o alívio dos infelizes e então sua vida será útil e agradável a Deus. Quando, nos sofrimentos voluntários a que se sujeita, o homem não tem em vista senão a si mesmo, trata-se de egoísmo; quando alguém sofre pelos outros, pratica a caridade; são esses os preceitos do Cristo.*

727. Se não devemos criar para nós sofrimentos voluntários que não são de nenhuma utilidade para os outros, devemos

no entanto preservar-nos dos que prevemos ou dos que nos ameaçam?

– *O instinto de conservação foi dado a todos os seres contra os perigos e os sofrimentos. Fustigai o vosso Espírito e não o vosso corpo, mortificai vosso orgulho, sufocai o vosso egoísmo, que se assemelha a uma serpente a vos devorar o coração, e fareis mais pelo vosso adiantamento do que por meio de rigores que não mais pertencem a este século.*

CAPÍTULO VI

LEI DE DESTRUIÇÃO

I - DESTRUIÇÃO NECESSÁRIA E DESTRUIÇÃO ABUSIVA

728. A destruição é uma lei da Natureza?

– *É necessário que tudo se destrua para renascer e se regenerar, porque isso a que chamais destruição não é mais que a transformação, cujo objetivo é a renovação e o melhoramento dos seres vivos.*

728-a. O instinto de destruição teria sido dado aos seres vivos com fins providenciais?

– *As criaturas de Deus são os instrumentos de que ele se serve para atingir os seus fins. Para se nutrirem, os seres vivos se destroem entre si, e isso com o duplo objetivo de manter o equilíbrio da reprodução, que poderia tornar-se excessiva, e de utilizar os restos do invólucro exterior. Mas é apenas o invólucro que é destruído; esse invólucro não é mais que o acessório, não a parte essencial do ser pensante, pois este é o princípio inteligente indestrutível, que se elabora através das diferentes metamorfoses por que passa.*

729. Se a destruição é necessária para a regeneração dos seres, por que a Natureza os cerca de meios de preservação e conservação?

– *Para evitar a destruição antes do tempo necessário. Toda destruição antecipada entrava o desenvolvimento do princípio inteligente. Foi por isso que Deus deu a cada ser a necessidade de viver e de se reproduzir.*

730. Desde que a morte deve conduzir-nos a uma vida melhor, e que nos livra dos males deste mundo, sendo mais de se desejar do que de se temer, por que o homem tem por ela um horror instintivo que a torna motivo de apreensão?

– *Já o dissemos. O homem deve procurar prolongar a sua vida para cumprir a sua tarefa. Foi por isso que Deus lhe deu o instinto de conservação, e esse instinto o sustenta nas suas provas; sem isso, muito frequentemente ele se entregaria ao desânimo. A voz secreta que o faz repelir a morte lhe diz que ainda pode fazer alguma coisa pelo seu adiantamento. Quando um perigo o ameaça, ela o adverte de que deve aproveitar o tempo que Deus lhe concede, mas o ingrato rende geralmente graças à sua estrela em lugar do Criador.*

731. Por que, ao lado dos meios de conservação, a Natureza colocou ao mesmo tempo os agentes destruidores?

– *O remédio ao lado do mal; já o dissemos, para manter o equilíbrio e servir de contrapeso.*

732. A necessidade de destruição é a mesma em todos os mundos?

– *É proporcionada ao estado mais ou menos material dos mundos e desaparece num estado físico e moral mais apurado. Nos mundos mais avançados que o vosso, as condições de existência são muito diferentes.*

733. A necessidade de destruição existirá sempre entre os homens na Terra?

– *A necessidade de destruição diminui entre os homens à medida que o Espírito supera a matéria; é por isso que ao horror da destruição vedes seguir-se o desenvolvimento intelectual e moral.*

734. No seu estado atual o homem tem direito ilimitado de destruição sobre os animais?

– *Esse direito é regulado pela necessidade de prover à sua alimentação e à sua segurança; o abuso jamais foi direito.*

735. Que pensar da destruição que ultrapassa os limites das necessidades e da segurança; da caça, por exemplo, quando não tem por objetivo senão o prazer de destruir, sem utilidade?

– *Predominância da bestialidade sobre a natureza espiritual. Toda destruição que ultrapassa os limites da necessidade é uma violação da lei de Deus. Os animais não destroem mais do que necessitam, mas o homem, que tem o livre-arbítrio, destrói sem necessidade. Prestará contas do abuso da liberdade que lhe foi concedida, pois nesses casos ele cede aos maus instintos.*

736. Os povos que levam ao excesso o escrúpulo no tocante à destruição dos animais têm mérito especial?

– *É um excesso, num sentimento que em si mesmo é louvável, mas que se torna abusivo e cujo mérito acaba neutralizado por abusos de toda espécie. Eles têm mais temor supersticioso do que verdadeira bondade.*

II - FLAGELOS DESTRUIDORES

737. Com que fim Deus castiga a Humanidade com flagelos destruidores?

– Para fazê-la avançar mais depressa. Não dissemos que a destruição é necessária para a regeneração moral dos Espíritos, que adquirem em cada nova existência um novo grau de perfeição? É necessário ver o fim para apreciar os resultados. Só julgais essas coisas do vosso ponto de vista pessoal, e as chamais de flagelos por causa dos prejuízos que vos causam; mas esses transtornos são frequentemente necessários para fazerem com que as coisas cheguem mais prontamente a uma ordem melhor, realizando-se em alguns anos o que necessitaria de muitos séculos.[1] *(Ver item 744.)*

738. Deus não poderia empregar, para melhorar a Humanidade, outros meios que não os flagelos destruidores?

– Sim, e diariamente os emprega, pois deu a cada um os meios de progredir pelo conhecimento do bem e do mal. É o homem que não os aproveita; então, é necessário castigá-lo em seu orgulho e fazê-lo sentir a própria fraqueza.

738-a. Nesses flagelos, porém, o homem de bem sucumbe como os perversos; isso é justo?

– Durante a vida o homem relaciona tudo a seu corpo, mas após a morte pensa de outra maneira. Como já dissemos, a vida do corpo é um quase nada; um século de vosso mundo é um relâmpago na Eternidade. Os sofrimentos que duram alguns dos vossos meses ou dias, nada são. Apenas um ensinamento que vos servirá no futuro. Os Espíritos que preexistem e sobrevivem a tudo, eis o mundo real. (Ver item 85.) São eles os filhos de Deus e o objeto de sua solicitude. Os corpos não são mais que disfarces sob os quais aparecem no mundo. Nas grandes calamidades que dizimam os homens, eles são como um exército que, durante a guerra, vê os uniformes estragados, rotos ou perdidos. O general tem mais cuidado com os soldados do que com as vestes.

---

[1] Esta resposta coloca de maneira bem clara o problema dos "saltos" da Natureza, de que tratamos em nota anterior. O "salto qualitativo" a que se refere a dialética marxista, e que para alguns contradiz a ordem evolutiva da doutrina espírita, é exatamente essa espécie de "transtornos" que apressam o desenvolvimento. Como se vê, o Espiritismo reconhece a existência e a necessidade desses "transtornos", mas integrados no processo geral da evolução, não os admitindo como quebra desse processo. (N. do T.)

738-b. Mas as vítimas desses flagelos, apesar disso, não são vítimas?

– *Se considerássemos a vida no que ela é, e quanto é insignificante em relação ao infinito, menos importância lhe daríamos. Essas vítimas terão noutra existência uma larga compensação para os seus sofrimentos, se souberem suportá-los sem lamentar.*

Quer a morte se verifique por um flagelo ou por uma causa ordinária, não se pode escapar a ela quando soa a hora da partida: a única diferença é que no primeiro caso parte um grande número ao mesmo tempo.

Se pudéssemos elevar-nos pelo pensamento de maneira a abranger toda a Humanidade numa visão única, esses flagelos tão terríveis não nos pareceriam mais do que tempestades passageiras no destino do mundo.

739. Esses flagelos destruidores têm utilidade do ponto de vista físico, malgrado os males que ocasionam?

– *Sim, eles modificam algumas vezes o estado de uma região; mas o bem que deles resulta só é geralmente sentido pelas gerações futuras.*

740. Os flagelos não seriam igualmente provas morais para o homem, pondo-o às voltas com necessidades mais duras?

– *Os flagelos são provas que proporcionam ao homem a ocasião de exercitar a inteligência, de mostrar a sua paciência e a sua resignação ante a vontade de Deus, ao mesmo tempo que lhe permitem desenvolver os sentimentos de abnegação, de desinteresse próprio e de amor ao próximo, se ele não for dominado pelo egoísmo.*

741. É dado ao homem conjurar os flagelos que o afligem?

– *Sim, em parte, mas não como geralmente se pensa. Muitos flagelos são as consequências de sua própria imprevidência. À medida que ele adquire conhecimentos e experiências pode conjurá-los, quer dizer, preveni-los, se souber pesquisar-lhes as causas. Mas, entre os males que afligem a Humanidade, há os que são de natureza geral e pertencem aos desígnios da Providência. Desses, cada indivíduo recebe, em menor ou maior proporção, a parte que lhe cabe, não lhe sendo possível opor nada mais que a resignação à vontade de Deus. Mas ainda esses males são geralmente agravados pela indolência do homem.*

Entre os flagelos destruidores, naturais e independentes do homem devem ser colocados em primeira linha a peste, a fome, as inundações, as intempéries fatais à produção da terra. Mas o homem não achou na Ciência, nos trabalhos de arte, no aperfeiçoamento da agricultura, nos afolhamentos, nas irrigações e no estudo das condições higiênicas os meios de neutralizar ou pelo menos de atenuar tantos desastres? Algumas regiões antigamente devastadas por terríveis flagelos não estão hoje resguardadas? Que não fará o homem, portanto, pelo seu bem-estar material, quando souber aproveitar todos os recursos da sua inteligência e quando, ao cuidado da sua preservação pessoal, souber aliar o sentimento de uma verdadeira caridade para com os semelhantes? (Ver item 707.)

III - GUERRAS

742. Qual a causa que leva o homem à guerra?

– Predominância da natureza animal sobre a espiritual e a satisfação das paixões. No estado de barbárie, os povos só conhecem o direito do mais forte, e é por isso que a guerra, para eles, é um estado normal. À medida que o homem progride ela se torna menos frequente, porque ele evita as suas causas e quando ela se faz necessária ele sabe adicionar-lhe humanidade.

743. A guerra desaparecerá um dia da face da Terra?

– Sim, quando os homens compreenderem a justiça e praticarem a lei de Deus. Então todos os povos serão irmãos.

744. Qual o objetivo da Providência ao tornar a guerra necessária?

– A liberdade e o progresso.

744-a. Se a guerra deve ter como efeito conduzir à liberdade, como se explica que ela tenha geralmente por fim e por resultado a escravização?

– Escravização momentânea para sovar os povos, a fim de fazê-los andar mais depressa.

745. Que pensar daquele que suscita a guerra em seu proveito?

– Esse é o verdadeiro culpado e necessitará de muitas existências para expiar todos os assassínios de que foi causa, porque responderá por cada homem cuja morte tenha causado para satisfazer a sua ambição.

IV - ASSASSÍNIO

746. O assassínio é um crime aos olhos de Deus?

– Sim, um grande crime, pois aquele que tira a vida de um semelhante interrompe uma vida de expiação ou de missão, e nisso está o mal.

747. Há sempre no assassínio o mesmo grau de culpabilidade?

– Já o dissemos: Deus é justo e julga mais a intenção do que o fato.

748. Deus escusa o assassínio em caso de legítima defesa?

– Só a necessidade o pode acusar; mas, se pudermos preservar a nossa vida sem atentar contra a do agressor, é o que devemos fazer.

749. O homem é culpável pelos assassínios que comete na guerra?

– Não, quando é constrangido pela força; mas é responsável pelas crueldades que comete. Assim também o seu sentimento de humanidade será levado em conta.

750. Qual é o mais culpável aos olhos de Deus, o parricídio ou o infanticídio?

– Um e outro o são igualmente, porque todo crime é crime.

751. Por que entre certos povos, já adiantados do ponto de vista intelectual, o infanticídio é um costume e consagrado pela legislação?

– O desenvolvimento intelectual não acarreta a necessidade do bem; o Espírito de inteligência superior pode ser mau; é aquele que muito viveu sem se melhorar: ele o sabe.

V - CRUELDADE

752. Podemos ligar o sentimento de crueldade ao instinto de destruição?

– É o próprio instinto de destruição no que ele tem de pior, porque, se a destruição é às vezes necessária, a crueldade jamais o é. Ela é sempre a consequência de uma natureza má.

753. Por que motivo a crueldade é o caráter dominante dos povos primitivos?

– Entre os povos primitivos, como os chamas, a matéria sobrepuja o espírito. Eles se entregam aos instintos animais e, como não têm outras necessidades além das corpóreas, cuidam apenas da sua conservação pessoal. É isso que geralmente os torna cruéis. Além disso, os povos de desenvolvimento imperfeito estão sob o domínio de Espíritos igualmente imperfeitos que lhes são simpáticos, até que povos mais adiantados venham destruir ou arrefecer essa influência.

754. A crueldade não decorre da falta de senso moral?

– Dize que o senso moral não está desenvolvido, mas não que está ausente; porque ele existe, em princípio, em todos os homens; é esse senso moral que os transforma mais tarde em seres bons e humanos. Ele existe no selvagem, como o princípio do aroma no botão de uma flor que ainda não se abriu.

Todas as faculdades existem no homem em estado rudimentar ou latente e se desenvolvem segundo as circunstâncias mais ou menos favoráveis. O desenvolvimento excessivo de umas impede ou neutraliza o de outras. A superexcitação dos instintos materiais asfixia, por assim dizer, o senso moral, como o desenvolvimento deste arrefece pouco a pouco as faculdades puramente animais.

755. Como se explica que nas civilizações mais adiantadas existam criaturas às vezes tão cruéis como os selvagens?

– Da mesma maneira que numa árvore carregada de bons frutos existem os temporãos. Elas são, se quiseres, selvagens que só têm da civilização a aparência, lobos extraviados em meio de cordeiros. Os Espíritos de uma ordem inferior, muito atrasados, podem encarnar-se entre homens adiantados com a esperança de também se adiantarem; mas, se a prova for muito pesada, a natureza primitiva reage.

756. A sociedade dos homens de bem será um dia expurgada dos malfeitores?

– A Humanidade progride. Esses homens dominados pelo instinto do mal, que se encontram deslocados entre os homens de bem, desaparecerão pouco a pouco como o mau grão é separado do bom quando joeirado. Mas renascerão em outro invólucro. Então, com mais experiência, compreenderão melhor o bem e o mal. Tens um exemplo nas plantas e nos animais que o homem aprendeu como aperfeiçoar, desenvolvendo-lhe qualidades novas. Pois bem: é só depois de muitas gerações que o aperfeiçoamento se torna completo. Essa é a imagem das diversas existências do homem.

VI - DUELO

757. O duelo pode ser considerado como um caso de legítima defesa?

– Não; é um assassínio e um costume absurdo, digno dos bárbaros. Numa civilização mais avançada e mais moral o homem compreenderá que o duelo é tão ridículo quanto os combates de antigamente encarados como "o juízo de Deus".

758. O duelo pode ser considerado como um assassínio por parte daquele que, conhecendo sua própria fraqueza, está quase certo de sucumbir?

– *É um suicídio.*

758-a. E quando as probabilidades são iguais, é um assassínio ou um suicídio?

– *É um e outro.*

Em todos os casos, mesmo naqueles em que as possibilidades são iguais, o duelista é culpável porque atenta friamente e com propósito deliberado contra a vida de seu semelhante; em segundo lugar, porque expõe a sua própria vida inutilmente e sem proveito para ninguém.

759. Qual o valor do que se chama o ponto de honra em matéria de duelo?

– *O do orgulho e da vaidade, duas chagas da Humanidade.*

759-a. Mas não há casos em que a honra está verdadeiramente empenhada e a recusa seria uma covardia?

– *Isso depende dos costumes e dos usos. Cada país e cada século tem a respeito uma maneira diferente de ver. Quando os homens forem melhores e moralmente mais adiantados compreenderão que o verdadeiro ponto de honra está acima das paixões terrenas e que não é matando ou se fazendo matar que se repara uma falta.*

Há mais grandeza e verdadeira honra em se reconhecer culpado, quando se erra, ou em perdoar, quando se tem razão; e, em todos os casos, em não se dar importância aos insultos que não podem atingir-nos.

VII - PENA DE MORTE

760. A pena de morte desaparecerá um dia da legislação humana?

– *A pena de morte desaparecerá incontestavelmente e sua supressão assinalará um progresso da Humanidade. Quando os homens forem mais esclarecidos, a pena de morte será completamente abolida na Terra. Os homens não terão mais necessidade de ser julgados pelos homens. Falo de uma época que ainda está muito longe de vós.*

O progresso social ainda deixa muito a desejar, mas seríamos injustos para com a sociedade moderna se não víssemos um progresso nas restrições impostas à pena de morte entre os povos mais adiantados, e à natureza dos crimes aos quais se limita a sua aplicação. Se compararmos as garantias de que a justiça se esforça para cercar hoje o acusado, a humanidade com que o trata, mesmo quando reconhecidamente culpado, com o que se praticava em tempos que não vão muito longe, não poderemos deixar de reconhecer a via progressiva pela qual a Humanidade avança.

761. A lei de conservação dá ao homem o direito de preservar a sua própria vida; não aplica ele esse direito quando elimina da sociedade um membro perigoso?

– Há outros meios de se preservar do perigo, sem matar. É necessário, aliás, abrir ao criminoso, e não fechar, a porta do arrependimento.

762. Se a pena de morte pode ser banida das sociedades civilizadas, não foi uma necessidade em tempos menos adiantados?

– Necessidade não é o termo. O homem sempre julga uma coisa necessária quando não encontra nada melhor. Mas, à medida que se esclarece, vai compreendendo melhor o que é justo ou injusto, e repudia os excessos cometidos nos tempos de ignorância, em nome da justiça.

763. A restrição dos casos em que se aplica a pena de morte é um índice do progresso da civilização?

– Podes duvidar disso? Não se revolta o teu Espírito lendo os relatos dos morticínios humanos que antigamente se faziam em nome da justiça e frequentemente em honra à Divindade; das torturas a que se submetia o condenado e mesmo o acusado, para lhe arrancar, a peso do sofrimento, a confissão de um crime que ele muitas vezes não havia cometido? Pois bem; se tivesses vivido naqueles tempos acharias tudo natural, e talvez, como juiz, tivesses feito outro tanto. É assim que o que parece justo numa época parece bárbaro em outra. Somente as leis divinas são eternas. As leis humanas modificam-se com o progresso. E se modificarão ainda, até que sejam colocadas em harmonia com as leis divinas.[2]

764. Jesus disse: "Quem matar pela espada perecerá pela espada". Essas palavras não representam a consagração da pena de Talião? E a morte imposta ao assassino não é a aplicação dessa pena?

Tomai tento! Estais equivocados quanto a estas palavras, como sobre muitas outras. A pena de Talião é a justiça de Deus; é ele quem a aplica. Todos vós sofreis a cada instante essa pena, porque sois punidos naquilo em que pecais, nesta vida ou em uma

---

[2] Definição perfeita da concepção espírita da moral. Os princípios verdadeiros de moral são de natureza eterna e os costumes dos povos se modificam através da evolução, em direção daqueles princípios. A Sociologia materialista, tratando apenas dos costumes, criou o falso conceito da relatividade da moral, já em declínio, entretanto, no pensamento moderno. (N. do T.)

outra. Aquele que fez sofrer o seu semelhante estará numa situação em que sofrerá o mesmo. É este o sentido das palavras de Jesus. Pois não vos disse também: "Perdoai aos vossos inimigos"? E não vos ensinou a pedir a Deus que perdoe as vossas ofensas da maneira que perdoardes, ou seja, na mesma proporção em que houverdes perdoado? Compreendei bem isso.

765. Que pensar da pena de morte imposta em nome de Deus?

– *Isso equivale a tomar o lugar de Deus na prática da justiça. Os que agem assim revelam quanto estão longe de compreender a Deus e quanto têm ainda a expiar. É um crime em nome de Deus, e os que o fazem são responsáveis por esses assassinatos.*

CAPÍTULO VII

LEI DE SOCIEDADE

I - NECESSIDADE DA VIDA SOCIAL

766. A vida social é natural?

– Certamente. Deus fez o homem para viver em sociedade. Deus não deu inutilmente ao homem a palavra e todas as outras faculdades necessárias à vida de relação.

767. O isolamento absoluto é contrário à lei natural?

– Sim, pois os homens buscam a sociedade por instinto e devem todos concorrer para o progresso, ajudando-se mutuamente.

768. O homem, ao buscar a sociedade, obedece apenas a um sentimento pessoal ou há também nesse sentimento uma finalidade providencial, de ordem geral?

– O homem deve progredir, mas sozinho não o pode fazer porque não possui todas as faculdades; precisa do contato dos outros homens. No isolamento ele se embrutece e se estiola.

Nenhum homem dispõe de faculdades completas e é pela união social que eles se completam uns aos outros, para assegurarem o seu próprio bem-estar e progredirem. Eis por que, tendo necessidade uns dos outros, são feitos para viver em sociedade e não isolados.

II - VIDA DE ISOLAMENTO. VOTO DE SILÊNCIO

769. Concebe-se que, como princípio geral, a vida social esteja nas leis da Natureza. Mas, como todos os gostos são também naturais, por que o do isolamento absoluto seria condenável, se o homem encontra nele satisfação?

– Satisfação egoísta. Há também homens que encontram satisfação na embriaguez; aprovas isso? Deus não pode considerar agradável uma vida em que o homem se condena a não ser útil a ninguém.

770. E que pensar dos homens que vivem em reclusão absoluta para fugirem ao contato pernicioso do mundo?

– Duplo egoísmo.

770-a. Mas, se esse retraimento tem por fim uma expiação, com a imposição de penosa renúncia, não é meritório?

– *Fazer maior bem do que o mal que se tenha feito, essa é a melhor expiação. Com esse retraimento, evitando o mal, o homem cai em outro, pois esquece a lei de amor e caridade.*

771. Que pensar dos que fogem do mundo para se devotarem ao amparo dos infelizes?

– *Esses se elevam ao se rebaixarem. Têm o duplo mérito de se colocarem acima dos prazeres materiais e de fazerem o bem pelo cumprimento da lei do trabalho.*

771-a. E os que procuram no retiro a tranquilidade necessária a certos trabalhos?

– *Esse não é o retiro absoluto do egoísta; eles não se isolam da sociedade, pois trabalham para ela.*

772. Que pensar do voto de silêncio prescrito por algumas seitas desde a mais alta antiguidade?

– *Perguntai antes se a palavra é natural e por que Deus a deu. Deus condena o abuso e não o uso das faculdades por ele concedidas. Não obstante, o silêncio é útil porque no silêncio te recolhes, teu espírito se torna mais livre e pode então entrar em comunicação conosco. Mas o voto de silêncio é uma tolice. Sem dúvida, os que consideram essas privações voluntárias como atos de virtude têm boa intenção, mas se enganam por não compreenderem suficientemente as verdadeiras leis de Deus.*

O voto de silêncio absoluto, da mesma maneira que o voto de isolamento, priva o homem das relações sociais que lhe podem fornecer as ocasiões de fazer o bem e de cumprir a lei do progresso.

III - LAÇOS DE FAMÍLIA

773. Por que, entre os animais, pais e filhos deixam de se reconhecer, quando os últimos não precisam mais de cuidados?

– *Os animais vivem a vida material e não a moral. A ternura da mãe pelos filhos tem por princípio o instinto de conservação aplicado aos seres que deu à luz. Quando esses seres podem cuidar de si mesmos, sua tarefa está cumprida e a natureza nada mais lhe exige. É por isso que ela os abandona, para se ocupar de outros que chegam.*

774. Há pessoas que deduzem, do abandono das crias pelos animais, que os laços de família entre os homens não são mais

que o resultado de costumes sociais, e não uma lei natural. Que devemos pensar disso?

– *O homem tem outro destino que não o dos animais; por que, pois, querer sempre identificá-los? Para ele, há outra coisa além das necessidades físicas; há a necessidade do progresso. Os liames sociais são necessários ao progresso e os laços de família resumem os liames sociais: eis por que eles constituem uma lei natural. Deus quis que os homens, assim, aprendessem a amar-se como irmãos. (Ver item 205.)*[1]

775. Qual seria para a sociedade o resultado do relaxamento dos laços de família?

– *Uma recrudescência do egoísmo.*

---

[1] Herbert Spencer considerou a família entre as instituições que dão forma à vida social; Marx e Engels, como o primeiro grupo histórico, a primeira forma de interação humana; Auguste Comte, como a célula básica da sociedade, o embrião e o modelo desta, de maneira que a sociedade perfeita é a que funciona como a família. Atualmente, a Sociologia da Família e a Psicologia Social, bem como as próprias escolas de Psicologia do Indivíduo, reconhecem a importância básica da família. O mesmo se dá nos estudos de Psicologia Educacional e de Filosofia da Educação. John Dewey, em *Democracia e Educação*, acentua a importância do lar na organização social e na preparação da vida social. Como se vê, a asserção dos Espíritos de que "os laços de família resumem os liames sociais" é confirmadas até mesmo pelos estudos materialistas da sociedade. (N. do T.)

CAPÍTULO VIII

LEI DO PROGRESSO

I - ESTADO NATURAL

776. O estado natural e a lei natural são a mesma coisa?

– Não. O estado natural é o estado primitivo. A civilização é incompatível com o estado natural, enquanto a lei natural contribui para o progresso da Humanidade.

O estado natural é a infância da Humanidade e o ponto de partida do seu desenvolvimento intelectual e moral. O homem, sendo perfectível e trazendo em si o germe de seu melhoramento, não foi destinado a viver perpetuamente no estado natural, como não foi destinado a viver perpetuamente na infância. O estado natural é transitório e o homem o deixa pelo progresso e a civilização. A lei natural, pelo contrário, rege toda a condição humana, e o homem se melhora na medida em que melhor compreenda e melhor pratique essa lei.

777. No estado natural, tendo menos necessidades, o homem não sofre todas as atribulações que cria para si mesmo num estado mais adiantado. Que pensar da opinião dos que considerem esse estado como o da mais perfeita felicidade terrena?

– Que queres? É a felicidade do bruto. Há pessoas que não compreendem outra. É ser feliz à maneira dos animais. As crianças também são mais felizes que os adultos.

778. O homem pode retrogradar para o estado natural?

– Não, o homem deve progredir sem cessar e não pode voltar ao estado de infância. Se ele progride, é que Deus assim o quer; pensar que ele pode retrogradar para a sua condição primitiva seria negar a lei do progresso.

II - MARCHA DO PROGRESSO

779. O homem tira de si mesmo a energia progressiva ou o progresso não é mais do que o resultado de um ensinamento?

– O homem se desenvolve por si mesmo, naturalmente, mas nem todos progridem ao mesmo tempo e da mesma maneira; é

então que os mais adiantados ajudam os outros a progredir, pelo contato social.

780. O progresso moral segue sempre o progresso intelectual?

– É a sua consequência, mas não o segue sempre imediatamente. (Ver itens 192-365.)

780-a. Como o progresso intelectual pode conduzir ao progresso moral?

– Dando a compreensão do bem e do mal, pois então o homem pode escolher. O desenvolvimento do livre-arbítrio segue-se ao desenvolvimento da inteligência e aumenta a responsabilidade do homem pelos seus atos.

780-b. Como se explica, então, que os povos mais esclarecidos sejam frequentemente os mais pervertidos?

– O progresso completo é o alvo a atingir, mas os povos, como os indivíduos, não chegam a ele senão passo a passo. Até que tenham desenvolvido o senso moral, eles podem servir-se da inteligência para fazer o mal. A moral e a inteligência são duas forças que não se equilibram senão com o tempo. (Ver itens 365-751.)

781. É permitido ao homem deter a marcha do progresso?

– Não, mas pode entravá-la algumas vezes.

781-a. Que pensar dos homens que tentam deter a marcha do progresso e fazer retrogradar a Humanidade?

– Pobres seres que Deus castigará; serão arrastados pela torrente que pretendem deter.

782. Não há homens que entravam o progresso de boa-fé, acreditando favorecê-lo, porque o veem segundo o seu ponto de vista, e frequentemente onde ele não existe?

– Pequena pedra posta sob a roda de um grande carro, sem impedi-lo de avançar.

783. O aperfeiçoamento da Humanidade segue sempre uma marcha progressiva e lenta?

– Ao progresso regular e lento que resulta da força das coisas; mas, quando um povo não avança bastante rápido, Deus lhe provoca, de tempos em tempos, um abalo físico ou moral que o transforma.

Sendo o progresso uma condição da natureza humana, ninguém tem o poder de se opor a ele. É uma força viva que as más leis podem retardar, mas não asfixiar. Quando essas leis se tornam de modo incompatíveis com o progresso, ele as derruba, com todos os que as querem manter, e assim será até que o homem harmonize as suas leis com a justiça divina, que deseja o bem para todos, e não as leis feitas para o forte em prejuízo do fraco.

O homem não pode permanecer perpetuamente na ignorância, porque deve chegar ao fim determinado pela Providência; ele se esclarece pela própria força das circunstâncias. As revoluções morais, como as revoluções sociais, se infiltram pouco a pouco nas ideias, germinam ao longo dos séculos e depois explodem subitamente, fazendo ruir o edifício carcomido do passado, que não se encontra mais de acordo com as necessidades novas e as novas aspirações.

O homem geralmente não percebe, nessas comoções, mais do que a desordem e a confusão momentâneas, que o atingem nos seus interesses materiais, mas aquele que eleva o seu pensamento acima dos interesses pessoais admira os desígnios da Providência que do mal fazem surgir o bem. São a tempestade e o furacão que saneiam a atmosfera, depois de a haverem revolvido.[1]

784. A perversidade do homem é bastante intensa, e não parece que ele está recuando, em lugar de avançar, pelo menos do ponto de vista moral?

– Enganas-te. Observa bem o conjunto e verás que ele avança, pois vai compreendendo melhor o que é o mal, e dia a dia corrige os seus abusos. É preciso que haja excesso do mal, para fazer-lhe compreender as necessidades do bem e das reformas.

785. Qual o maior obstáculo ao progresso?

– São o orgulho e o egoísmo. Quero referir-me ao progresso moral, porque o intelectual avança sempre. Este parece, aliás, à primeira vista, duplicar a intensidade daqueles vícios desenvolvendo a ambição e o amor das riquezas, que por sua vez incitam o homem às pesquisas que lhe esclarecem o Espírito. É assim que tudo se relaciona no mundo moral como no físico e que do próprio mal pode sair o bem. Mas esse estado de coisas durará apenas algum tempo; modificar-se-á à medida que o homem compreender melhor que, além do gozo dos bens terrenos, existe uma felicidade infinitamente maior e infinitamente mais durável. (Vede "Do Egoísmo", item III do cap. XII.)

Há duas espécies de progresso que mutuamente se apoiam e, entretanto, não marcham juntas: o progresso intelectual e o progresso moral.

---

[1] Como se vê, por este comentário de Kardec e pelas explicações dos Espíritos, a que ele se refere, o Espiritismo reconhece a necessidade desses movimentos periódicos de agitação natural, quer dos elementos, quer dos povos, para a realização do progresso. Mas os admite como fatos naturais e não como criações artificiais a que os homens devam dedicar-se, em obediência a doutrinas revolucionárias. O que ele ensina é que o homem deve colocar-se, nesses momentos, acima de seus mesquinhos interesses pessoais para ver em sua amplitude a marcha irresistível do progresso. (N. do T.)

Entre os povos civilizados o primeiro recebe em nosso século todos os estímulos desejáveis e por isso atingiu um grau até hoje desconhecido. Seria necessário que o segundo estivesse no mesmo nível. Não obstante, se compararmos os costumes sociais de alguns séculos atrás com os de hoje, teremos de ser cegos para negar que houve progresso moral. Por que, pois, a marcha ascendente da moral deveria interromper-se mais que a da inteligência? Por que não haveria, entre o século décimo nono e o vigésimo quarto, tanta diferença nesse terreno como entre o décimo quarto e o décimo nono? Duvidar disso seria pretender que a Humanidade tivesse atingido o apogeu da perfeição, o que é absurdo, ou que ela não é moralmente perfectível, o que a experiência desmente.

III - POVOS DEGENERADOS

786. A História nos mostra uma multidão de povos que após terem sido convulsionados recaíram na barbárie. Onde está nesse caso o progresso?

– Quando a tua casa ameaça cair, a derrubas para a reconstruir de maneira mais sólida e mais cômoda; mas até que ela esteja reconstruída haverá desarranjos e confusões na tua morada.

Compreende isto também: és pobre e moras num casebre, mas ficas rico e o deixas para morar num palácio. Depois um pobre-diabo, como eras, vem tomar o teu lugar no casebre e se sente muito contente, pois antes não possuía um abrigo. Pois bem! Compreende então que os Espíritos encarnados neste povo degenerado não são mais os que o constituíam nos tempos de seu esplendor. Aqueles, logo que se tornaram mais adiantados, mudaram-se para habitações mais perfeitas e progrediram, enquanto outros, menos avançados, tomaram seu lugar, que por sua vez também deixarão.

787. Não há raças rebeldes ao progresso por sua própria natureza?

– Sim, mas dia a dia elas se aniquilam corporalmente.

787-a. Qual será o destino futuro das almas que animam essas raças?

– Chegarão à perfeição, como todas as outras, passando por várias experiências. Deus não deserda ninguém.

787-b. Então, os homens mais civilizados podem ter sido selvagens e antropófagos?

– Tu mesmo o foste, mais de uma vez, antes de seres o que és.

788. Os povos são individualidades coletivas que passam pela infância, a idade madura e a decrepitude, como os indivíduos.

Essa verdade constatada pela História não nos permite supor que os povos mais adiantados deste século terão o seu declínio e o seu fim, como os da antiguidade?

– Os povos que só vivem materialmente, cuja grandeza se firma na força e na extensão territorial, crescem e morrem porque a força de um povo se esgota como a de um homem; aqueles cujas leis egoístas atentam contra o progresso das luzes e da caridade morrem porque a luz aniquila as trevas e a caridade mata o egoísmo. Mas há para os povos, como para os indivíduos, a vida da alma, e aqueles cujas leis se harmonizam com as leis eternas do Criador viverão e serão o farol dos outros povos.

789. O progresso reunirá um dia todos os povos da Terra numa só nação?

– Não em uma só nação, o que é impossível, pois da diversidade dos climas nascem costumes e necessidades diferentes, que constituem as nacionalidades. Assim, serão sempre necessárias leis apropriadas a esses costumes e a essas necessidades. Mas a caridade não conhece latitudes e não faz distinção dos homens pela cor. Quando a lei de Deus constituir por toda parte a base de lei humana, os povos praticarão a caridade de um para o outro, como os indivíduos de homem para homem, vivendo felizes e em paz, porque ninguém tentará fazer mal ao vizinho ou viver a suas expensas.

A Humanidade progride através dos indivíduos que se melhoram pouco a pouco e se esclarecem; quando estes se tornam numerosos, tomam a dianteira e arrastam os outros. De tempos em tempos surgem os homens de gênio que lhes dão um impulso e, depois, homens investidos de autoridade, instrumentos de Deus, que em alguns anos a fazem avançar de muitos séculos.

O progresso dos povos faz ainda ressaltar a justiça da reencarnação. Os homens de bem fazem louváveis esforços para ajudar uma nação avançar moral e intelectualmente; a nação transformada será mais feliz neste mundo e no outro, compreende-se; mas, durante a sua marcha lenta através dos séculos, milhares de indivíduos morrem diariamente, e qual seria a sorte de todos esses que sucumbem durante o trajeto? Sua inferioridade relativa os priva da felicidade reservada aos que chegam por último? Ou também a sua felicidade é relativa? A justiça divina não poderia consagrar semelhante injustiça. Pela pluralidade das existências, o direito à felicidade é sempre o mesmo para todos, porque ninguém é deserdado pelo progresso. Os que vivem no tempo da barbárie, podendo voltar no tempo da civilização, no mesmo povo ou em outro, é claro que todos se beneficiam da marcha ascendente.

Mas o sistema da unicidade da existência apresenta neste caso outra dificuldade. Com esse sistema, a alma é criada no momento do nascimento, de maneira que se um homem é o mais adiantado que outro é porque

Deus criou para ele uma alma mais adiantada. Por que esse favor? Que mérito tem ele, que não viveu mais do que o outro, menos, muitas vezes, para ser dotado de uma alma superior? Mas essa não é a principal dificuldade. Uma nação passa, em mil anos, da barbárie à civilização. Se os homens vivessem mil anos poderia conceber-se que, nesse intervalo, tivessem tempo de progredir; mas diariamente morrem criaturas em todas as idades, renovando-se sem cessar, de maneira que dia a dia as vemos aparecerem e desaparecerem. No fim de um milênio não há mais traços dos antigos habitantes; a nação de bárbara que era tornou-se civilizada: mas quem foi que progrediu? Os indivíduos outrora bárbaros? Esses já estão mortos há muito tempo. Os que chegaram por último? Mas se a sua alma foi criada no momento do nascimento, essas almas não existiriam no tempo da barbárie, e é necessário admitir, então, que os esforços desenvolvidos para civilizar um povo têm o poder, não de melhorar as almas imperfeitas, mas de fazer Deus criar outras almas mais perfeitas.

Comparemos esta teoria do progresso com a que nos foi dada pelos Espíritos. As almas vindas no tempo da civilização tiveram a sua infância, como todas as outras, mas já viveram e chegam adiantadas em consequência de um progresso anterior; elas vêm atraídas por um meio que lhes é simpático e que está em relação com o seu estado atual. Dessa maneira, os cuidados dispensados à civilização de um povo não têm por efeito determinar a criação futura de almas mais perfeitas, mas atrair aquelas que já progrediram, seja as que já viveram nesse mesmo povo em tempos de barbárie, seja as que procedem de outra parte. Aí temos ainda a chave do progresso de toda a Humanidade. Quando todos os povos estiverem no mesmo nível quanto ao sentimento do bem, a Terra só abrigará bons Espíritos, que viverão em união fraterna. Os maus, tendo sido repelidos e deslocados, irão procurar nos mundos inferiores o meio que lhes convém, até que se tornem dignos de voltar ao nosso meio transformado. A teoria vulgar tem ainda esta consequência: os trabalhos de melhoramento social só aproveitam às gerações presentes e futuras; seu resultado é nulo para as gerações passadas, que cometeram o erro de chegar muito cedo e só avançaram na medida de suas forças, sob a carga de seus atos de barbárie. Segundo a doutrina dos Espíritos, os progressos ulteriores aproveitam igualmente a essas gerações, que revivem nas condições melhores e podem aperfeiçoar-se no meio da civilização. (Ver item 222.)

IV - CIVILIZAÇÃO

790. A civilização é um progresso, ou, segundo alguns filósofos, uma decadência da Humanidade?

– Progresso incompleto, pois o homem não passa subitamente da infância à maturidade.

790-a. É razoável condenar-se a civilização?

– *Condenai antes os que abusam dela e não a obra de Deus.*

791. A civilização se depurará um dia, fazendo desaparecer os males que tenha produzido?

– *Sim, quando a moral estiver tão desenvolvida quanto a inteligência. O fruto não pode vir antes da flor.*

792. Por que a civilização não realiza imediatamente todo o bem que ela poderia produzir?

– *Porque os homens ainda não se encontram em condições, nem dispostos a obter este bem.*

792-a. Não seria ainda porque, criando necessidades novas, excita novas paixões?

– *Sim, e porque todas as faculdades do Espírito não progridem ao mesmo tempo; é necessário tempo para tudo. Não podeis esperar frutos perfeitos de uma civilização incompleta. (Ver itens 751-780.)*

793. Por que sinais se pode reconhecer uma civilização completa?

– *Vós a reconhecereis pelo desenvolvimento moral. Acreditais estar muito adiantados por terdes feito grandes descobertas e invenções maravilhosas; porque estais melhor instalados e melhor vestidos que os vossos selvagens; mas só tereis verdadeiramente o direito de vos dizer civilizados quando houverdes banido de vossa sociedade os vícios que a desonram e quando passardes a viver como irmãos, praticando a caridade cristã. Até esse momento, não sereis mais do que povos esclarecidos, só tendo percorrido a primeira fase da civilização.*

A civilização tem os seus graus, como todas as coisas. Uma civilização incompleta é um estado de transição que engendra males especiais, desconhecidos no estado primitivo, mas nem por isso deixa de constituir um progresso natural, necessário, que leva consigo mesmo o remédio para aqueles males. À medida que a civilização se aperfeiçoa, vai fazendo cessar alguns dos males que engendrou, e esses males desaparecerão com o progresso moral.

De dois povos que tenham chegado ao ápice da escala social, só poderá dizer-se o mais civilizado, na verdadeira acepção do termo, aquele em que se encontrem menos egoísmo, menos cupidez e menos orgulho; em que os costumes sejam mais intelectuais e morais do que materiais; em que a inteligência possa desenvolver-se com mais liberdade; em que exista mais bondade, boa-fé, benevolência e generosidade recíprocas; em que os preconceitos de casta e de nascimento sejam menos enraizados, porque esses prejuízos são incompatíveis com o verdadeiro amor do próximo; em que as leis não consagrem nenhum privilégio e sejam as mesmas para o último como para o primeiro; em que a justiça se exerça com o mínimo de parcialidade; em que o fraco sempre encontre apoio contra o forte; em que a vida do homem, suas crenças e suas opiniões sejam melhor respeitadas; em que haja menos desgraçados; e, por fim, em que todos os homens de boa vontade estejam sempre seguros de não lhes faltar o necessário.[2]

V - PROGRESSO DA LEGISLAÇÃO HUMANA

794. A sociedade poderia ser regida somente pelas leis naturais, sem o recurso das leis humanas?

– *Poderia, se os homens as compreendessem bem e quisessem praticá-las; então, seriam suficientes. Mas a sociedade tem as suas exigências e precisa de leis particulares.*

795. Qual a causa da instabilidade das leis humanas?

– *Nos tempos de barbárie são os mais fortes que fazem as leis, e as fazem em seu favor. Há necessidade de modificá-las à medida que os homens vão melhor compreendendo a justiça. As leis humanas são mais estáveis à medida que se aproximam da verdadeira justiça, quer dizer, à medida que são feitas para todos e se identificam com a lei natural.*

A civilização criou novas necessidades para o homem, e essas necessidades são relativas à posição social de cada qual. Foi necessário regular os direitos e os deveres dessas posições através de leis humanas. Mas, sob a influência das suas paixões, o homem criou, muitas vezes, direitos e deveres, imaginários, condenados pela lei natural e que os povos apagam dos seus códigos à proporção que progridem. A lei natural é imutável e sempre a mesma para todos; a lei humana é variável e progressiva: somente ela pode consagrar, na infância da Humanidade, o direito do mais forte.

---

[2] Será essa a civilização cristã que o Espiritismo estabelecerá na Terra. Como se vê pelas explicações dos Espíritos e pelos comentários de Kardec, a civilização incompleta em que vivemos é apenas uma fase de transição entre o mundo pagão da antiguidade e o mundo cristão do futuro. Nos costumes, na legislação, na religião, na prática dos cultos religiosos vemos a mistura constante dos elementos do paganismo com os princípios renovadores do Cristianismo. Cabe ao Espiritismo a missão de remover esses elementos pagãos para fazer brilhar o espírito cristão em toda a sua pureza. Veja-se, a propósito, todo o cap. I de *O Evangelho segundo o Espiritismo*. (N. do T.)

796. A severidade das leis penais não é uma necessidade no estado atual da sociedade?

– *Uma sociedade depravada tem certamente necessidade de leis mais severas; infelizmente essas leis se destinam antes a punir o mal praticado do que a cortar a raiz do mal. Somente a educação pode reformar os homens, que assim não terão mais necessidade de leis tão rigorosas.*

797. Como o homem poderia ser levado a reformar as suas leis?

– *Isso acontecerá naturalmente, pela força das circunstâncias e pela influência das pessoas de bem que o conduzem na senda do progresso. Há muitas que já foram reformadas e muitas outras ainda o serão. Espera!*

VI - INFLUÊNCIA DO ESPIRITISMO NO PROGRESSO

798[3]. O Espiritismo se tornará uma crença comum ou será apenas a de algumas pessoas?

– *Certamente ele se tornará uma crença comum e marcará uma nova era na História da Humanidade, porque pertence à Natureza e chegou o tempo em que deve tomar lugar entre os conhecimentos humanos. Haverá, entretanto, grandes lutas a sustentar, mais contra os interesses do que contra a convicção, porque não se pode dissimular que há pessoas interessadas em combatê-lo, umas por amor-próprio e outras por motivos puramente materiais. Mas os seus contraditores, ficando cada vez mais isolados, serão afinal forçados a pensar como todos os outros, sob pena de se tornarem ridículos.*

As ideias só se transformam com o tempo e não subitamente; elas se enfraquecem de geração em geração e acabam por desaparecer com os que as professavam e que são substituídos por outros indivíduos imbuídos de novos princípios, como se verifica com as ideias políticas. Vede o paganismo; não há ninguém, certamente, que professe hoje as ideias religiosas daquele tempo; não obstante, muitos séculos depois do advento do Cristianismo ainda haviam deixado traços que somente a completa renovação das raças pôde apagar. O mesmo acontecerá com o Espiritismo; ele faz muito progresso, mas haverá ainda, durante duas ou três gerações, um fenômeno de incredulidade que só o tempo fará desaparecer. Contudo, sua marcha será mais rápida que a do Cristianismo, porque é o próprio Cristianismo que lhe abre as vias sobre as quais

[3] Vide Nota Explicativa no final do livro.

ele se desenvolverá. O Cristianismo tinha que destruir; o Espiritismo só tem que construir.[4]

799. De que maneira o Espiritismo pode contribuir para o progresso?

– *Destruindo o materialismo, que é uma das chagas da sociedade, ele faz os homens compreenderem onde está o seu verdadeiro interesse. A vida futura, não estando mais velada pela dúvida, o homem compreenderá melhor que pode assegurar o seu futuro através do presente. Destruindo os preconceitos de seita, de casta e de cor, ele ensina aos homens a grande solidariedade que os deve unir como irmãos.*

800. Não é de temer que o Espiritismo não consiga vencer a indiferença dos homens e o seu apego às coisas materiais?

– *Seria conhecer bem pouco os homens, pensar que uma causa qualquer pudesse transformá-los como por encanto. As ideias se modificam pouco a pouco, com os indivíduos, e são necessárias gerações para que se apaguem completamente os traços dos velhos hábitos. A transformação, portanto, não pode operar-se a não ser com o tempo, gradualmente, pouco a pouco. Em cada geração uma parte do véu se dissipa. O Espiritismo vem rasgá-lo de uma vez; mas, mesmo que só tivesse o efeito de corrigir um homem de um só dos seus defeitos, isso seria um passo que o faria dar e por isso um grande bem, porque esse primeiro passo lhe tornaria os outros mais fáceis.*

801. Por que os Espíritos não ensinaram desde todos os tempos o que ensinam hoje?

– *Não ensinais às crianças o que ensinais aos adultos e não dais ao recém-nascido um alimento que ele não possa digerir. Cada coisa tem o seu tempo. Eles ensinaram muitas coisas que os homens não compreenderam ou desfiguraram, mas que atualmente podem compreender. Pelo seu ensinamento, mesmo incompleto, prepararam o terreno para receber a semente que vai agora frutificar.*

802. Desde que o Espiritismo deve marcar um progresso

[4] O transcurso do primeiro século do Espiritismo, a 18 de abril de 1957, veio confirmar plenamente essa extraordinária previsão de Kardec. No primeiro século do seu desenvolvimento, o Cristianismo era ainda uma seita obscura e terrivelmente perseguida, e somente nos fins do terceiro século atingiu as proporções de desenvolvimento e universalização que o Espiritismo apresenta no seu primeiro século. A marcha do Espiritismo se fez com muito maior rapidez e sua vitória brilhará mais rápida do que se espera. (N. do T.)

da Humanidade, por que os Espíritos não apressam esse progresso através de manifestações tão gerais e patentes que pudessem levar a convicção aos mais incrédulos?

– Desejaríeis milagres, mas Deus os semeia a mancheias nos vossos passos e tendes ainda os homens que os negam. O Cristo, ele próprio, convenceu os seus contemporâneos com os prodígios que realizou? Não vedes ainda hoje os homens negarem os fatos mais patentes que se passam aos seus olhos? Não tendes os que não acreditariam, mesmo quando vissem? Não, não é por meio de prodígios que Deus conduzirá os homens. Na sua bondade, ele quer deixar-lhes o mérito de se convencerem através da razão.

CAPÍTULO IX

LEI DE IGUALDADE

I - IGUALDADE NATURAL

803. Todos os homens são iguais perante Deus?

– Sim, todos tendem para o mesmo fim e Deus fez as suas leis para todos. Dizeis frequentemente: "O Sol brilha para todos", e com isso dizeis uma verdade maior e mais geral do que pensais.

Todos os homens são submetidos às mesmas leis naturais, todos nascem com a mesma fragilidade, estão sujeitos às mesmas dores, e o corpo do rico se destrói como o do pobre. Deus não concedeu, portanto, superioridade natural a nenhum homem, nem pelo nascimento, nem pela morte: todos são iguais diante dele.

II - DESIGUALDADE DE APTIDÕES

804. Por que Deus não deu as mesmas aptidões a todos os homens?

– Deus criou todos os Espíritos iguais, mas cada um deles viveu mais ou menos tempo, e por conseguinte realizou mais ou menos aquisições; a diferença está no grau de experiência e na vontade, que é o livre-arbítrio: daí decorre que uns se aperfeiçoam mais rapidamente, o que lhes dá aptidões diversas. A mistura de aptidões é necessária a fim de que cada um possa contribuir para os desígnios da Providência, nos limites do desenvolvimento de suas forças físicas e intelectuais; o que um não faz, o outro faz, e é assim que cada um tem a sua função útil. Além disso, todos os mundos sendo solidários entre si, é necessário que os habitantes dos mundos superiores, na sua maioria criados antes do vosso, venham habitar aqui para vos dar exemplo. (Ver item 361.)

Assim, a diversidade das aptidões do homem não se relaciona com a natureza íntima de sua criação, mas com o grau de aperfeiçoamento a que ele tenha chegado como Espírito. Deus não criou, portanto, a desigualdade das faculdades, mas permitiu que os diferentes graus de desenvolvimento se mantivessem em contato a fim de que os mais adiantados pudessem ajudar os mais atrasados a progredir. E também a fim de que os homens, necessitando uns dos outros, compreendam a lei de caridade que os deve unir.

805. Passando de um mundo superior para um inferior, o Espírito conserva integralmente as faculdades adquiridas?

– Sim, já o dissemos, o Espírito que progrediu não regride mais. Ele pode escolher, no estado de Espírito, um envoltório mais rude ou uma situação mais precária que a anterior, mas sempre para lhe servir de lição e ajudá-lo a progredir. (Ver item 180.)

III - DESIGUALDADES SOCIAIS

806. A desigualdade das condições sociais é uma lei natural?

– Não; é obra do homem e não de Deus.

806-a. Essa desigualdade desaparecerá um dia?

– Só as leis de Deus são eternas. Não a vês desaparecer pouco a pouco, todos os dias? Essa desigualdade desaparecerá juntamente com a predominância do orgulho e do egoísmo, restando tão somente a desigualdade do mérito. Chegará um dia em que os membros da grande família dos filhos de Deus não mais se olharão como de sangue mais ou menos puro, pois somente o Espírito é mais puro ou menos puro, e isso não depende da posição social.

807. Que pensar dos que abusam da superioridade de sua posição social para oprimir o fraco em seu proveito?

– Esses merecem o anátema; infelizes deles! Serão oprimidos por sua vez e renascerão numa existência em que sofrerão tudo o que fizeram sofrer. (Ver item 684.)

IV - DESIGUALDADE DAS RIQUEZAS

808. A desigualdade das riquezas não tem sua origem na desigualdade das faculdades, que dão a uns mais meios de adquirir do que a outros?

– Sim e não. Que dizes da astúcia e do roubo?

808-a. A riqueza hereditária, entretanto, seria fruto das más paixões?

– Que sabes disso? Remonta à origem e verás se é sempre pura. Sabes se no princípio não foi o fruto de uma espoliação ou de uma injustiça? Mas, sem falar em origem, que pode ser má, crês que a cobiça de bens, mesmo os melhor adquiridos, e os desejos secretos que se concebem de possuir o mais cedo possível, sejam sentimentos louváveis? Isso é o que Deus julga, e te asseguro que o seu julgamento é mais severo que o dos homens.

809. Se uma fortuna foi mal adquirida, os herdeiros serão responsáveis por isso?

– *Sem dúvida eles não são responsáveis pelo mal que outros tenham feito, tanto mais que o podem ignorar, mas fica sabendo que muitas vezes uma fortuna se destina a um homem para lhe dar ocasião de reparar uma injustiça. Feliz dele se o compreender! E, se o fizer em nome daquele que cometeu a injustiça, a reparação será levada em conta para ambos, porque quase sempre é este o último quem a provoca.*

810. Sem fraudar a legalidade podemos dispor dos nossos bens de maneira mais ou menos equitativa. Quem assim o faz é responsável, depois da morte, pelas disposições testamentárias?

– *Toda ação traz os seus frutos; os das boas ações são doces e os das outras são sempre amargos; sempre, entendei bem isso.*

811. A igualdade absoluta das riquezas é possível e existiu alguma vez?

– *Não, não é possível. A diversidade das faculdades e dos caracteres se opõe a isso.*

811-a. Há homens, entretanto, que creem estar nisso o remédio para os males sociais; que pensais a respeito?

– *São sistemáticos, ou ambiciosos e invejosos. Não compreendem que a igualdade seria logo rompida pela própria força das coisas. Combatei o egoísmo, pois essa é a vossa chaga social, e não correi atrás de quimeras.*

812. Se a igualdade das riquezas não é possível, acontece o mesmo com o bem-estar?

– *Não; mas o bem-estar é relativo e cada um poderia gozá-lo, se todos se entendessem bem... Porque o verdadeiro bem-estar consiste no emprego do tempo de acordo com a vontade, e não em trabalhos pelos quais não se tem nenhum gosto. Como cada um tem aptidões diferentes, nenhum trabalho útil ficaria por fazer. O equilíbrio existe em tudo e é o homem quem o perturba.*[1]

812-a. É possível que todos se entendam?

– *Os homens se entenderão quando praticarem a lei da justiça.*

---

[1] No mundo de hoje, este problema já vem provocando tentativas de solução. Trata-se do aproveitamento das vocações, cujo desperdício sistemático acarreta perdas consideráveis à economia social e profundo desequilíbrio nas estruturas das sociedades. (N. do T.)

813. Há pessoas que caem nas privações e na miséria por sua própria culpa; a sociedade pode ser responsabilizada por isso?

– *Sim, já o dissemos, ela é sempre a causa primeira dessas faltas; pois não lhe cabe velar pela educação moral de seus membros? É frequentemente a má-educação que falseia o critério dessas pessoas, em lugar de aniquilar-lhes as tendências perniciosas. (Ver item 685.)*

V - PROVAS DA RIQUEZA E DA MISÉRIA

814. Por que Deus concedeu a uns a riqueza e o poder e a outros a miséria?

– *Para provar a cada um de uma maneira diferente. Aliás, vós o sabeis, essas provas são escolhidas pelos próprios Espíritos, que muitas vezes sucumbem ao realizá-las.*

815. Qual dessas duas provas é a mais perigosa para o homem, a da miséria ou a da riqueza?

– *Tanto uma como a outra. A miséria provoca a murmuração contra a Providência, a riqueza leva a todos os excessos.*

816. Se o rico sofre mais tentações, não dispõe também de mais meios para fazer o bem?

– *É justamente o que nem sempre faz; torna-se egoísta, orgulhoso e insaciável; suas necessidades aumentam com a fortuna e julga não ter o bastante para si mesmo.*

A posição elevada no mundo e a autoridade sobre os semelhantes são provas tão grandes e arriscadas quanto a miséria; porque, quanto mais o homem for rico e poderoso, mais obrigações tem a cumprir, maiores são os meios de que dispõe para fazer o bem e o mal. Deus experimenta o pobre pela resignação e o rico pelo uso que faz de seus bens e do seu poder.

A riqueza e o poder despertam todas as paixões que nos prendem à matéria e nos distanciam da perfeição espiritual. Foi por isso que Jesus disse: – "Em verdade vos digo, é mais fácil um camelo passar pelo fundo de uma agulha do que um rico entrar no reino dos céus". (Ver item 266.)

VI - IGUALDADE DOS DIREITOS DO HOMEM E DA MULHER

817. O homem e a mulher são iguais perante Deus e têm os mesmos direitos?

– *Deus não deu a ambos a inteligência do bem e do mal e a faculdade de progredir?*

818. De onde procede a inferioridade moral da mulher em certas regiões?

– *Do domínio injusto e cruel que o homem exerceu sobre ela. Uma consequência das instituições sociais e do abuso da força sobre a debilidade. Entre os homens pouco adiantados do ponto de vista moral, a força é o direito.*

819. Com que fim a mulher é fisicamente mais fraca do que o homem?

– *Para lhe assinalar funções particulares. O homem se destina aos trabalhos rudes, por ser mais forte; a mulher aos trabalhos suaves; e ambos a se ajudarem mutuamente nas provas de uma vida cheia de amarguras.*

820. A debilidade física da mulher não a coloca naturalmente na dependência do homem?

– *Deus deu força a uns para proteger o fraco e não para o escravizar.*

Deus apropriou a organização de cada ser às funções que ele deve desempenhar. Se deu menor força física à mulher, deu-lhe ao mesmo tempo maior sensibilidade, em relação com a delicadeza das funções materiais e a debilidade dos seres confiados aos seus cuidados.

821. As funções a que a mulher foi destinada pela Natureza têm tanta importância quanto as conferidas ao homem?

– *Sim, e até maior; é ela quem lhe dá as primeiras noções de vida.*

822. Os homens, sendo iguais perante a lei de Deus, devem sê-lo igualmente perante a lei humana?

– *Este é o primeiro princípio de justiça: "Não façais aos outros o que não quereis que os outros vos façam".*

822-a. De acordo com isso, para uma legislação ser perfeitamente justa, deve consagrar a igualdade de direitos entre o homem e a mulher?

– *De direitos, sim; de funções, não. É necessário que cada um tenha um lugar determinado; que o homem se ocupe de fora e a mulher do lar, cada um segundo a sua aptidão. A lei humana, para ser justa, deve consagrar a igualdade de direitos entre o homem e a mulher; todo privilégio concedido a um ou a outro é contrário à justiça. A emancipação da mulher segue o progresso da civilização, sua escravização marcha com a barbárie. Os sexos, aliás, só existem na organização física, pois os Espíritos podem tomar um e outro, não havendo diferenças entre eles a esse respeito. Por conseguinte, devem gozar dos mesmos direitos.*[2]

VII - IGUALDADE PERANTE O TÚMULO

823. De onde vem o desejo de perpetuar a própria memória nos monumentos fúnebres?

– *Derradeiro ato de orgulho.*

823-a. Mas a suntuosidade dos monumentos fúnebres não é, na maioria das vezes, determinada pelos parentes que desejam honrar a memória do falecido, e não por este?

– *Orgulho dos parentes que querem honrar-se a si mesmos. Oh, sim, nem sempre é pelo morto que se fazem todas essas demonstrações, mas por amor-próprio, por consideração ao mundo e para exibição de riqueza. Crês que a lembrança de um ser querido seja menos durável no coração do pobre, porque ele só pode colocar uma flor sobre sua tumba? Crês que o mármore salva do esquecimento aquele que foi inútil na Terra?*

824. Reprovais de maneira absoluta as pompas fúnebres?

– *Não. Quando homenageiam a memória de um homem de bem, são justas e de bom exemplo.*

A tumba é o lugar de encontro de todos os homens; nela se findam impiedosamente todas as distinções humanas. É em vão que o rico tenta perpetuar a sua memória por meio de faustosos monumentos. O tempo os destruirá, como aos seus próprios corpos. Assim o quer a Natureza. A lembrança das suas boas e más ações será menos perecível do que seu túmulo. A pompa dos funerais não o lavará de sua torpeza e não o fará subir sequer um degrau na hierarquia espiritual. (Ver itens 320 e seguintes.)

---

[2] Há mais de cem anos este livro indicava a solução do problema feminino: igualdade de direitos e diversidade de funções. Marido e mulher não são senhor e escrava, mas companheiros que desempenham uma tarefa comum, com a mesma responsabilidade pela sua realização. O feminismo adquire um novo aspecto à luz deste princípio. A mulher não deve ser a imitadora do homem, mas a sua companheira de vida, a célula básica da estrutura social. (N. do T.)

CAPÍTULO X

LEI DE LIBERDADE

I - LIBERDADE NATURAL

825. Há posições no mundo em que o homem possa gabar-se de gozar de uma liberdade absoluta?

– *Não, porque vós todos necessitais uns dos outros, os pequenos como os grandes.*

826. Qual seria a condição em que o homem pudesse gozar de liberdade absoluta?

– *A do eremita no deserto. Desde que haja dois homens juntos há direitos a respeitar e não terão eles, portanto, liberdade absoluta.*

827. A obrigação de respeitar os direitos alheios tira ao homem o direito de se pertencer a si mesmo?

– Absolutamente, pois esse é um direito que lhe vem da natureza.

828. Como conciliar as opiniões liberais de certos homens com o seu frequente despotismo no lar e com os seus subordinados?

– *É que possuem a compreensão da lei natural, mas contrabalançada pelo orgulho e pelo egoísmo. Sabem o que devem fazer, quando não transformam os seus princípios numa comédia bem calculada, mas não o fazem.*

828-a. Os princípios que professaram nesta vida lhes serão levados em conta na outra?

– *Quanto mais inteligência tenha o homem para compreender um princípio, menos escusável será de não o aplicar a si mesmo. Na verdade vos digo que o homem simples, mas sincero, está mais adiantado no caminho de Deus do que aquele que aparenta o que não é.*

II - ESCRAVIDÃO

829. Há homens naturalmente destinados a ser propriedade de outros homens?

– Toda sujeição absoluta de um homem a outro é contrária à lei de Deus. A escravidão é um abuso da força e desaparecerá com o progresso, como pouco a pouco desaparecerão todos os abusos.

A lei humana que estabelece a escravidão é uma lei contra a natureza, pois assemelha o homem ao bruto e o degrada moral e fisicamente.

830. Quando a escravidão pertence aos costumes de um povo, são repreensíveis os que a praticam, nada mais fazendo do que seguir um uso que lhes parece natural?

– O mal é sempre o mal. Todos os vossos sofismas não farão que uma ação má se torne boa. Mas a responsabilidade do mal é relativa aos meios de que dispondes para compreender. Aquele que se serve da lei da escravidão é sempre culpável de uma violação da lei natural; mas nisso, como em todas as coisas, a culpabilidade é relativa. Sendo a escravidão um costume entre certos povos, o homem pode praticá-la de boa-fé, como uma coisa que lhe parece natural. Mas desde que a sua razão, mais desenvolvida e sobretudo esclarecida pelas luzes do Cristianismo, lhe mostrou no escravo um seu igual perante Deus, ele não tem mais desculpas.

831.[1] A desigualdade natural das aptidões não coloca certas raças humanas sob a dependência das raças inteligentes?

– Sim, para as elevar e não para as embrutecer ainda mais na escravidão. Os homens têm considerado, há muito, certas raças humanas como animais domesticáveis, munidos de braços e de mãos, e se julgaram no direito de vender os seus membros como bestas de carga. Consideram-se de sangue mais puro. Insensatos, que não enxergam além da matéria! Não é o sangue que deve ser mais ou menos puro, mas o Espírito. (Ver itens 361-803.)

832. Há homens que tratam os seus escravos com humanidade, que nada lhes deixam faltar e pensam que a liberdade os exporia a mais privações. Que dizer disso?

– Digo que compreendem melhor os seus interesses. Eles têm também muito cuidado com os seus bois e os seus cavalos, a fim de tirarem mais proveito no mercado. Não são culpados como os que os maltratam, mas nem por isso deixam de usá-los como mercadorias, privando-os do direito de se pertencerem a si mesmos.

III - LIBERDADE DE PENSAMENTO

[1] Vide Nota Explicativa no final do livro.

833. Há no homem qualquer coisa que escape a todo o constrangimento, e pela qual ele goze de uma liberdade absoluta?

– É pelo pensamento que o homem goza de uma liberdade sem limites, porque o pensamento não conhece entraves. Pode impedir-se a sua manifestação, mas não aniquilá-lo.

834. O homem é responsável pelo seu pensamento?

– É responsável perante Deus. Só Deus, podendo conhecê-lo, condena-o ou absolve-o, segundo a sua justiça.

IV - LIBERDADE DE CONSCIÊNCIA

835. A liberdade de consciência é uma consequência da liberdade de pensar?

– A consciência é um pensamento íntimo, que pertence ao homem como todos os outros pensamentos.

836. O homem tem o direito de pôr entraves à liberdade de consciência?

– Não mais do que à liberdade de pensar, porque somente a Deus pertence o direito de julgar a consciência. Se o homem regula pelas suas leis a relação de homem para homem, Deus, por suas leis naturais, regula as relações do homem com Deus.

837. Qual é o resultado dos entraves à liberdade de consciência?

– Constranger os homens de maneira diversa ao seu modo de pensar, o que é torná-los hipócritas. A liberdade de consciência é uma das características da verdadeira civilização e do progresso.

838. Toda a crença é respeitável, ainda mesmo quando notoriamente falsa?

– Toda crença é respeitável quando é sincera e conduz à prática do bem. As crenças reprováveis são as que conduzem ao mal.

839. Somos repreensíveis por escandalizar em sua crença aquele que não pensa como nós?

– Isso é faltar com a caridade e atentar contra a liberdade de pensamento.

840. Será atentar contra a liberdade da consciência opor entraves às crenças que podem perturbar a sociedade?

– Podem reprimir-se os atos, mas a crença íntima é inacessível.

Reprimir os atos externos de uma crença, quando esses atos acarretam qualquer prejuízo aos outros, não é atentar contra a liberdade de consciência, porque essa repressão deixa à crença sua inteira liberdade.

841. Devemos, por respeito à liberdade de consciência, deixar que se propaguem as doutrinas perniciosas ou podemos, sem atentar contra essa liberdade, procurar conduzir para o caminho da verdade os que se desviaram para falsos princípios?

– Certamente se pode e mesmo se deve; mas ensinai, a exemplo de Jesus, pela doçura e persuasão, e não pela força, porque seria pior que a crença daquele a quem desejásseis convencer. Se há alguma coisa que possa ser imposta é o bem e a fraternidade, mas não acreditamos que o meio de fazê-lo seja a violência: a convicção não se impõe.

842. Como todas as doutrinas têm a pretensão de ser única expressão da verdade, por que sinais podemos reconhecer a que tem o direito de se apresentar como tal?

– Essa será a que produza mais homens de bem e menos hipócritas, quer dizer, que pratiquem a lei de amor e caridade na sua maior pureza e na sua aplicação mais ampla. Por esse sinal reconhecereis que uma doutrina é boa, pois toda doutrina que tiver por consequência semear a desunião e estabelecer divisões entre os filhos de Deus só pode ser falsa e perniciosa.

V - LIVRE-ARBÍTRIO

843. O homem tem livre-arbítrio nos seus atos?

– Pois que tem a liberdade de pensar, tem a de agir. Sem o livre-arbítrio o homem seria uma máquina.

844. O homem goza do livre-arbítrio desde o nascimento?

– Ele tem a liberdade de agir, desde que tenha a vontade de o fazer. Nas primeiras fases da vida a liberdade é quase nula; ela se desenvolve e muda de objeto com as faculdades. Estando os pensamentos da criança em relação com as necessidades da sua idade, ela aplica o seu livre-arbítrio às coisas que lhe são necessárias.

845. As predisposições instintivas que o homem traz ao nascer não são um obstáculo ao exercício de seu livre-arbítrio?

– As predisposições instintivas são as do Espírito antes da sua encarnação; conforme for ele mais ou menos adiantado, elas podem impedi-lo a atos repreensíveis, no que ele será secundado

por Espíritos que simpatizem com essas disposições; mas não há arrastamento irresistível, quando se tem a vontade de resistir. Lembrai-vos de que querer é poder. (Ver item 361.)

846. O organismo não influi nos atos da vida? E, se influi, não o faz com prejuízo do livre-arbítrio?

– O Espírito é certamente influenciado pela matéria, que pode entravar as suas manifestações. Eis por que, nos mundos em que os corpos são menos materiais do que na Terra, as faculdades se desenvolvem com mais liberdade. Mas o instrumento não dá faculdades ao Espírito. De resto, é necessário distinguir neste caso as faculdades morais das faculdades intelectuais. Se um homem tem o instinto do assassínio é seguramente o seu próprio Espírito que o possui e que lhe transmite, mas nunca os seus orgãos. Aquele que aniquila o seu pensamento para apenas se ocupar da matéria faz-se semelhante ao bruto e ainda pior, porque não pensa mais em se premunir contra o mal. É nisso que ele se torna faltoso, pois assim age pela própria vontade. (Ver itens 367 e seguintes, Influência do Organismo.)

847. A alteração das faculdades tira ao homem o livre-arbítrio?

– Aquele cuja inteligência está perturbada por uma causa qualquer perde o domínio do seu pensamento e desde então não tem mais liberdade. Essa alteração é frequentemente uma punição para o Espírito, que, numa existência, pode ter sido vão e orgulhoso, fazendo o mau uso de suas faculdades. Ele pode renascer no corpo de um idiota, como o déspota no corpo de um escravo e o mau rico no de um mendigo. Mas o Espírito sofre esse constrangimento, do qual tem perfeita consciência: é nisso que está a ação da matéria. (Ver itens 371 e seguintes.)

848. A alteração das faculdades intelectuais pela embriaguez desculpa os atos repreensíveis?

– Não, pois o ébrio voluntariamente se priva da razão para satisfazer paixões brutais: em lugar de uma falta comete duas.

849. Qual é, no homem em estado selvagem, a faculdade dominante: o instinto ou o livre-arbítrio?

– O instinto, o que não o impede de agir com inteira liberdade em certas coisas. Mas, como a criança, ele aplica essa liberdade às suas necessidades e ela se desenvolve com a inteligência. Por conseguinte, tu, que és mais esclarecido que um selvagem, és também mais responsável que ele pelo que fazes.

850. A posição social não é às vezes um obstáculo à inteira liberdade de ação?

– *O mundo tem, sem dúvida, as suas exigências. Deus é justo e tudo leva em conta, mas vos deixa a responsabilidade dos poucos esforços que fazeis para superar os obstáculos.*

VI - FATALIDADE

851. Há uma fatalidade nos acontecimentos da vida, segundo o sentimento ligado a essa palavra; quer dizer, todos os acontecimentos são predeterminados, e nesse caso em que se torna o livre-arbítrio?

– *A fatalidade só existe no tocante à escolha feita pelo Espírito, ao se encarnar, de sofrer esta ou aquela prova; ao escolhê-la, ele traça para si mesmo uma espécie de destino, que é a própria consequência da posição em que se encontra. Falo das provas de natureza física, porque, no tocante às provas morais e às tentações, o Espírito, conservando o seu livre-arbítrio sobre o bem e o mal, é sempre senhor de ceder ou resistir. Um bom Espírito, ao vê-lo fraquejar, pode correr em seu auxílio mas não pode influir sobre ele a ponto de subjugar-lhe a vontade. Um Espírito mau, ou seja, inferior, ao lhe mostrar ou exagerar um perigo físico, pode abalá-lo e assustá-lo, mas a vontade do Espírito encarnado não fica por isso menos livre de qualquer entrave.*

852. Há pessoas que parecem perseguidas por uma fatalidade, independentemente de sua maneira de agir; a desgraça está no seu destino?

– *São, talvez, provas que devem sofrer e que elas mesmas escolheram. Ainda uma vez levais à conta do destino o que é quase sempre a consequência de sua própria falta. Em meio dos males que te afligem, cuida que a tua consciência esteja pura e te sentirás meio consolado.*

As ideias justas ou falsas que fazemos das coisas nos fazem vencer ou fracassar, segundo o nosso caráter e a nossa posição social. Achamos mais simples e menos humilhante para o nosso amor-próprio atribuir os nossos fracassos à sorte ou ao destino, do que a nós mesmos. Se a influência dos Espíritos contribui algumas vezes para isso, podemos sempre nos subtrair a ela, repelindo as ideias más que nos forem sugeridas.

853. Certas pessoas escapam a um perigo mortal para cair em outro; parece que não podem escapar à morte. Não há nisso fatalidade?

– Fatal, no verdadeiro sentido da palavra, só o instante da morte. Chegando esse momento, de uma forma ou de outra, a ele não podeis furtar-vos.

853-a. Assim, qualquer que seja o período que nos ameace, não morreremos se a nossa hora não chegou?

– Não, não morrerás, e tens disso milhares de exemplos. Mas, quando chegar a tua hora de partir, nada te livrará. Deus sabe com antecedência qual o gênero de morte por que partirás daqui, e frequentemente teu Espírito também o sabe, pois isso lhe foi revelado quando fez a escolha desta ou daquela existência.

854. Da infalibilidade da hora da morte segue-se que as precauções que se tomam para evitá-la são inúteis?

– Não, porque as precauções que tomais vos são sugeridas com o fim de evitar uma morte que vos ameaça; são um dos meios para que ela não se verifique.

855. Qual o fito da Providência ao fazer-nos correr perigos que não devem ter consequências?

– Quando tua vida se encontra em perigo é essa uma advertência que tu mesmo desejaste, a fim de te desviar do mal e te tornar melhor. Quando escapas a esse perigo, ainda sob a influência do risco por que passaste, pensas com maior ou menor intensidade, sob a ação mais ou menos forte dos bons Espíritos, em te tornares melhor. O mau Espírito retornando (digo mau, subentendendo o mal que ainda nele existe), pensas que escaparás da mesma maneira a outros perigos e deixas que as tuas paixões se desencadeiem de novo. Pelos perigos que correis, Deus vos recorda a vossa fraqueza e a fragilidade de vossa existência. Se examinarmos a causa e a natureza do perigo veremos que, na maioria das vezes, as consequências foram a punição de uma falta cometida ou de um dever negligenciado. Deus vos adverte para refletirdes sobre vós mesmos e vos emendardes. (Ver os itens 526 a 532.)[2]

---

[2] Temos nesta resposta, de maneira clara e precisa, uma exposição sucinta do que podemos chamar a dinâmica espírita do aperfeiçoamento humano. Através das quedas e advertências, dos riscos e do auxílio dos bons Espíritos, o homem de boa vontade irá vencendo os seus maus pendores e se preparando, já nesta existência, para uma vida melhor no futuro. Longe de nos desanimar, nossas quedas devem ser transformadas em degraus da escada do nosso melhoramento espiritual. Como se vê, a "autossalvação" de que alguns religiosos nos acusam não é mais do que o desenvolvimento da vontade e da razão da criatura, sob a dispensação da graça de Deus, através de seus mensageiros, os bons Espíritos. (N. do T.)

856. O Espírito sabe, por antecipação, qual o gênero de morte que irá sofrer?

– Sabe que o gênero de vida por ele escolhido o expõe a morrer mais de uma maneira que de outra. Mas sabe também quais as lutas que terá de sustentar para o evitar, e que, se Deus o permitir, não sucumbirá.

857. Há homens que enfrentam os perigos do combate com uma certa convicção de que a sua hora não chegou; há algum fundamento nessa confiança?

– Com muita frequência, o homem tem o pressentimento do seu fim, como o pode ter o de que ainda não morrerá. Esse pressentimento lhe é dado pelos seus Espíritos protetores, que desejam adverti-lo para que esteja pronto a partir ou reerguem a sua coragem nos momentos em que se faz necessário. Também lhe pode vir da intuição da existência por ele escolhida, ou da missão que aceitou e sabe que deve cumprir. (Ver itens 411 e 522.)

858. Os que pressentem a morte geralmente a temem menos do que os outros? Por quê?

– É o homem que teme a morte, não o Espírito. Aquele que a pressente pensa mais como Espírito do que como homem: compreende a sua libertação e a espera.

859. Se a morte não pode ser evitada quando chega a sua hora, acontece o mesmo com todos os acidentes no curso da nossa vida?

São, em geral, coisas demasiado pequenas, das quais podemos prevenir-vos dirigindo o vosso pensamento no sentido de as evitardes, porque não gostamos do sofrimento material. Mas isso é de pouca importância para o curso da vida que escolhestes. A fatalidade, na verdade, só consiste nestas duas horas: a em que deveis aparecer e desaparecer deste mundo.

859-a. Há fatos que devem ocorrer forçosamente e que a vontade dos Espíritos não pode conjurar?

– Sim, mas que tu, quando no estado de Espírito, viste e pressentiste, ao fazer a tua escolha. Não acrediteis, porém, que tudo o que acontece esteja escrito como se diz. Um acontecimento é quase sempre a consequência de uma coisa que fizeste por um ato de sua livre vontade, de tal maneira que, se não tivésseis praticado aquele ato, o acontecimento não se verificaria. Se queimas o dedo, isso é apenas a consequência de tua imprudência e da condição da matéria. Somente as grandes dores, os acontecimentos importantes e capazes de influir na tua evolução moral são previstos por Deus, porque são úteis à tua purificação e à tua instrução.

860. Pode o homem, por sua vontade e pelos seus atos, evitar acontecimentos que deviam realizar-se e vice-versa?

– *Pode, desde que esse desvio aparente possa caber na ordem geral da vida que ele escolheu. Além disso, para fazer o bem, como é do seu dever e único objetivo da vida, ele pode impedir o mal, sobretudo aquele que pudesse contribuir para um mal ainda maior.*

861. O homem que comete um assassinato sabe, ao escolher a sua existência, que se tornará assassino?

– *Não. Sabe apenas que ao escolher uma vida de lutas terá a probabilidade de matar um de seus semelhantes, mas ignora se o fará ou não, porque estará quase sempre nele tomar a deliberação de cometer o crime. Ora, aquele que delibera sobre alguma coisa é sempre livre de a fazer ou não. Se o espírito soubesse com antecedência que, como homem, devia cometer um assassínio, estaria predestinado a isso. Sabei, então, que não há ninguém predestinado ao crime e que todo crime, como todo e qualquer ato, é sempre o resultado da vontade e do livre-arbítrio. De resto, sempre confundis duas coisas bastante distintas, os acontecimentos materiais da existência e os atos da vida moral. Se há fatalidade, às vezes, é apenas no tocante aos acontecimentos materiais, cuja causa está fora de vós e que são independentes da vossa vontade. Quanto aos atos da vida moral, emanam sempre do próprio homem, que tem sempre, por conseguinte, a liberdade de escolha: para os seus atos não existe jamais a fatalidade.*

862. Há pessoas que nunca conseguem êxito e que um mau gênio parece perseguir, em todos os seus empreendimentos. Não é isso o que podemos chamar fatalidade?

– *Pode ser fatalidade, se assim o quiseres, mas decorrente da escolha do gênero de existência, porque essas pessoas quiseram ser experimentadas por uma vida de decepções a fim de exercitarem a sua paciência e a sua resignação. Não creias, entretanto, que seja isso o que fatalmente acontece; muitas vezes é apenas o resultado de haverem elas tomado um caminho errado, que não está de acordo com a sua inteligência e as suas aptidões. Aquele que quer atravessar um rio a nado, sem saber nadar, tem grande probabilidade de morrer afogado. Assim acontece na maioria das ocorrências da vida. Se o homem não empreendesse mais do que aquilo que está de acordo com as suas faculdades, triunfaria quase sempre; o que o perde é o seu amor-próprio e a sua ambição, que o desviam do caminho para tomar por vocação o simples desejo de satisfazer certas paixões. Então fracassa e a culpa é sua, mas em vez de reconhecer o erro prefere acusar a sua estrela. Há o que teria sido um bom operário, ganhando honradamente a vida, mas se fez mau poeta e morre de fome. Haveria lugar para todos, se cada um soubesse ocupar o seu lugar.*

863. Os costumes sociais não obrigam muitas vezes o homem a seguir um caminho errado? E não está ele submetido à influência das opiniões na escolha de suas ocupações? Isso a que chamamos respeito humano não é um obstáculo ao exercício do livre-arbítrio?

– São os homens que fazem os costumes sociais e não Deus; se a eles se submetem, é que lhes convêm. Isso também é um ato de livre-arbítrio, pois se quisessem poderiam rejeitá-los. Então, por que se lamentam? Não são os costumes sociais que eles devem acusar, mas o seu tolo amor-próprio, que os leva a preferir morrer de fome a infringi-los. Ninguém lhes toma conta desse sacrifício feito à opinião geral, enquanto Deus lhes pedirá conta do sacrifício feito à própria vaidade. Isso não quer dizer que se deva afrontar a opinião sem necessidade, como certas pessoas que têm mais de originalidade que de verdadeira filosofia. Tanto é desarrazoado exibir-se como um animal curioso quanto é sensato descer voluntariamente e sem reclamações, se não se pode permanecer no alto da escala.

864. Se há pessoas para as quais a sorte é contrária, outras parecem favorecidas por ela, pois tudo lhes sai bem; a que se deve isso?

– Em geral, porque sabem orientar-se melhor. Mas isso pode ser, também, um gênero de prova: o sucesso as embriaga, elas se fiam no seu destino, e frequentemente vão pagar mais tarde esse sucesso com reveses cruéis, que poderiam ter evitado com um pouco de prudência.

865. Como explicar a sorte que favorece certas pessoas em circunstâncias que não dependem da vontade nem da inteligência, como no jogo, por exemplo?

– Certos Espíritos escolheram antecipadamente determinadas espécies de prazer, e a sorte que os favorece é uma tentação. Aquele que ganha como homem perde como Espírito: é uma prova para o seu orgulho e a sua cupidez.

866. Então, a fatalidade que parece presidir aos destinos do homem na vida material seria também resultado do nosso livre-arbítrio?

– Tu mesmo escolheste a tua prova; quanto mais rude ela for, se melhor a suportas, mais te elevas. Os que passam a vida na abundância e no bem-estar são Espíritos covardes que permanecem estacionários. Assim, o número dos infortunados sobrepassa de muito o dos felizes do mundo, visto que os Espíritos procuram, na sua maioria, as provas que lhes sejam mais frutuosas. Eles veem muito bem a futilidade de vossas grandezas e dos vossos prazeres. Aliás, a vida mais feliz é sempre agitada, sempre perturbada: não seria assim pela ausência da dor. (Ver itens 525 e seguintes.)

867. De onde procede a expressão: nascido sob uma boa estrela?

– Velha superstição, segundo a qual as estrelas estariam ligadas ao destino de cada homem: alegoria que certas pessoas fazem a tolice de tomar ao pé da letra.

VII - CONHECIMENTO DO FUTURO

868. O futuro pode ser revelado ao homem?

– Em princípio o futuro lhe é oculto e só em casos raros e excepcionais Deus lhe permite a sua revelação.

869. Com que fim o futuro é oculto ao homem?

– Se o homem conhecesse o futuro negligenciaria o presente e não agiria com a mesma liberdade de agora, pois seria dominado pelo pensamento de que se alguma coisa deve acontecer não adianta ocupar-se dela, ou então procuraria impedi-la. Deus não quis que assim fosse, a fim de que cada um pudesse concorrer para a realização das coisas, mesmo daquelas a que desejaria opor-se. Assim é que tu mesmo preparas, quase sempre sem o saber, os acontecimentos que sobrevirão no curso da tua vida.

870. Mas se é útil que o futuro permaneça oculto, por que Deus permite, às vezes, a sua revelação?

– É quando esse acontecimento antecipado deve facilitar o cumprimento das coisas, em vez de embaraçá-lo, levando o homem a agir dessa maneira diferente do que o faria se não o tivesse. Além disso, muitas vezes é uma prova. A perspectiva de um acontecimento pode despertar pensamentos que sejam mais ou menos bons: se um homem souber, por exemplo, que obterá uma fortuna com a qual não contava, poderá ser tomado pelo sentimento de cupidez, pela alegria de aumentar os seus gozos terrenos, pelo desejo de a obter mais cedo, desejando a morte daquele que a

deve deixar, ou então essa perspectiva despertará nele bons sentimentos e pensamentos generosos. Se a previsão não se realizar, será outra prova: a da maneira por que suportará a decepção. Mas não deixará por isso de ter um mérito ou demérito dos pensamentos bons ou maus que a crença na previsão lhe provocou.

871. Desde que Deus tudo sabe, também sabe se um homem deve ou não sucumbir numa prova. Nesse caso, qual a necessidade da prova, que nada pode revelar a Deus sobre aquele homem?

– Tanto valeria perguntar por que Deus não fez o homem perfeito e realizado (item 119), por que o homem passa pela infância, antes de chegar à idade madura (item 379). A prova não tem por fim esclarecer a Deus sobre o mérito do homem, porque Deus sabe perfeitamente o que ele vale, mas deixar ao homem toda a responsabilidade da sua ação, uma vez que ele tem a liberdade de fazer ou não fazer. Podendo o homem escolher entre o bem e o mal, a prova tem por fim colocá-lo ante a tentação do mal, deixando-lhe todo o mérito da resistência. Ora, não obstante Deus saiba muito bem, com antecedência, se ele vencerá ou fracassará, não pode puni-lo nem recompensá-lo, na sua justiça, por um ato que ele não tenha praticado. (Ver item 258.)

É assim entre os homens. Por mais capaz que seja um aspirante, por mais certeza que se tenha de seu triunfo, não se lhe concede nenhum grau sem o exame, o que quer dizer sem prova. Da mesma maneira, o juiz não condena o acusado senão pela prova de um ato consumado, e não pela previsão de que ele pode ou deve praticar esse ato.

Quanto mais se reflete sobre as considerações que teria para o homem o conhecimento do futuro, mais se vê como a Providência foi sábia ao ocultá-lo. A certeza de um acontecimento feliz o atiraria na inação; a de um acontecimento desgraçado, no desânimo; e num caso como no outro suas forças seriam paralisadas. Eis por que o futuro não é mostrado ao homem senão como um alvo que ele deve atingir pelos seus esforços, mas sem conhecer as vicissitudes por que deve passar para atingi-lo. O conhecimento de todos os incidentes da rota lhe tiraria a iniciativa e o uso do livre-arbítrio; ele se deixaria arrastar pelo declive fatal dos acontecimentos sem exercitar as suas faculdades. Quando o sucesso de uma coisa está assegurado, ninguém mais se preocupa com ela.

VIII - RESUMO TEÓRICO DO MÓVEL DAS AÇÕES HUMANAS

872. A questão do livre-arbítrio pode resumir-se assim: o homem não é fatalmente conduzido ao mal; os atos que pratica não "estavam escritos"; os crimes que comete não são o resultado de um decreto do destino. Ele pode, como prova e expiação, escolher uma existência em que se sentirá arrastado para o crime, seja pelo meio em que estiver situado, seja pelas circunstâncias supervenientes. Mas, será sempre livre de agir como quiser. Assim, o livre-arbítrio existe no estado de Espírito, com a escolha da existência das provas; e no estado corpóreo, com a faculdade de ceder ou resistir aos arrastamentos a que voluntariamente estamos submetidos. Cabe à educação combater as más tendências, e ela o fará de maneira eficiente quando se basear no estudo aprofundado da natureza moral do homem. Pelo conhecimento das leis que rege essa natureza moral chegar-se-á a modificá-la, como se modifica a inteligência pela instrução e a desídia pela higiene.

O Espírito desligado da matéria, no estado errante, faz a escolha de suas futuras existências corpóreas segundo o grau de perfeição que tenha atingido. É nisso, como já dissemos, que consiste sobretudo o seu livre-arbítrio. Essa liberdade não é anulada pela encarnação. Se ele cede à influência da matéria, é então que sucumbe nas provas por ele mesmo escolhidas. E é para o ajudar a superá-las que pode invocar a assistência de Deus e dos bons Espíritos. (Ver item 337.)

Sem o livre-arbítrio, o homem não tem culpa do mal, nem mérito no bem; e isso é de tal modo reconhecido que no mundo se proporciona sempre a censura ou o elogio à intenção, o que quer dizer à vontade; ora, quem diz vontade diz liberdade. O homem não poderia, portanto, procurar desculpas no seu organismo para as suas faltas sem com isso abdicar da razão e da própria condição humana, para se assemelhar aos animais. Se assim é para o mal, assim mesmo devia ser para o bem. Mas, quando o homem pratica o bem, tem grande cuidado em consignar o mérito a seu favor e não trata de o atribuir aos seus órgãos, o que prova que instintivamente ele não renuncia, malgrado a opinião de alguns sistemáticos, ao mais belo privilégio da sua espécie: a liberdade de pensar.

A fatalidade, como vulgarmente é entendida, supõe a decisão prévia e irrevogável de todos os acontecimentos da vida, qualquer que seja a sua importância. Se assim fosse, o homem seria uma máquina destituída de vontade. Para que lhe serviria a inteligência, se ele fosse invariavelmente dominado, em todos os seus atos, pelo poder do destino? Semelhante doutrina, se verdadeira, representaria a destruição de toda liberdade para o homem, nem mal, nem crime, nem virtude. Deus, soberanamente justo, não poderia castigar as suas criaturas por faltas que não dependiam delas, nem recompensá-las por virtudes de que não teriam mérito. Semelhante lei seria ainda a negação da lei do progresso, porque o homem que tudo esperasse da sorte nada tentaria fazer para melhorar a sua posição, desde que não poderia torná-la melhor nem pior.

A fatalidade não é, entretanto, uma palavra vã; ela existe no tocante à posição do homem na Terra e às funções que nela desempenha, como consequência do gênero de existência que seu Espírito escolheu, como prova, expiação ou missão. Sofre ele, de maneira fatal, todas as vicissitudes dessa existência e todas as tendências boas ou más que lhe são inerentes. Mas a isso se reduz a fatalidade, porque depende de sua vontade ceder ou não a essas tendências. Os detalhes dos acontecimentos estão na dependência das circunstâncias que ele mesmo provoque, com os seus atos, e sobre os quais podem influir os Espíritos, através dos pensamentos que lhe sugerem. (Ver item 459.)

A fatalidade está, portanto, nos acontecimentos que se apresentam ao homem como consequência da escolha de existência feita pelo Espírito; mas pode não estar no resultado desses acontecimentos, pois pode depender do homem modificar o curso das coisas, pela sua prudência; e jamais se encontra nos atos da vida moral.

É na morte que o homem é submetido, de uma maneira absoluta, à inexorável lei da fatalidade, porque ele não pode fugir ao decreto que fixa o termo de sua existência, nem ao gênero de morte que deve interromper-lhe o curso.

Segundo a doutrina comum, o homem tiraria dele mesmo todos os seus instintos; estes procederiam, seja da sua organização física, pela qual ele seria responsável, seja da sua própria natureza, na qual pode procurar uma escusa para si mesmo, dizendo que não é sua a culpa de haver sido feito assim.

A doutrina espírita é evidentemente mais moral: ela admite para o homem o livre-arbítrio em toda a sua plenitude; e ao lhe dizer que, se pratica o mal, cede a uma sugestão má que lhe vem de fora, deixa-lhe toda a responsabilidade, pois lhe reconhece o poder de resistir, coisa evidentemente mais fácil do que se tivesse de lutar contra a sua própria natureza. Assim, segundo a doutrina espírita, não existem arrastamentos irresistíveis: o homem pode sempre fechar os ouvidos à voz oculta que o solicita para o mal no seu foro íntimo, como os pode fechar à voz material de alguém que lhe fale; ele o pode pela sua vontade, pedindo a Deus a força necessária e reclamando para esse fim a assistência de bons Espíritos. É isso que Jesus ensina na sublime fórmula da oração dominical, quando nos manda dizer: – "Não nos deixeis cair em tentação, mas livrai-nos do mal".

Essa teoria da causa excitante dos nossos atos ressalta evidentemente de todos os ensinamentos dados pelos Espíritos. E não somente é sublime de moralidade, mas acrescentaremos que eleva o homem aos seus próprios olhos, mostrando-o capaz de sacudir um jugo obsessor, como é capaz de fechar sua porta aos importunos. Dessa maneira, ele não é mais uma máquina agindo por impulsão estranha à sua vontade, mas um ser de razão, que escuta, julga e escolhe livremente entre dois conselhos. Acrescentamos que, malgrado isso, o homem não fica privado de iniciativa, não age menos pelo seu próprio impulso, pois em definitivo ele não passa de um Espírito encarnado, que conserva, sob o invólucro corpóreo, as qualidades e os defeitos que tinha como Espírito.

As faltas que cometemos têm, portanto, sua origem primeira nas imperfeições do nosso próprio Espírito, que ainda não atingiu a superioridade moral a que se destina, mas nem por isso tem menos livre-arbítrio. A vida corpórea lhe é dada para purgar-se de suas imperfeições através das provas que nela sofre, e são precisamente essas imperfeições que o tornam mais fraco e mais acessível às sugestões de outros Espíritos imperfeitos, que se aproveitam do fato para fazê-lo sucumbir na luta que empreendeu. Se ele sai vitorioso dessa luta, se eleva; se fracassa, continua a ser o que era, nem pior, nem melhor: é a prova que terá de recomeçar e para o que ainda poderá demorar muito tempo na condição em que se encontra. Quanto mais ele se depura, mais diminuem as suas fraquezas e menos acessível se torna aos que o solicitam para o mal. Sua força moral cresce na razão da sua elevação e os maus Espíritos se distanciam dele.

Todos os Espíritos mais ou menos bons, quando encarnados, constituem a espécie humana. E, como a Terra é um dos mundos menos adiantados, nela se encontram mais Espíritos maus do que bons; eis por que nela vemos tanta perversidade. Façamos, pois, todos os esforços para não regressar a este mundo após esta passagem e para merecermos repousar num mundo melhor, num desses mundos privilegiados onde o bem reina inteiramente e onde nos lembraremos de nossa permanência neste planeta como de um tempo de exílio.

CAPÍTULO XI

LEI DE JUSTIÇA, AMOR E CARIDADE

I - JUSTIÇA E DIREITO NATURAL

873. O sentimento de justiça é natural ou resulta de ideias adquiridas?

– É de tal modo natural que vos revoltais ao pensamento de uma injustiça. O progresso moral desenvolve sem dúvida esse sentimento, mas não o dá. Deus o pôs no coração do homem. Eis por que encontrais frequentemente, entre os homens simples e primitivos, noções mais exatas de justiça do que entre pessoas de muito saber.

874. Se a justiça é uma lei natural, como se explica que os homens a entendam de maneiras tão diferentes, que um considere justo o que a outro parece injusto?

– É que em geral se misturam paixões ao julgamento, alterando esse sentimento, como acontece com a maioria dos outros sentimentos naturais e fazendo ver as coisas sob um falso ponto de vista.

875. Como se pode definir a justiça?

– A justiça consiste no respeito aos direitos de cada um.

875-a. Que determina esses direitos?

– São determinados por duas coisas: a lei humana e a lei natural. Tendo os homens feito leis apropriadas aos seus costumes e ao seu caráter, essas leis estabeleceram direitos que podem variar com o progresso. Vede se as vossas leis de hoje, sem serem perfeitas, consagram os mesmos direitos que os da Idade Média. Esses direitos superados, que vos parecem monstruosos, pareciam justos e naturais naquela época. O direito dos homens, portanto, nem sempre é conforme à justiça. Só regula algumas relações sociais, enquanto na vida privada há uma infinidade de atos que são de competência exclusiva do tribunal da consciência.

876. Fora do direito consagrado pela lei humana, qual a base da justiça fundada sobre a lei natural?

– O Cristo vos disse: "Querer para os outros o que quereis para vós mesmos". Deus pôs no coração do homem a regra de toda a

verdadeira justiça, pelo desejo que tem cada um de ver os seus direitos respeitados. Na incerteza do que deve fazer para o semelhante, em uma dada circunstância, que o homem pergunte a si mesmo como desejaria que agissem com ele. Deus não lhe poderia dar um guia mais seguro que a sua própria consciência.

O critério da verdadeira justiça é de fato o de se querer para os outros aquilo que se quer para si mesmo, e não de querer para si o que se deseja para os outros, o que não é a mesma coisa. Como não é natural que se queira o próprio mal, se tomarmos o desejo pessoal por norma ou ponto de partida, podemos estar certos de jamais desejar ao próximo senão o bem. Desde todos os tempos e em todas as crenças o homem procurou sempre fazer prevalecer o seu direito pessoal. O sublime da religião cristã foi tomar o direito pessoal por base do direito do próximo.

877. A necessidade de viver em sociedade acarreta para o homem obrigações particulares?

– Sim, e a primeira de todas é a de respeitar os direitos dos semelhantes; aquele que respeitar esses direitos será sempre justo. No vosso mundo, onde tantos homens não praticam a lei de justiça, cada um usa de represálias e vem daí a perturbação e a confusão da vossa sociedade. A vida social dá direitos e impõe deveres recíprocos.

878. Podendo o homem iludir-se quanto à extensão do seu direito, o que pode fazer para que ele conheça os seus limites?

– Os limites do direito que reconhece para o seu semelhante em relação a ele, na mesma circunstância e de maneira recíproca.

878-a. Mas, se cada um se atribui a si mesmo os direitos do semelhante, em que se transforma a subordinação aos superiores? Não será isso a anarquia de todos os poderes?

– Os direitos naturais são os mesmos para todos os homens, desde o menor até o maior. Deus não fez uns de limo mais puro que outros e todos são iguais perante ele. Esses direitos são eternos; os estabelecidos pelos homens perecem com as instituições. De resto, cada qual sente bem a sua força ou a sua fraqueza, e saberá ter sempre uma certa deferência para aquele que o merecer, por sua virtude e seu saber. É importante assinalar isto, para que os que se julgam superiores conheçam os seus deveres e possam merecer essas deferências. A subordinação não estará comprometida, quando a autoridade for conferida à sabedoria.

879. Qual seria o caráter do homem que praticasse a justiça em toda a sua pureza?

– O do verdadeiro justo, a exemplo de Jesus; porque praticaria também o amor do próximo e a caridade, sem os quais não há a verdadeira justiça.

II - DIREITO DE PROPRIEDADE. ROUBO

880. Qual é o primeiro de todos os direitos naturais do homem?

– O de viver. É por isso que ninguém tem o direito de atentar contra a vida do semelhante ou fazer qualquer coisa que possa comprometer a sua existência corpórea.

881. O direito de viver confere ao homem o direito de ajuntar o que necessita para viver e repousar, quando não mais puder trabalhar?

– Sim, mas deve fazê-lo em família, como a abelha, através de um trabalho honesto, e não ajuntar como um egoísta. Alguns animais lhe dão o exemplo dessa previdência.

882. O homem tem o direito de defender aquilo que ajuntou pelo trabalho?

– Deus não disse: "Não roubarás"? E Jesus "Dai a César o que é de César"?

Aquilo que o homem ajunta por um trabalho honesto é uma propriedade legítima, que ele tem o direito de defender. Porque a propriedade que é fruto do trabalho constitui um direito natural, tão sagrado como o de trabalhar e viver.

883. O desejo de possuir é natural?

– Sim, mas quando o homem só deseja para si e para sua satisfação pessoal, é egoísmo.

883-a. Entretanto, não será legítimo o desejo de possuir, pois o que tem com que viver não se torna carga para ninguém?

– Há homens insaciáveis que acumulam sem proveito para ninguém ou apenas para satisfazer as suas paixões. Acreditas que isso seja aprovado por Deus? Aquele que ajunta pelo seu trabalho com a intenção de auxiliar o seu semelhante pratica a lei de amor e caridade, e seu trabalho é abençoado por Deus.

884. Qual é o caráter da propriedade legítima?

– Só há uma propriedade legítima, a que foi adquirida sem prejuízo para os outros. (Ver item 808.)

A lei de amor e de justiça proíbe que se faça a outro o que não queremos que nos seja feito, e condena, por esse mesmo princípio, todo meio de adquirir que o contrarie.

885. O direito de propriedade é sem limites?

– Sem dúvida, tudo o que é legitimamente adquirido é uma propriedade, mas, como já dissemos, a legislação humana é imperfeita e consagra frequentemente direitos convencionais que a justiça natural reprova. É por isso que os homens reformam suas leis à medida que o progresso se realiza e que eles compreendem melhor a justiça. O que num século parece perfeito, no século seguinte se apresenta como bárbaro. (Ver item 795.)

III - CARIDADE E AMOR AO PRÓXIMO

886. Qual o verdadeiro sentido da palavra caridade, como a entendia Jesus?

– Benevolência para com todos, indulgência para as imperfeições alheias, perdão das ofensas.

O amor e a caridade são o complemento da lei de justiça, porque amar ao próximo é fazer-lhe todo o bem possível, que desejaríamos que nos fosse feito. Tal é o sentido das palavras de Jesus: – "Amai-vos uns aos outros, como irmãos".

A caridade, segundo Jesus, não se restringe à esmola, mas abrange todas as relações com os nossos semelhantes, quer se trate de nossos inferiores, iguais ou superiores. Ela nos manda ser indulgentes, porque temos necessidade de indulgência, e nos proíbe humilhar o infortúnio, ao contrário do que comumente se pratica. Se um rico nos procura, atendemo-lo com excesso de consideração e atenção, mas, se é um pobre, parece que não nos devemos incomodar com ele. Quanto mais, entretanto, sua posição é lastimável, mais devemos temer aumentar-lhe a desgraça pela humilhação. O homem verdadeiramente bom procura elevar o inferior aos seus próprios olhos, diminuindo a distância entre ambos.

887. Jesus ensinou ainda: "Amai aos vossos inimigos". Ora, um amor pelos nossos inimigos não é contrário às nossas tendências naturais, e a inimizade não provém de uma falta de simpatia entre os Espíritos?

– Sem dúvida não se pode ter, para com os inimigos, um amor terno e apaixonado. E não foi isso que ele quis dizer. Amar aos inimigos é perdoá-los e pagar-lhes o mal com o bem. É assim que nos tornamos superiores; pela vingança nos colocamos abaixo deles.

888. Que pensar da esmola?

– O homem reduzido a pedir esmolas se degrada moral e fisicamente: se embrutece. Numa sociedade baseada na lei de Deus e na justiça, deve-se prover a vida do fraco, sem humilhação para

ele. Deve-se assegurar a existência dos que não podem trabalhar sem deixá-los à mercê do acaso e da boa vontade.

888-a. Então condenais a esmola?

– Não, pois não é a esmola que é censurável, mas quase sempre a maneira por que ela é dada. O homem de bem, que compreende a caridade segundo Jesus, vai ao encontro do desgraçado sem esperar que ele lhe estenda a mão.

A verdadeira caridade é sempre boa e benevolente; tanto está no ato quanto na maneira de fazê-la. Um serviço prestado com delicadeza tem duplo valor; se o for com altivez, a necessidade pode fazê-lo aceito, mas o coração mal será tocado.

Lembrai-vos ainda de que a ostentação apaga aos olhos de Deus o mérito do benefício. Jesus disse: "Que a vossa mão esquerda ignore o que faz a direita". Com isso, ele vos ensina a não manchar a caridade pelo orgulho.

É necessário distinguir a esmola propriamente dita da beneficência. O mais necessitado nem sempre é o que pede; o temor da humilhação retém o verdadeiro pobre, que quase sempre sofre sem se queixar. É a esse que o homem verdadeiramente humano sabe assistir sem ostentação.

Amai-vos uns aos outros, eis toda a lei, divina lei pela qual Deus governa os mundos. O amor é a lei de atração para os seres vivos e organizados, e a atração é a lei de amor para a matéria inorgânica.

Não olvideis jamais que o Espírito, qualquer que seja o seu grau de adiantamento, sua situação como reencarnado ou na erraticidade, está sempre colocado entre um superior que o guia e aperfeiçoa, e um inferior perante o qual tem deveres iguais a cumprir. Sede portanto caridosos, não somente dessa caridade que vos leva a tirar do bolso o óbolo que friamente atirais ao que ousa pedir-vos, mas ide ao encontro das misérias ocultas. Sede indulgentes para com os erros dos vossos semelhantes. Em lugar de desprezar a ignorância e o vício, instruí-os e moralizai-os. Sede afáveis e benevolentes para com todos os que vos são inferiores; sede-o mesmo para com os mais ínfimos seres da Criação, e tereis obedecido a lei de Deus.

São Vicente de Paulo.

889. Não há homens reduzidos à mendicidade por sua própria culpa?

– Sem dúvida. Mas, se uma boa educação moral lhes tivesse ensinado a lei de Deus, não teriam caído nos excessos que os

levaram à perda. E é disso, sobretudo, que depende o melhoramento do vosso globo. (Ver item 707.)

IV - AMOR MATERNAL E FILIAL

890. O amor maternal é uma virtude ou um sentimento instintivo, comum aos homens e aos animais?

– É uma coisa e outra. A Natureza deu à mãe o amor pelos filhos, no interesse de sua conservação; mas no animal esse amor é limitado às necessidades materiais: cessa quando os cuidados se tornam inúteis. No homem ele persiste por toda vida e comporta um devotamento e uma abnegação que constituem virtudes; sobrevive mesmo à própria morte, acompanhando o filho além da tumba. Vedes que há nele alguma coisa mais do que no animal. (Ver itens 205-385.)

891. Se o amor materno é uma lei natural, por que existem mães que odeiam os filhos frequentemente desde o nascimento?

– É às vezes uma prova escolhida pelo Espírito do filho ou uma expiação, se ele tiver sido um mau pai, mãe ruim ou mau filho em outra existência. (Ver item 392.) Em todos esses casos, a mãe ruim não pode ser animada senão por um mau Espírito, que procura criar dificuldades ao do filho para que ele fracasse na prova desejada. Mas essa violação das leis naturais não ficará impune e o Espírito do filho será recompensado pelos obstáculos que tiver superado.

892. Quando os pais têm filhos que lhes causam desgostos, não são escusáveis de não terem por eles a ternura que teriam caso contrário?

– Não, porque se trata de um encargo que lhes foi confiado e sua missão é a de fazer todos os esforços para os conduzir ao bem. (Ver itens 582-583.) Por outro lado, esses desgostos são quase sempre a consequência dos maus costumes que os pais deixaram os filhos seguir desde o berço; eles colhem, portanto, o que semearam.

CAPÍTULO XII

PERFEIÇÃO MORAL

I - AS VIRTUDES E OS VÍCIOS

893. Qual a mais meritória de todas as virtudes?

– *Todas as virtudes têm o seu mérito, porque todas são indícios de progresso no caminho do bem. Há virtude sempre que há resistência voluntária ao arrastamento das más tendências; mas a sublimidade da virtude consiste no sacrifício do interesse pessoal para o bem do próximo, sem segunda intenção. A mais meritória é aquela que se baseia na caridade mais desinteressada.*

894. Há pessoas que fazem o bem por um impulso espontâneo, sem que tenham de lutar com nenhum sentimento contrário. Têm elas o mesmo mérito daquelas que têm de lutar contra a sua própria natureza e conseguem superá-la?

– *Os que não têm de lutar é porque já realizaram o progresso. Lutaram anteriormente e venceram; é por isso que os bons sentimentos não lhes custam nenhum esforço e suas ações lhes parecem tão fáceis: o bem tornou-se para eles um hábito. Deve-se honrá-los como a velhos guerreiros que conquistaram suas posições. Como estais ainda longe da perfeição, esses exemplos vos espantam pelo contraste e os admirais tanto mais porque são raros. Mas sabei que, nos mundos mais avançados que o vosso, isso que entre vós é exceção se torna regra. O sentimento do bem se encontra por toda parte e de maneira espontânea, porque são mundos habitados somente por bons Espíritos, e uma única intenção má seria neles uma exceção monstruosa. Eis por que os homens ali são felizes e assim será também na Terra, quando a Humanidade se houver transformado e compreender e praticar a caridade na sua verdadeira acepção.*

895. À parte os defeitos e os vícios sobre os quais ninguém se enganaria, qual é o indício da imperfeição?

– *O interesse pessoal. As qualidades morais são geralmente como a douração de um objeto de cobre, que não resiste à pedra de toque. Um homem pode possuir qualidades reais que o fazem para o mundo um homem de bem; mas essas qualidades, embora representem um progresso, não suportam em geral a certas provas e basta ferir a tecla do interesse pessoal para se descobrir o fundo. O verdadeiro desinteresse é de fato tão raro na Terra que se pode admirá-lo como a um fenômeno, quando ele se apresenta. O apego às coisas materiais é um indício notório de inferioridade, pois, quanto mais o homem se apega aos bens deste mundo, menos compreende o seu destino. Pelo desinteresse, ao contrário, ele prova que vê o futuro de um ponto de vista mais elevado.*

896. Há pessoas desinteressadas, mas sem discernimento, que prodigalizam os seus haveres sem proveito real, por não saberem empregá-los de maneira razoável. Terão por isso algum mérito?

– Têm o mérito do desinteresse mas não o do bem que poderiam fazer. Se o desinteresse é uma virtude, a prodigalidade irrefletida é sempre, pelo menos, uma falta de juízo. A fortuna não é dada a alguns para ser lançada ao vento, como não o é a outros para ser encerrada num cofre. É um depósito de que terão de prestar contas, porque terão de responder por todo o bem que poderiam ter feito e não o fizeram; por todas as lágrimas que poderiam ter enxugado com o dinheiro dado aos que na verdade não estavam necessitados.

897. Aquele que faz o bem sem visar a uma recompensa na Terra, mas na esperança de que lhe seja levado em conta na outra vida e que nessa a sua posição seja melhor, é repreensível, e esse pensamento prejudica o seu adiantamento?

– É necessário fazer o bem por caridade, ou seja, com desinteresse.

897-a. Mas cada um tem o desejo muito natural de progredir para sair da situação penosa desta vida. Os Espíritos nos ensinam a praticar o bem com esse fim. Será, pois, um mal pensar que pela prática do bem se pode esperar uma situação melhor?

– Não, por certo. Mas aquele que faz o bem sem segunda intenção, pelo prazer único de ser agradável a Deus e ao seu próximo sofredor, já se encontra num grau de adiantamento que lhe permitirá chegar mais rapidamente à felicidade do que o seu irmão que, mais positivo, faz o bem por cálculo e não pelo impulso natural do coração. (Ver item 894.)

897-b. Não temos de fazer aqui uma distinção entre o bem que se pode fazer ao próximo e o cuidado de lhe corrigir os defeitos? Concebemos que fazer o bem com o pensamento

de que nos seja levado em conta na outra vida é pouco meritório; mas emendar-se, vencer as paixões, corrigir o caráter, visando se aproximar dos bons Espíritos e se elevar, será igualmente um sinal de inferioridade?

– *Não, não; por fazer o bem não queremos dizer ser caridoso. Aquele que calcula o que lhe pode render cada uma de suas boas ações, na outra vida ou na vida terrena, procede de maneira egoísta. Mas não há nenhum egoísmo em se melhorar com vistas a se aproximar de Deus, pois esse é o objetivo de todos.*

898. Desde que a vida corpórea é apenas uma efêmera passagem por este mundo, e que o nosso futuro deve ser a nossa principal preocupação, é útil esforçar-se por adquirir conhecimentos científicos que se referem somente às coisas e necessidades materiais?

– *Sem dúvida. Primeiro, isso vos torna capazes de aliviar os vossos irmãos; depois, vosso Espírito se elevará mais depressa se houver progredido intelectualmente. No intervalo das encarnações aprendereis em uma hora aquilo que na Terra demandaria anos. Nenhum conhecimento é inútil; todos contribuem mais ou menos para o adiantamento, porque o Espírito perfeito deve saber tudo e, devendo o progresso realizar-se em todos os sentidos, todas as ideias adquiridas ajudam o desenvolvimento do Espírito.*

899. De dois homens ricos, um nasceu na opulência e jamais conheceu a necessidade; o outro deve a sua fortuna ao seu próprio trabalho; e todos os dois a empregam exclusivamente em sua satisfação pessoal. Qual deles o mais culpado?

– *O que conheceu o sofrimento. Ele sabe o que é sofrer, conhece a dor que não alivia, mas, como geralmente acontece, nem se lembra mais dela.*

900. Aquele que acumula, sem cessar e sem beneficiar a ninguém, terá uma desculpa válida ao dizer que ajunta para deixar aos herdeiros?

– *É um compromisso de má consciência.*

901. De dois avarentos, o primeiro se priva do necessário e morre de necessidades sobre o seu tesouro; o segundo é avaro só para os demais e pródigo para consigo mesmo; enquanto recua diante do mais ligeiro sacrifício para prestar um serviço ou fazer uma coisa útil, nada lhe parece muito para satisfazer aos seus gostos e às suas paixões. Peçam-lhe um favor, e estará sempre de má vontade; ocorra-lhe, porém, uma

fantasia, e estará sempre pronto a satisfazê-la. Qual deles é o mais culpável e qual terá o pior lugar no mundo dos Espíritos?

– *Aquele que goza. É mais egoísta do que avarento. O outro já recebeu uma parte de sua punição.*

902. É repreensível cobiçar a riqueza com o desejo de praticar o bem?

– *O sentimento é louvável, sem dúvida, quando puro. Mas esse desejo é sempre bastante desinteressado? Não trará oculta uma segunda intenção pessoal? A primeira pessoa a quem se deseja fazer o bem não será muitas vezes a nossa?*

903. Há culpa em estudar os defeitos alheios?

– *Se é com o fito de os criticar e divulgar, há muita culpa, porque isso é faltar com a caridade. Se é com intenção de proveito pessoal, evitando-se aqueles defeitos, pode ser útil. Mas não se deve esquecer que a indulgência para com os defeitos alheios é uma das virtudes compreendidas na caridade. Antes de censurar as imperfeições dos outros, vede se não podem fazer o mesmo a vosso respeito. Tratai, pois, de possuir as qualidades contrárias aos defeitos que criticais nos outros. Esse é um meio de vos tornardes superior. Se os censurais por serem avarentos, sede generosos; por serem duros, sede dóceis; por agirem com mesquinhez, sede grandes em todas as vossas ações. Em uma palavra, fazei de maneira que não vos possam aplicar aquelas palavras de Jesus: "Vedes um argueiro no olho do vizinho e não vedes uma trave no vosso".*

904. É culpado o que sonda os males da sociedade e os desvenda?

– *Isso depende do sentimento que o leva a fazê-lo. Se o escritor só quer fazer escândalo, é um prazer pessoal que se proporciona, apresentando quadros que são, em geral, antes um mau do que um bom exemplo. O Espírito faz uma apreciação mas pode ser punido por essa espécie de prazer que sente em revelar o mal.*

904-a. Como julgar, nesse caso, a pureza das intenções e a sinceridade do escritor?

– *Isso nem sempre é útil. Se ele escreve boas coisas, procura aproveitá-las; se escreve más, é uma questão de consciência que a ele diz respeito. De resto, se ele quer provar a sua sinceridade, cabe-lhe apoiar os preceitos no seu próprio exemplo.*

905. Alguns autores publicaram obras muito belas e moralmente elevadas, que ajudam o progresso da Humanidade,

mas das quais eles mesmos não tiraram proveito. Como Espíritos lhes será levado em conta o bem que fizeram através de suas obras?

– *A moral sem ações é como a semente sem o trabalho. De que vos serve a semente se não a fizerdes frutificar para vos alimentar? Esses homens são mais culpáveis porque tinham inteligência para compreender; não praticando as máximas que ofereciam aos outros, renunciaram a colher os seus frutos.*

906. É repreensível aquele que, fazendo conscientemente o bem, reconhece que o faz?

– *Desde que pode ter consciência do mal que fizer, deve tê-la igualmente do bem, a fim de saber se age bem ou mal. É pesando todas as suas ações na balança da lei de Deus, e sobretudo na da lei da justiça, do amor e da caridade, que ele poderá dizer a si mesmo se as suas ações são boas ou más e aprová-las ou desaprová-las. Não pode, pois, ser responsabilizado por reconhecer que triunfou das más tendências e de estar satisfeito por isso, desde que não se envaideça, com o que cairia em outra falta.* *(Ver item 919.)*

II - DAS PAIXÕES

907. O princípio das paixões, sendo natural, é mau em si mesmo?

– *Não. A paixão está no excesso provocado pela vontade, pois o princípio foi dado ao homem para o bem e as paixões podem conduzi-lo a grandes coisas. O abuso a que ele se entrega é que causa o mal.*

908. Como definir o limite em que as paixões deixam de ser boas ou más?

– *As paixões são como um cavalo que é útil quando governado e perigoso quando governa. Reconhecei, pois, que uma paixão se torna perniciosa no momento em que a deixais de governar, e quando resulta num prejuízo qualquer para vós ou para outro.*

As paixões são alavancas que decuplicam as forças do homem e o ajudam a cumprir os desígnios da Providência. Mas, se em vez de as dirigir, o homem se deixa dirigir por elas, cai no excesso, e a própria força que em suas mãos poderia fazer o bem recai sobre ele e o esmaga.

Todas as paixões têm seu princípio num sentimento ou numa necessidade da Natureza. O princípio das paixões não é portanto um mal, pois repousa sobre uma das condições providenciais da nossa existência. A paixão propriamente dita é o exagero de uma necessidade ou de um sentimento; está no excesso e não na causa; e esse excesso se torna mau quando tem por consequência algum mal.

Toda paixão que aproximou o homem da natureza animal distancia-o da natureza espiritual.

Todo sentimento que eleva o homem acima da natureza animal anuncia o predomínio do Espírito sobre a matéria e o aproxima da perfeição.

909. O homem poderia sempre vencer as suas más tendências pelos seus próprios esforços?

– Sim, e às vezes com pouco esforço; o que lhe falta é a vontade. Ah, como são poucos os que se esforçam!

910. O homem pode encontrar nos Espíritos uma ajuda eficaz para superar as paixões?

– Se orar a Deus e ao seu bom gênio com sinceridade, os bons Espíritos virão certamente em seu auxílio, porque essa é a sua missão. (Ver item 459.)

911. Não existem paixões de tal maneira vivas e irresistíveis que a vontade seja impotente para as superar?

– Há muitas pessoas que dizem: "Eu quero!", mas a vontade está apenas nos seus lábios. Elas querem mas estão muito satisfeitas de que não podem superar suas paixões e que o seu Espírito nelas se compraz por consequência de sua própria inferioridade. Aquele que procura reprimi-las compreende a sua natureza espiritual; vencê-las é para ele um triunfo do Espírito sobre a matéria.

912. Qual o meio mais eficaz de se combater a predominância da natureza corpórea?

– Praticar a abnegação.

III - DO EGOÍSMO

913. Entre os vícios, qual o que podemos considerar radical?

– Já dissemos muitas vezes: o egoísmo. Dele se deriva todo o mal. Estudai todos os vícios e vereis que no fundo de todos existe egoísmo. Por mais que luteis contra eles não chegareis a extirpá-los enquanto não os atacardes pela raiz, enquanto não lhes houverdes destruído a causa. Que todos os vossos esforços tendam para esse fim, porque nele se encontra a verdadeira chaga da sociedade. Quem nesta vida quiser se aproximar da perfeição moral deve extirpar do seu coração todo sentimento de egoísmo, porque o egoísmo é incompatível com a justiça, o amor e a caridade: ele neutraliza todas as outras qualidades.

914. Estando o egoísmo fundado no interesse pessoal, parece difícil extirpá-lo inteiramente do coração do homem. Chegamos a isso?

– *À medida que os homens se esclarecem sobre as coisas espirituais dão menos valor às materiais; em seguida, é necessário reformar as instituições humanas, que as entretêm e excitam. Isso depende da educação.*

915. Sendo o egoísmo inerente à espécie humana, não será um obstáculo permanente ao reino do bem absoluto sobre a Terra?

– *É certo que o egoísmo é o vosso mal maior, mas ele se liga à inferioridade dos Espíritos encarnados na Terra e não à Humanidade em si mesma. Ora, os Espíritos se purificam nas encarnações sucessivas, perdendo o egoísmo assim como perdem as outras impurezas. Não tendes na Terra algum homem destituído de egoísmo e praticante da caridade? Existem em maior número do que julgais, mas conheceis poucos, porque a virtude não se procura fazer notar. E, se há um, por que não haverá dez? Se há dez, por que não haverá mil e assim por diante?*

916. O egoísmo, longe de diminuir, cresce com a civilização, que parece excitá-lo e entretê-lo. Como poderá a causa destruir o efeito?

– *Quanto maior é o mal, mais horrível se torna. Era necessário que o egoísmo produzisse muito mal para fazer compreender a necessidade de sua extirpação. Quando os homens se tiverem despido do egoísmo que os domina viverão como irmãos, não se fazendo o mal e se ajudando reciprocamente pelo sentimento fraterno de solidariedade. Então o forte será o apoio e não o opressor do fraco, e não mais se verão homens desprovidos do necessário, porque todos praticarão a lei de justiça. Esse é o reino do bem que os Espíritos estão encarregados de preparar. (Ver item 784.)*

917. Qual é o meio de se destruir o egoísmo?

– *De todas as imperfeições humanas, a mais difícil de desenraizar é o egoísmo, porque se liga à influência da matéria, da qual o homem, ainda muito próximo da sua origem, não pode libertar-se. Tudo concorre para entreter essa influência: suas leis, sua organização social, sua educação. O egoísmo se enfraquecerá com a predominância da vida moral sobre a vida material, e sobretudo com a compreensão que o Espiritismo vos dá quanto ao vosso estado futuro real e não desfigurado pelas ficções alegóricas. O Espiritismo bem compreendido, quando estiver identificado com os costumes e as crenças, transformará os hábitos, as usanças e as relações sociais. O egoísmo se funda na importância da personalidade; ora, o Espiritismo bem compreendido, repito-o, faz ver as coisas de tão alto que o sentimento da personalidade desaparece de alguma forma perante a imensidade. Ao destruir essa importância, ou pelo menos ao fazer ver a personalidade naquilo que de fato ela é, combate necessariamente o egoísmo.*

É o contato que o homem experimenta do egoísmo dos outros que o torna geralmente egoísta, porque sente a necessidade de se pôr na defensiva. Vendo que os outros pensam em si mesmos e não nele, é levado a se ocupar de si mesmo mais que dos outros. Que o princípio da caridade e da fraternidade seja a base das instituições sociais, das relações legais de povo para povo e de homem para homem, e este pensará menos em si mesmo quando vir que os outros o fazem; sofrerá assim a influência moralizadora do exemplo e do contato. Em face do atual desdobramento do egoísmo é necessária uma verdadeira virtude para abdicar da própria personalidade em proveito dos outros que em geral não o reconhecem. É a esses, sobretudo, que possuem essa virtude, que está aberto o reino dos céus; a eles sobretudo está reservada a felicidade dos eleitos, pois em verdade vos digo que no dia do juízo quem quer que não tenha pensado senão em si mesmo será posto de lado e sofrerá no abandono. (Ver item 785.)

Fénelon

Louváveis esforços são feitos, sem dúvida, para ajudar a Humanidade a avançar; encorajam-se, estimulam-se, honram-se os bons sentimentos, hoje mais do que em qualquer outra época, e não obstante o verme devorador do egoísmo continua a ser a praga social. É um verdadeiro mal que se espalha por todo o mundo e do qual cada um é mais ou menos vítima. É necessário combatê-lo, portanto, como se combate uma epidemia. Para isso, deve-se proceder á maneira dos médicos: remontar à causa. Que se pesquisem em toda a estrutura da organização social desde a família até os povos, da choupana ao palácio, todas as causas, todas as influências patentes ou ocultas que excitam, entretêm e desenvolvem o sentimento do egoísmo. Uma vez conhecidas as causas, o remédio se apresentará por si mesmo; só restará então combatê-las, senão a todas ao mesmo tempo, pelo menos por partes, e pouco a pouco o veneno será extirpado. A cura poderá ser prolongada porque as causas são numerosas, mas não é impossível; de resto, não se chegará a esse ponto se não se atacar o mal pela raiz, ou seja, pela educação. Não essa educação que tende a fazer homens instruídos, mas a que tende a fazer homens de bem. A educação, se for bem compreendida, será a chave do progresso moral; quando se conhecer a arte de manejar a arte dos caracteres como se conhece a de manejar as inteligências, poder-se-á endireitá-los, da mesma maneira como se endireitam as plantas novas. Essa arte, porém, requer muito tato, muita experiência e uma profunda observação. É um grave erro acreditar que basta ter a ciência para aplicá-la de maneira proveitosa. Quem quer que observe, desde o instante do seu nascimento, o filho do rico como o do pobre, observando todas as influências perniciosas que agem sobre ele em consequência da fraqueza, da incúria e da ignorância dos que dirigem, e como em geral os meios empregados para moralizar fracassam, não pode admirar-se de encontrar no mundo tantas confusões. Que se faça pela moral tanto quanto se faz pela inteligência e ver-se-á que, se há naturezas refratárias, há também, em maior número do que se pensa, as que requerem apenas boa cultura para darem bons frutos. (Ver item 872.)

O homem quer ser feliz e esse sentimento está na sua própria natureza; eis por que ele trabalha sem cessar para melhorar a sua situação na Terra, e procura as causas de seus males para os remediar. Quando compreender bem que o egoísmo é uma dessas causas, aquela que engendra o orgulho, a ambição, a cupidez, a inveja, o ódio, o ciúme, dos quais a todo momento ele é vítima; que leva a perturbação a todas as relações sociais, provoca as dissensões, destrói a confiança, obrigando-o a se manter constantemente numa atitude de defesa em face do seu vizinho; e que, enfim, do amigo faz um inimigo, então ele compreenderá também que esse vício é incompatível com a sua própria felicidade. Acrescentaremos que é incompatível com a sua própria segurança. Dessa maneira, quanto mais sofrer, mais sentirá a necessidade de o combater, como combate a peste, os animais daninhos e todos os outros flagelos. A isso será solicitado pelo seu próprio interesse. (Ver item 784.)

O egoísmo é a fonte de todos os vícios, como a caridade é a fonte de todas as virtudes. Destruir um e desenvolver a outra deve ser o alvo de todos os esforços do homem, se ele deseja assegurar a sua felicidade neste mundo, tanto quanto no futuro.

IV - CARACTERES DO HOMEM DE BEM

918[1]. Por que sinais se pode reconhecer no homem o progresso real que deve elevar o seu Espírito na hierarquia espírita?

– *O Espírito prova a sua elevação quando todos os atos da sua vida corpórea constituem a prática da lei de Deus e quando compreende por antecipação a vida espiritual.*

O verdadeiro homem de bem é aquele que pratica a lei de justiça, de amor e de caridade na sua mais completa pureza. Se interrogar sua consciência sobre os atos praticados, perguntará se não violou essa lei, se não cometeu nenhum mal, se fez todo o bem que podia, se ninguém teve de se queixar dele, enfim, se fez para os outros tudo o que queria que lhe fizessem.

[1] Vide Nota Explicativa no final do livro.

O homem possuído pelo sentimento de caridade e de amor ao próximo faz o bem pelo bem, sem esperança de recompensa, e sacrifica o seu interesse pela justiça.

Ele é bom, humano e benevolente para todos, porque vê irmãos em todos os homens, sem exceção de raças ou de crenças.

Se Deus lhe deu o poder e a riqueza, olha essas coisas como um depósito do qual deve usar para o bem, e disso não se envaidece porque sabe que Deus, que os deu, também poderá retirá-los.

Se a ordem social colocou homens sob sua dependência, trata-os com bondade e benevolência porque são seus iguais perante Deus; usa de sua autoridade para lhes erguer a moral e não para os esmagar com o seu orgulho.

É indulgente para com as fraquezas dos outros porque sabe que ele mesmo tem necessidade de indulgência e se recorda destas palavras do Cristo: "Que aquele que estiver sem pecado atire a primeira pedra".

Não é vingativo: a exemplo de Jesus, perdoa as ofensas para não se lembrar senão dos benefícios, porque sabe que lhe será perdoado assim como tiver perdoado.

Respeita, enfim, nos seus semelhantes, todos os direitos decorrentes da lei natural, como desejaria que respeitassem os seus.

V - CONHECIMENTO DE SI MESMO

919. Qual o meio prático mais eficaz para se melhorar nesta vida e resistir ao arrastamento do mal?

– Um sábio da antiguidade vos disse: "Conhece-te a ti mesmo".

919-a. Compreendemos toda a sabedoria dessa máxima, mas a dificuldade está precisamente em se conhecer a si próprio. Qual o meio de chegar a isso?

– Fazei o que eu fazia quando vivi na Terra: no fim de cada dia interrogava a minha consciência, passava em revista o que havia feito e me perguntava a mim mesmo se não tinha faltado ao cumprimento de algum dever, se ninguém teria tido motivo para se queixar de mim. Foi assim que cheguei a me conhecer e a ver o que em mim necessitava de reforma. Aquele que todas as noites lembrasse todas as ações do dia e se perguntasse o que fez de bem ou de mal, pedindo a Deus e ao seu anjo guardião que o esclarecessem, adquiriria uma grande força para se aperfeiçoar, porque, acreditai-me, Deus o assistirá. Formulai, portanto, as vossas perguntas, indagai o que fizestes e com que fito agistes em determinada circunstância, se fizestes alguma coisa que a censuraríeis nos outros, se praticastes uma ação que não ousaríeis confessar. Perguntai ainda isto: se aprouvesse a Deus chamar-me

neste momento, ao entrar no mundo dos Espíritos, onde nada é oculto, teria eu de temer o olhar de alguém? Examinai o que pudésseis ter feito contra Deus, depois contra o próximo, e por fim contra vós mesmos. As respostas serão motivo de repouso para vossa consciência ou indicarão um mal que deve ser curado.

O conhecimento de si mesmo é portanto a chave do melhoramento individual. Mas, direis, como julgar a si mesmo? Não se terá a ilusão do amor-próprio, que atenua as faltas e as torna desculpáveis? O avaro se julga simplesmente econômico e previdente, o orgulhoso se considera tão somente cheio de dignidade. Tudo isso é muito certo, mas tendes um meio de controle que não vos pode enganar. Quando estais indecisos quanto ao valor de uma de vossas ações, perguntai como a qualificaríeis se tivesse sido praticada por outra pessoa. Se a censurardes em outro, ela não poderia ser mais legítima para vós, porque Deus não usa de duas medidas para a justiça. Procurai também saber o que pensam os outros e não negligencieis a opinião dos vossos inimigos, porque eles não têm nenhum interesse em disfarçar a verdade e realmente Deus os colocou ao vosso lado com um espelho, para vos advertirem com mais franqueza do que o faria um amigo. Que aquele que tem a verdadeira vontade de se melhorar explore, portanto, a sua consciência, a fim de arrancar dali as más tendências como arranca as ervas daninhas do seu jardim: que faça o balanço da sua jornada moral como o negociante o faz dos seus lucros e perdas, e eu vos asseguro que o primeiro será mais proveitoso que o outro. Se ele puder dizer que a sua jornada foi boa, pode dormir em paz e esperar sem temor o despertar na outra vida.

Formulai, portanto, perguntas claras e precisas e não temais multiplicá-las: pode-se muito bem consagrar alguns minutos à conquista da felicidade eterna. Não trabalhais todos os dias para ajuntar o que vos dê repouso na velhice? Esse repouso não é o objeto de todos os vossos desejos, o alvo que vos permite sofrer as fadigas e as privações passageiras? Pois bem: o que é esse repouso de alguns dias, perturbado pelas enfermidades do corpo, ao lado daquilo que aguarda o homem de bem? Isto não vale a pena de alguns esforços? Sei que muitos dizem que o presente é positivo e o futuro incerto. Ora, aí está, precisamente, o pensamento que fomos encarregados de destruir em vossas mentes, pois desejamos fazer-vos compreender esse futuro de maneira a que nenhuma dúvida possa restar em vossa alma. Foi por isso que chamamos primeiro a vossa atenção para os fenômenos da Natureza que vos tocam os sentidos e depois vos demos instruções que cada um de nós tem o dever de difundir. Foi com esse propósito que ditamos O Livro dos Espíritos.

Santo Agostinho

Muitas faltas que cometemos nos passam despercebidas. Se, com efeito, seguindo o conselho de Santo Agostinho, interrogássemos mais frequentemente a nossa consciência, veríamos quantas vezes falimos sem disso nos apercebermos, por não perscrutarmos a natureza e o móvel dos nossos atos. A forma interrogativa tem alguma coisa de mais precisa do que uma máxima que em geral não aplicamos a nós mesmos. Ela exige respostas categóricas, por um sim ou um não, que não deixam lugar a alternativas: respostas que são outros tantos argumentos pessoais, pela soma dos quais podemos computar a soma do bem e do mal que existe em nós.

LIVRO QUARTO

ESPERANÇAS E CONSOLAÇÕES

CAPÍTULO I

PENAS E GOZOS TERRENOS

I - FELICIDADE E INFELICIDADE RELATIVAS

920. O homem pode gozar na Terra uma felicidade completa?

– *Não, pois a vida lhe foi dada como prova ou expiação, mas dele depende abrandar os seus males e ser tão feliz quanto se pode ser na Terra.*

921. Concebe-se que o homem seja feliz na Terra quando a Humanidade estiver transformada, mas enquanto isso não se verifica pode cada um gozar de uma felicidade relativa?

– *O homem é, na maioria das vezes, o artífice de sua própria infelicidade. Praticando a lei de Deus ele pode poupar-se a muitos males e gozar de uma felicidade tão grande quanto o comporta a sua existência num plano grosseiro.*

O homem bem compenetrado do seu destino futuro não vê na existência corpórea mais do que uma rápida passagem. É como uma parada momentânea numa hospedaria precária. Ele se consola facilmente de alguns aborrecimentos passageiros, numa viagem que deve conduzi-lo a uma situação tanto melhor quanto mais atenciosamente tenha feito os seus preparativos para ela.

Somos punidos nesta vida pelas infrações que cometemos às leis da existência corpórea, pelos próprios males decorrentes dessas infrações e pelos nossos próprios excessos. Se remontarmos pouco a pouco à origem do que chamamos infelicidades terrenas, veremos a estas, na sua maioria, como a consequência de um primeiro desvio do caminho certo. Em virtude desse desvio inicial entramos num mau caminho e, de consequência em consequência, caímos afinal na desgraça.

922. A felicidade terrena é relativa à posição de cada um; o que é suficiente para a felicidade de um faz a desgraça de outro. Há, entretanto, uma medida comum de felicidade para todos os homens?

– Para a vida material, a posse do necessário; para a vida moral, a consciência pura e a fé no futuro.

923. Aquilo que seria supérfluo para um não se torna o necessário para outro, e vice-versa, segundo a posição?

– Sim, de acordo com as vossas ideias materiais, os vossos preconceitos, a vossa ambição e todos os vossos caprichos ridículos, para os quais o futuro fará justiça quando tiverdes a compreensão da verdade. Sem dúvida, aquele que tivesse uma renda de cinquenta mil libras, e a visse reduzida a dez mil, considerar-se-ia muito infeliz por não poder continuar fazendo boa figura, mantendo o que chama a sua classe, ter bons cavalos e lacaios, satisfazer a todas as paixões, etc. Julgaria faltar-lhe o necessário. Mas, francamente, pode considerá-lo digno de lástima, quando ao seu lado há os que morrem de fome e de frio, sem um lugar em que repousar a cabeça? O homem sensato, para ser feliz, olha para baixo e jamais para os que lhe estão acima, a não ser para elevar sua alma ao infinito. (Ver item 715.)

924. Existem males que não dependem da maneira de agir e que ferem o homem mais justo. Não há algum meio de se preservar deles?

– O atingido deve resignar-se e sofrer sem queixas, se deseja progredir. Entretanto, encontra sempre uma consolação na sua própria consciência, que lhe dá a esperança de um futuro melhor, quando ele faz o necessário para obtê-lo.

925. Por que Deus beneficia com os bens da fortuna certos homens que não parecem merecê-los?

– Esse é um favor aos olhos daqueles que não enxergam além do presente; mas, sabei-o, a fortuna é uma prova geralmente mais perigosa que a miséria. (Ver itens 814 e seguintes.)

926. A civilização, criando novas necessidades, não é a fonte de novas aflições?

– Os males deste mundo estão na razão das necessidades artificiais que criais para vós mesmos. Aquele que sabe limitar os seus desejos e ver sem cobiça o que está fora das suas possibilidades poupa-se a muitos aborrecimentos nesta vida. O mais rico é aquele que tem menos necessidades.

Invejais os prazeres dos que vos parecem os felizes do mundo. Mas sabeis, por acaso, o que lhes está reservado? Se não gozam senão para si mesmos, são egoístas e terão de sofrer o reverso. Lamentai-os, antes de invejá-los! Deus às vezes permite que o mau prospere, mas essa felicidade não é para se invejar, porque a pagará com lágrimas amargas. Se o justo é infeliz é porque passa por uma prova que lhe será levada em conta, desde que a saiba suportar com coragem. Lembrai-vos das palavras de Jesus: "Bem-aventurados os que sofrem, porque serão consolados".

927. O supérfluo não é, por certo, indispensável à felicidade, mas não se dá o mesmo com o necessário. Ora, a desgraça daqueles que estão privados do necessário não é real?

– O homem não é verdadeiramente desgraçado senão quando sente a falta daquilo que lhe é necessário para a vida e a saúde do corpo. Essa privação é talvez consequência de sua própria falta e então ele só deve queixar-se de si mesmo. Se a falta fosse de outro, a responsabilidade caberia a quem a tivesse causado.

928. Pela natureza especial das aptidões naturais, Deus indica evidentemente a nossa vocação neste mundo. Muitos males não provêm do fato de não seguirmos essa vocação?

– Isso é verdade, e muitas vezes são os pais que, por orgulho ou avareza, fazem os filhos se desviarem do caminho traçado pela Natureza, comprometendo-lhes com isso a felicidade. Mas serão responsabilizados por isto.

928-a. Então considerais justo que o filho de um homem da alta sociedade fabricasse tamancos, por exemplo, se fosse essa a sua aptidão?

– Não se precisa cair no absurdo nem no exagero: a civilização tem as suas necessidades. Por que o filho de um homem da alta sociedade, como dizes, teria de fazer tamancos, se pode fazer outras coisas? Ele poderá sempre se tornar útil na medida de suas faculdades, se não as aplicar em sentido contrário. Assim, por exemplo, em vez de um mau advogado poderia ser talvez um bom mecânico, etc.

O deslocamento de sua esfera intelectual própria é seguramente uma das causas mais frequentes de decepção. A inaptidão para a carreira abraçada é uma fonte inesgotável de reveses. Depois, o amor-próprio vem juntar-se a isso, impedindo o homem de recorrer a uma profissão mais humilde, e lhe mostra o suicídio como o supremo remédio para escapar ao que ele julga uma humilhação. Se uma educação moral o tivesse preparado acima de todos os preconceitos do orgulho, jamais ele seria apanhado desprevenido.

929. Há pessoas que, privadas de todos os recursos, mesmo quando reine a abundância em seu redor, não veem outra perspectiva de solução para o seu caso a não ser a morte. Que devem fazer? Deixar-se morrer de fome?

– O homem jamais deve ter a ideia de se deixar morrer de fome, pois sempre encontraria meios de se alimentar, se o orgulho não se lhe interpusesse entre a necessidade e o trabalho. Frequentemente dizemos que não há profissões humilhantes e que não é o ofício que desonra; mas dizemos para os outros e não para nós.

930. É evidente que sem os preconceitos sociais, pelos quais se deixa dominar, o homem sempre encontraria um trabalho qualquer que o pudesse ajudar a viver, mesmo deslocado de sua posição. Mas entre as pessoas que não têm preconceitos ou que os põem de lado, não há as que estão impossibilitadas de prover às suas necessidades em consequência de moléstias ou outras causas independentes de sua vontade?

– Numa sociedade organizada segundo a lei do Cristo, ninguém deve morrer de fome.

Com uma organização social previdente e sábia, o homem não pode sofrer necessidades, a não ser por sua culpa. Mas as próprias culpas do homem são frequentemente o resultado do meio em que ele vive. Quando o homem praticar a lei de Deus disporá de uma ordem social fundada na justiça e na solidariedade e com isso ele mesmo será melhor. (Ver item 793.)

931. Por que as classes sociais sofredoras são mais numerosas do que as felizes?

– Nenhuma é perfeitamente feliz, pois aquilo que se considera a felicidade muitas vezes oculta pungentes aflições. O sofrimento está por toda parte. Entretanto, para responder ao teu pensamento, direi que as classes a que chamas sofredoras são mais numerosas porque a Terra é um lugar de expiação. Quando o homem a tiver transformado em morada do bem e dos bons Espíritos, não mais será infeliz nesse mundo, que será para ele o paraíso terrestre.

932. Por que, neste mundo, os maus exercem geralmente maior influência sobre os bons?

– Pela fraqueza dos bons. Os maus são intrigantes e audaciosos; os bons são tímidos. Estes, quando quiserem, assumirão a preponderância.

933. Se é o homem, em geral, o artífice dos seus sofrimentos materiais, sê-lo-á também dos sofrimentos morais?

– Mais ainda, pois os sofrimentos materiais são às vezes independentes da vontade enquanto o orgulho ferido, a ambição frustrada, a ansiedade da avareza, a inveja, o ciúme, todas as paixões, enfim, constituem torturas da alma.

Inveja e ciúme! Felizes os que não conhecem esses dois vermes vorazes. Com a inveja e o ciúme não há calma, não há repouso possível. Para aquele que sofre desses males, os objetos da sua cobiça, do seu ódio e do seu despeito se erguem diante dele como fantasmas que não o deixam em paz e o perseguem até no sono. O invejoso e o ciumento vivem num estado de febre contínua. É essa uma situação desejável? Não compreendeis que, com essas paixões, o homem cria para si mesmo suplícios voluntários e que a Terra se transforma para ele num verdadeiro inferno?

Muitas expressões figuram simbolicamente os efeitos de algumas paixões. Diz-se: está inchado de orgulho, morrer de inveja, secar de ciúme ou de despeito, perder o apetite por ciúmes, etc. Esse quadro nos dá bem a verdade. As vezes o ciúme nem tem objeto determinado. Há pessoas que se mostram naturalmente ciumentas de todos os que se elevam, de todos os que saem da vulgaridade, mesmo quando não tenham no caso nenhum interesse direto, mas unicamente por não poderem atingir o mesmo plano. Tudo aquilo que parece acima do horizonte comum as ofusca, e, se formassem a maioria da sociedade, tudo desejariam rebaixar ao seu próprio nível. Temos nestes casos o ciúme aliado à mediocridade.

O homem é infeliz, geralmente, pela importância que liga às coisas deste mundo. A vaidade, a ambição e a cupidez fracassadas o fazem infeliz. Se ele se elevar acima do círculo estreito da vida material, se elevar o seu pensamento ao infinito, que é o seu destino, as vicissitudes da Humanidade lhe parecerão mesquinhos e pueris, como as mágoas da criança que se aflige pela perda de um brinquedo que representava a sua felicidade suprema.

Aquele que só encontra a felicidade na satisfação do orgulho e dos apetites grosseiros é infeliz quando não os pode satisfazer, enquanto o que não se interessa pelo supérfluo se sente feliz com aquilo que para os outros constituiria infortúnio.

Referimo-nos aos homens civilizados porque o selvagem, tendo necessidades mais limitadas, não tem os mesmos motivos de cobiça e de angústias: sua maneira de ver as coisas é muito diferente. No estado de civilização o homem pondera a sua infelicidade, a analisa, e por isso é mais afetado por ela, mas pode também ponderar e analisar os seus meios de consolação. Esta consolação ele a encontra no sentimento cristão, que lhe dá a esperança de um futuro melhor, e no Espiritismo, que lhe dá a certeza do futuro.[1]

---

[1] Consultar "A Gênese", onde Kardec analisa os motivos do aparecimento do Espiritismo em meados do século dezenove, quando o mundo atingia um estado de adiantada civilização. O conhecimento da realidade espírita da vida só é possível, em sua plenitude, em mundos civilizados, da mesma maneira que no estado de civilização esse conhecimento é um imperativo do próprio progresso e um meio de acelerá-lo. (N. do T.)

934. A perda de entes queridos não nos causa um sofrimento tanto mais legítimo quanto é ela irreparável e independente da nossa vontade?

– Essa causa de sofrimento atinge tanto o rico como o pobre: é uma prova ou expiação e lei para todos. Mas é uma consolação poderdes comunicar-vos com os vossos amigos pelos meios de que dispondes, enquanto esperais o aparecimento de outros mais diretos e mais acessíveis aos vossos sentidos.

935. Que pensar da opinião das pessoas que consideram as comunicações do além-túmulo como uma profanação?

Não pode haver profanação quando há recolhimento e quando a evocação é feita com respeito e decoro. O que o prova é que os Espíritos que vos são afeiçoados se manifestam com prazer, sentem-se felizes com a vossa lembrança e por conversarem convosco. Profanação haveria se as evocações fossem feitas com leviandade.

A possibilidade de entrar em comunicação é uma bem doce consolação, que nos proporciona o meio de nos entretermos com os parentes e amigos que deixaram a Terra antes de nós. Pela evocação eles se aproximam de nós, permanecem do nosso lado, nos ouvem e nos respondem. Não existe mais, por assim dizer, separação entre nós e eles, que nos ajudam com os seus conselhos, nos dão testemunho da sua afeição e do contentamento que experimentam por nos lembrarmos deles. É para nós uma satisfação sabê-los felizes e aprender através deles os detalhes da sua nova existência, adquirindo a certeza de um dia, por nossa vez, nos juntarmos a eles.

936. Como as dores inconsoláveis dos que ficam na Terra afetam os Espíritos que partiram?

- O Espírito é sensível à lembrança e às lamentações daqueles que amou, mas uma dor incessante e desarrazoada o afeta penosamente, porque ele vê nesse excesso uma falta de fé no futuro e de confiança em Deus, e por conseguinte um obstáculo ao progresso e talvez ao próprio reencontro com os que deixou.

Estando o Espírito mais feliz do que na Terra, lamentar que tenha deixado esta vida é lamentar que ele seja feliz. Dois amigos estão presos na mesma cadeia; ambos devem ter um dia a liberdade, mas um deles a obtém primeiro. Seria caridoso que aquele que continua preso se entristecesse por ter o seu amigo se libertado antes? Não haveria de sua parte mais egoísmo do que afeição, ao querer que o outro partilhasse por mais tempo de seu cativeiro e dos seus sofrimentos? O mesmo acontece entre dois seres que se amam na Terra. O que parte primeiro foi o primeiro a se libertar e devemos felicitá-lo por isso, esperando com paciência o momento em que também nos libertaremos.

Faremos outra comparação. Tendes um amigo que, ao vosso lado, se encontra em situação penosa. Sua saúde ou seu interesse exige que vá para outro país, onde estará melhor sob todos os aspectos. Dessa maneira, ele não estará mais ao vosso lado, durante algum tempo, mas estareis sempre em correspondência com ele. A separação não será mais que material. Ficareis aborrecido com o seu afastamento, que é para o seu bem?

A doutrina espírita, pelas provas patentes que nos dá quanto à vida futura, à presença ao nosso redor dos seres aos quais amamos, à continuidade da sua afeição e da sua solicitude, pelas relações que nos permite entreter com eles, nos oferece uma suprema consolação, numa das causas mais legítimas de dor. Com o Espiritismo não há mais abandono. O mais isolado dos homens tem sempre amigos ao seu redor, com os quais pode comunicar-se.

Suportamos impacientemente as tribulações da vida. Elas nos parecem tão intoleráveis que supomos não as poder suportar. Não obstante, se as suportarmos com coragem, se soubermos impor silêncio às nossas lamentações, haveremos de nos felicitar quando estivermos fora desta prisão terrena, como o paciente que sofria se felicita, ao se ver curado, por haver suportado com resignação um tratamento doloroso.

III - DECEPÇÕES, INGRATIDÃO, QUEBRA DE AFEIÇÕES

937. As decepções provocadas pela ingratidão e pela fragilidade dos laços de amizade não são, também, para o homem de coração, uma fonte de amarguras?

– Sim, mas já vos ensinamos a lastimar os ingratos e os amigos infiéis, que serão mais infelizes do que vós. A ingratidão é filha do egoísmo e o egoísta encontrará mais tarde corações insensíveis como ele próprio o foi. Pensai em todos os que fizeram mais bem do que vós, que valiam mais do que vós, e no entanto foram pagos com a ingratidão. Pensai que o próprio Jesus, quando na Terra, foi injuriado e desprezado, tratado de vilão e impostor, e não vos admireis de que o mesmo vos aconteça. Que o bem que fizestes seja vossa recompensa neste mundo e não vos importeis com o que dizem os beneficiados. A ingratidão é uma prova para a vossa persistência em fazer o bem. Isso vos será levado em conta, e os que não vos foram reconhecidos serão punidos tanto mais quanto maior houver sido a sua ingratidão.

938. As decepções causadas pela ingratidão não podem endurecer o coração e torná-lo insensível?

– Seria um erro pensar assim, porque o homem de coração, como dizes, será sempre feliz pelo que praticar. Ele sabe que, se não o reconhecerem nesta vida, na outra o farão, e o ingrato sentirá então remorso e vergonha.

938-a. Este pensamento não impede que o seu coração se sinta ferido. Ora, disso não pode nascer-lhe a ideia de que seria mais feliz se fosse menos sensível?

– Sim, se ele preferir a felicidade do egoísta, uma bem triste felicidade! Se ele sabe, no entanto, que os amigos ingratos que o abandonam não são dignos da sua amizade e que se enganou a respeito dos mesmos, não deve mais lamentar a sua perda. Mais tarde encontrará os que melhor o compreenderão. Lamentai os que vos tratam de maneira que não mereceis, pois terão uma triste recompensa. Mas não vos aflijais por isso: é o meio de vos elevardes sobre eles.

A Natureza deu ao homem a necessidade de amar e ser amado. Um dos maiores gozos que lhe são concedidos na Terra é o de encontrar corações que simpatizem com o seu. Ela lhe concede, assim, as primícias da felicidade que lhe está reservada no mundo dos Espíritos perfeitos, onde tudo é amor e benevolência: essa é uma ventura recusada ao egoísta.

IV - UNIÕES ANTIPÁTICAS

939. Desde que os Espíritos simpáticos são levados a se unir, como se explica que entre os encarnados a afeição frequentemente exista apenas de um lado e o amor sincero seja recebido com indiferença e mesmo com repulsa? Como, além disso, a mais viva afeição entre dois seres pode se transformar em antipatia e algumas vezes em ódio?

– Não compreendes então que seja uma punição, embora passageira? Além disso, quantos há que pensam amar perdidamente porque julgam apenas as aparências, e quando são obrigados a viver em comum não tardam a reconhecer que se tratava somente de uma paixão material. Não é suficiente estar enamorado de uma pessoa que vos agrada e que supondes dotada de belas qualidades; é vivendo realmente com ela que a podereis apreciar. Quantas uniões, por outro lado, que a princípio pareciam incompatíveis e com o correr do tempo, quando ambos se conheceram melhor, se transformaram num amor terno e durável porque baseado na estima recíproca. É necessário não esquecer que o Espírito

é quem ama, e não o corpo, e que, dissipada a ilusão material, o Espírito vê a realidade.

Há duas espécies de afeição: a do corpo e a da alma, e frequentemente se toma uma pela outra. A afeição da alma, quando pura e simpática, é duradoura; a do corpo é perecível: eis por que os que se julgam amar com um amor eterno acabam se odiando, quando passa a ilusão.

940. A falta de simpatia entre os seres destinados a viver juntos não é igualmente uma fonte de sofrimentos, tanto mais amarga quanto envenena toda a existência?

– Muito amarga, de fato; mas é uma dessas infelicidades de que, na maioria das vezes, sois a principal causa. Em primeiro lugar as vossas leis são erradas, pois acreditais que Deus vos obriga a viver com aqueles que vos desagradam. Depois, nessas uniões procurais quase sempre mais a satisfação do vosso orgulho e da vossa ambição do que a felicidade de uma afeição mútua. E sofreis, então, apenas a consequência dos vossos preconceitos.

940-a. Mas nesse caso não haverá quase sempre uma vítima inocente?

– Sim, e isso é para ela uma dura expiação, mas a responsabilidade de sua infelicidade recairá sobre os que a causaram. Se a luz da verdade tiver penetrado em sua alma ela se consolará com a fé no futuro. De resto, à medida que os preconceitos se enfraquecerem desaparecerão também as causas dessas infelicidades íntimas.

V - PREOCUPAÇÃO COM A MORTE

941. A preocupação com a morte é para muitas pessoas uma causa de perplexidade; mas por que essa preocupação, se elas têm o futuro pela frente?

– É errado que tenham essa preocupação. Mas que queres? Procuram persuadi-las, desde cedo, de que há um inferno e um paraíso, sendo mais certo que elas vão para o inferno, pois lhes ensinam que aquilo que pertence à própria Natureza é um pecado mortal para a alma. Assim, quando se tornam grandes, se tiverem um pouco de raciocínio, não podem admitir isso e se tornam ateus ou materialistas. É dessa maneira que são levados a crer que nada existe além da vida presente. Quanto aos que persistiram na crença da infância, temem o fogo eterno que deve queimá-los sem os destruir. A morte não inspira nenhum temor ao justo, porque a fé lhe dá a certeza do futuro, a esperança lhe acena com uma vida

melhor e a caridade, cuja lei praticou, lhe dá a segurança de que não encontrará, no mundo em que vai entrar, nenhum ser cujo olhar ele deva temer. (Ver item 730.)

O homem carnal, mais ligado à vida corpórea do que à vida espiritual, tem na Terra as suas penas e os seus prazeres materiais. Sua felicidade está na satisfação fugidia de todos os seus desejos. Sua alma, constantemente preocupada e afetada pelas vicissitudes da vida, permanece numa ansiedade e numa tortura perpétuas. A morte o amedronta, porque ele duvida do futuro e porque acredita deixar na Terra todas as suas afeições e todas as suas esperanças.

O homem moral, que se elevou acima das necessidades artificiais criadas pelas paixões, tem, desde este mundo, prazeres desconhecidos do homem material. A moderação dos seus desejos dá ao seu Espírito calma e serenidade. Feliz com o bem que fez, não há para ele decepções, e as contrariedades deslizam por sua alma sem lhe deixarem marcas dolorosas.

942. Algumas pessoas não acharão estes conselhos de felicidade um pouco banais, não verão neles o que chama lugares-comuns ou verdades cediças, e não dirão, por fim, que o segredo da felicidade consiste em saber suportar a infelicidade?

– Há as que dirão isso, e numerosas. Mas muitas delas são como certos doentes aos quais o médico prescreve a dieta: desejariam ser curados sem remédios e continuando a entregar-se aos excessos.

VI - DESGOSTO PELA VIDA. SUICÍDIO

943. De onde vem o desgosto pela vida que se apodera de alguns indivíduos, sem motivos plausíveis?

– Efeito da ociosidade, da falta de fé e geralmente da saciedade. Para aqueles que exercem as suas faculdades com um fim útil e segundo as suas aptidões naturais, o trabalho nada tem de árido e a vida se escoa mais rapidamente; suportam as suas vicissitudes com tanto mais paciência e resignação quanto mais agem tendo em vista a felicidade mais sólida e mais durável que os espera.

944. O homem tem o direito de dispor da sua própria vida?

– Não; somente Deus tem esse direito. O suicídio voluntário é uma transgressão dessa lei.

944-a. O suicídio não é sempre voluntário?

– O louco que se mata não sabe o que faz.

945. O que pensar do suicídio que tem por causa o desgosto da vida?

– *Insensatos! Por que não trabalhavam? A existência não lhes teria sido tão pesada.*

946. Que pensar do suicida que tem por fim escapar às misérias e às decepções deste mundo?

– *Pobres Espíritos que não tiveram a coragem de suportar as misérias da existência! Deus ajuda aos que sofrem e não aos que não têm forças nem coragem. As tribulações da vida são provas ou expiações. Felizes os que as suportam sem se queixar, porque serão recompensados! Infelizes, ao contrário, os que esperam uma saída nisso que, na sua impiedade, chamam de sorte ou acaso. A sorte ou acaso, para me servir da sua linguagem, podem de fato favorecê-los por um instante, mas somente para lhes fazer sentir mais tarde, e de maneira mais cruel, o vazio de suas palavras.*

946-a. Os que levaram o desgraçado a esse ato de desespero sofrerão as consequências disso?

– *Oh, infelizes deles! Porque responderão como por um assassínio.*

947. O homem que se vê às voltas com a necessidade e se deixa morrer de desespero pode ser considerado como suicida?

– *É um suicida, mas os que o causaram ou que o poderiam impedir são mais culpáveis que ele, a quem a indulgência espera. Não acrediteis, porém, que seja inteiramente absolvido se lhe faltou a firmeza e a perseverança e se não fez uso de toda a sua inteligência para sair das dificuldades. Infeliz dele, sobretudo, se o seu desespero é filho do orgulho; quero dizer, se é um desses homens em que o orgulho paralisa os recursos da inteligência e que se envergonhariam se tivessem de dever a existência ao trabalho das próprias mãos, preferindo morrer de fome a descer do que chamam a sua posição social. Não há cem vezes mais grandeza e dignidade em lutar contra a adversidade, em enfrentar a crítica de um mundo fútil e egoísta, que só tem boa vontade para aqueles a quem nada falta, e que vos volta as costas quando dele necessitais? Sacrificar a vida à consideração desse mundo é uma coisa estúpida, porque ele não se importará com isso.*

948. O suicida que tem por fim escapar à vergonha de uma ação má é tão repreensível como o que é levado pelo desespero?

– *O suicídio não apaga a falta. Pelo contrário, com ele aparecem duas em lugar de uma. Quando se teve a coragem de praticar o mal, é preciso tê-la para sofrer as consequências. Deus é quem julga. E, segundo a causa, pode às vezes diminuir o seu rigor.*

949. O suicídio é perdoável quando tem por fim impedir que a vergonha envolva os filhos ou a família?

– *Aquele que assim age não procede bem, mas acredita que sim, e Deus levará em conta a sua intenção, porque será uma expiação que a si mesmo se impôs. Ele atenua a sua falta pela intenção, mas nem por isso deixa de cometer uma falta. De resto, se abolirdes os abusos da vossa sociedade e os vossos preconceitos, não tereis mais suicídios.*

Aquele que tira a própria vida para fugir à vergonha de uma ação má prova que tem mais em conta a estima dos homens que a de Deus, porque vai entrar na vida espiritual carregado de suas iniquidades, tendo-se privado dos meios de repará-las durante a vida. Deus é muitas vezes menos inexorável que os homens: perdoa o arrependimento sincero e leva em conta o nosso esforço de reparação; mas o suicídio nada repara.

950. Que pensar daquele que tira a própria vida com a esperança de chegar mais cedo a uma vida melhor?

– *Outra loucura! Que ele faça o bem e estará mais seguro de alcançá-la, porque, daquela forma, retarda a sua entrada num mundo melhor, e ele mesmo pedirá para vir completar essa vida que interrompeu por uma falsa ideia. Uma falta, qualquer que ela seja, não abre jamais o santuário dos eleitos.*

951. O sacrifício da vida não é às vezes meritório, quando tem por fim salvar a de outros ou ser útil aos semelhantes?

– *Isso é sublime, de acordo com a intenção, e o sacrifício da vida não é então um suicídio. Mas Deus se opõe a um sacrifício inútil e não pode vê-lo com prazer, se estiver manchado pelo orgulho. Um sacrifício não é meritório senão pelo desinteresse, e aquele que o pratica tem às vezes uma segunda intenção, que lhe diminui o valor aos olhos de Deus.*

Todo sacrifício feito à custa da própria felicidade é um ato soberanamente meritório aos olhos de Deus, porque é a prática da lei de caridade. Ora, sendo a vida o bem terreno a que o homem dá maior valor, aquele que a ela renuncia pelo bem dos seus semelhantes não comete um atentado: é um sacrifício que ele realiza. Mas antes de o realizar deve refletir se a sua vida não poderá ser mais útil que a sua morte.

952. O homem que perece como vítima do abuso das paixões que, como o sabe, devem abreviar o seu fim, mas às quais não tem mais o poder de resistir, porque o hábito as transformou em verdadeiras necessidades físicas, comete um suicídio?

– É um suicídio moral. Não compreendeis que o homem, neste caso, é duplamente culpado? Há nele falta de coragem e bestialidade, e além disso o esquecimento de Deus.

952-a. É mais ou menos culpado do que aquele que corta a sua vida por desespero?

– É mais culpado porque teve tempo de raciocinar sobre o seu suicídio. Naquele que o comete instantaneamente há às vezes uma espécie de desvario que se aproxima da loucura; o outro será muito mais punido, porque as penas são sempre proporcionadas à consciência que se tenha das faltas cometidas.

953. Quando uma pessoa vê à sua frente uma morte inevitável e terrível, é culpada por abreviar de alguns instantes o seu sofrimento, por uma morte voluntária?

– Sempre se é culpado de não esperar o termo fixado por Deus. Aliás, haverá certeza de que ele tenha chegado, malgrado as aparências, e não se possa receber um socorro inesperado no derradeiro momento?

953-a. Concebe-se que, em circunstâncias ordinárias, seja o suicídio repreensível, mas figuramos o caso em que a morte é inevitável e em que a vida só é abreviada por alguns instantes.

– É sempre uma falta de resignação e de submissão à vontade do Criador.

953-b. Nesse caso, quais são as consequências de tal ação?

– Uma expiação proporcional à gravidade da falta, segundo as circunstâncias, como sempre.

954. Uma imprudência que compromete a vida sem necessidade é repreensível?

– Não há culpabilidade quando não há a intenção ou a consciência positiva de fazer o mal.

955. As mulheres que, em certos países, se queimam voluntariamente sobre os corpos de seus maridos podem ser consideradas como tendo se suicidado e sofrem as consequências disso?

– Elas obedecem a um preconceito e geralmente o fazem mais pela força do que pela própria vontade. Acreditam cumprir um dever, o que não é característica do suicídio. Sua escusa está na falta de formação moral da maioria delas e na sua ignorância. Essas usanças bárbaras e estúpidas desaparecem com a civilização.

956. Os que, não podendo suportar a perda de pessoas queridas, se matam na esperança de se juntarem a elas, atingem o seu objetivo?

– *O resultado para elas é bastante diverso do que esperam, pois, em vez de se unirem ao objeto de sua afeição, dele se afastam por mais tempo, porque Deus não pode recompensar um ato de covardia e o insulto que lhe é lançado com a dúvida quanto à sua providência. Eles pagarão esse instante de loucura com aflições ainda maiores do que aquelas que quiseram abreviar, e não terão para os compensar a satisfação que esperavam. (Ver item 934 e seguintes.)*

957. Quais são, em geral, as consequências do suicídio sobre o estado de Espírito?

– *As consequências do suicídio são as mais diversas. Não há penalidades fixadas e em todos os casos elas são sempre relativas às causas que o produziram. Mas uma consequência a que o suicida não pode escapar é o desapontamento. De resto, a sorte não é a mesma para todos, dependendo das circunstâncias. Alguns expiam sua falta imediatamente, outros numa nova existência, que será pior que aquela cujo curso interromperam.*

A observação mostra, com efeito, que as consequências do suicídio não são sempre as mesmas. Há, porém, as que são comuns a todos os casos de morte violenta, as que decorrem da interrupção brusca da vida. É primeiro a persistência mais prolongada e mais tenaz do laço que liga o Espírito e o corpo, porque esse laço está quase sempre em todo o seu vigor no momento em que foi rompido, enquanto na morte natural se enfraquece gradualmente e em geral até mesmo se desata antes da extinção completa da vida. As consequências desse estado de coisas são a prolongação da perturbação espírita, seguida da ilusão que, durante um tempo mais ou menos longo, faz o Espírito acreditar que ainda se encontra no número dos vivos. (Ver itens 155 e 165.)

A afinidade que persiste entre o Espírito e o corpo produz, em alguns suicidas, uma espécie de repercussão do estado do corpo sobre o Espírito, que assim ressente, malgrado seu, os efeitos da decomposição, experimentando uma sensação cheia de angústias e horror. Esse estado pode persistir tão longamente quanto tivesse de durar a vida que foi interrompida. Esse efeito não é geral; mas em alguns casos o suicida não se livra das consequências de sua falta de coragem e cedo ou tarde expia essa falta, de uma ou de outra maneira. É assim que certos Espíritos, que haviam sido muito infelizes na Terra, disseram haver se suicidado na existência precedente e estar voluntariamente submetidos a novas provas, tentando suportá-las com mais resignação. Em alguns é uma espécie de apego à matéria, da qual procuram inutilmente desembaraçar-se para se dirigirem a mundos melhores, mas cujo acesso lhes é interditado. Na maioria é o remorso de haverem feito uma coisa inútil, da qual só provam decepções.

A religião, a moral, todas as filosofias condenam o suicídio como contrário à lei natural. Todos nos dizem, em princípio, que não se tem o direito de abreviar voluntariamente a vida. Mas por que não se terá esse direito? Por que não se é livre de pôr um termo aos próprios sofrimentos? Estava reservado ao Espiritismo demonstrar, pelo exemplo dos que sucumbiram, que o suicídio não é apenas uma falta como infração a uma moral, consideração que pouco importa para certos indivíduos, mas um ato estúpido pois que nada ganha quem o pratica e até pelo contrário. Não é pela teoria que ele nos ensina isso, mas pelos próprios fatos que coloca sob os nossos olhos.[2]

[2] O argumento espírita contra o suicídio não é apenas moral, como se vê, mas também científico, firmando-se no princípio de ligação entre o Espírito e o corpo. A morte, como fenômeno natural, tem as suas leis, que o Espiritismo revelou através de rigorosa investigação. O sofrimento do suicida decorre do rompimento arbitrário dessas leis: é como arrancar à força um fruto verde da árvore. (N. do T.)

CAPÍTULO II

PENAS E GOZOS FUTUROS

I - O NADA. A VIDA FUTURA

958. Por que o homem tem, instintivamente, horror ao nada?

– *Porque o nada não existe.*

959. De onde vem para o homem o sentimento instintivo da vida futura?

– *Já o dissemos: antes da encarnação o Espírito conhece todas essas coisas, e a alma guarda uma vaga lembrança do que sabe e do que viu no estado espiritual. (Ver item 393.)*

Em todos os tempos o homem se preocupou com o futuro de além-túmulo, o que é muito natural. Qualquer que seja a importância dada à vida presente, ele não pode deixar de considerar quanto é curta e sobretudo precária, pois pode ser interrompida a cada instante e jamais ele se acha seguro do dia de amanhã. Em que se tornará depois do instante fatal? A pergunta é grave pois não se trata de alguns anos, mas da eternidade. Aquele que deve passar longos anos num país estrangeiro se preocupa com a situação em que se encontrará no mesmo. Como não nos preocuparmos com a que teremos ao deixar este mundo, desde que o será para sempre?

A ideia do nada tem algo que repugna à razão. O homem mais despreocupado nesta vida, chegado o momento supremo, pergunta a si mesmo o que será feito dele e involuntariamente fica na expectativa.

Crer em Deus sem admitir a vida futura seria um contrassenso. O sentimento de uma existência melhor está no foro íntimo de todos os homens, e Deus não o pôs ali em vão.

A vida futura implica a conservação da nossa individualidade após a morte. Que nos importaria sobreviver ao corpo, se a nossa essência moral tivesse de perder-se no oceano do infinito? As consequências disso para nós seriam as mesmas do nada.

II - INTUIÇÃO DAS PENAS E DOS GOZOS FUTUROS

960. De onde procede a crença, que se encontra em todos os povos, nas penas e recompensas futuras?

– É sempre a mesma coisa: pressentimento da realidade, dado ao homem pelo seu Espírito. Porque, ficai sabendo, não é em vão que uma voz interior vos fala e vosso mal está em não escutá-la sempre. Se pensásseis bem nisso com a devida frequência vos tornaríeis melhores.

961. No momento da morte, qual o sentimento que domina a maioria dos homens: a dúvida, o medo ou a esperança?

– A dúvida para os céticos endurecidos; o medo para os culpados; a esperança para os homens de bem.

962. Por que há céticos, desde que a alma traz para o homem o sentimento das coisas espirituais?

– São em menor número do que supondes. Muitos se fazem de espírito forte durante esta vida por orgulho, mas no momento da morte não se conservam tão fanfarrões.

A consequência da vida futura se traduz na responsabilidade dos nossos atos. A razão e a justiça nos dizem que, na distribuição da felicidade a que todos os homens aspiram, os bons e os maus não poderiam ser confundidos. Deus não pode querer que uns gozem dos bens sem trabalho e outros só o alcancem com esforço e perseverança.

A ideia que Deus nos dá de sua justiça e de sua bondade, pela sabedoria de suas leis, não nos permite crer que o justo e o mau estejam aos seus olhos no mesmo plano, nem duvidar de que não recebam, algum dia, um a recompensa e outro o castigo, pelo bem e pelo mal que tiverem feito. É por isso que o sentimento inato da justiça nos dá a intuição das penas e das recompensas futuras.

III - INTERVENÇÃO DE DEUS NAS PENAS E RECOMPENSAS

963. Deus se ocupa pessoalmente de cada homem? Não é ele demasiadamente grande e nós muito pequenos, para que cada indivíduo em particular tenha a seus olhos alguma importância?

– Deus se ocupa de todos os seres que criou, por menores que sejam; nada é demasiado pequeno para a sua bondade.

964. Deus tem a necessidade de se ocupar de cada um dos nossos atos para nos recompensar ou nos punir? A maioria desses atos não são para ele insignificantes?

– Deus tem as suas leis, que regulam todas as vossas ações. Se as violardes, a culpa é vossa. Sem dúvida, quando o homem comete um excesso, Deus não estende um julgamento para ele, dizendo-lhe, por exemplo: tu és um glutão e eu te vou punir. Mas

ele traçou um limite: as doenças e por vezes a morte são consequências dos excessos. Eis a punição: ela resulta da infração da lei. Assim se passa em tudo.

Todas as nossas ações são submetidas às leis de Deus; não há nenhuma delas, por mais insignificante nos pareça, que não possa ser uma violação dessas leis. Se sofrermos as consequências dessa violação não nos devemos queixar senão de nós mesmos, que nos fazemos assim os artífices de nossa felicidade ou de nossa infelicidade futura.

Essa verdade se torna sensível pelo seguinte apólogo:

"Um pai dá ao seu filho a educação e a instrução, ou seja, os meios para saber conduzir-se. Cede-lhe um campo para cultivar e lhe diz: eis a regra a seguir e todos os instrumentos necessários para tornar fértil o campo e assegurar a tua existência. Dei-te a instrução para compreenderes essa regra. Se a seguires, o campo produzirá bastante e te proporcionará o repouso na velhice; se não a seguires, nada produzirá, e morrerás de fome. Dito isso, deixa-o agir à vontade".

Não é verdade que o campo produzirá na razão dos cuidados que se dispensar à cultura e que toda negligência redundará em prejuízo da colheita? O filho será portanto, na velhice, feliz ou infeliz, segundo tenha seguido ou negligenciado a regra traçada pelo pai. Deus é ainda mais previdente, porque nos adverte, a cada instante, se fazemos o bem ou o mal. Envia-nos Espíritos que nos inspiram, mas não os escutamos. Há ainda outra diferença e é que Deus dá ao homem um recurso, por meio das novas existências, para reparar os seus erros do passado, ao passo que o filho de que falamos não o terá, se empregar mal o seu tempo.

IV - NATUREZA DAS PENAS E GOZOS FUTUROS

965. As penas e os gozos da alma após a morte têm alguma coisa de material?

– Não podem ser materiais, desde que a alma não é de matéria. O próprio bom senso o diz. Essas penas e esses gozos nada têm de carnal e por isso mesmo são mil vezes mais vivos do que os da Terra. O Espírito, uma vez desprendido, é mais impressionável: a matéria não mais lhe enfraquece as sensações. (Ver itens 237 a 257.)

966. Por que o homem faz ideias tão grosseiras e absurdas das penas e dos gozos da vida futura?

– Inteligência ainda não suficientemente desenvolvida. A criança compreende da mesma maneira que o adulto? Aliás, isso depende também do que se lhe tenha ensinado: é nesse ponto que há necessidade de uma reforma. Vossa linguagem é muito imperfeita para exprimir o que existe além do vosso alcance. Por isso, foi necessário fazer comparações, sendo essas imagens e figuras

tomadas como a própria realidade. Mas à medida que o homem se esclarece seu pensamento compreende as coisas que a sua linguagem não pode traduzir.

967. Em que consiste a felicidade dos bons Espíritos?

– *Em conhecer todas as coisas; não ter ódio, nem ciúme, nem inveja, nem ambição, nem qualquer das paixões que fazem a infelicidade dos homens. O amor que os une é para eles a fonte de uma suprema felicidade. Não experimentam nem as necessidades, nem os sofrimentos e nem as angústias da vida material. São felizes com o bem que fazem. De resto, a felicidade dos Espíritos é sempre proporcional à sua elevação. Somente os Espíritos puros gozam, na verdade, da felicidade suprema, mas nem por isso os demais são infelizes. Entre os maus e os perfeitos há uma infinidade de graus, nos quais os gozos são relativos ao estado moral. Os que são bastante adiantados compreendem a felicidade dos que avançaram mais que eles, e a ela aspiram, mas isso é para eles motivo de emulação e não de inveja. Sabem que deles depende alcançá-la e trabalham com esse fito, mas com a calma da consciência pura. Sentem-se felizes de não ter de sofrer o que sofrem os maus.*

968. Contais a ausência das necessidades materiais entre as condições da felicidade para os Espíritos. Mas a satisfação dessas mesmas necessidades não é para o homem uma fonte de gozos?

– *Sim, de gozos animais. E, quando não pode satisfazer essas necessidades, isso é uma tortura.*

969. O que se deve entender quando se diz que os espíritos puros estão reunidos no seio de Deus e ocupados em lhe cantar louvores?

– *É uma alegoria para dar ideia da compreensão que eles têm das perfeições de Deus, pois o veem e compreendem; mas, como tantas outras, não se deve tomá-la ao pé da letra. Tudo na Natureza, desde o grão de areia, canta, ou seja, proclama o poder, a sabedoria e a bondade de Deus. Mas não penseis que os espíritos bem-aventurados estejam em contemplação na eternidade. Isso seria uma felicidade estúpida e monótona, e, mais ainda, a felicidade do egoísta, pois a sua existência seria uma inutilidade sem fim. Eles não sofrem mais as tribulações da existência corpórea: isso já é um gozo; depois, como já dissemos, conhecem e sabem todas as coisas e empregam proveitosamente a inteligência adquirida, para auxiliar o progresso dos outros Espíritos: essa é a sua ocupação e ao mesmo tempo um gozo.*

970. Em que consistem os sofrimentos dos Espíritos inferiores?

– *São tão variados quanto as causas que os produzem e proporcionais ao grau de inferioridade, como os gozos são proporcionais ao grau de superioridade. Podemos resumi-los assim: cobiçar tudo o que lhes falta para serem felizes, mas não poderem obtê-lo; ver a felicidade e não poder atingi-la; mágoa, ciúme, raiva, desespero, decorrentes de tudo o que os impede de ser felizes; remorsos e uma ansiedade moral indefinível. Desejam todos os gozos e não podem satisfazê-los. É isso o que os tortura.*

971. A influência que os Espíritos exercem uns sobre os outros é sempre boa?

– *Sempre boa da parte dos bons Espíritos, é claro. Mas os Espíritos perversos procuram desviar do caminho do bem e do arrependimento os que consideram suscetíveis de serem arrastados, e que muitas vezes levaram para o mal durante a vida terrena.*

971-a. Então a morte não nos livra da tentação?

– *Não; mas a ação dos maus Espíritos é muito menor sobre outros Espíritos do que sobre os homens, pois aqueles não estão sujeitos às paixões materiais. (Ver item 996.)*

972. Como procedem os maus Espíritos para tentar os outros Espíritos, se não dispõem do auxílio das paixões?

– *Se as paixões não existem materialmente, existem, entretanto, no pensamento dos Espíritos atrasados. Os maus entretêm esses pensamentos, arrastando suas vítimas aos lugares onde deparam com essas paixões e com tudo o que as possa excitar.*

972-a. Mas para que servem essas paixões, se lhes falta objeto real?

– *Assim é, precisamente, para o seu suplício: o avarento vê o ouro que não pode possuir; o devasso, as orgias de que não pode participar; o orgulhoso, as honras que inveja e de que não pode gozar.*

973. Quais são os maiores sofrimentos que os maus Espíritos podem suportar?

– *Não há descrição possível das torturas morais que constituem a punição de certos crimes. Os próprios Espíritos que as sofrem teriam dificuldades em vos dar uma ideia. Mas seguramente a mais horrível é o pensamento de serem condenados para sempre.*

O homem tem das penas e dos gozos da alma após a morte uma ideia mais ou menos elevada, segundo o estado de sua inteligência. Quanto mais ele se desenvolve, mais essa ideia se depura e se desprende da matéria; compreende as coisas de maneira mais racional e deixa de tomar ao pé da letra as imagens de uma linguagem figurada. A razão mais esclarecida nos ensina que a alma é um ser inteiramente espiritual e por isso mesmo não pode ser afetada pelas impressões que não agem fora da matéria. Mas disso não se segue que esteja livre de sofrimentos, nem que não seja punida pelas suas faltas. (Ver item 237.)

As comunicações espíritas têm por fim mostrar-nos o estado futuro da alma, não mais como uma teoria mas como uma realidade. Colocam sob nossos olhos as vicissitudes da vida do além-túmulo, mas ao mesmo tempo no-las apresentam como consequências perfeitamente lógicas da vida terrena. E, embora destituídas do aparato fantástico criado pela imaginação dos homens, nem por isso são menos penosas para os que fizeram mau uso de suas faculdades. A diversidade dessas consequências é infinita, mas pode dizer-se de maneira geral: cada um é punido naquilo em que pecou. Assim é que uns o são pela incessante visão do mal que fizeram, outros pelos remorsos, pelo medo, pela vergonha, a dúvida, o isolamento, as trevas, a separação dos seres que lhes são caros, etc.

974. De onde procede a doutrina do fogo eterno?

– *Imagem, como tantas outras, tomada como realidade.*

974-a. Mas esse temor não pode ter um bom resultado?

– *Vede se ela refreia aqueles que a ensinam. Se ensinais coisas que a razão rejeitará mais tarde, produzireis uma impressão que não será durável nem salutar.*

O homem, incapaz de traduzir na sua linguagem a natureza desses sofrimentos, não encontrou para ela comparação mais enérgica que a do fogo, pois este é para ele o tipo do suplício mais cruel e o símbolo da ação mais enérgica. É por isso que a crença no fogo eterno remonta à mais alta antiguidade e os povos modernos a herdaram dos antigos. É ainda por isso que, na sua linguagem figurada, ele diz: o fogo das paixões, queimar de amor, de ciúmes, etc.

975. Os Espíritos inferiores compreendem a felicidade do justo?

– *Sim, e é isso o que os tortura, pois compreendem que estão privados dela por sua própria culpa. É por isso que o Espírito liberto da matéria aspira a uma nova existência corpórea, pois cada existência poderá abreviar, se for bem empregada, a duração desse suplício. É então que ele escolhe as provas que poderão expiar suas culpas. Porque, ficai sabendo, o Espírito sofre por todo o mal que fez ou do qual foi causa voluntária, por todo o bem que, tendo podido fazer, não o fez, e por todo o mal que resultar do bem que deixou de fazer. O Espírito errante não está mais envolvido pelo véu da matéria: é como se tivesse saído de um nevoeiro e vê o que o distancia da felicidade; então sofre ainda mais, porque compreende quanto é culpado. Para ele não existe mais a ilusão: vê a realidade das coisas.*

O Espírito, na erraticidade, abrange na sua visão, de um lado, todas as suas existências passadas, e do outro, o futuro prometido, compreendendo o que lhe falta para atingi-lo. Como um viajante que chegou ao cume de uma montanha, vê a rota percorrida e o que falta para chegar ao seu destino.

976. Ver os Espíritos que sofrem não é para os bons uma causa de aflição, e nesse caso em que se transforma a sua felicidade assim perturbada?

– *Isso não é uma aflição, pois eles sabem que o mal terá um fim e ajudam os outros no seu aperfeiçoamento, estendendo-lhes a mão: essa é a sua ocupação e um gozo quando obtêm êxito.*

976-a. Concebe-se isso de parte dos Espíritos estranhos ou indiferentes, mas a visão das dores e dos sofrimentos dos que lhes foram caros na Terra não lhes perturba a felicidade?

– *Se eles não vissem esses sofrimentos, vos seriam estranhos após a morte. Ora, a religião vos diz que as almas vos veem mas consideram as vossas aflições de outro ponto de vista, pois sabem que os vossos sofrimentos são úteis para o vosso adiantamento, desde que os suporteis com resignação. Eles se afligem mais com a falta de coragem que vos atrasa do que com os sofrimentos que sabem ser passageiros.*

977. Os Espíritos não podem ocultar-se reciprocamente os pensamentos, e, todos os atos da vida sendo conhecidos, segue-se que o culpado está sempre na presença da vítima?

– *Isso não pode ser de outra maneira, diz o bom senso.*

977-a. Essa revelação de todos os atos repreensíveis e a presença constante das vítimas serão um castigo para o culpado?

– *Maior do que se pensa, mas somente até que ele tenha expiado as suas culpas, seja como Espírito, seja como homem em novas existências corpóreas.*

Quando estivermos no mundo dos Espíritos, todo o nosso passado estando descoberto, o bem e o mal que tivermos feito serão igualmente conhecidos. Em vão aquele que fez o mal tentará escapar à visão de suas vítimas: sua presença inevitável será para ele um castigo e um remorso incessante, até que tenha expiado os seus erros. O homem de bem, pelo contrário, só encontrará por toda parte olhares amigos e benevolentes.

Para o mau, não há maior tormento na Terra que a presença de suas vítimas. É por isso que ele sempre as evita. Que será dele quando, dissipada a ilusão das paixões, compreender o mal que praticou, vendo os seus atos mais secretos revelados, sua hipocrisia desmascarada, e sem poder subtrair-se à sua vista? Enquanto a alma do homem perverso é presa da vergonha, do pesar e do remorso, a do justo goza de perfeita serenidade.

978. A recordação das faltas que a alma tenha cometido quando ainda imperfeita não perturba a sua felicidade, mesmo depois que ela se depurou?

– Não, porque ela resgatou as suas faltas e saiu vitoriosa das provas a que se submeteu com esse fim.

979. As provas que ainda terá de sofrer para terminar a sua purificação não são uma preocupação penosa, que perturba a sua felicidade?

– Para a alma que ainda permanece maculada, sim. É por isso que ela não pode gozar de uma felicidade perfeita, senão quando estiver inteiramente pura. Mas, para aquela que já se elevou, o pensamento das provas por que ainda tem de passar nada tem de penoso.

A alma que chegou a um certo grau de pureza goza a felicidade. Um sentimento de doce satisfação a envolve: sente-se feliz com tudo o que vê e que a rodeia; o véu se eleva, para ela, descobrindo os mistérios e as maravilhas da criação, e as perfeições divinas se mostram em todo o seu esplendor.

980. O laço de simpatia que une os Espíritos da mesma ordem é para eles um motivo de felicidade?

– A união dos Espíritos que se simpatizam pelo bem é para eles um dos maiores gozos, porque não temem ver essa união perturbada pelo egoísmo. Eles formam, no mundo inteiramente espiritual, as famílias do mesmo sentimento. É nisso que consiste a felicidade espiritual, como em teu mundo os homens se agrupam em categorias e gozam de um certo prazer quando se reúnem. A afeição pura e sincera que provam e de que são objeto é um motivo de felicidade, pois lá não há falsos amigos nem hipócritas.

O homem goza as primícias dessa felicidade sobre a Terra, quando encontra almas com as quais pode confundir-se numa união pura e santa. Numa vida mais depurada esse prazer será inefável e sem limites, porque ele só encontrará almas simpáticas, que o egoísmo não tornou indiferentes. Pois, tudo é amor na Natureza; o egoísmo é que o aniquila.

981. Há diferença, para o estado futuro do Espírito, entre aquele que temia a morte e aquele que a via com indiferença e até mesmo com alegria?

– A diferença pode ser grande; entretanto, ela em geral se apaga ante as causas que produzem esse medo ou esse desejo.

Quem a teme ou quem a deseje pode ser impulsionado por sentimentos muito diversos, e são esses sentimentos que vão influir no estado futuro do espírito. É evidente, por exemplo, que aquele que deseja a morte unicamente por ver na mesma o fim das tribulações, de certa maneira, se queixa das provas que deve sofrer.

982. É necessário fazer profissão de fé no Espiritismo e crer nas manifestações para assegurar nossa sorte na vida futura?

– Se assim fosse, todos os que não creem ou não puderam esclarecer-se seriam deserdados, o que é absurdo. É o bem que assegura a sorte no futuro; ora, o bem é sempre o bem, qualquer que seja a via pela qual se conduz. (Ver itens 165-799.)

A crença no Espiritismo ajuda o homem a se melhorar ao lhe fixar as ideias sobre determinados pontos do futuro; ela apressa o adiantamento dos indíviduos e das massas porque permite considerarmos o que seremos um dia: é, pois, um ponto de apoio, uma luz que nos guia. O Espiritismo ensina a suportar as provas com paciência e resignação, desvia o homem da prática dos atos que podem retardar-lhe a felicidade futura, e é assim que contribui para a sua felicidade. Mas nunca se disse que sem ele não se possa atingi-la.

V - PENAS TEMPORAIS

983. O Espírito que expia as suas culpas numa nova existência passa apenas por sofrimentos materiais. Assim, não será exato dizer que após a morte a alma só tem sofrimentos morais?

– É bem verdade que, reencarnada, a alma encontra nas tribulações da vida o seu sofrimento; mas apenas o corpo sofre materialmente. Dizeis em geral que o morto já não sofre mais, mas isso nem sempre é verdade. Como Espírito, não sofre mais dores físicas, mas segundo as faltas que tenha cometido pode ter dores morais mais cruciantes, e numa nova existência pode ser ainda mais infeliz. O mau rico passará a esmolar e estará submetido a todas as privações da miséria; o orgulhoso a todas as humilhações; aquele que abusa de sua autoridade e trata os seus subordinados com desprezo e dureza será forçado a obedecer a um senhor mais duro do que ele tenha sido. Todas as penas e atribulações da vida são expiações de faltas de outra existência, quando não se trata de consequências das faltas da existência atual. Ao sairdes daqui compreendereis bem. (Ver itens 273, 393 e 399.) O homem que se crê feliz na Terra porque pode satisfazer suas paixões é o

que faz menos esforços para se melhorar. Em geral ele começa a expiar essa felicidade efêmera na própria vida que leva, mas certamente a expiará numa outra existência tão material como essa.

984. As vicissitudes da vida são sempre a punição das faltas atuais?

– Não. Já o dissemos: são provas impostas por Deus ou escolhidas por vós mesmos quando no estado de Espírito e antes da vossa reencarnação para expiar as faltas cometidas numa outra existência. Porque jamais a infração das leis de Deus, e sobretudo da lei da justiça, fica impune; se a punição não é feita nesta vida, será necessariamente em outra. É por isso que aquele que é justo aos vossos olhos vê-se frequentemente atingido pelo seu passado. (Ver item 393.)

985. A reencarnação da alma num mundo menos grosseiro é uma recompensa?

– É a consequência de sua purificação. Porque à medida que os Espíritos se purificam vão-se encarnando em mundos mais e mais perfeitos, até que se tenham despojado de toda matéria e lavado de todas as manchas, para gozarem eternamente da felicidade dos Espíritos puros no seio de Deus.

Nos mundos em que a existência é menos material do que neste as necessidades são menos grosseiras e todos os sofrimentos físicos são menos vivos. Os homens não mais conhecem as más paixões que, nos mundos inferiores, os fazem inimigos uns dos outros. Não tendo nenhum motivo de ódio ou de ciúme, vivem em paz porque praticam a lei de justiça, amor e caridade. Não conhecem os aborrecimentos e os cuidados que nascem da inveja, do orgulho e do egoísmo, e que constituem o tormento de nossa existência terrena. (Ver itens 172 –182.)

986. O Espírito que progrediu na sua existência terrena pode às vezes reencarnar no mesmo mundo?

– Sim, se não pôde cumprir a sua missão e ele mesmo pedir para completá-la numa nova existência. Mas então não será mais para ele uma expiação. (Ver item 173.)

987. O que acontece com o homem que sem praticar o mal nada fez para se libertar da influência da matéria?

– Desde que não deu nenhum passo na direção da perfeição, deve recomeçar uma existência semelhante à que deixou. Fica estacionário e é assim que pode prolongar os sofrimentos de sua expiação.

988. Há pessoas para as quais a vida flui numa serenidade perfeita; que, não tendo necessidade de fazer qualquer coisa

para si mesmas, estão livres de cuidados. Essa existência feliz é uma prova de que nada têm a expiar de uma existência anterior?

– *Conheces muitas assim? Se o acreditas, enganas-te. Em geral essa serenidade não é mais do que aparente. Podem ter escolhido essa existência, mas, quando a deixam, percebem que ela não os ajudou a progredir: então, como os preguiçosos, lamentam o tempo perdido. Sabei que o Espírito não pode adquirir conhecimentos e se elevar senão através da atividade; se ele adormece na despreocupação, não se adianta. É semelhante àquele que, de acordo com os vossos costumes, tem necessidade de trabalhar e vai passear ou dormir para nada fazer. Sabei também que cada qual terá de prestar contas da inatividade voluntária durante a sua existência; essa inutilidade é sempre fatal à felicidade futura. A soma da felicidade futura está na razão da soma do bem que tiver feito; a da infelicidade, na razão do mal e dos infelizes que se tenham feito.*

989. Há pessoas que, sem serem positivamente más, tornam infelizes, em virtude de seu caráter, todos os que as rodeiam. Qual para elas a consequência disso?

– *Essas pessoas seguramente não são boas e expiarão pela visão daqueles que se tornaram infelizes, cuja presença constituirá para elas uma exprobação. Depois, numa outra existência, sofrerão aquilo que fizeram sofrer.*

VI - EXPIAÇÃO E ARREPENDIMENTO

990. O arrependimento se verifica no estado corpóreo ou no estado espiritual?

– *No estado espiritual. Mas pode também verificar-se no estado corpóreo, quando bem compreendeis a distinção entre o bem e o mal.*

991. Qual é a consequência do arrependimento no seu estado espiritual?

– *O desejo de uma nova encarnação para se purificar. O Espírito compreende as imperfeições que o impedem de ser feliz e aspira a uma nova existência, onde possa expiar as suas faltas. (Ver itens 332-975.)*

992. Qual é a consequência do arrependimento no estado corpóreo?

– *Adiantar-se ainda na vida presente, se houver tempo para reparação das faltas. Quando a consciência reprova e mostra uma imperfeição, sempre se pode melhorar.*

993. Não há homens que só possuem o instinto do mal, sendo inacessíveis ao arrependimento?

– *Já te disse que se deve progredir sem cessar. Aquele que nesta vida só possui o instinto do mal, numa outra terá o do bem, e é para isso que renasce muitas vezes, pois é necessário que todos avancem e atinjam o alvo, uns com mais rapidez e outros de maneira mais demorada, segundo os seus desejos. Aquele que só tem o instinto do bem já está purificado, porque pode ter tido o do mal numa existência anterior. (Ver item 804.)*

994. O homem perverso, que durante a vida não reconheceu suas faltas, sempre as reconhecerá depois da morte?

– *Sim, sempre as reconhece e então sofre mais porque sente todo o mal que praticou ou do qual foi a causa voluntária. Entretanto, o arrependimento nem sempre é imediato. Há Espíritos que se obstinam no mau caminho apesar dos sofrimentos, mas cedo ou tarde reconhecerão haver tomado uma senda falsa e o arrependimento se manifestará. É para os esclarecer que os bons Espíritos trabalham e que vós mesmos podeis trabalhar.*

995. Há espíritos que, sem serem maus, sejam indiferentes à própria sorte?

– *Há Espíritos que, não se ocupam de nada útil: estão na expectativa. Mas sofrem de acordo com a situação, e, como em tudo deve haver progresso, este se manifesta pela dor.*

995-a. Não têm eles o desejo de abreviar seus sofrimentos?

– *Sem dúvida o têm, mas não dispõem de bastante energia para querer o que os poderia aliviar. Quantas pessoas entre vós preferem morrer na miséria a trabalhar?*

996. Desde que os Espíritos veem o mal que resulta de suas imperfeições, como se explica que alguns agravem a sua posição e prolonguem o seu estado de inferioridade praticando o mal como Espíritos e desviando os homens do bom caminho?

– *São os de arrependimento tardio que agem assim. O Espírito que se arrepende pode se deixar novamente arrastar ao caminho do mal por outros Espíritos ainda mais atrasados. (Ver item 971.)*

997. Veem-se Espíritos de notória inferioridade que são acessíveis aos bons sentimentos e às preces feitas em seu favor. Como se explica que outros Espíritos, que se deveria julgar mais esclarecidos, revelem um endurecimento e um cinismo a toda prova?

– A prece só tem efeito em favor do Espírito que se arrepende. Aquele que, impulsionado pelo orgulho, se revolta contra Deus e persiste nos seus erros, exagerando-os ainda, como o fazem infelizes Espíritos, nada pode receber da prece e nada receberá até o dia em que uma luz de arrependimento o esclareça. (Ver item 664.)

Não se deve esquecer que após a morte do corpo o Espírito não é subitamente transformado. Se sua vida foi repreensível é que ele era imperfeito. Ora, a morte não o torna imediatamente perfeito. Ele pode persistir nos seus erros, nas suas falsas opiniões, em seus preconceitos até que seja esclarecido pelo estudo, pela reflexão e pelo sofrimento.

998. A expiação se realiza no estado corpóreo ou no estado de Espírito?

– Ela se cumpre na existência corpórea, através das provas a que o Espírito é submetido, e na vida espiritual pelos sofrimentos morais decorrentes do seu estado de inferioridade.

999. O arrependimento sincero durante a vida é suficiente para extinguir as faltas e fazer que se mereça a graça de Deus?

– O arrependimento auxilia a melhora do Espírito, mas o passado deve ser expiado.

999-a. Se de acordo com isso um criminoso dissesse que, tendo de expiar o passado, não precisa de se arrepender, quais seriam para ele as consequências?

– Se teimar no pensamento do mal sua expiação será mais longa e mais penosa.

1000. Podemos, desde esta vida, resgatar as nossas faltas?

– Sim, reparando-as. Mas não julgueis resgatá-las por algumas privações pueris ou por meio de doações de após a morte, quando de nada mais necessitais. Deus não considera um arrependimento estéril, sempre fácil e que só custa o trabalho de bater no peito. A perda de um dedo, quando se presta um serviço, apaga maior número de faltas do que o cilício suportado durante anos, sem outro objetivo que o bem de si mesmo. (Ver item 826.) O mal não é reparado senão pelo bem, e a reparação não tem mérito algum se não atingir o homem no seu orgulho ou nos interesses materiais. De que serve, como justificação, restituir após a morte os bens mal adquiridos, que foram desfrutados em vida e já não lhe servem para nada? De que lhe serve a privação de alguns gozos fúteis e de algumas superfluidades, se o mal que cometeu para outro continua o mesmo? De que lhe serve, enfim, humilhar-se diante de Deus, se conserva o seu orgulho diante dos homens? (Ver itens 720-721.)

1001. Não há nenhum mérito em se assegurar, após a morte, um emprego útil para os bens que deixamos?

– Nenhum mérito não é bem o termo; isso vale sempre mais do que nada; mas o mal é que aquele que dá ao morrer geralmente é mais egoísta do que generoso: quer ter as honras do bem sem lhe haver provado as penas. Aquele que se priva em vida tem duplo proveito: o mérito do sacrifício e o prazer de ver felizes os que beneficiou. Mas há sempre o egoísmo a dizer ao homem: o que dás, tiras dos teus próprios gozos. E, como o egoísmo fala mais alto que o desinteresse e a caridade, ele guarda em vez de dar, sob o pretexto das suas necessidades e das exigências da sua posição. Ah, lastimai aquele que desconhece o prazer de dar, porque foi realmente deserdado de um dos mais puros e suaves gozos do homem. Deus, submetendo-o à prova da fortuna, tão escorregadia e perigosa para o seu futuro, quis dar-lhe em compensação a ventura da generosidade, de que ele pode gozar neste mundo. (Ver item 814.)

1002. O que deve fazer aquele que em artigo de morte reconhece as suas faltas mas não tem tempo para repará-las? É suficiente arrepender-se, nesse caso?

– O arrependimento apressa a sua reabilitação, mas não o absolve. Não tem ele o futuro pela frente, que jamais se lhe fecha?

VII - DURAÇÃO DAS PENAS FUTURAS

1003. A duração dos sofrimentos do culpado na vida futura é arbitrária ou subordinada a alguma lei?

– Deus nunca age de maneira caprichosa e tudo no Universo é regido por leis que revelam a sua sabedoria e a sua bondade.

1004. O que determina a duração dos sofrimentos do culpado?

– O tempo necessário ao seu melhoramento. O estado de sofrimento e de felicidade sendo proporcional ao grau de pureza de Espírito, a duração e a natureza dos seus sofrimentos dependem do tempo que ele precisa para se melhorar. À medida que ele progride e que os seus sentimentos se depuram, seus sofrimentos diminuem e se modificam.

São Luís

1005. Para o Espírito sofredor o tempo parece tão longo ou mais curto do que quando estava encarnado?

– Parece mais longo: o sono não existe para ele. Só para os Espíritos que atingiram um certo grau de purificação o tempo se apaga, por assim dizer, em face do infinito. (Ver item 240.)

1006. A duração dos sofrimentos do Espírito pode ser eterna?

– Sem dúvida, se ele fosse eternamente mau, ou seja, se jamais tivesse de se arrepender nem de se melhorar. Então, sofreria eternamente. Mas Deus não criou seres eternamente votados ao mal. Criou-os apenas simples e ignorantes, e todos devem progredir num tempo mais ou menos longo, de acordo com a própria vontade. Esta pode ser mais ou menos retardada, assim como há crianças mais ou menos precoces, mas cedo ou tarde ela se manifesta por uma irresistível necessidade que o Espírito sente em sair da sua inferioridade e ser feliz. A lei que rege a duração das penas é portanto eminentemente sábia e benevolente, pois subordina essa duração aos esforços do Espírito, jamais lhe tirando o livre-arbítrio; se dele fez mau uso, sofrerá as consequências disso.

São Luís

1007. Há Espíritos que jamais se arrependem?

– Há Espíritos cujo arrependimento é tardio, mas pretender que jamais se melhorem seria negar a lei do progresso e dizer que a criança não pode tornar-se adulto.

São Luís

1008. A duração das penas depende sempre da vontade do Espírito, não existindo as que lhe são impostas por um tempo determinado?

– Sim, há penas que lhe podem ser impostas por determinado tempo, mas Deus, que não desejava senão o bem de suas criaturas, aceita sempre o arrependimento, e o desejo de se melhorar nunca é estéril.

São Luís

1009. Segundo isso, as penas impostas jamais seriam eternas?

– Consultai o vosso bom senso, a vossa razão, e perguntai se uma condenação perpétua, em consequência de alguns momentos de erro, não seria a negação da bondade de Deus. Que é, com efeito, a duração da vida, mesmo que fosse de cem anos, em relação à eternidade? Eternidade! Compreendeis bem essa palavra? Sofrimento, tortura sem fim e sem esperança, apenas por algumas faltas. Não repugna ao vosso próprio critério semelhante pensamento? Que os antigos tivessem visto no Senhor do Universo um Deus terrível, invejoso e vingativo, compreende-se; na sua

ignorância emprestaram à divindade as paixões dos homens. Mas não é esse o Deus dos cristãos, que coloca o amor, a caridade, a misericórdia, o esquecimento das ofensas no plano das primeiras virtudes: poderia ele mesmo não ter as qualidades que exige como um dever? Não há contradição em se lhe atribuir a bondade infinita e a vingança infinita? Dizeis que antes de tudo ele é justo e que o homem não compreende sua justiça. Mas a justiça não exclui a bondade e Deus não seria bom se destinasse às penas horríveis e perpétuas a maioria de suas criaturas. Poderia fazer da justiça uma obrigação para seus filhos, se não lhes desse os meios de a compreender? Aliás, não é sublime a justiça unida à bondade, que faz a duração das penas depender dos esforços do culpado para se melhorar? Nisto se encontra a verdade do preceito: "A cada um segundo as suas obras".

Santo Agostinho

– Empenhai-vos por todos os meios ao vosso alcance no combate, no aniquilamento da ideia da eternidade das penas, pensamento blasfemo da justiça e da bondade de Deus, a mais fecunda fonte da incredulidade, do materialismo e da indiferença que invadiram as massas, desde que a sua inteligência começou a se desenvolver. O Espírito prestes a se esclarecer, ou ainda em vias de o fazer, bem logo compreendeu a monstruosa injustiça. Sua razão a repele e então raramente deixa de confundir numa mesma condenação a pena que o revolta e o Deus a que é atribuída. Disso decorrem os males sem conta que recaíram sobre vós e para os quais vimos trazer o remédio. A tarefa que vos assinalamos será tanto mais fácil quanto as autoridades em que se apoiam os defensores dessa crença evitaram de se pronunciar de modo formal. Nem os Concílios, nem os Pais da Igreja decidiram de maneira absoluta essa grave questão. Se, de acordo com os próprios evangelistas, tomando-se ao pé da letra as suas palavras alegóricas, o Cristo ameaçou os culpados com o fogo que não se extingue, com o fogo eterno, entretanto nada existe nessas palavras que provem tê-los condenado eternamente. Pobres ovelhas desgarradas, sabeis ver que o Bom Pastor se aproxima de vós e que longe de querer banir-vos para sempre da sua presença vem ao vosso encontro, para vos reconduzir ao redil. Filhos pródigos, deixai o vosso exílio voluntário. Voltai para a morada paterna: o pai vos abre os braços e está sempre pronto para festejar vosso retorno à família.

Lamennais

– Guerras de palavras! Guerras de palavras! Não tendes feito verter bastante sangue? Será ainda necessário reacender as fogueiras? Discutem-se as expressões: eternidade das penas, eternidade dos castigos. Não sabeis então que aquilo que hoje entendeis por eternidade os antigos não o entendiam da mesma maneira? Que o teólogo consulte as fontes e como todos vós descobrirá que o texto hebreu não dava à palavra o mesmo sentido que os gregos, os latinos e os modernos traduziram por penas sem fim, irremissíveis.[1] *A eternidade dos castigos corresponde à eternidade do mal. Sim, enquanto existir o mal entre os homens subsistirão os castigos; é em sentido relativo que se devem interpretar os textos sagrados. A eternidade das penas é portanto relativa e não absoluta. Dia virá em que todos os homens se revestirão pelo arrependimento da roupagem da inocência, e nesse dia não haverá mais gemidos ou ranger de dentes. Vossa razão é limitada, isso é verdade, mas, tal qual é, representa um presente de Deus e com a ajuda da razão não haverá um só homem de boa-fé que compreenda de outra maneira a eternidade dos castigos. A eternidade dos castigos! Teríamos então de admitir que o mal fosse eterno. Mas só Deus é eterno e não poderia ter criado o mal eterno, pois se assim não fosse teríamos de destituí-lo do mais belo dos seus atributos: o soberano poder, porque deixa de ser soberanamente poderoso, o que pode criar um elemento destruidor de suas próprias obras. Humanidade, Humanidade! Não mergulhes mais o teu sombrio olhar nas profundezas da Terra, buscando os castigos. Chora, espera, expia e refugia-te no pensamento de um Deus intimamente bom, absolutamente poderoso e essencialmente justo.*

Platão

– Gravitar para a unidade divina, esse é o objetivo da Humanidade. Para atingi-lo, três coisas lhe são necessárias: a justiça, o amor e a ciência; três coisas lhe são opostas e contrárias: a ignorância, o ódio e a injustiça.[2] *Pois bem: em verdade vos digo que mentis a esses princípios fundamentais ao comprometer a ideia de Deus com o exagero de sua severidade, e duplamente a comprometeis, deixando penetrar no Espírito da criatura o pensamento de que ela*

---

[1] Teólogos católicos e protestantes confirmam hoje essa previsão. Leia-se Giovanni Papini em *O Diabo* ou Haraldur Nielsson em *O Espiritismo e a Igreja*. (N. do T.)

[2] Este trecho da comunicação de Paulo lembra as tríades druídicas sobre as quais há interessante estudo de Kardec na *Revue Spirite*, publicado em separata no folheto *Espiritismo: antiguidade, evolução e propagação*, do Clube dos Jornalistas Espíritas de S. Paulo. Veja-se ainda o livro de Léon Denis: *Le Genie Celtique et le Monde Invisible*, edição Jean Meyer, Paris, 1927. (N. do T.)

possui mais clemência, mansuetude, amor e verdadeira justiça do que costumais atribuir ao Ser Infinito. Destruís mesmo a ideia de inferno, tornando-a ridícula e inacessível às vossas crenças, como o é para os vossos corações o horrendo espetáculo das execuções, das fogueiras e das torturas da Idade Média. Mas como? É quando a Era das represálias cegas já foi superada pelas legislações humanas que esperais mantê-la numa forma ideal? Oh, crede-me, irmãos em Deus e em Jesus Cristo, crede-me ou resignai-vos a deixar perecer nas vossas mãos todos os vossos dogmas, para não permitir a sua alteração, ou então vivificai-os, abrindo-os aos benéficos eflúvios que os bons Espíritos derramam neste momento sobre eles. A ideia do inferno com suas fornalhas ardentes, com suas caldeiras ferventes pode ser tolerada ou admissível num século mitológico; mas no século dezenove não passa de vão fantasma que só serve para amedrontar as criancinhas, e no qual essas mesmas já não acreditam quando se tornam um pouco maiores. Persistindo nessa mitologia apavorante engendrais a incredulidade, origem de toda a desorganização social: eis por que tremo ao ver toda uma ordem social abalada e a ruir sobre as próprias bases por falta de sanção penal. Homens de fé ardente e viva, vanguardeiros do dia da luz, ao trabalho, não para manter velhas fábulas atualmente desacreditadas, mas para reavivar e revitalizar a verdadeira sanção penal sob forma que correspondam aos vossos costumes, aos vossos sentimentos e às luzes da vossa época.

Quem é, com efeito, o culpado? Aquele que por um extravio, por um falso impulso da alma se distancia do objetivo da Criação, que consiste no culto harmonioso do belo e do bem idealizado pelo arquétipo humano, pelo homem-deus, por Jesus Cristo.

Qual é o castigo? A consequência natural decorrente desse falso impulso; uma quantidade de dores necessárias para fazê-lo aborrecer-se da sua deformação, pela prova do sofrimento. O castigo é o aguilhão que excita a alma pela amargura a voltar-se sobre si mesma, a retornar ao caminho da salvação. O objetivo do castigo não é outro senão a reabilitação, a redenção. Querer que o castigo seja eterno, por uma falta que não é eterna, é negar-lhe toda a razão de ser.

Oh, em verdade vos digo, cessai, cessai de pôr em paralelo, na eternidade, o Bem, essência do Criador, com o Mal, essência da criatura: isso seria criar uma penalidade injustificável. Afirmai, ao contrário, o abrandamento gradual dos castigos e das penas pelas transmigrações e consagrareis, pela razão ligada ao sentimento, a unidade divina.

Paulo, o Apóstolo

Deseja-se incitar o homem ao bem e desviá-lo do mal pelo engodo das recompensas e o temor dos castigos, mas, se esses castigos são apresentados de maneira que a razão repele, não terão sobre ele nenhuma influência. Longe disso, ele rejeitará tudo: a forma e o fundo. Que se lhe apresente, pelo contrário, o futuro de uma forma lógica, e ele não o recusará. O Espiritismo lhe dá essa explicação.

A doutrina da eternidade das penas, no seu sentido absoluto, faz do Ser Supremo um Deus implacável. Seria lógico dizer-se que um soberano é muito bom, muito benevolente, muito indulgente, que não deseja senão a felicidade dos que o rodeiam, mas que ao mesmo tempo é invejoso, vingativo, de um rigor inflexível e que pune com o suplício máximo três quartas partes de seus súditos por uma ofensa ou uma infração às suas leis, ainda mesmo aqueles que faliram por não as conhecer? Não seria isso uma contradição? Pois bem: Deus pode ser menos do que o seria um homem?

Outra contradição se apresenta neste caso. Desde que Deus tudo sabe, sabia então, ao criar uma alma, que ela teria de falir; ela estava desde a formação destinada à infelicidade eterna: isto é possível, é racional? Com a doutrina das penas relativas tudo se justifica. Deus sabia, sem dúvida, que ela teria de falir, mas lhe dá os meios de se esclarecer por sua própria experiência e pelas suas próprias faltas. E necessário que ela expie os seus erros para melhor se firmar no bem, mas a porta da esperança jamais lhe será fechada e Deus faz depender o momento da sua libertação dos esforços que ela fizer para o atingir. Eis o que todos podem compreender, o que a lógica mais meticulosa pode admitir. Se as penas futuras tivessem sido apresentadas dessa maneira, haveria muito menos céticos.

A palavra eterna é quase sempre empregada na linguagem comum em sentido figurado, para designar uma coisa de longa duração e da qual não se prevê o termo, embora se saiba muito bem que esse termo existe. Dizemos, por exemplo, os gelos eternos das altas montanhas, dos polos, embora saibamos, de um lado, que o mundo físico pode ter um fim, e de outra parte, que o estado dessas regiões pode modificar-se pelo deslocamento normal do eixo da Terra ou por um cataclismo. A palavra eterno, neste caso, não quer dizer duração infinita. Quando sofremos uma longa doença dizemos que o nosso mal é eterno. Que há, pois, para admirar se os Espíritos que sofrem desde muitos anos, desde séculos, e até mesmo de milhares de anos, também digam assim? Não nos esqueçamos, sobretudo, de que, a sua inferioridade não lhes permitindo ver o termo da rota, eles creem sofrer para sempre, o que é para eles uma punição.

De resto, a doutrina do fogo, material, das fornalhas e das torturas emprestadas ao Tártaro do paganismo está hoje completamente abandonada pela alta teologia. Apenas nas escolas esses apavorantes quadros alegóricos são ainda apresentados como verdades positivas por alguns homens mais zelosos do que esclarecidos. E isso muito erroneamente, pois as imaginações jovens, uma vez passado o terror, poderão aumentar o número dos incrédulos. A teologia reconhece hoje que a palavra fogo é empregada em sentido figurado, devendo ser entendida como fogo moral. (Ver item 974.) Os que, como nós, acompanharam as peripécias da vida e dos sofrimentos do além-túmulo através das comunicações espíritas puderam convencer-se de que, por não terem nada de material, elas não são menos pungentes. A respeito mesmo da sua duração, alguns teólogos começam a admiti-las no sentido restritivo que indicamos acima e pensam que, de fato, a palavra eterno pode referir-se às penas em si mesmas, como consequência de uma lei imutável e não na sua aplicação a cada indivíduo. No dia em que a religião admitir essa interpretação, bem como outras que são igualmente a consequência do progresso das luzes, reconduzirá ao seu seio muitas ovelhas desgarradas.[3]

VIII - RESSURREIÇÃO DA CARNE

1010. O dogma da ressurreição da carne é a consagração da reencarnação ensinada pelos Espíritos?

– *Como quereis que seja de outro modo? Dá-se com essa expressão o que se dá com tantas outras que só parecem desarrazoadas aos olhos de certas pessoas que as tomam ao pé da letra e por isso são levadas à incredulidade. Dai-lhe, porém, uma interpretação lógica, e esses a que chamais livres-pensadores a admitirão sem dificuldade, precisamente porque raciocinam. Não vos enganeis, esses livres-pensadores nada mais procuram do que crer; eles têm, como os outros, mais talvez do que os outros, ansiedade pelo futuro, mas não podem admitir o que é absurdo para a ciência. A doutrina da pluralidade das existências se conforma à justiça de Deus; somente ela pode explicar o que sem ela é inexplicável. Como quereríeis que esse princípio não estivesse na religião?*

1010-a. Então a Igreja, pelo dogma da ressurreição da carne, ensina a doutrina da reencarnação?

– *Isso é evidente. Essa doutrina é a consequência de muitas coisas que passaram despercebidas e que não se tardará a compreender nesse sentido; dentro em pouco se reconhecerá que o Espiritismo ressalta a cada passo do próprio texto das Escrituras Sagradas. Os Espíritos não vêm, portanto, subverter a religião, como pretendem alguns, mas pelo contrário vêm confirmá-la, sancioná-la*

---

[3] As modificações teológicas em curso na atualidade confirmam estas previsões. Vejam-se os resultados do Concílio Vaticano II e a revolução provocada na Igreja pela obra de Teilhard de Chardin. (N. do T.)

através de provas irrecusáveis. E, como é chegado o tempo de substituir a linguagem figurada, falam sem alegorias, dando às coisas um sentido claro e preciso que não possa ser objeto de nenhuma falsa interpretação. Eis por que, dentro de algum tempo, tereis mais pessoas sinceramente religiosas e crentes do que as tendes hoje.

São Luís

A Ciência demonstra a impossibilidade da ressurreição segundo a ideia vulgar. Se os despojos do corpo humano permanecessem homogêneos, embora dispersados e reduzidos a pó, ainda se conceberia a sua reunião em determinado tempo; mas as coisas não se passam assim. O corpo é formado por elementos diversos: oxigênio, hidrogênio, azoto, carbono, etc. Pela decomposição esses elementos se dispersam, mas vão servir à formação de novos corpos, e isso de tal maneira que a mesma molécula, por exemplo, de carbono entrará na composição de muitos milhares de corpos diferentes (não falamos senão dos corpos humanos, sem contar os dos animais). Dessa maneira um indivíduo pode ter em seu corpo moléculas que pertenceram aos homens dos primeiros tempos. E essas mesmas moléculas orgânicas que absorveis dos vossos alimentos provêm talvez do corpo de um indivíduo que conhecestes, e assim por diante. Sendo a matéria de quantidade definida e suas transformações em número indefinido, como poderia cada um desses corpos reconstituir-se com seus mesmos elementos? Há nisso uma impossibilidade material. Não se pode portanto racionalmente admitir a ressurreição da carne, senão como uma figura simbolizando o fenômeno da reencarnação. E então nada há que choque a razão, nada que esteja em contradição com os dados da Ciência.

É verdade que segundo o dogma essa ressurreição não deve ocorrer senão no fim dos tempos, enquanto segundo a doutrina espírita ocorre todos os dias. Mas não há também nesse quadro do julgamento final uma grande e bela figura que oculta, sob o véu da alegoria, uma dessas verdades imutáveis que os céticos não rejeitarão quando forem conduzidas à verdadeira significação? Que se medite bem a teoria espírita sobre o futuro das almas e sobre a sua sorte, em consequência das diferentes provas que devem sofrer, e se verá que, com exceção da simultaneidade, o julgamento em que são condenadas ou absolvidas não é uma ficção como pensam os incrédulos. Consideremos ainda que ela é a consequência natural da pluralidade dos mundos, hoje perfeitamente admitida, enquanto, segundo a doutrina do julgamento final, a Terra é considerada como o único mundo habitado.[4]

---

[4] A pluralidade dos mundos habitados era admitida como possibilidade no tempo de Kardec, como o é hoje, embora a Ciência não a admita como verdade comprovada. Flammarion publicou uma grande obra a respeito, traduzida para o português: *A pluralidade dos mundos habitados*, e no prefácio de *O desconhecido e os problemas psíquicos* declara com a sua autoridade de

A localização absoluta dos lugares de penas e de recompensas só existe na imaginação dos homens. Provém da sua tendência de materializar e circunscrever as coisas cuja natureza infinita não podem compreender.

IX - PARAÍSO, INFERNO, PURGATÓRIO. PARAÍSO PERDIDO. PECADO ORIGINAL

1011. Um lugar circunscrito no Universo está destinado às penas e aos gozos dos Espíritos, de acordo com os seus méritos?

– *Já respondemos a essa pergunta. As penas e os gozos são inerentes ao grau de perfeição do Espírito. Cada um traz em si mesmo o princípio de sua própria felicidade ou infelicidade. E, como eles estão por toda parte, nenhum lugar circunscrito ou fechado se destina a uns ou a outros. Quanto aos Espíritos encarnados, são mais ou menos felizes ou infelizes segundo o grau de evolução do mundo que habitam.*

1011-a. De acordo com isso o Inferno e o Paraíso não existiriam como os homens os representam?

– *Não são mais do que figuras: os Espíritos felizes e infelizes estão por toda parte. Entretanto, como já o dissemos também, os Espíritos da mesma ordem se reúnem por simpatia. Mas podem reunir-se onde quiserem, quando perfeitos.*

1012. O que se deve entender por Purgatório?

– *Dores físicas e morais: é o tempo da expiação. É quase sempre na Terra que fazeis o vosso purgatório e que Deus vos faz expiar as vossas faltas.*

Aquilo que o homem chama Purgatório é também uma figura pela qual se deve entender, não algum lugar determinado, mas o estado dos Espíritos imperfeitos que estão em expiação até a purificação completa, que deve elevá-los ao plano dos Espíritos felizes. Operando-se essa purificação nas diversas encarnações, o Purgatório consiste nas provas da vida corpórea.

1013. Como se explica que os Espíritos que revelam superioridade por sua linguagem tenham respondido, a pessoas bastante sérias, a respeito do Inferno e do Purgatório, de acordo com as ideias vulgarmente admitidas?

– *Eles falam uma linguagem que possa ser compreendida pelas pessoas que os interrogam. Quando essas pessoas estão muito*

---

astrônomo: "A imortalidade através das esferas siderais parece-me o complemento lógico da astronomia". (N. do T.)

imbuídas de certas ideias, eles não querem chocá-las muito rudemente, para não ferir as suas convicções. Se um Espírito fosse dizer, sem precauções oratórias, a um muçulmano que Maomé não era um profeta seria muito mal recebido.

1013-a. Concebe-se isso da parte dos Espíritos que desejam instruir-nos. Mas como se explica que Espíritos interrogados sobre a sua situação tenham respondido que sofriam as torturas do Inferno ou do Purgatório?

– Quando eles são inferiores e não estão completamente desmaterializados conservam uma parte de suas ideias terrenas e traduzem as suas impressões pelos termos que lhes são familiares. Encontram-se num meio que não lhes permite sondar o futuro senão de maneira deficiente. Essa é a causa por que em geral os Espíritos errantes, ou recentemente libertados, falam como teriam feito se estivessem na vida carnal. Inferno pode traduzir-se por uma vida de provas extremamente penosas, com a incerteza de melhora! Purgatório por uma vida também de provas, mas com a consciência de um futuro melhor. Quando sofres uma grande dor não dizes que sofres como um danado? Não são mais que palavras, sempre em sentido figurado.

1014. O que se deve entender por alma penada?

– Uma alma errante e sofredora, incerta do seu futuro, à qual podeis proporcionar um alívio que frequentemente ela solicita ao vir comunicar-se convosco. (Ver item 664.)

1015. Em que sentido se deve entender a palavra Céu?

– Crês que seja um lugar como os Campos Elísios dos antigos, onde todos os bons Espíritos estão aglomerados e confundidos, sem outra preocupação que a de gozar na eternidade uma felicidade passiva? Não. É o espaço universal; são os planetas, as estrelas e todos os mundos superiores em que os Espíritos gozam de todas as suas faculdades, sem as atribulações da vida material nem as angústias inerentes à inferioridade.

1016. Disseram alguns Espíritos habitar o quarto, o quinto Céu, etc.; o que entendiam por isso?

– Vós lhes perguntais que Céu habitam, porque tendes a ideia de muitos céus sobrepostos como os andares de uma casa; então eles respondem de acordo com a vossa linguagem. Mas para eles as palavras "quarto, quinto céu" exprimem diferentes graus de purificação e por conseguinte de felicidade. É exatamente quando se pergunta a um Espírito se ele está no Inferno. Se for infeliz dirá que sim, porque para ele Inferno é sinônimo de sofrimento; mas

ele sabe muito bem que não se trata de uma fornalha. Um pagão vos responderia que estava no Tártaro.

Acontece o mesmo com outras expressões análogas, tais como as de cidades das flores, cidade dos eleitos, segunda ou terceira esfera, etc., que não são mais do que alegorias empregadas por certos Espíritos, seja como figuras, seja por ignorância da realidade das coisas e mesmo das mais simples noções científicas.

Segundo a ideia restrita que outrora se fazia dos lugares de penas e recompensas, e sobretudo de acordo com a opinião de que a Terra era o centro do Universo, que o céu formava uma abóbada na qual havia uma região de estrelas, colocava-se o Céu no alto e Inferno embaixo. Daí as expressões: subir ao céu, estar no mais alto dos céus, ser precipitado no inferno. Hoje que a ciência demonstrou que a Terra não é mais do que um dos menores mundos entre tantos milhões de outros, e sem importância especial; que traçou a história da sua formação e descreveu a sua constituição, provando que o espaço é infinito, de maneira que não há nem alto nem baixo no Universo, faz-se necessário renunciar a colocar o Céu acima das nuvens e o Inferno nos lugares baixos. Quanto ao Purgatório, nenhum lugar lhe havia sido marcado. Estava reservado ao Espiritismo dar sobre todas essas coisas a mais racional explicação, a mais grandiosa e ao mesmo tempo a mais consoladora para a Humanidade. Assim, podemos dizer que trazemos em nós mesmos o nosso inferno e o nosso paraíso e que encontramos o nosso purgatório em nossa encarnação, em nossas vidas corpóreas ou físicas.

1017. Em que sentido se devem entender as palavras do Cristo: “Meu reino não é deste mundo?”

– O Cristo respondeu em sentido figurado. Queria dizer que não reina senão sobre os corações puros e desinteressados. Ele está em todos os lugares em que domine o amor do bem, mas os homens ávidos das coisas deste mundo e ligados aos bens da Terra não estão com ele.

1018. O reino do bem poderá um dia realizar-se na Terra?

– O bem reinará na Terra quando entre os Espíritos que a vêm habitar os bons superarem os maus. Então eles farão reinar o amor e a justiça, que são fonte do bem e da felicidade. É pelo progresso moral e pela prática das leis de Deus que o homem atrairá para a Terra os bons Espíritos e afastará os maus. Mas os maus só a deixarão quando o homem tiver banido daqui o orgulho e o egoísmo.

A transformação da Humanidade foi predita e chegais a esse momento em que todos os homens progressistas estão se apressando. Ela se realizará pela encarnação de Espíritos melhores que constituirão sobre a Terra uma nova geração. Então os Espíritos dos maus, que a morte ceifa diariamente, e todos os que tendem a deter a marcha das coisas serão excluídos, porque estariam deslocados entre os homens de bem, cuja felicidade perturbariam. Irão para mundos novos, menos adiantados, cumprir missões penosas, nas quais poderão trabalhar pelo seu próprio adiantamento ao mesmo tempo que trabalharão para o adiantamento de seus irmãos ainda mais atrasados. Não vedes nessa exclusão da Terra transformada a sublime figura do Paraíso Perdido? E no homem que veio à Terra em condições semelhantes, trazendo em si os germes de suas paixões e os traços de sua inferioridade primitiva, a figura não menos sublime do pecado original? Considerado dessa maneira o pecado original se refere à natureza ainda imperfeita do homem que só é responsável por si mesmo e por suas próprias faltas, e não pelas dos seus pais.

Vós todos, homens de fé e de boa vontade, trabalhai portanto com zelo e com coragem na grande obra da regeneração, porque colhereis centuplicado o grão que tiverdes semeado. Infelizes dos que fecham os olhos à luz, pois preparam para si mesmos longos séculos de trevas e de decepções. Infelizes dos que colocam todas as suas alegrias nos bens deste mundo, porque sofrerão mais privações que os gozos que tenham tido. Infelizes sobretudo dos egoístas, porque não encontrarão ninguém para os ajudar a carregar o fardo das suas misérias.

São Luis

CONCLUSÃO

I

Aquele que só conhecesse de magnetismo terrestre o jogo dos patinhos imantados, que fazemos nadar na água de uma bacia, dificilmente poderia compreender que esse brinquedo encerra o segredo do mecanismo do Universo e do movimento dos mundos. Acontece o mesmo com o que só conhece do Espiritismo o movimento das mesas; ele não vê mais que um divertimento, um passatempo das reuniões sociais, e não compreende que esse fenômeno tão simples e tão vulgar, conhecido da antiguidade e até mesmo dos povos semisselvagens, possa estar ligado aos mais graves problemas da ordem social.[1] Para o observador superficial, com efeito, que relação pode ter uma mesa que gira com a moral e o futuro da Humanidade? Mas quem quiser refletir se lembrará de que uma simples panela cuja tampa se erguia com o vapor, fato que também se verifica desde toda a antiguidade, saiu o possante motor com que o homem atravessa o espaço suprimindo as distâncias. Pois bem: vós que não acreditais em nada fora do mundo material sabei que dessa mesa que gira e provoca o vosso sorriso de desdém saiu toda uma ciência, com a solução de problemas que nenhuma filosofia pudera resolver. Apelo a todos os adversários de boa-fé e lhes suplico dizerem se tiveram o trabalho de estudar o que criticam. Porque em boa lógica a crítica só tem valor quando o crítico conhece o assunto. Zombar de uma coisa que não se conhece, que não se sondou com o escalpelo do observador consciencioso não é criticar mas dar prova de leviandade e uma pobre ideia de sua capacidade de julgamento. Seguramente, se tivéssemos apresentado esta filosofia como uma obra do cérebro humano ela teria encontrado menos desdém e teria merecido as honras de um exame dos que pretendem dirigir a opinião. Mas ela vem dos Espíritos, que absurdo! É muito que mereça um olhar. Julgam-na pelo título,

[1] "Um passatempo das reuniões sociais", ou "*un passe-temps de societé*", porque nos dias de Kardec estava muito em moda na sociedade europeia, espalhando-se por todo o mundo como procedente da América, a prática das chamadas "sessões de mesinha" com a "mesa-falante". Era essa uma forma de que os Espíritos se utilizavam para realizar, segundo observa Conan Doyle, em sua *História do Espiritismo*, uma verdadeira invasão do mundo pelas suas manifestações. (N. do T.)

como o macaco da fábula julgava a noz pela casca. Fazei, se o quiserdes, abstração da origem; suponde que este livro seja obra de um homem e dizei no vosso íntimo e em consciência, depois de o ler seriamente, se encontrastes matéria para zombaria.

II

O Espiritismo é o mais perigoso antagonista do Materialismo; não é, pois, de admirar que tenha os materialistas por adversários. Mas como o Materialismo é uma doutrina que mal se ousa confessar (prova de que os seus profitentes não se acreditam bastante fortes e são dominados por sua consciência) eles se acobertam com o manto da razão e da Ciência e, coisa bizarra, os mais céticos falam até mesmo em nome da Religião, que também não conhecem e não compreendem como o Espiritismo. Tomam por alvo sobretudo o maravilhoso e o sobrenatural, que não admitem. Ora, segundo dizem, sendo o Espiritismo fundado sobre o maravilhoso não pode ser mais do que uma suposição ridícula. Não refletem que assim procedendo, sem restrições contra o maravilhoso e o sobrenatural, fazem o mesmo com a Religião. Com efeito, a Religião se funda na revelação e nos milagres. Ora, o que é a revelação senão as comunicações extra-humanas? Todos os autores sagrados, desde Moisés, falaram dessas espécies de comunicações. Que são os milagres senão fatos maravilhosos e sobrenaturais por excelência, pois são, no sentido litúrgico, derrogações das leis da Natureza? Logo, rejeitando o maravilhoso e o sobrenatural, rejeitam as próprias bases da Religião. Mas não é sob esse aspecto que desejamos encarar o assunto. O Espiritismo não tem de examinar se há ou não há milagres, quer dizer, se Deus pode, em certos casos, derrogar as leis eternas que regem o Universo. Deixa ele, a esse respeito, toda a liberdade à crença. Mas diz e prova que os fenômenos sobre os quais se apoia só têm de sobrenatural a aparência. Esses fenômenos não parecem naturais aos olhos de certas pessoas pelo fato de serem insólitos e exorbitarem dos atos conhecidos. Mas não são mais sobrenaturais do que todos os fenômenos de que a Ciência nos dá hoje a solução e que em outras épocas pareciam maravilhosos. Todos os fenômenos espíritas, sem exceção, são consequências de leis gerais. Eles nos revelam uma das forças da Natureza, força desconhecida, ou, para melhor dizer, incompreendida até hoje, mas que a observação demonstra estar na ordem das coisas. O Espiritismo, portanto, repousa menos no maravilhoso e no sobrenatural do que a própria Religião. Os que o atacam nesse sentido não o conhecem. E, mesmo que fossem os maiores sábios, nós lhes diríamos: se a vossa Ciência, que vos ensinou tantas coisas, não vos revelou que o domínio da Natureza é infinito, sois apenas meio-sábios.

III

Quereis, segundo dizeis, curar o vosso século de uma mania que ameaça invadir o mundo. Gostaríeis que o mundo fosse invadido pela incredulidade, que procurais propagar? Não é à ausência de qualquer crença que temos de atribuir o relaxamento dos laços de família e a maioria das desordens que dominam a sociedade? Demonstrando a existência e a imortalidade da alma, o Espiritismo reaviva a fé no futuro, reergue os ânimos abatidos, faz suportar com resignação as vicissitudes da vida. Ousareis chamar a isso um mal? Duas doutrinas se enfrentam: uma que nega o futuro, outra que o proclama e o prova; uma que nada explica, outra que tudo explica e por isso mesmo se dirige à razão. Uma é a sanção do egoísmo, a outra oferece uma base à justiça, à caridade e ao amor ao próximo. A primeira não mostra mais do que o presente e aniquila toda a esperança, a segunda consola e mostra o vasto campo do futuro. Qual a mais perniciosa?

Certas pessoas, e, entre as mais céticas, fazem-se apóstolos da fraternidade e do progresso. Mas a fraternidade supõe o desinteresse, a abnegação da personalidade; o orgulho é uma anomalia para a verdadeira fraternidade. Com que direito imporeis um sacrifício àquele mesmo a quem dizeis que com a morte tudo se acabará para ele, e que amanhã talvez nada mais seja do que uma velha máquina desarranjada e atirada fora? Que razão terá ele para se impor alguma privação? Não é muito mais natural que nos curtos instantes que lhe concedeis ele procure viver o melhor possível? Vem disso o desejo de possuir bastante para melhor gozar. Desse desejo nasce a inveja dos que possuem mais e dessa inveja ao desejo de tomar o que eles possuem vai apenas um passo. Que é o que o retém? A lei? Mas a lei não abrange todos os casos. Direis que é a consciência, o sentimento do dever? Mas no que se baseia o sentimento do dever? Esse sentimento encontra uma razão de ser na crença de que tudo acaba com a vida? Com essa crença uma única máxima é racional: cada um por si. As ideias de fraternidade, de consciência, de dever, de humanidade, e mesmo de progresso, não são mais do que palavras vãs. Oh, vós que proclamais semelhantes doutrinas não sabeis todo o mal que fazeis à sociedade, nem de quantos crimes assumis a responsabilidade! Mas por que falo de responsabilidade? Para o cético ela não existe; ele só presta homenagem à matéria.

IV[2]

O progresso da Humanidade tem como princípio a aplicação da lei de justiça, amor e caridade, e essa lei se funda sobre a certeza do futuro. Tirai essa certeza e lhe tirareis sua pedra angular. Dessa lei derivam todas as outras porque ela encerra todas as condições da felicidade humana. Somente ela pode curar as chagas da sociedade. E isso podemos julgar pela comparação das épocas e dos povos, porquanto melhoram a sua condição à medida que essa lei é melhor compreendida e melhor praticada. Se uma aplicação parcial e incompleta produz um bem o que será quando a tomarem por base de todas as instituições sociais? Isso é possível? Sim, porque quem deu dez passos pode dar vinte e assim por diante. Pode-se pois avaliar o futuro com base no passado. Já estamos vendo se extinguirem, pouco a pouco, as antipatias entre os povos; as barreiras que os separam caem com a civilização; eles se estendem as mãos de um extremo a outro do mundo; maior justiça preside às leis internacionais; as guerras se tornam cada vez mais raras e não mais excluem os sentimentos de humanidade; a uniformidade se estabelece nas relações; as distinções de raças e de castas desaparecem e os homens de crenças diferentes fazem calar os preconceitos sectários para se confundirem na adoração de um único Deus.[3] Falamos dos povos que se encontram à frente da civilização. (Ver itens 789-793.) Sob todos os aspectos estamos ainda longe da perfeição e existem ainda muitos resíduos antigos a serem destruídos, até que tenham desaparecido os derradeiros vestígios da barbárie. Mas aqueles vestígios poderão opor-se ao poder irresistível do progresso, e essa força viva que é em si mesma uma lei da Natureza? Se a geração presente é mais adiantada que a anterior, por que a que nos sucederá não seria mais do que a nossa? Ela o será por força

[2] Vide Nota Explicativa no final do livro.

[3] Pode objetar-se hoje, a esse quadro apresentado por Kardec, que duas guerras mundiais abalaram a terra depois dele e que sempre pesa sobre a civilização a ameaça terrível da guerra atômica. Mas essas consequências do egoísmo, que ainda endurecem o coração do homem mais civilizado, não negam o progresso geral ali descrito. São apenas a prova de que o progresso ainda tem muito a fazer. Por outro lado, é evidente a existência de uma consciência mundial que condena esses fatos. (N. do T.)

das coisas; primeiro, porque com as gerações se extinguem dia a dia alguns velhos campeões dos velhos abusos e assim, pouco a pouco, a sociedade vai-se formando de elementos novos, destituídos dos velhos preconceitos; em segundo lugar, porque, desejando o progresso, o homem estuda os obstáculos e se empenha em derrubá-los. Desde que o movimento progressivo é incontestável, o progresso futuro não poderia ser posto em dúvida. O homem por natureza quer ser feliz e não busca o progresso senão para aumentar a sua felicidade, sem o que o progresso não teria objetivo. O que seria o progresso para ele se não tivesse por fim melhorar-lhe a posição? Mas quando tiver a soma de felicidade que o progresso intelectual lhe pode dar perceberá que essa felicidade não é completa, reconhecendo que ela é impossível sem a segurança das relações sociais. E esta segurança ele só a encontrará no progresso moral. Então, por força das circunstâncias ele mesmo impulsionará o progresso nesse sentido e o Espiritismo lhe oferecerá a mais poderosa alavanca para atingir o alvo.

V

Os que dizem que as crenças espíritas ameaçam invadir o mundo proclamam a sua força, porque uma ideia sem fundamento e destituída de lógica não poderia tornar-se universal. Se, pois, o Espiritismo se implanta por toda parte, se recruta adeptos sobretudo nas classes esclarecidas, como todos o reconhecem, é que tem um fundo de verdade. Contra essa tendência serão inúteis todos os esforços dos seus detratores e o que o prova é que o próprio ridículo de que o procuram cobrir, longe de deter o seu impulso, parece lhe haver dado novo vigor. Esse resultado justifica plenamente o que muitas vezes os Espíritos têm dito: "Não vos inquieteis com a oposição, tudo o que fizerem contra vós se tornará em vosso favor e os vossos maiores adversários servirão à vossa causa sem o querer. Contra a vontade de Deus a má vontade dos homens não poderá prevalecer".

Com o Espiritismo a Humanidade deve entrar numa fase nova: a do progresso moral, que lhe é consequência inevitável. Deixai, pois, de vos admirar da rapidez com que se propagam as ideias espíritas. A causa disso está na satisfação que elas proporcionam a todos os que as aprofundam e que nelas veem alguma coisa mais do que um fútil passatempo. Ora, como o homem quer a sua felicidade acima de tudo não é de admirar que se interesse por uma ideia que o torna feliz. O desenvolvimento dessas ideias apresenta três períodos distintos: o primeiro é o da curiosidade provocada pela estranheza dos fenômenos; o segundo é o do raciocínio e da filosofia; o terceiro, o da aplicação e das consequências. O período da curiosidade já passou: a curiosidade não dura mais que um certo tempo e uma vez satisfeita muda de objeto; mas o mesmo não acontece com o que se refere ao pensamento sério ao raciocínio. O segundo período já começou e o terceiro o seguirá inevitavelmente. O Espiritismo progrediu sobretudo depois que foi melhor compreendido na sua essência, depois que lhe perceberam o alcance, porque ele toca nas fibras mais sensíveis do homem: as da sua felicidade, mesmo neste mundo. Nisso está a causa da sua propagação, o segredo da força que o faz triunfar. Ele torna felizes os que o compreendem, enquanto a sua influência não se estende sobre as massas. Mesmo aquele que não tenha testemunhado nenhum fenômeno material de manifestações dirá: além dos fenômenos há uma filosofia; essa filosofia me explica o que nenhuma outra havia explicado; nela encontro, pelo simples raciocínio, uma demonstração racional dos problemas que interessam no mais alto grau ao meu futuro. Ela me proporciona a calma, a segurança, a confiança, me livra do tormento da incerteza, e ao lado disso a questão dos fatos materiais se torna secundária. Vós todos, que o atacais, quereis um meio de o combater com sucesso? Ei-lo aqui. Substituí-o por alguma coisa melhor, encontrai uma solução mais filosófica para todas as questões que ele resolve, dai ao homem outra certeza que o torne mais feliz, mas compreendei bem o alcance dessa palavra *certeza*, porque o homem não aceita como certo senão o que lhe parece lógico. Não vos contenteis de dizer que isso não é assim, pois é muito fácil negar. Provai, não por uma negação, mas através dos fatos, que isso não é, jamais foi e nem pode ser. E, se isso não é, dizei sobretudo o que devia ser em seu lugar. Provai, por fim, que as consequências do Espiritismo não tornam os homens melhores e portanto mais felizes, pela prática da mais pura moral evangélica, moral que muito se louva mas pouco se pratica. Quando tiverdes feito isso, tereis o direito de o atacar. O Espiritismo é forte porque se apoia nas próprias bases da religião: Deus, a alma, as penas e recompensas futuras, e porque sobretudo mostra essas penas e recompensas como consequências naturais da vida terrena, oferecendo um quadro do futuro em que nada pode ser contestado pela mais exigente razão. Vós, cuja doutrina consiste inteiramente na negação do futuro, que compensação ofereceis para os sofrimentos deste mundo? Vós vos apoiais na incredulidade, e ele se apoia na confiança em Deus. Enquanto ele convida os homens à felicidade, à esperança, à verdadeira fraternidade, vós lhe ofereceis o nada por perspectiva e o egoísmo por consolação. Ele explica tudo, vós nada explicais. Ele prova pelos fatos e vós nada provais. Como quereis que o homem hesite entre essas duas doutrinas?

VI

Seria fazer uma ideia bem falsa do Espiritismo acreditar que a sua força decorre da prática das manifestações materiais e que, portanto, entravando-se essas manifestações, pode-se minar-lhe as bases. Sua força está na sua filosofia, no apelo que faz à razão e ao bom senso. Na antiguidade ele era objeto de estudos misteriosos, cuidadosamente ocultos ao vulgo. Hoje não tem segredos para ninguém: fala uma linguagem clara, sem ambiguidades; nada há nele de místico, nada de alegorias suscetíveis de falsas interpretações. Ele quer ser compreendido por todos porque chegaram os tempos de se fazer que os homens conheçam a verdade. Longe de se opor à difusão da luz ele a deseja para todos; não reclama uma crença séria mas quer que se saiba por que se crê; e como se apoia na razão será sempre mais forte do que as doutrinas que se apoiam sobre o nada. Os entraves que se tentassem oferecer à liberdade das manifestações poderiam abafá-las? Não, porque produziriam o efeito de todas as perseguições: o de excitar a curiosidade e o desejo de conhecer aquilo que foi proibido. De outro lado, se as manifestações espíritas fossem o privilégio pessoal de um só homem ninguém duvidaria que, pondo esse homem de lado, as manifestações acabariam. Desgraçadamente para o adversário, elas estão ao alcance de todos e são utilizadas por todos, desde o menor ao maior, desde o palácio à choupana. Pode-se interditar o seu exercício público; mas sabe-se precisamente que não é em público que elas se produzem melhor, e sim na intimidade. Ora, cada um podendo ser médium, quem pode impedir uma família no seu lar, um indivíduo no silêncio do seu gabinete, o prisioneiro na sua cela, de terem comunicações com os Espíritos à revelia e até mesmo em face dos seus verdugos? Se as proibissem num país, poderiam ser impedidas nos países vizinhos ou no mundo inteiro, pois não há uma região, nas duas partes da Terra, em que não haja médiuns? Para encarcerar todos os médiuns seria necessário encarcerar a metade do gênero humano; conseguindo-se mesmo, o que não seria mais fácil, queimar todos os livros espíritas, no dia seguinte eles estariam reproduzidos, porque a mente é inatingível e porque não se poderia jamais se encarcerar nem queimar os Espíritos, seus verdadeiros autores.

O Espiritismo não é obra de um homem. Ninguém se pode dizer seu autor porque ele é tão antigo quanto a Criação; encontra-se por toda parte, em todas as Religiões e mais ainda na Religião Católica, com mais autoridade do que em todas as outras porque nela se encontram os princípios de todas as manifestações: os Espíritos de todos os graus, suas relações ocultas ou patentes com os homens, os anjos guardiães, a reencarnação, a emancipação da alma durante a vida, a dupla vista, as visões, as manifestações de todo gênero, as aparições tangíveis. No tocante aos demônios, não são mais do que os Espíritos maus, e, salvo a crença de que são eternamente destinados ao mal, enquanto a via do progresso não é interditada aos outros, entre eles não há qualquer outra diferença além do nome.

O que faz a moderna Ciência Espírita? Reúne em um todo o que estava disperso; explica em termos próprios o que só se conhecia em linguagem alegórica; poda tudo aquilo que a superstição e a ignorância haviam criado para deixar somente o que é real e positivo: eis o seu papel. Mas não lhe cabe o papel de fundadora. Ela revela o que existe, coordena mas não cria nada, porque as suas bases estão em todos os tempos e em todos os lugares. Quem, pois, ousaria considerar-se bastante forte para abafá-la sob os sarcasmos e mesmo sob a perseguição? Se a proscreverem num lugar ela renascerá em outros, no mesmo terreno de que tenha sido banida, porque está na própria Natureza e não é dado ao homem aniquilar uma força da Natureza nem opor o seu veto aos decretos de Deus.

De resto, que interesse haveria em se entravar a propaganda das ideias espíritas? Essas ideias, é verdade, se levantam contra os abusos que nascem do orgulho e do egoísmo. Mas esses abusos, de que alguns se aproveitam, prejudicam as massas. O Espiritismo terá, portanto, as massas em seu favor e não terá por adversários sérios senão os interessados na manutenção desses abusos. Por sua influência, pelo contrário, essas ideias tornarão os homens melhores uns para os outros, menos ávidos de interesses materiais e mais resignados ante os decretos da Providência, fazendo-se portanto um penhor de ordem e tranquilidade.

VII

O Espiritismo se apresenta sob três aspectos diferentes: o das manifestações, o dos princípios da filosofia e moral que delas decorrem e o da aplicação desses princípios. Daí as três classes ou antes os três graus de adeptos: 1º) os que creem nas manifestações e se limitam a constatá-las: para eles é uma ciência de experimentação; 2º) os que compreendem as suas consequências morais; 3º) os que praticam ou se esforçam por praticar essa moral. Qualquer que seja o ponto de vista científico ou moral sob o qual se encaram esses fenômenos estranhos, cada um deles compreende que é toda uma nova ordem de ideias que surge e cujas consequências não podem deixar de ser uma profunda modificação no estado da Humanidade, compreendendo também que essa modificação não pode verificar-se a não ser no sentido do bem.

Quanto aos adversários, também podemos classificá-los em três categorias: 1º) os que negam por sistema tudo o que é novo e não procede de suas próprias mentes, e que dele falam sem conhecimento de causa; a esta classe pertencem todos os que nada admitem fora do testemunho dos sentidos; nada viram, nada querem ver e menos ainda aprofundar-se; ficariam mesmo aborrecidos se vissem as coisas de maneira muito clara, de medo de serem forçados a convir que não têm razão; para eles o Espiritismo é uma quimera, uma loucura, uma utopia; ele não existe, e eis tudo. Estes são os incrédulos de posição fixada. Ao seu lado podem ser colocados os que não lhe lançaram sequer um golpe de vista para desencargo de consciência, a fim de poderem dizer: quis ver e nada vi. Eles não compreendem que possa ser necessário mais de meia hora para se darem conta de toda uma ciência. – 2°) Os que, sabem muito bem o que devem pensar da realidade dos fatos não obstante os combatem por motivos de interesse pessoal. Para eles, o Espiritismo existe, mas temem suas consequências e o atacam como a um inimigo. – 3º) Os que encontram na moral espírita uma censura demasiado severa para os seus atos ou as suas tendências. O Espiritismo tomado a sério os incomodaria. Esses não rejeitam nem o aprovam, preferem fechar-lhe os olhos, os primeiros são levados pelo orgulho e pela presunção; os segundos, pela ambição; os terceiros, pelo egoísmo. Compreende-se que essas causas de oposição, nada tendo de sólidas, devem desaparecer com o tempo, pois em vão procuraríamos uma quarta classe de antagonistas, ou seja, aquela que se apoiasse em causas contrárias evidentes, demonstrando um estudo consciencioso e laborioso do problema. Todos não lhe opõem senão a negação, nenhum deles apresenta uma demonstração séria e irrefutável em contrário.

Seria presumir demasiado da natureza humana acreditar que ela pudesse transformar-se subitamente pelas ideias espíritas. A ação dessas ideias não é certamente a mesma nem do mesmo grau em todos os que as professam; mas qualquer que seja o seu resultado, mesmo fraco, representa sempre uma melhora, mesmo que seja apenas o de dar a prova da existência de um mundo extracorpóreo, o que implica a negação das doutrinas materialistas. Isto é o que decorre da simples observação dos fatos. Mas, entre os que compreendem o Espiritismo filosófico e nele veem alguma coisa mais do que os fenômenos mais ou menos curiosos, os efeitos são outros. O primeiro e o mais geral é o de desenvolver o sentimento religioso até mesmo naquele que, sem ser materialista, seja indiferente às coisas espirituais. Disto resulta para ele o desprezo pela morte; não dizemos o desejo pela morte, longe disso, porque o espírita defenderá a sua vida como qualquer outro, mas uma indiferença que lhe faz aceitar sem queixas nem pesar uma morte inevitável como uma coisa antes feliz do que lhe sobrevirá. O segundo efeito, talvez tão geral como o primeiro, é a resignação em face das vicissitudes da vida. O Espiritismo faz ver as coisas de tão alto que a vida terrena perde três quartas partes de sua importância e o homem não mais se perturba tanto com as suas tribulações. Daí mais coragem nas aflições, mais moderação nos desejos e daí também o afastamento do desejo de abreviar a vida, porque a ciência espírita ensina que pelo suicídio se perde sempre o que se pretendia ganhar. A certeza de um futuro que de nós mesmos depende tornar feliz, a possibilidade de estabelecer relações com os seres que nos são caros proporcionam ao espírita uma suprema consolação: seu horizonte se amplia até o infinito pela visão contínua da vida de além-túmulo, da qual pode sondar as misteriosas profundidades. O terceiro efeito é o de despertar a indulgência para com os defeitos alheios; mas, é necessário dizê-lo, o princípio do egoísmo e tudo o que dele decorre são o que há de mais tenaz no homem e por conseguinte mais difícil de se desenraizar. Podemos fazer sacrifícios voluntários contanto que nada custem e sobretudo que não nos privem de nada; o dinheiro exerce ainda sobre a maioria dos homens uma atração irresistível e bem poucos compreendem a palavra *supérfluo* quando se trata de suas próprias pessoas. Assim, a abnegação de si mesmo é sinal do mais eminente progresso.

VIII

Os espíritos, perguntam algumas pessoas, nos ensinam uma nova moral, qualquer coisa de superior ao que o Cristo ensinou?

Se essa moral não é outra senão a do Evangelho, que vem fazer o Espiritismo? Esse raciocínio se parece singularmente àquele do califa Ornar falando da Biblioteca de Alexandria: "Se ela não contém "– dizia ele –" mais do que aquilo que existia no Alcorão, é inútil e portanto deve ser queimada; se encerra outra coisa é má e tanto mais deve ser queimada". Não, o Espiritismo não encerra uma moral diferente daquela de Jesus; mas perguntaremos, por nossa vez, se antes do Cristo os homens não dispunham da lei de Deus revelada a Moisés. Sua doutrina não se encontra no Decálogo? E por isso se dirá que a moral de Jesus foi inútil? Perguntaremos ainda, aos que negam a utilidade da moral espírita, porque a do Cristo é tão pouco praticada e por que até mesmo aqueles que proclamam a sua sublimidade são os primeiros a violar a primeira de suas leis: a caridade universal. Os Espíritos vêm não somente confirmá-la, mas também mostrar-nos a sua utilidade prática; eles tornam inteligíveis e patentes as verdades que só haviam sido ensinadas sob a forma alegórica e ao lado da moral vêm definir-nos os mais abstratos problemas da psicologia.

Jesus veio mostrar aos homens a rota do verdadeiro bem. Por que Deus, que o enviaria para relembrar a sua lei esquecida, não enviaria hoje os Espíritos para novamente a lembrar de maneira mais precisa, agora que os homens a esquecem para tudo sacrificarem ao orgulho e à cupidez? Quem ousaria pôr limites ao poder de Deus e determinar os seus caminhos? Quem dirá que os tempos preditos não são chegados, como afirmam os Espíritos, e que não alcançamos aqueles em que as verdades mal compreendidas ou falsamente interpretadas devem ser ostensivamente reveladas ao gênero humano para acelerar o seu adiantamento? Não há qualquer coisa de providencial nessas manifestações que se produzem simultaneamente por todas as partes do globo? Não é apenas um homem, um profeta que nos vem advertir, pois é por toda parte que a luz se derrama: é todo um mundo novo que se desenrola aos nossos olhos. Como a invenção do microscópio nos descobriu o mundo dos infinitamente pequenos que sequer suspeitávamos, as comunicações espíritas nos revelam o mundo invisível que nos rodeia, cujos habitantes nos acotovelam a todo momento, participando à nossa revelia de tudo o que fazemos. Algum tempo ainda e a existência desse mundo, que é justamente o que nos espera, será tão incontestável como a do mundo microscópico e o dos grandes globos perdidos no espaço. E nada valerá, então, nos terem feito conhecer todo um mundo, nos haverem iniciado nos mistérios da vida de além-túmulo? É verdade que essas descobertas, se assim podemos chamar, contrariam de algum modo certas ideias estabelecidas. Mas não é certo que todas as grandes descobertas científicas igualmente modificaram e até mesmo derrubaram as ideias até então mais acreditadas? E não foi necessário que o nosso amor-próprio se curvasse diante da evidência. O mesmo acontecerá com o Espiritismo e dentro em pouco ele terá direitos de cidadania entre os conhecimentos humanos.

As comunicações com os seres de além-túmulo tiveram por resultado nos fazer vê-la, nos iniciar nos princípios das penas e dos gozos que nos esperam, segundo os nossos méritos e, por isso mesmo, conduzir ao Espiritualismo aqueles que não admitiam em nós mais do que uma máquina orgânica. Assim tivemos razão de dizer que o Espiritismo matou o Materialismo através dos fatos. Não tivesse ele produzido mais do que isso a ordem social lhe teria de ser reconhecida. Mas ele faz mais: mostra os inevitáveis efeitos do mal e por conseguinte a necessidade do bem. O número dos que ele conduziu a sentimentos melhores, neutralizando as suas tendências más e desviando-os do mal, é maior do que se pensa e aumenta todos os dias. É que para eles o futuro já não se apresenta de maneira vaga, mas é uma realidade que se compreende, que se pode explicar, quando se veem e quando se ouvem os que nos deixaram lamentar-se ou felicitar-se pelo que fizeram na Terra. Quem quer que testemunhe isso é levado a meditar e sente a necessidade de se conhecer, de se julgar a si mesmo e de se emendar.

IX

Os adversários do Espiritismo não se esqueceram de utilizar contra ele algumas divergências de opinião, sobre certos pontos da doutrina. Não é de admirar que no começo de uma ciência, quando as observações estão ainda incompletas e cada um as encara sob o seu ponto de vista, sistemas contraditórios tenham podido aparecer. Mas três quartas partes desses sistemas já estão hoje aniquiladas diante dos estudos mais aprofundados, a começar por aquele que atribua todas as comunicações ao Espírito do Mal, como se a Deus fosse impossível enviar aos homens bons Espíritos. Doutrina absurda porque desmentida pelos fatos, ímpia porque é a negação do poder e da bondade do Criador. Os Espíritos sempre nos aconselharam a não nos inquietarmos com essas divergências, pois que a unidade se faria: ora, a unidade já se fez sobre a maioria das questões e as divergências tendem a desaparecer a cada dia. A esta pergunta: “Esperando que a unidade se faça, sobre o que se pode basear o homem imparcial e desinteressado para formular um juízo?", eis a resposta que nos deram:

– "A luz mais pura não é obscurecida por nenhuma nuvem; o diamante sem jaça é o de maior valor; julgai, pois, os Espíritos pela pureza dos seus ensinamentos. Não esqueçais que entre os Espíritos há os que ainda não se despojaram das ideias da vida terrena; sabei distingui-los pela linguagem; julgai-os pelo conjunto do que vos dizem; vede se há encadeamento lógico nas ideias, se nada do que dizem denuncia ignorância, orgulho ou malevolência, em uma palavra, se as suas expressões estão sempre marcadas pelo cunho da sabedoria que revela a verdadeira superioridade. Se o vosso mundo fosse inacessível ao erro, seria perfeito, mas longe disso, pois estais ainda aprendendo a distinguir o erro da verdade; necessitais das lições da experiência para exercitar o vosso julgamento e vos poderdes adiantar. A unidade se fará do lado em que o bem jamais esteve misturado com o mal; é desse lado que os homens se ligarão pela própria força das circunstâncias, porque reconhecerão que ali se encontra a verdade".

– "Que importam, aliás, algumas dissidências que são mais da forma que do fundo? Notai que os princípios fundamentais são os mesmos por toda parte e vos devem unir num pensamento comum: o do amor de Deus e da prática do bem. Quaisquer que sejam, portanto, o modo de progredir que se admita ou as condições normais da existência futura, o alvo final é sempre o mesmo: fazer o bem; e, como sabeis, não há duas maneiras de o fazer".

Se entre os adeptos do Espiritismo há os que divergem de opinião sobre alguns pontos da teoria, todos, entretanto, estão de acordo sobre os pontos fundamentais. Há, pois, unidade, a não ser da parte dos que, em número muito pequeno, ainda não admitem a intervenção dos Espíritos nas manifestações, atribuindo-as a causas puramente físicas, o que contraria o axioma de que todo efeito inteligente tem uma causa inteligente, ou ao reflexo do nosso próprio pensamento, o que é desmentido pelos fatos.[4]

Os demais pontos são secundários e em nada ferem as bases fundamentais. Pode aliás haver escolas que procurem esclarecer-se sobre as partes ainda controvertidas da Ciência; mas não

[4] Kardec se refere aos espíritos classificados como de primeiro grau no capítulo VII destas conclusões, ou seja, àqueles que admitem as comunicações e as estudam como objeto de uma ciência experimental. São os metapsiquistas ou atualmente os parapsicólogos, enfim, todos os que, no dizer de Morselli, pretendem criar um Espiritismo sem espíritos. (N. do T.)

deve haver seitas rivais e só deveria haver antagonismos entre os que almejam o bem e os que fizessem ou quisessem o mal. Ora, não há um espírita sincero, compenetrado das grandes máximas morais ensinadas pelos Espíritos, que possa querer o mal ou desejar o mal ao próximo, sem distinção de opinião. Se uma dessas escolas for errada, cedo ou tarde será esclarecida, desde que haja boa-fé e ausência de prevenções; enquanto esperam, todas têm um laço comum que deve uni-las num mesmo pensamento; todas têm um mesmo objetivo; pouco importa, pois, a rota seguida, contanto que ela conduza ao alvo. Ninguém deve impor-se pelo constrangimento material ou moral e só estaria em caminho falso aquele que lançasse o seu anátema a outro, porque evidentemente estaria agindo sob a ação de maus Espíritos. A razão deve ser sempre o argumento supremo e a moderação assegurará melhor o triunfo da verdade do que as diatribes envenenadas pela inveja e pelo ciúme. Os bons Espíritos não pregam senão a união e o amor do próximo e jamais um pensamento malfazejo ou contrário à caridade pode surgir de uma fonte pura.

Escutemos sobre este assunto, para terminar, os conselhos de Santo Agostinho:

– "Durante muito tempo os homens se estraçalharam e se anatematizaram em nome de um Deus de paz e de misericórdia, ofendendo-o com um tal sacrilégio. O Espiritismo é o laço que os unirá um dia porque lhes mostrará onde está a verdade e onde está o erro. Mas ainda por muito tempo haverá escribas e fariseus que o negarão, como negaram o Cristo. Quereis, pois, saber sob influência de quais Espíritos estão as diversas seitas que se dividem o mundo? Julgai-as pelas suas obras e pelos seus princípios. Jamais os bons Espíritos foram instigadores do mal; jamais aconselharam ou legitimaram o homicídio e a violência; jamais excitaram os ódios dos partidos nem a sede de riquezas e de honras, nem a avidez dos bens da Terra. Só aqueles que são bons, humanos e benevolentes para com todos, são os seus preferidos e são também os preferidos de Jesus, porque seguem a rota indicada para levar a ele."

Santo Agostinho

FIM

NOTA EXPLICATIVA

> "Hoje creem e sua fé é inabalável, porque assentada na evidência e na demonstração, e porque satisfaz à razão. [...] Tal é a fé dos espíritas, e a prova de sua força é que se esforçam por se tornarem melhores, domarem suas inclinações más e porem em prática as máximas do Cristo, olhando todos os homens como irmãos, sem acepção de raças, de castas, nem de seitas, perdoando aos seus inimigos, retribuindo o mal com o bem, a exemplo do divino modelo." (KARDEC, Allan. *Revista Espírita* de 1868. FEB, 2005. p. 28, janeiro de 1868.)"

A investigação rigorosamente racional e científica de fatos que revelavam a comunicação dos homens com os Espíritos, realizada por Allan Kardec, resultou na estruturação da Doutrina Espírita, sistematizada sob os aspectos científico, filosófico e religioso.

A partir de 1854 até seu falecimento, em 1869, seu trabalho foi constituído de cinco obras básicas: *O Livro dos Espíritos* (1857), *O Livro dos Médiuns* (1861), *O Evangelho segundo o Espiritismo* (1864), *O Céu e o Inferno* (1865), *A Gênese* (1868), além da obra *O Que é o Espiritismo* (1859), de uma série de opúsculos, e 136 edições da *Revista Espírita* (de janeiro de 1858 a abril de 1869). Após sua morte, foi editado o livro *Obras Póstumas* (1890).

O estudo meticuloso e isento dessas obras permite-nos extrair conclusões básicas: a) todos os seres humanos são Espíritos imortais criados por Deus em igualdade de condições, sujeitos às mesmas leis naturais de progresso que levam todos, gradativamente, à perfeição; b) o progresso ocorre através de sucessivas experiências, em inúmeras reencarnações, vivenciando necessariamente todos os segmentos sociais, única forma de o Espírito acumular o aprendizado necessário ao seu desenvolvimento; c) no período entre as reencarnações o Espírito permanece no Mundo Espiritual, podendo comunicar-se com os homens; d) o progresso obedece às leis morais ensinadas e vivenciadas por Jesus, nosso guia e modelo, referência para todos os homens que desejam desenvolver-se de forma consciente e voluntária.

Em diversos pontos de sua obra, o Codificador se refere aos Espíritos encarnados em tribos incultas e selvagens, então existentes em algumas regiões do Planeta, e que, em contato com outros polos de civilização, vinham sofrendo inúmeras transformações, muitas com evidente benefício para os seus membros, decorrentes do progresso geral ao qual estão sujeitas todas as etnias, independentemente da coloração de sua pele.

Na época de Allan Kardec, as ideias frenológicas de Gall, e as da fisiognomonia de Lavater, eram aceitas por eminentes homens de Ciência, assim como provocou enorme agitação nos meios de comunicação e junto à intelectualidade e à população em geral a publicação, em 1859 – dois anos depois do lançamento de *O Livro dos Espíritos* –, do livro sobre a *Evolução das Espécies*, de Charles Darwin, com as naturais incorreções e incompreensões que toda ciência nova apresenta. Ademais, a crença de que os traços da fisionomia revelam o caráter da pessoa é muito antiga, pretendendo-se haver aparentes relações entre o físico e o aspecto moral.

O Codificador não concordava com diversos aspectos apresentados por essas assim chamadas ciências. Desse modo, procurou avaliar as conclusões desses eminentes pesquisadores à luz da revelação dos Espíritos, trazendo ao debate o elemento espiritual como fator decisivo no equacionamento das questões da diversidade e desigualdade humanas.

Allan Kardec encontrou, nos princípios da Doutrina Espírita, explicações que apontam para leis sábias e supremas, razão pela qual afirmou que o Espiritismo permite "resolver os milhares de problemas históricos, arqueológicos, antropológicos, teológicos, psicológicos, morais, sociais, etc." (*Revista Espírita*, 1862, p. 401). De fato, as leis universais do amor, da caridade, da imortalidade da alma, da reencarnação, da evolução constituem novos parâmetros para a compreensão do desenvolvimento dos grupos humanos, nas diversas regiões do Orbe.

Essa compreensão das Leis Divinas permite a Allan Kardec afirmar que:

> "O corpo deriva do corpo, mas o Espírito não procede do Espírito. Entre os descendentes das raças apenas há consanguinidade." (*O Livro dos Espíritos*, item 207).
>
> "[...] o Espiritismo, restituindo ao Espírito o seu verdadeiro papel na Criação, constatando a superioridade da inteligência sobre a matéria, faz com que desapareçam, naturalmente, todas as distinções estabelecidas entre os homens, conforme as vantagens corporais e mundanas, sobre as quais só o orgulho fundou as castas e os estúpidos preconceitos de cor." (*Revista Espírita*, 1861, p. 432.)
>
> "Os privilégios de raças têm sua origem na abstração que os homens geralmente fazem do princípio espiritual, para considerar apenas o ser material exterior. Da força ou da fraqueza constitucional de uns, de uma diferença de cor em outros, do nascimento na opulência ou na miséria, da filiação consanguínea nobre ou plebeia, concluíram por uma superioridade ou uma inferioridade natural. Foi sobre este dado que estabeleceram suas leis sociais e os privilégios de raças. Deste ponto de vista circunscrito, são consequentes consigo mesmos, porquanto, não considerando senão a vida material, certas classes parecem pertencer,

e realmente pertencem, a raças diferentes. Mas, se tomar seu ponto de vista do ser espiritual, do ser essencial e progressivo, numa palavra, do Espírito, preexistente e sobrevivente a tudo, cujo corpo não passa de um invólucro temporário, variando, como a roupa, de forma e de cor; se, além disso, do estudo dos seres espirituais ressalta a prova de que esses seres são de natureza e de origem idênticas, que seu destino é o mesmo, que todos partem do mesmo ponto e tendem para o mesmo objetivo; que a vida corporal não passa de um incidente, uma das fases da vida do Espírito, necessária ao seu adiantamento intelectual e moral; que em vista desse avanço o Espírito pode sucessivamente revestir envoltórios diversos, nascer em posições diferentes, chega-se à consequência capital da igualdade de natureza e, a partir daí, à igualdade dos direitos sociais de todas as criaturas humanas e à abolição dos privilégios de raças. Eis o que ensina o Espiritismo. Vós que negais a existência do Espírito para considerar apenas o homem corporal, a perpetuidade do ser inteligente para só encarar a vida presente, repudiais o único princípio sobre o qual é fundada, com razão, a igualdade de direitos que reclamais para vós mesmos e para os vossos semelhantes." (*Revista Espírita*, 1867, p. 231.)

> "Com a reencarnação, desaparecem os preconceitos de raças e de castas, pois o mesmo Espírito pode tornar a nascer rico ou pobre, capitalista ou proletário, chefe ou subordinado, livre ou escravo, homem ou mulher. De todos os argumentos invocados contra a injustiça da servidão e da escravidão, contra a sujeição da mulher à lei do mais forte, nenhum há que prime, em lógica, ao fato material da reencarnação. Se, pois, a reencarnação funda numa lei da Natureza o princípio da fraternidade universal, também funda na mesma lei o da igualdade dos direitos sociais e, por conseguinte, o da liberdade. (*A Gênese*, cap. I, item 36. Vide também *Revista Espírita*, 1867, p. 373).

Na época, Allan Kardec sabia apenas o que vários autores contavam a respeito dos selvagens africanos, sempre reduzidos ao embrutecimento quase total, quando não escravizados impiedosamente.

É baseado nesses informes "científicos" da época que o Codificador repete, com outras palavras, o que os pesquisadores europeus descreviam quando de volta das viagens que faziam à África negra. Todavia, é peremptório ao abordar a questão do preconceito racial:

> "Nós trabalhamos para dar a fé aos que em nada creem; para espalhar uma crença que os torna melhores uns para os outros, que lhes ensina a perdoar aos inimigos, a se olharem como irmãos, sem distinção de raça, casta, seita, cor, opinião política ou religiosa; numa palavra, uma crença que faz nascer o verdadeiro sentimento de caridade, de fraternidade e deveres sociais." (KARDEC, Allan. *Revista Espírita* de 1863. 1ª ed. FEB, 2005. janeiro de 1863.)

> "O homem de bem é bom, humano e benevolente para com todos, sem distinção de raças, nem de crenças, porque em todos os homens vê irmãos seus." (*O Evangelho segundo o Espiritismo*, Cap. XVII, item 3.)

É importante compreender, também, que os textos publicados por Allan Kardec na *Revista Espírita* tinham por finalidade submeter á avaliação geral as comunicações recebidas dos Espíritos, bem como aferir a correspondência desses ensinos com teorias e sistemas de pensamento vigentes à época. Em Nota ao Capítulo XI, item 43, do livro *A Gênese*, o Codificador explica essa metodologia:

> "Quando, na *Revista Espírita* de janeiro de 1862, publicamos um artigo sobre a, "interpretação da doutrina dos anjos decaídos," apresentamos essa teoria como simples hipótese, sem outra autoridade afora a de uma opinião pessoal controversível, porque nos faltavam então elementos bastantes para uma afirmação peremptória. Expusemo-la a título de ensaio, tendo em vista provocar o exame da questão, decidido, porém, a abandoná-la ou modificá-la, se fosse preciso. Presentemente, essa teoria já passou pela prova do controle universal. Não só foi bem-aceita pela maioria dos espíritas, como a mais racional e a mais concorde com a soberana justiça de Deus, mas também foi confirmada pela generalidade das instruções que os Espíritos deram sobre o assunto. O mesmo se verificou com a que concerne à origem da raça adâmica." (*A Gênese*, Cap. XI, item 43, Nota)

Por fim, urge reconhecer que o escopo principal da Doutrina Espírita reside no aperfeiçoamento moral do ser humano, motivo pelo qual as indagações e perquirições científicas e/ou filosóficas ocupam posição secundária, conquanto importantes, haja vista o seu caráter provisório decorrente do progresso e do aperfeiçoamento geral. Nesse sentido, é justa a advertência do Codificador:

> "É verdade que esta e outras questões se afastam do ponto de vista moral, que é a meta essencial do Espiritismo. Eis por que seria um equívoco fazê-las objeto de preocupações constantes. Sabemos, aliás, no que respeita ao princípio das coisas, que os Espíritos, por não saberem tudo, só dizem o que sabem ou o que pensam saber. Mas como há pessoas que poderiam tirar da divergência desses sistemas uma indução contra a unidade do Espiritismo, precisamente porque são formulados pelos Espíritos, é útil poder comparar as razões pró e contra, no interesse da própria doutrina, e apoiar no assentimento da maioria o julgamento que se pode fazer do valor de certas comunicações." (*Revista Espírita*, 1862, p. 38.)

Feitas essas considerações, é lícito concluir que na Doutrina Espírita vigora o mais absoluto respeito à diversidade humana, cabendo ao Espírita o dever de cooperar para o progresso da Humanidade, exercendo a caridade no seu sentido mais abrangente ("benevolência para com todos, indulgência para as imperfeições dos outros e perdão das ofensas"), tal como a entendia Jesus, nosso Guia e Modelo, sem preconceitos de nenhuma espécie: de cor, etnia, sexo, crença ou condição econômica, social ou moral.

A Editora